教育部　财政部中等职业学校教师素质提高计划成果
电力机车运用与检修专业师资培训包开发项目(LBZD033)

电力机车运用项目教程

Dianli Jiche Yunyong Xiangmu Jiaocheng

教育部　财政部　组编
杨志强　主编
张中央　杨志强　执行主编

中国铁道出版社

2012年·北　京

内 容 简 介

本书是教育部、财政部中等职业学校教师素质提高计划成果，是电力机车运用与检修师资培训包开发项目（LBZD033）的主要成果之一。本书为电力机车运用项目教程，由电气控制装置维护与故障处理、制动系统综合试验及故障处理、电力机车运用与管理3篇，20个学习项目，83项学习任务构成。

本教材是电力机车运用与检修专业教师培训指导用书，旨在帮助专业教师学习和更新专业知识和技能，提升教师专业教学能力和水平。

图书在版编目（CIP）数据

电力机车运用项目教程/教育部，财政部组编. —北京：中国铁道出版社，2012.2

教育部 财政部中等职业学校教师素质提高计划成果

电力机车运用与检修专业师资培训包开发项目（LBZD033）

ISBN 978-7-113-13865-3

Ⅰ.①电… Ⅱ.①教…②财… Ⅲ.①电力机车-中等专业学校-师资培训-教材 Ⅳ.①U264

中国版本图书馆CIP数据核字（2011）第234752号

书　　名：电力机车运用项目教程
作　　者：教育部　财政部　组编

责任编辑：阚济存　　**编辑部电话**：010-51873133　　**电子信箱**：td51873133@163.com
编辑助理：杜丽君
封面设计：崔丽芳
责任校对：孙　玫
责任印制：李　佳

出版发行：中国铁道出版社（100054，北京市西城区右安门西街8号）
网　　址：http://www.tdpress.com
印　　刷：北京市昌平开拓印刷厂
版　　次：2012年2月第1版　2012年2月第1次印刷
开　　本：787 mm×1 092 mm　1/16　印张：21.75　字数：548千
印　　数：1～2 000册
书　　号：ISBN 978-7-113-13865-3
定　　价：48.00元

教育部　财政部中等职业学校教师素质提高计划成果
系列丛书

编写委员会

主　任　鲁　昕
副主任　葛道凯　赵　路　王继平　孙光奇
成　员　郭春鸣　胡成玉　张禹钦　包华影　王继平(同济大学)
　　　　刘宏杰　王　征　王克杰　李新发

专家指导委员会

主　任　刘来泉
副主任　王宪成　石伟平
成　员　翟海魂　史国栋　周耕夫　俞启定　姜大源
　　　　邓泽民　杨铭铎　周志刚　夏金星　沈　希
　　　　徐肇杰　卢双盈　曹　晔　陈吉红　和　震
　　　　韩亚兰

教育部　财政部中等职业学校教师素质提高计划成果
系列丛书

电力机车运用与检修专业师资培训包开发项目
（LBZD033）

项目牵头单位　浙江师范大学
项 目 负 责 人　杨志强

出版说明

根据 2005 年全国职业教育工作会议精神和《国务院关于大力发展职业教育的决定》（国发［2005］35 号），教育部、财政部 2006 年 12 月印发了《关于实施中等职业学校教师素质提高计划的意见》（教职成［2006］13 号），决定“十一五”期间中央财政投入 5 亿元用于实施中等职业学校师资队伍建设相关项目。其中，安排 4 000 万元，支持 39 个培训工作基础好、相关学科优势明显的全国重点建设职教师资培养培训基地牵头，联合有关高等学校、职业学校、行业企业，共同开发中等职业学校重点专业师资培训方案、课程和教材(以下简称“培训包项目”)。

经过四年多的努力，培训包项目取得了丰富成果。一是开发了中等职业学校 70 个专业的教师培训包，内容包括专业教师的教学能力标准、培训方案、专业核心课程教材、专业教学法教材和培训质量评价指标体系 5 方面成果。二是开发了中等职业学校校长资格培训、提高培训和高级研修 3 个校长培训包，内容包括校长岗位职责和能力标准、培训方案、培训教材、培训质量评价指标体系 4 方面成果。三是取得了 7 项职教师资公共基础研究成果，内容包括中等职业学校德育课教师、职业指导和心理健康教育教师培训方案、培训教材，教师培训项目体系、教师资格制度、教师培训教育类公共课程、职业教育教学法和现代教育技术、教师培训网站建设等课程教材、政策研究、制度设计和信息平台等。上述成果，共整理汇编出 300 多本正式出版物。

培训包项目的实施具有如下特点：一是系统设计框架。项目成果涵盖了从标准、方案到教材、评价的一整套内容，成果之间紧密衔接。同时，针对职教师资队伍建设的基础性问题，设计了专门的公共基础研究课题。二是坚持调研先行。项目承担单位进行了 3 000 多次调研，深度访谈 2 000 多次，发放问卷 200 多万份，调研范围覆盖了 70 多个行业和全国所有省（区、市），收集了大量翔实的一手数据和材料，为提高成果的科学性奠定了坚实基础。三是多方广泛参与。在 39 个项目牵头单位组织下，另有 110 多所国内外高等学校和科研机构、260 多个行业企业、36 个政府管理部门、277 所职业院校参加了开发工作，参与研发人员 2 100 多人，形成了政府、学校、行业、企业和科研机构共同参与的研发模式。四是突出职教特色。项目成果打破学科体系，根据职业学校教学特点，结合产业发展实际，将行动导向、工作过程系统化、任务驱动等理念应用到项目开发中，体现了职教师资培训内容和方式方法的特殊性。五是研究实践并进。几年来，项目承担单位在职业学校进行了 1 000 多次成果试验。阶段性成果形成后，在中等职业学校专业骨干教师国家级培训、省级培训、企业实践等活动中先行试用，不断总结经验、修改完善，提高了项目成果的针对性、应用性。六是严格过程管理。两部成立了专家指导委员会和项目管理办公室，在项目实施过程中先后组织研讨、培训和推进会近 30 次，来自职业教育办学、研究和管理一线的数十位领导、专家和实践工作者对成果进行了严格把关，确保了项目开发的正确方向。

作为“十一五”期间教育部、财政部实施的中等职业学校教师素质提高计划的重要内容，培训包项目的实施及所取得的成果，对于进一步完善职业教育师资培训培训体系，推动职教师资培训工作的科学化、规范化具有基础性和开创性意义。这一系列成果，既是职教师资培养培训机构开展教师培训活动的专门教材，也是职业学校教师在职自学的重要读物，同时也将为各级职业教育管理部门加强和改进职教教师管理和培训工作提供有益借鉴。希望各级教育行政部门、职教师资培训机构和职业学校要充分利用好这些成果。

为了高质量完成项目开发任务，全体项目承担单位和项目开发人员付出了巨大努力，中等职业学校教师素质提高计划专家指导委员会、项目管理办公室及相关方面的专家和同志投入了大量心血，承担出版任务的 11 家出版社开展了富有成效的工作。在此，我们一并表示衷心的感谢！

编写委员会
2011 年 10 月

前　言

中职电力机车运用与检修专业培养的是铁路机务检修、检测、运用、管理一线的中级技能型人才。培养目标能否实现，教师的专业能力是关键。依据这一指导思想和“中等职业学校教师素质提高计划”重点专业师资培训包开发项目要求，我们制定了专业教师能力标准，设计了相应的培训方案，并在此基础上着手开发师资培训专业核心课程教材:《电力机车检修项目教程》和《电力机车运用项目教程》。

“按工作领域设置课程，按工作任务筛选课程内容，按职业能力设计学习项目”，这是当前职业教育教学改革的一个重要特征与趋势。为此，我们紧扣教师专业能力标准和培训方案，以工作过程结构为框架，根据工作结构确定教材的体系结构，划分培训学习项目、任务类型、内容排序，实现教材体系结构从学科结构向工作结构的转变。同时，以中职学校电力机车运用与检修专业工作过程导向的课程实施为出发点，以工艺过程、工作流程为主线，以典型电力机车及其设备为载体设计学习项目，并结合电力机车运用与检修行业的新工艺、新设备、新技术，进行专业核心课程培训教学内容的整合和教材的编写。教材的编写同时考虑了教学的实施，考虑工作过程特点和教学过程特点的有机结合，考虑教学实施时便于围绕“任务中心”和“情境中心”开展教学活动。

在教材开发过程中，我们根据中职学校教师实施本专业行动导向职业教育教学需要、教师的现状和培训需求，对企业职业工作任务进行了分析，选择具有培训教学价值的典型工作任务、主流应用技术与关键能力，设计项目教材的学习项目和学任务。其中，《电力机车检修项目教程》包括检修电力机车机械、检修电力机车电器、检修电力机车电机、检修电力机车制动装置 4 篇，计 24 个学习项目，44 项学习任务；《电力机车运用项目教程》包括电气控制装置维护与故障处理、制动系统综合试验及故障处理、电力机车运用与管理 3 篇，计 20 个学习项目 83 项学习任务。

核心课程教材与教师培训方案有着紧密的对应关系。根据培训方案，检修电力机车机械、检修电力机车电器、检修电力机车电机为教师上岗培训主要教学内容；检修电力机车制动装置、制动系统综合试验及故障处理、电气控制装置维护与故障处理为教师提高培训主要教学内容；电力机车运用与管理为骨干教师培训主要教学内容。培训实施时，根据培训需求，学员也可以通过选择培训包的方式，自主选择其他学习内容。

本书由浙江师范大学杨志强主编，郑州铁路职业技术学院张中央，浙江师范大学杨志强执行主编，参加编写的有郑州铁路职业技术学院毛红军、薛晋秋，浙江师范大学吴鸣，广州铁路职业技术学院曾青中。北京铁路电气化学校王建立主审。

教材的编写得到了教育部、财政部中等职业学校教师素质提高计划专家指导委员会的悉心指导，在此表示衷心的感谢！

由于编者水平有限，不妥之处在所难免，希望使用本书的读者批评指正。

编　者

2011 年 10 月

目 录

第一部分 电气控制装置维护与故障处理

第二部分　制动系统综合试验及故障处理

第一部分　电气控制装置维护与故障处理

项目一　判断处理SS_4改型电力机车主电路故障

一、学习目标

通过本项目的学习和SS_4改型电力机车主电路常见故障处理技能训练，应能说出SS_4改型电力机车主电路组成和各电路电流路径，能对主电路常见故障现象进行分析和处理，达到能够单独指导学生技能训练的水平，全面开展项目教学。

1. 能说出SS_4改型电力机车主电路组成和各电路电流路径。

2. 能说出SS_4改型电力机车主电路中各电气设备布置及其联锁接点的设置结构和具体作用。

3. 能根据故障现象和显示信息，对SS_4改型电力机车主电路常见故障快速、准确地分析、判断和处理，确保机车正常运行。

二、项目任务

本项目的任务是学习SS_4改型电力机车主电路组成和各电路电流路径，熟悉SS_4改型电力机车主电路中各电气设备布置及其联锁接点的设置结构和具体作用，熟悉SS_4改型电力机车高、低压电器柜设备布置，会使用与维护各高、低压电器，分析、判断和处理SS_4改型电力机车主电路常见故障，训练SS_4改型电力机车主电路故障应急处理能力。

任务1　判断处理主电路接地故障。

任务2　判断处理原边过流故障。

任务3　判断处理牵引电机过流故障。

任务4　判断处理空转保护动作故障。

任务5　遇弓网故障后的处理方法。

三、背景知识

1. SS_4改型电力机车网侧高压电路(25 kV电路)

(1)高压部分

网侧高压电路的主要功能是由接触网取得电能。主要设备有受电弓1AP、空气断路器4QF、高压电压互感器6TV、高压电流互感器7TA、避雷器5F、主变压器8TM的高压绕组 AX、PFC 用电流互感器 109TA，以及二节车之间的 25 kV 母线用高压连接器 2AP。

(2)低压部分

低压部分主要用于检测机车网压和提供电度表用的电压信号。主要有自动开关 102QA、网压表 103PV、电度表 105PJ、PFC 用电压互感器 100TV，以及接地电刷 110E、120E、130E 和 140E。

网侧电流从接触网流入升起的受电弓 1AP→主断路器 4QF→主变压器一次侧 AX 绕组→车体→车体与转向架软连线→接地电刷 110E～140E→轮对→钢轨。

2. 整流调压电路

SS_4 改型电力机车采用转向架独立供电方式，每节车采用两套独立的整流调压电路，分别向相应的转向架供电。牵引绕组 a_1-b_1-x_1 和 a_2-x_2，其中 a_1-b_1-x_1 段分为两段 a_1-b_1 和 b_1-x_1 电压分别为 349.75 V，a_2-x_2 电压为 699.5 V，供电给主整流器 700 V 构成三段不等分整流半控桥，组成前转向架供电单元；牵引绕组 a_3-b_3-x_3 和 a_4-x_4 供电给主整流器 800 V，组成后转向架供电单元。

在整流器的输出端并联了两个电阻 75R 和 76R，其作用一是在机车做高压空载试验时，75R 作为整流器的负载，起维持电流的作用；二是正常运行时，能够吸收部分过电压。

3. 牵引电路

牵引支路的电流路径是(以第一牵引电机为例)：正极母线 71→平波电抗器 11L→线路接触器 12KM→电流传感器 111SC→电枢→两位置转换开关工况鼓 $107QPR_1$→两位置转换开关"前""后"鼓 $107QPV_1$→励磁绕组和固定分路电阻→$107QPV_1$→牵引电机故障隔离开关 19QS→$107QPR_1$→负极母线 72。

与主极绕组并联的有固定分路电阻 14R、一级磁场削弱电阻 15R 和接触器 17KM、二级磁场削弱电阻 16R 和接触器 18KM。

4. 制动电路

(1)高速区

在高速区，由于电机电势很高，足以维护一定的制动电流，所以无需加馈电源参与工作，主整流器仅 VD_4、VD_3 起续流作用，晶闸管处于封锁状态。制动电流电路如下(以第一电机为例)：牵引电机电枢绕组发电正端→$107QPR_1$→13R 制动电阻→72 号线→主整流器二极管 VD_4、VD_3→平波电抗器 11L→线路触器 12KM→牵引电机电枢绕组发电负端。

(2)加馈区

在加馈区，励磁电流调节已达到最大值(970 A)的限制值，而这以后发电机由于机车速度低，其发电机电势 E_f 随速度下降而减小，制动电流无法维持不变，而在低速区要获得最大恒制动力特性，则必须保持最大的制动电流，因此，只能依靠主整流桥 VD_3、VD_4 和 VT_5、VT_6 与绕组 a_2-x_2(以前架为例)组成的直流加馈电源 U_j，对制动电路实施加馈，以维持制动电流不变。此时制动力的调节是通过调节主整流桥的触发角 α 来实现的，原理公式为：

$$I_Z=\frac{E_f+U_j}{R_Z}=\frac{C_e\phi n+0.9U_{a_2\text{-}x_2}\dfrac{1+\cos\alpha}{2}}{R_Z}\quad(\alpha=\pi\rightarrow 0)$$

即相当于牵引电机电势串联一个整流电压，整流电压随相控角变化而自动变化，以保证达

到最大制动电流。

(3)励磁电流路径

①主变压器励磁绕组端子 a_5 为正时：

a_5^+→91KM 励磁电源接触器→导线 92→VD_5→导线 91→$107QPR_1$→19QS→D_{12} D_{11}→$107QPV_1$→14→$107QPR_2$→29QS→D_{21} D_{22}→$107QPV_2$→24→$108QPR_4$→49QS→D_{41} D_{42}→$108QPV_4$→44→$108QPR_3$→39QS→D_{32} D_{31}→$108QPV_3$→43→92KM 励磁接触器→导线 82→VT_8→x_5^-。

②主变压器励磁绕组端子 x_5 为正时，从励磁整流桥出来后的电流方向与上面相同。

5. 保护电路

SS_4 改型机车主电路保护有短路保护、过流保护、过电压保护及接地保护 4 个方面。

(1)短路保护

短路保护器件为网侧主断路器。主电路的短路有网侧过流，这种故障往往是车内 25 kV 高压电路的对地短路，包括主变压器高压绕组的击穿，导电杆的对地短路等，但车顶设备对地短路需由牵引变电所的油开关跳闸进行保护，不属于机车内部保护。整流器侧短路(二次侧短路)：包括牵引绕组短路、整流元件击穿形成的内短路、整流器母线间的短路、硅元件击穿的短路。

(2)过流保护

包括牵引工况下电机的过载和环火，制动工况下电机过载及环火，励磁过载。

①牵引工况时，牵引电机的过流保护通过直流电流传感器 111SC、121SC、131SC 和 141SC 将电流信号传入电子柜，当电子柜判断出过流时，发出跳主断指令。

②制动工况时，同样由直流电流传感器 111SC、121SC、131SC 和 141SC 将电流信号传入电子柜，当判断出制动过流时，发出跳主断指令。

③制动工况励磁过流时，通过直流电流传感器 199SC 将电流信号传入电子柜，当判断出制动过流时，不跳主断，而是断开励磁接触器 91KM 实现保护。

(3)过电压保护

机车的过电压包括：大气过电压、操作过电压、整流器换向过电压和调整过电压。主要保护形式有(自网侧起)：

①避雷器 5F，接于主断路器之后，为金属氧化物避雷器，主要用于防止主断分、合过程中的操作过电压，也用于机车运行中的雷击过电压。标准冲击波电压 90 kV，工频放电电压 65 kV。

②阻容保护，在主变压器各次边绕组上设置 RC 吸收器。同时在机车的主整流器 700VT 和 800VT、励磁整流器 99VT 的每一晶闸管上均并联有 RC 吸收器，以抑制整流器的换向过电压。

③电子装置的过压保护(电机限压保护)，牵引电机电压由微机柜限压环节进行限制，限压[1 020(1±5%)]V。

(4)接地保护

牵引工况时，接地保护按“转向架单元”设置，除网侧电路外，主电路中任一点接地，接地继电器均能动作，无“死区”。制动工况时，接地保护装置也是分区设置，第二转向架接地保护除保护本转向架的电机电枢电路外，还保护 4 台电机的励磁电路。第一转向架的接地保护仅保护第一转向架的电枢电路。主接地故障时，通过 97KE、98KE 使主断 4QF 分闸保护。

四、质量评价标准

序号	项目	考核内容及评分标准	分值	扣分	得分	备注
1	时间	规定时间 10 min，每超过 1 min 扣 1 分，超过 5 min 全项失格	10			
2	安全	防护用品穿戴不齐，每件扣 2 分；碰伤、破皮出血每处扣 3 分；触电或造成工伤全项失格	10			
3	正确使用仪表	仪表未校验扣 2 分；量程选择不当扣 2 分；读数不准扣 2 分；仪表损坏至不能使用扣 10 分	10			
4	作业过程	重复一次、顺序颠倒一次、检查无内容各扣 10 分，未按要求结束工作扣 5 分	20			
5	质量	故障发现不会处理扣 20 分；安装松动每处扣 3 分；漏装配件每处扣 5 分；故障未发现全项失格	50			
合计						
评价者签名： 年　月　日						

五、项目链接

1. 华平．电力机车控制[M]．北京：中国铁道出版社，2008.

2. 杨兆昆．韶山$_4$改型电力机车乘务员[M]．北京：中国铁道出版社，2002.

3. 李春阳．我国相控电力机车主电路的优化和简统化探讨[J]．机车电传动，2005(6).

4. 赵晓明．SS_4改进型机车高压安全保护装置电路的改进[J]．机车电传动，2006(1).

5. 刘德凡，赵永峰，钱智民．SS_4改进型机车整流柜故障原因及解决办法[J]．机车电传动，2003(4).

6. 华鹏飞，李勇智．SS_4改进型电力机车防空转误动作原因分析及改进措施[J]．机车电传动，2005(5).

任务 1　判断处理主电路接地故障

一、学习目标

能根据故障现象判断SS_4改型机车主电路接地故障原因，对故障进行处理，消除故障或隔离故障，维持机车运行。

二、学习任务

1. 任务描述

观察主台和辅台主接地、主断路器信号显示情况，处理主电路接地故障。

2. 任务流程

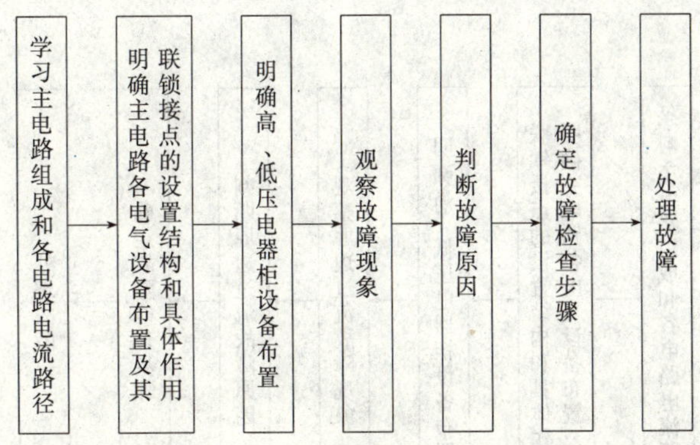

三、环境设备

设备、工具：十字头、一字头螺丝刀、手电筒、万用表、1 000 V兆欧表、短接线、低压电器柜。

资料：SS_4改型电力机车主电路电路图。

四、操作指导

1. 观察故障现象

观察主台信号显示屏显示“主接地”和“主断”信号灯，再观察辅台信号显示屏显示具体接地转向架。

2. 故障判断与处理

(1)机车运行中，主断路器跳闸，“主接地”和“主断”灯亮，立即将调速手轮回“0”位。

(2)重新合主断路器，提手柄运行，若正常，则为接地继电器误动作，不作处理。若运行一段时间后，又重复出现，则为某牵引电动机环火。观察辅台信号显示屏确认接地转向架，降受电弓，将高压电器柜中相应牵引电机故障隔离开关置故障位(中为牵引工况故障位，下为制动工况故障位)。

(3)若重合主断路后，仍跳闸，则主电路中某一点接地。立即降弓，走廊巡视，确认主电路各电机、电器有无烧损情况，若电机烧损，将相应牵引电机故障隔离开关置故障位；若电器烧损，做短接处理；若无电机、电器烧损，凭学习司机台显示，将相应转向架接地闸刀置“故障”位，维持运行，并加强巡视。

(4)若只在高级位接地，可适当降级运行。

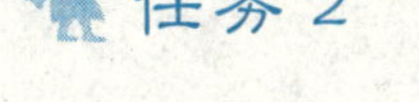

任务2　判断处理原边过流故障

一、学习目标

能根据故障现象分析、判断SS_4改型电力机车原边过流故障的原因，对故障进行处理，消除故障或隔离故障，维持机车运行。

二、学习任务

1. 任务描述

观察主台原边过流、主断路器信号显示情况，处理原边过流故障。

2. 任务流程

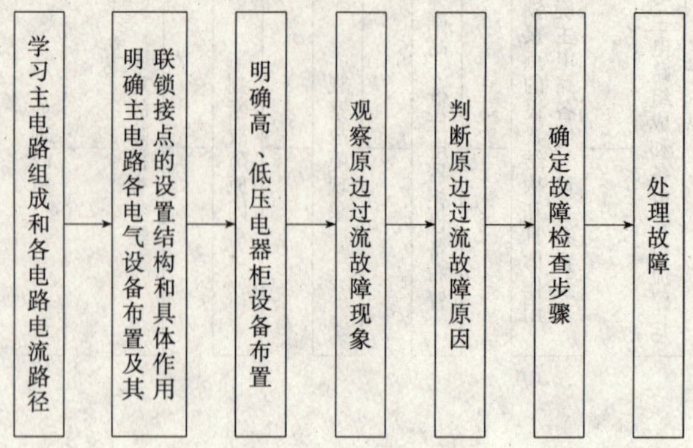

三、环境设备

设备、工具：十字头、一字头螺丝刀、手电筒、万用表、短接线若干根、高压电器柜。

资料：SS_4 改型电力机车主电路电路图。

四、操作指导

1. 观察故障现象

观察主台信号显示屏显示“原边过流”和“主断”信号灯。

2. 故障判断与处理

(1)机车运行中，主断路器跳闸，“原边过流”和“主断”灯亮，立即将调速手轮回“0”位。

(2)检查 101KC 动作情况，若 101KC 动作，确认无烧损现象和焦煳气味，重新合主断路器，提手柄运行，若正常，则为 101KC 误动作，不作处理。若主断路器仍跳，则原边有过流现象，检查确认 101KC 无异状，切除该节车。

(3)若 101KC 未动作，为整流柜晶闸管击穿，可切除该节车。如果牵引力不足时，切除故障整流柜，维持运行。

(4)如果手轮一离开“0”位，主断路器就跳闸，显示“原边过流”，则为整流柜 D3 或 D4 击穿或反装。则拔下整流柜 75、77 或 76、78 插头，注意包好插头，避免短路。判断不清哪一架有问题时，可试拔，牵引力足够时，可切除该节车。

(5)如果牵引电压达到 500 V 左右，主断路器跳闸，显示“原边过流”，则为整流柜 D1 或 D2 击穿或反装。处理同(4)。

(6)如同时显示“牵引电机”时，则凭副台显示，将故障电机故障隔离开关置中间位。

任务 3　判断处理牵引电机过流故障

一、学习目标

能根据故障现象判断 SS_4 改型机车牵引电机过流故障，对故障进行处理，消除故障或隔离故障，维持机车运行。

二、学习任务

1. 任务描述

观察主、辅台牵引电机过流、主断路器信号显示情况，处理牵引电机过流故障。

2. 任务流程

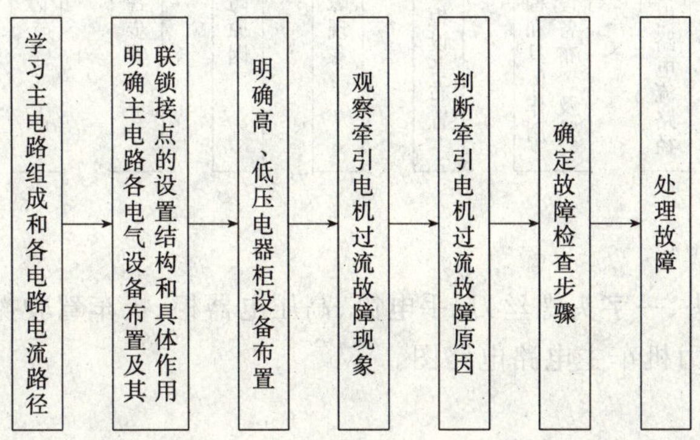

三、环境设备

设备、工具：十字头、一字头螺丝刀、手电筒、万用表、短接线、高压电器柜、机车驾驶操纵台。

资料：SS_4 改型电力机车主电路电路图。

四、操作指导

1. 观察故障现象

观察主台信号显示屏显示“牵引电机”和“主断”信号灯。

2. 故障判断与处理

(1)重新合主断路器，若正常则为操纵不当，继续运行；

(2)若仍跳主断路器，则凭副台显示，将故障电机故障隔离开关置中间位，维持运行；

(3)如同时显示该电机转向架接地，则将该电机闸刀置中间位，维持运行，并停止使用电阻制动。

任务 4　判断处理空转保护动作故障

一、学习目标

能根据故障现象判断 SS_4 改型机车空转故障，对故障进行处理，消除故障或隔离故障，维持机车运行。

二、学习任务

1. 任务描述

观察主台空转信号显示情况，处理机车空转故障。

2. 任务流程

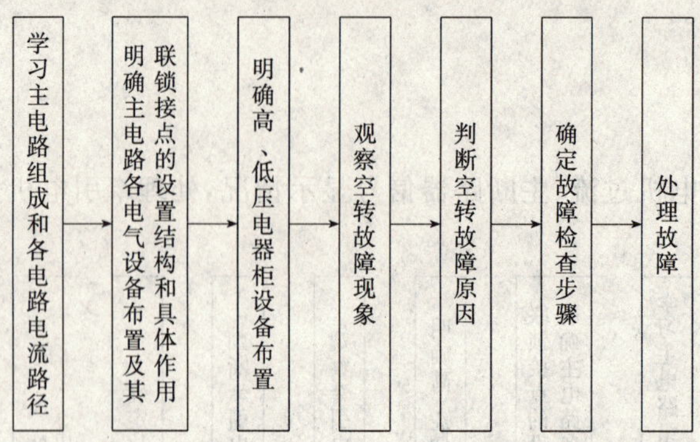

三、环境设备

设备、工具：十字头、一字头螺丝刀、手电筒、高压电器柜、机车驾驶操纵台。

资料：SS_4 改型电力机车主电路电路图。

四、操作指导

1. 观察故障现象

观察主台信号显示屏显示“空转”信号灯。

2. 故障判断与处理

(1)同时观察牵引电机电流表显示情况，如电机电流大、黏着条件差，可适当减载和撒砂；

(2)如电机电流不大，属空转保护误动作，则电子柜转 B 组运行；

(3)如转 B 组不行，则打开电子柜门，将空转保护板故障开关置故障位，仍用 A 组维持运行。同时，注意防止空转，不得盲目给流强行牵引。

任务 5　遇弓网故障后的处理方法

一、学习目标

能对弓网故障进行分析与处理，维持机车运行。

二、学习任务

1. 任务描述

冷静分析、处理弓网故障。

2. 任务流程

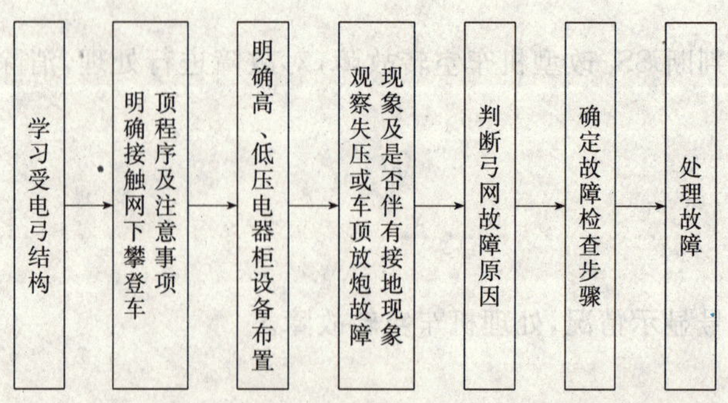

三、环境设备

设备、工具：十字头、一字头螺丝刀、手电筒、活扳手、接地线、白布、汽油、棉纱、砂布、滑板条、润滑剂、受电弓。

资料：SS_4 改型电力机车电路图、受电弓结构图。

四、操作指导

1. 观察故障现象

升弓后车顶有放炮声或动行中突然失压。

2. 故障判断与处理

(1)升弓后车顶有放炮声

①发生一次放炮声，为车顶瓷瓶太脏或露雾太大引起接地放电，不影响供电，可继续运行。

②发生二次放炮声，为瓷瓶破损或车顶部件故障造成接地放电，须请求停电，办妥手续，上车顶处理，排除异物，擦净瓷瓶。

③如果瓷瓶故障，须拆除相应的异电杆，其拆除方法是：

a. 故障瓷瓶在受电弓与主断路器之间，拆除相应导电杆后，换弓运行。

b. 故障瓷瓶在两主断路器之间时，拆除相应导电杆后，升双弓运行，注意过分相。

c. 主断路器瓷瓶故障，排除接地处所，隔离开关置分闸状态，586QS 置“故障”位，单节维持运行。

(2)运行中突然失压

①首先确认是否刮弓，如果受电弓正常，则为接触网停电，根据运行情况在保证安全的前提下，可维持进站。但长大下坡道须就地停车，停车后与调度联系。如停电时间超过 40 min，应按规定做好防溜。

②如果刮弓，应立即停车，做好防溜，请求停电，办妥停电手续，挂好接地线；上车顶检查受电弓被刮状态，将故障受电弓绑好，防止超高，将故障受电弓隔离开关 587QS 置“故障”位，并关闭其 143 塞门，排除接地处所，换弓运行。如果受电弓刮下机车，或虽在车上，但有可能因振动掉下车顶时，应将其移至线路旁边，不得侵入邻线；清理车顶异物，排除接地处所，换弓运行，同时通知机务段。

项目二　判断处理 SS_{7E} 型电力机车主电路故障

一、学习目标

通过本项目的学习和 SS_{7E} 型电力机车主电路常见故障处理技能训练，应能说出 SS_{7E} 型电力机车主电路组成和各电路电流路径，能对主电路常见故障现象进行分析和处理，达到能够单独指导学生技能训练的水平。

1. 能说出 SS_{7E} 型电力机车主电路组成和各电路电流路径。

2. 能熟练说出 SS_{7E} 型电力机车主电路中各电气设备布置及其联锁接点的设置结构和具体作用。

3. 会根据故障现象和显示信息，对 SS_{7E} 型电力机车主电路常见故障快速、准确地分析、判断和处理，确保机车正常运行。

二、项目任务

本项目的任务是学习 SS_{7E} 型电力机车主电路组成和各电路电流路径；熟悉 SS_{7E} 型电力机车主电路各电气设备结构、布置及其联锁接点的设置结构和具体作用；熟悉 SS_{7E} 型电力机车高、低压电器柜设备布置；能判断处理 SS_{7E} 型电力机车运行中主电路的常见故障，训练 SS_{7E} 型电力机车主电路故障应急处理能力。

任务 1　判断处理牵引电机过流故障。

任务 2　判断处理机车空转故障。

任务 3　判断处理次边过流故障。

任务 4　判断处理牵引电机小齿轮弛缓故障。

任务 5　判断处理主电路接地故障。

三、背景知识

1. 网侧(25 kV)高压电路

单相工频 25 kV 交流电由接触网经机车受电弓 A1 或 A2 引入机车。网侧电流途径是：接触网→受电弓 A1(A2)→受电弓隔离开关 W1(W2)→主断路器 QF1→主变压器网侧绕组 AX→车体→车体与转向架间软连线→车轴接地装置 EB1～EB6→轮对→钢轨。

高压电压互感器 TV1 接在主断路器 QF1 之前，二次侧通过自动开关 FA2，接入网压表 PV 和电度表 PJ1 的电压线圈，只要受电弓升起，就可以得到网压信号，即网压表上可观察到电网电压。在机车降弓后，主断路器 QF1 分断情况下，受电弓及其到主断路器之间的车顶高压线处于悬浮状态，在有电的接触网下会有约 4 000 V 的感应电压，通过电压互感器 TV1 的检测，在网压表中显示。

主断路器 QF1 除接通和开断机车的总电源外，当主电路发生短路、过流、接地等故障时，起最后一级保护作用。

在主断路器 QF1 之前接有放电间隙 F1，用来抑制雷击过电压，在主断路器 QF1 之后接有避雷器 F2，用来抑制雷击过电压和操作过电压。

电流互感器 TA9、TA10 都用来测量主变压器的网侧电流，TA9 主要用作短路电流的检测，是保护用互感器，用来驱动电流继电器 FA1 动作，它接在高压绕组的 A 端，对主变压器高压绕组的短路也能起到保护作用。TA10 用来检测机车正常运行时的工作电流，负载为电度表 PJ1 的电流线圈，它安装在高压线圈的 X 端。

机车的每一轴端都装有接地装置 EB1～EB6，用来构成回流电路。

2. 整流调压电路

为实现转向架独立控制方式、每节车采用两套独立的整流调压电路，分别向相应的转向架供电。主变压器二次侧有 a_1-b_1-x_1、a_2-b_2-x_2、a_3-x_3、a_4-x_4 四段牵引绕组，每段空载电压为 675.6 V；有 a_5-x_5、a_6-x_6 两段励磁绕组，每段空载电压为 168.9 V。a_1-b_1-x_1、a_3-x_3、a_5-x_5 为一组，向Ⅰ端主整流器 U11、U12、U13 提供交流电源，经整流并调压后向前半台车的 3 台牵引电动机 M1～M3 的电枢及他励绕组供电；而后半台车的 M4～M6 电机供电电路同前半台车完全相同。

整流调压的顺序是：首先开放半控桥 U12。牵引工况时，通过对晶闸管 VT9、VT10 触发角相位的调节控制，使整流输出电压从 0 升至$\frac{1}{2}U_d$（U_d 为总整流电压），此后保持两个晶闸管（VT9、VT10）满开放。在此期间 U11 的两个整流管臂 VT1、VT2 呈续流工作状态。

当半控桥满开放后，交替使晶闸管 VT3、VT4 触发导通，通过调节其晶闸管臂的触发角相位，使整流输出电压从$\frac{1}{2}U_d$ 升至$\frac{3}{4}U_d$，此后保持两个晶闸管（VT3、VT4）满开放。如再提高电机端电压再通过晶闸管（VT5、VT6）交替触发导通，对其触发角相位的调节控制，使整流输出电压上升至U_d。U_d 达到最高限压 1 030 V 后，通过电子控制系统调节 U11 桥的输出来补偿网压波动等因素的影响，维持恒压。他励半控桥 U13 向 M1～M3 电机他励绕组提供他励电流 I_f。在牵引工况下，他励电路中的励磁接触器 KM7 首先闭合，通过对晶闸管桥臂 VT13、VT14 的触发角相位的调节控制，使他励桥输出一个预他励电流 $I_{f0}=32$ A，达到此值后，再控制电枢电路中线路接触器 KM1～KM3 闭合，这样可避免电机在起始工作时产生较大冲击电流。随后，他励电流 I_f，跟随电枢电流 I_A 线性变化，在磁场削弱前，始终满足下面两个关系式：

$$I_f=32\ \text{A},\ I_A\leqslant 143\ \text{A}$$

$$I_f=0.223\,4I_A,\ 143\ \text{A}<I_A\leqslant 1\,320\ \text{A}$$

SS_{7E}型电力机车的启动调速过程是根据司机控制的指令，通过微机控制系统对整流桥 U11、U12、U13 的晶闸管桥臂的触发角相位调节控制而实现的，机车采用特性控制方式。如果司机指令在较高级位，机车沿外包络线运行。当电机电压达到额定值 910 V 时，电机电流 I_A 沿着黏着电流限制线从启动电流 1 320 A 逐渐降至 940 A，此时为机车第一个恒功点；以后电压继续上升，而电流继续减少，直到 $U_M=1\,030$ V，$I_A=830$ A 的第二个恒功点。再继续升速，就进入恒功无级磁场削弱区，即维持 $U=1\,030$ V，$I_A=830$ A 不变，而他励电流 I_f 从 210 A 逐渐降至 48 A，磁场削弱系数 β 相应从 95.4% 平滑调至 41.9%，从而满足机车在 96～160 km/h 调速范围恒功的要求；当机车速度高于 160 km/h 时，不再加深磁场削弱深度，而维持最高电机电压 1 030 V 及最小他励电流 $I_f=48$ A，沿着电机 $U_M=1\ 030$ V，$I_f=48$ A 的自然牵引特性曲线运行。

如果司机指令不在最高级位（如在 $N=5$ 级），机车则按对应指令（$N=5$ 级）的控制特性运行。机车特性控制的电枢电流 I_A、级位 N 与速度 v 的关系如下：

$$I_A=\begin{cases}100N\\900N-90v \quad (\text{A})\\1\ 320\end{cases}$$

式中 I_A——取最小值，A；

N——牵引级位，0～18 级连续可调；

v——机车速度，km/h。

电阻 R5、R6 和 R29 为整流桥的负载电阻，通过它实现对整流电路的空载高压试验。

3. 牵引电路

机车牵引供电电路，采用转向架独立供电方式，每个转向架的 3 台电机的电枢支路是并联连接的，现以第Ⅰ支路为例说明。电流路径依次为：整流装置正端（线号为 1）→平波电抗器 L1→线路接触器 KM1→电流传感器 UA1→换向开关 QM11→电机 M1 电枢入端 A11→附加极出端 B21→换向开关 QM12→牵引制动转换开关 QM13→串励绕组 D11→D21→电机故障隔离开关 QS1→整流器负端（线号 3）。全车 6 个支路结构完全相同，只是代号、线号不同。

他励电路由励磁半控桥供电给串联的 3 台电机的他励绕组，具体路径为励磁桥正端（线号 7）→励磁接触器 KM7→励磁电流传感器 UA7→隔离开关 QS1→电机 M1 他励绕组 F11→F21→隔离开关 QS1→隔离开关 QS2→电机 M2 他励绕组 F12→F22→隔离开关 QS2→隔离开关 QS3→电机 M3 他励绕组 F13→F23→隔离开关 QS3→励磁桥负端（线号 9）。电机故障隔离开关 QS1～QS3 为三刀双掷开关，当某台电机故障时，拉开相应隔离开关置于故障位，切断故障电机的电枢电路和他励电路，同时构通其余正常电机的他励电路。操作某支路隔离开关后，其辅助动断触点在控制电路中断开相应支路线路接触器电空阀线圈电路，线路接触器也处于断开状态，这样，故障电机的电枢支路及他励绕组与牵引电路是彻底隔开的，不会影响其他支路正常工作。设置线路接触器 KM1～KM6，有利于电机支路的安全保护。当司机调速手柄回“0”后，线路接触器断开，并由控制电路保证换向开关和牵引制动转换开关在 KM1～KM6 全部断开状态下无电转换，同时还使得在惰行工况时，断开各支路使牵引电机不处于并联状态，从而可以避免由于电机剩磁而引起的不良后果。

每个支路串一个平波电抗器，额定工况下电流脉动系数不大于 0.28，这种接法还可以抑制支路故障电流的上升率，同时当电机故障切除后，不影响其他支路的滤波效果。

在主极串励绕组上并联了固定分路电阻 RS1～RS6，其作用是将电枢电流中的交流分量分流，使主极绕组中的交变磁通减少，改善电动机换向和主极温升。正常的串励固定分路系数约为 0.87，同时可根据电机并联运行的电流分配不均匀情况，调节固定分路电阻值，可适当改善均流情况。

在每个支路和他励电路中均串有一个电流传感器检测电流信号，并在牵引电路上接有一个电压传感器检测整流输出电压。

机车运行方向的变换通过改变电机转向来实现，即改变电机电枢电流方向或励磁电流方向实现。由于复励电机励磁有串励、他励两部分，所以 SS_{7E} 型电力机车通过换向开关 QM11～QM61、QM12～QM62 改变电枢电流方向实现换向。

机车利用库用电源入库动车时，通过库用插座XS1(XS2)，经库用三刀开关QS11(QS12)转换，将入库电源接至电机M2(M5)，使电机接成串励电机形式。入库动车时只需将换向开关置于“前”或“后”位，QS11或QS12置库用位，合上牵引电机隔离开关QS2(QS5)，就可利用电机M2(M5)牵引动车。当电机M2、M5均处于故障情况下而需入库动车时，可借助接触器KM2(KM5)和闭合相应动车电机的接触器，来构成入库动车电路。

注意：由于复励电机他励绕组阻值较大，入库动车时又与电枢及串励绕组相串联，所需库用电源输出电压比一般串励牵引电机要高。在出现入库动车有困难时，一方面需检查非动车电机支路故障隔离开关是否都处于故障位，若处于运行位，则因在动车电路中串入了非动车电机的他励绕组，动车电流就不够；另外可适当调高库用电源。在2、5位电机的电压传感器上连接有空载试验刀开关QS13和QS14，当机车做空载试验时，通过刀开关转换来测量整流器输出电压。

4. 加馈电阻制动电路

SS_{7E}型电力机车采用加馈电阻制动方式。即在加馈区，由于励磁电流已达到最大值。为维持最大制动力应保持最大的制动电流。由于机车速度降低，牵引电机的电势不足以维持最大制动电流。这时绕组a_1-x_1投入工作，半控桥的晶闸管轮流导通，相当于牵引电机电势再串联一个整流电压。调节整流电压的大小，以维持制动电流达到某一数值。

制动时，转换开关QM13～QM63转至制动位，断开电机串励绕组，串入制动电阻RB1～RB6。半台车3个电枢支路相并联后，再与整流装置串联。他励电源仍由半控桥U13(U23)提供，励磁电路和励磁电流方向均不改变，而电枢的制动电流方向却改变了，为了使制动电流方向与整流装置电流方向一致，需通过电枢换向开关对电机电枢进行换向(牵引时电流从A11流向B21，而加馈制动时从B21流向A11)。以第一支路为例说明，电流途径依次为：整流装置正端(线号为1)→平波电抗器L1→线路接触器KM1→电流传感器UA1→换向开关QM11→M1的附加极入端B21→M1电枢出端A11→牵引制动转换开关QM13→制动电阻RB1→隔离开关QS1→整流装置负端(线号为3)→U12的V7、V8→U11负端(线号为5)。

制动工况时，当一台牵引电机或制动电阻故障时，通过隔离开关QS1～QS6隔离，并将相应接触器KM1～KM6断开，从控制电路上保证处于断开状态，这样，故障支路的电机电枢和制动电阻及他励绕组完全与制动回路隔开，不影响其他支路正常工作。

5. 保护电路

为了防止及降低机车电气设备在不正常情况下受到的损害，主电路中设有过电压保护、短路保护、过载保护、欠压保护及接地保护等(机车主保护器件为主断路器QF1，除执行电路的正常开断外，还有故障状态下的开断)。发生故障时能自动迅速切断相应电路，从而防止事故的扩大。

(1)过电压保护

①大气过电压保护及操作过电压保护

大气过电压是来自接触网的直击雷或感应雷，这种过电压上升极快，数值也大(可高达几十万伏)，对机车上各种电气设备绝缘有极大危害，尤其对主变压器绕组影响更大。

操作过电压是在机车主电路的接通和开断时形成的，尤其在主变压器的空载开断时，极易产生操作过电压，主要保护形式有：

a. 放电间隙和避雷器

SS_{7E}型电力机车上装有放电间隙 F1,击穿放电电压 90 kV;以及避雷器 F2,残压为89 kV。F2 装在主断路器后方,主断路器闭合后,不但能对大气过电压进行保护,而且对内部操作过电压也能起一定保护作用。

b. 阻容保护和压敏电阻

在变压器牵引绕组和励磁绕组两端设有 RC 阻容吸收器(C1～C6、R1～R4、R21～R22),牵引绕组还并联有过电压吸收器(RV1～RV4),阻容吸收器和过电压吸收器主要用来抑制牵引绕组侧的过电压。牵引绕组侧的过电压主要由大气过电压和操作过电压产生,部分是高压侧耦合过来的,部分是负载电路中产生的。阻容吸收器和过电压吸收器一般可将过电压限制到牵引绕组电压的 2 倍以下。

②整流装置换向过电压保护:整流装置的每一晶闸管和整流管元件上均并联 RC 吸收器,用来限制硅元件换向过程中产生的过电压。

(2)过电流保护

过电流保护包括过载保护与短路保护,故障发生时,利用互感器或传感器检测信号,通过中间环节,驱动保护器件快速动作,切断电源,防止事故蔓延扩大。

①网侧绕组保护

主变压器发生匝间短路、接地等故障时,与变压器共油箱的高压电流互感器 TA9 检测到网侧电流达 640(1±5%)A 整定值时,过流继电器 FA1 动作使主断路器 QF1 跳闸,同时送信号至微机控制系统,封锁各晶闸管脉冲,并显示故障信号。

②阀侧绕组保护

阀侧 4 个牵引绕组及主元件击穿及整流输出短路等故障时,利用安装在主变压器绕组出线端上的电流互感器 TA1～TA4 检测电流信号,送微机控制系统,当电流达整定值 4 500(1±5%)A 时,封锁各晶闸管脉冲、跳主断路器,并显示故障信号,同时,通过安装在线路中的快熔 FU3、FU5、FU7(FU4、FU6、FU8)的保护、隔离避免故障的扩大。阀侧 2 个励磁绕组发生元件击穿及整流输出短路时,利用励磁桥交流侧快熔 FU1(FU2)保护。

③牵引电机过载保护

由电流传感器 UA1～UA6(1 000 A/200 mA)检测电机支路电流,送微机控制系统,当电流达整定值 1 600(1±5%)A 时,封锁各晶闸管脉冲,送出信号跳主断路器并显示故障信号。

④牵引励磁过载保护

由励磁回路中励磁电流传感器 UA7、UA8(500 A/100 mA)检测电流信号,送微机控制系统,当达到整定值 360(1±5%)A 时,封锁各晶闸管脉冲,送出信号跳主断路器并显示故障信号。

⑤加馈制动励磁和电枢过载保护

加馈制动时,由 UA7、UA8 检测励磁电流,UA1～UA6 检测电枢电流,送微机控制系统,当电流达整定值:励磁电流 360(1±5%)A;电枢电流 1 250(1±5%)A,封锁励磁桥晶闸管脉冲、送信号跳励磁接触器 KM7、KM8,并显示故障信号。

(3)接地保护

主电路共 4 套接地保护装置。其中两套电枢电路接地保护装置的一端接在整流桥中点(5、6 号线),另一端接直流电源 110 V。另两套他励电路接地保护装置,一端接励磁桥负线(9、10 号线),另一端接直流电源 110 V,此 4 套接地保护装置中,无论电路中任何一点接地,都能保护,无死区。接地继电器动作后,使主断路器跳闸,并显示故障信号。

机车运行中接地故障无法消除和处理时，在确认只有一点接地故障情况下，可以通过接地装置的故障转换开关转向故障位运行，即切除了相应接地继电器，通过高阻值接地电阻 R11（R12、R17、R18）形成固定接地点，机车故障运行时因已无接地保护，要求司机必须加强巡视，以便发现意外情况时人为采取相应的保护措施。

6. 测量电路

SS_{7E}型电力机车主电路测量包括网压、整流电压、电机电枢电流和励磁电流、电能计量等部分。

(1)网压测量

原边采用高压电压互感器 TV1 测量网压信号，并由司机室内所设的交流网压表 PV1(PV2)显示，每个司机室各有 1 块。

(2)电机电压测量

采用电压传感器 UV1～UV6(1 000 V/80 mA)，接在方向转换开关的两端，每支路 1 个，测量电机电压。电压信号经微机控制系统处理后，一路用作系统控制用反馈信号，另一路输出到司机室操纵台上的微机显示屏显示。

(3)电枢电流和励磁电流测量

由 6 个(1 000 A/200 mA)电流传感器 UA1～UA6 和 2 个(500 A/100 mA)电流传感器 UA7、UA8，分别测量各电机电枢电流及他励电流信号，经微机控制系统处理后，用作系统控制用反馈信号，并输出到司机室操纵台上的微机显示屏显示。

(4)电能计量

机车上装有一块交流电度表 PJ1。电度表规格为额定电压 100 V，额定电流 1 A，过载电流 5 A。电压信号由高压电压互感器 TV1 的二次线圈提供，电流信号由交流电流互感器 TA10 提供。电度表为电力机车专用电度表，已考虑互感器变比，将指示数乘以 100 即为实际电量值(kW·h)。

四、质量评价标准

序号	项目	考核内容及评分标准	分值	扣分	得分	备注
1	时间	规定时间 10 min，每超过 1 min 扣 1 分，超过 5 min 全项失格	10			
2	安全	防护用品穿戴不齐，每件扣 2 分；碰伤、破皮出血每处扣 3 分；触电或造成工伤全项失格	10			
3	作业过程	重复一次、顺序颠倒一次、检查无内容各扣 10 分，未按要求结束工作扣 5 分	30			
4	质量	不会处理故障失格；处理不当一处扣 20 分	50			
合计						
评价者签名：　　　　年　月　日						

五、项目链接

1. 杨永林．韶山$_{7E}$型电力机车[M]．北京：中国铁道出版社出版，2004.

2. 兰州铁路局．SS_{7E}型电力机车司机岗位安全培训教程[M]．北京：中国铁道出版社，2006.

3. 华平．电力机车控制[M]．北京:中国铁道出版社,2008.
4. 李春阳．我国相控电力机车主电路的优化和简统化探讨[J]．机车电传动,2005(6).
5. 封全保,武桂琴,苏鹏．SS_{7E}型电力机车主要提速技术[J]．机车电传动,2004(5).
6. 武桂琴,张金平．模块化SS_{7E}型交直电力机车[J]．机车电传动,2006(2).

任务 1　判断处理牵引电机过流故障

一、学习目标

能根据故障现象判断SS_{7E}型电力机车牵引电机过流故障,消除故障或隔离故障,维持机车运行。

二、学习任务

1. 任务描述

观察故障显示屏、微机显示屏牵引电机过流、主断路器信号显示情况,处理牵引电机过流故障。

2. 任务流程

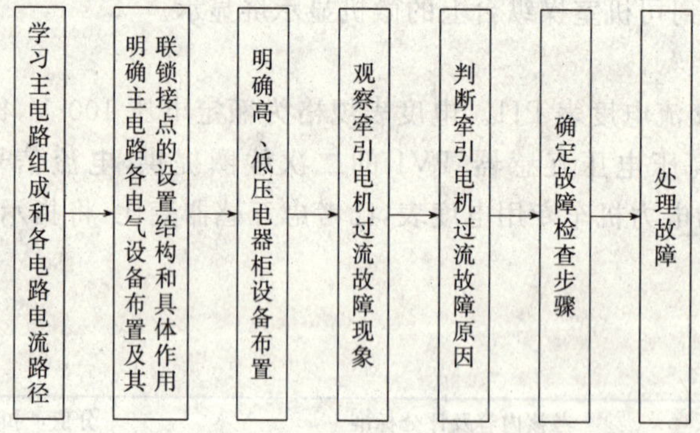

三、环境设备

设备、工具:十字头、一字头螺丝刀、手电筒、万用表、机车驾驶操纵台或仿真操纵台。
资料:SS_{7E}型电力机车主电路电路图。

四、操作指导

1. 观察故障现象

观察微机显示屏显示某牵引电机过流和主断分信号。

2. 故障判断与处理

(1)观察微机显示屏同时显示相应主电路接地,则为某牵引电动机环火造成接地和过流。重新合主断路器,运行正常,为牵引电动机瞬间环火,维持运行。若重新合主断路器后,仍跳主断路器和显示过流、接地,则牵引电动机故障,在高压柜内将相应牵引电动机故障隔离开关置“故障”位,切除相应牵引电动机。

(2)跳主断路器时,观察微机柜输入输出插件板上的指示灯。若指示灯亮,则为微机柜相

应转向架的脉冲插件板坏；若指示灯不亮，则为微机柜开关电源板坏。两种情况都应进行微机故障转换。

(3)在操作微机故障转换开关前，应将换向手柄及调速手柄回"0"位，关闭各扳键开关，还应将电源柜中"微机控制"自动开关FA35断开，然后根据微机显示屏的故障显示提示，将Ⅰ端司机室微机柜中故障转换开关由"正常"位转向故障位"Ⅰ"或"Ⅱ"位（如显示Ⅰ位故障时应转向"Ⅱ"位），转换完毕后再闭合"微机控制"自动开关。

任务2　判断处理机车空转故障

一、学习目标

能根据故障现象判断SS_{7E}型机车空转故障，对故障进行处理，维持机车运行。

二、学习任务

1. 任务描述

观察微机显示屏空转信号显示情况，处理机车空转故障。

2. 任务流程

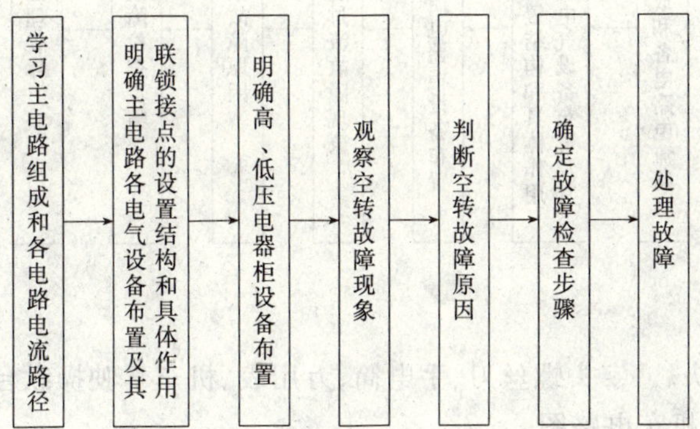

三、环境设备

设备、工具：十字头、一字头螺丝刀、手电筒、万用表、机车驾驶操纵台或仿真操纵台。

资料：SS_{7E}型电力机车电路图。

四、操作指导

1. 观察故障现象

观察微机显示屏显示空转故障。

2. 故障判断与处理

(1)同时观察牵引电机电流表显示情况，如电机电流大，黏着条件差，可适当减载和撒砂。

(2)若减载和撒砂后仍未控制空转，则检查撒砂装置和速度传感器信号，如果不正常，做相应处理。

(3)若撒砂装置和速度传感器信号正常，属空转/滑行保护系统故障，可将微机柜上的防空转钮子开关打向切除位，机车减速运行。同时，注意防止空转，不得盲目给流强行牵引。

任务3　判断处理次边过流故障

一、学习目标

能根据故障现象分析、判断 SS_{7E}型电力机车次边过流故障的原因，消除或隔离故障，维持机车运行。

二、学习任务

1. 任务描述

观察微机显示屏次边过流、主断路器信号显示情况，处理次边过流故障。

2. 任务流程

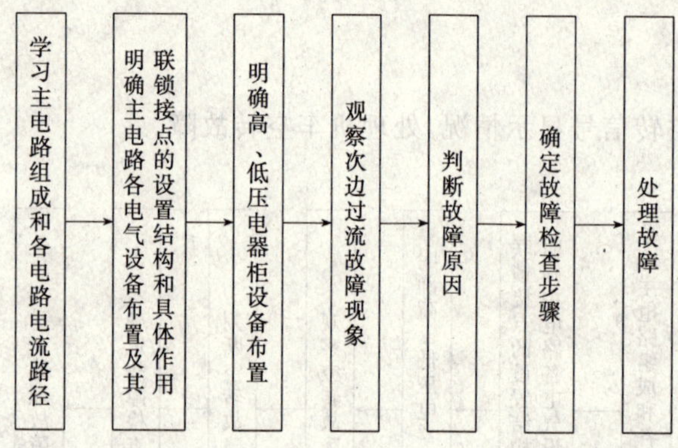

三、环境设备

设备、工具：十字头、一字头螺丝刀、手电筒、万用表、机车驾驶操纵台或仿真操纵台。

资料：SS_{7E}型电力机车电路图。

四、操作指导

1. 观察故障现象

观察故障显示屏显示“次边过流”和“主断分”信号。

2. 故障判断与处理

(1)机车运行中，主断路器跳闸，故障显示屏显示“次边过流”和“主断分”，立即将调速手柄回“0”位。

(2)检查主变压器牵引绕组出线端和整流母线间是否有短路，若有短路进行处理。

(3)检查电流互感器 TA1～TA4 负载电阻是否开路或接线断开，若电阻已坏，可用导线将互感器的次级线圈短接维持故障运行。

(4)检查变流装置中晶闸管是否击穿短路，若确认晶闸管击穿时，可使该元件与变流装置脱离。或拆除机车主变压器连接大线，用一个转向架牵引。

(5)重新合主断路器，若故障仍不消失，则为微机柜保护逻辑插件坏，可换另一组运行或更换保护逻辑插件。

任务4　判断处理牵引电机小齿轮弛缓故障

一、学习目标

能根据故障现象判断SS_{7E}型电力机车牵引电机小齿轮弛缓故障原因，消除或隔离故障，维持机车运行。

二、学习任务

1. 任务描述

观察微机显示屏电机小齿轮弛缓、主断路器信号显示情况，处理牵引电机小齿轮弛缓故障。

2. 任务流程

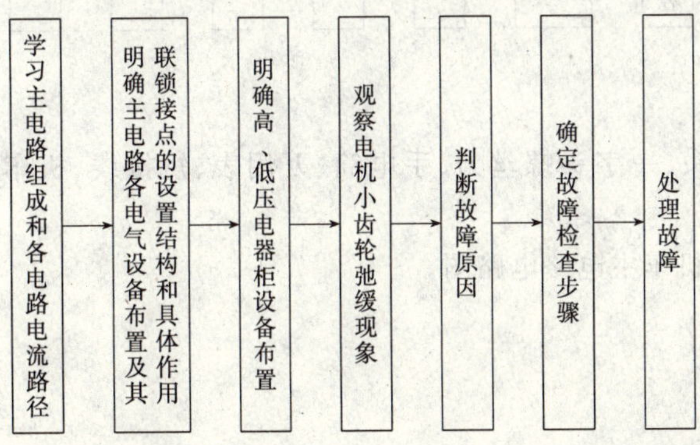

三、环境设备

设备、工具：十字头、一字头螺丝刀、手电筒、万用表、机车驾驶操纵台或仿真操纵台。

资料：SS_{7E}型电力机车主电路电路图。

四、操作指导

1. 观察故障现象

观察微机显示屏显示某电机小齿轮弛缓和主断分信号。

2. 故障判断与处理

(1)若故障显示1～3位电机小齿轮弛缓，检查1～3位牵引电动机状态，若故障显示4～6位电机小齿轮弛缓，检查4～6位牵引电动机状态；

(2)若各牵引电动机小齿轮正常，重新合主断路器，维持机车运行；

(3)若某牵引电动机小齿轮弛缓，将相应电机故障隔离开关置故障位，切除故障电机。

任务5　判断处理主电路接地故障

一、学习目标

能根据故障现象判断SS_{7E}型机车主电路接地故障原因，消除或隔离故障，维持机车运行。

二、学习任务

1. 任务描述

观察故障显示屏、微机显示屏主接地、主断路器信号情况，处理主电路接地故障。

2. 任务流程

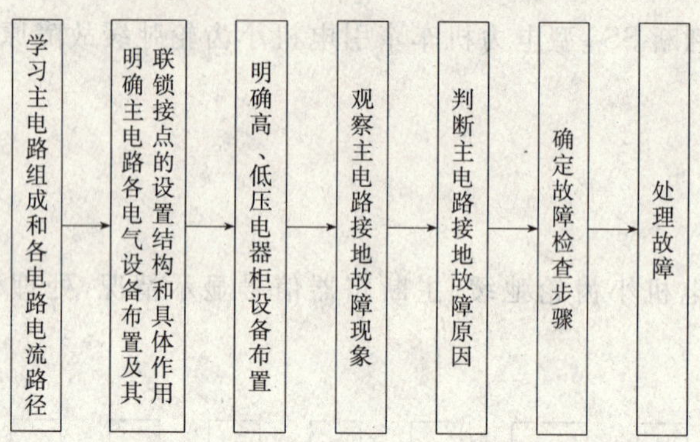

三、环境设备

设备、工具：十字头、一字头螺丝刀、手电筒、万用表、短接线、机车驾驶操纵台或仿真操纵台。

资料：SS_{7E}型电力机车主电路电路图。

四、操作指导

1. 观察故障现象

观察故障显示屏、微机显示屏显示主接地、主断分信号和牵引电机信号。

2. 故障判断与处理

(1)机车运行中，主断路器跳闸，“主接地”和“主断分”灯亮，立即将调速手柄回“0”位。

(2)重新合主断路器，提手柄运行，若正常，则为接地继电器误动作，不作处理。若运行一段时间后，又重复出现，则为某牵引电动机环火。观察显示屏确认接地转向架，降受电弓，将高压电器柜中相应牵引电机故障隔离开关置故障位。

(3)若重合主断路器后，仍跳闸，则主电路中某一点接地。立即降弓，走廊巡视，确认主电路各电机、电器有无烧损情况，若电机烧损，将相应牵引电机故障隔离开关置故障位；若电器烧损，做短接处理；若无电机、电器烧损，将相应转向架接地闸刀置“故障”位，维持运行，并加强巡视。

(4)若只在高级位接地，可适当降级运行。

项目三　判断处理 SS_4 改型电力机车辅助电路故障

一、学习目标

通过本项目的学习和 SS_4 改型电力机车辅助电路常见故障处理技能训练，应能说出 SS_4 改型电力机车辅助电路组成和各电路电流路径，能对辅助电路常见故障现象进行分析和处理，达到能够单独指导学生技能训练的水平。

1. 能说出 SS_4 改型电力机车辅助电路组成和各电路电流路径。

2. 能说出 SS_4 改型电力机车辅助电路各电气设备布置及其联锁接点的设置结构和具体作用。

3. 会根据故障现象和显示信息，对 SS_4 改型电力机车辅助电路常见故障快速、准确地分析、判断和处理，确保机车正常运行。

二、项目任务

本项目的任务是学习 SS_4 改型电力机车辅助电路组成和各电路电流路径；熟悉 SS_4 改型电力机车辅助电路各电气设备布置及其联锁接点的设置结构和具体作用；熟悉 SS_4 改型电力机车高、低压电器柜布置；判断处理 SS_4 改型电力机车运行中辅助电路的常见故障，训练 SS_4 改型电力机车辅助电路故障应急处理能力。

任务 1　判断处理辅助电路过流故障。

任务 2　判断处理零压故障。

任务 3　判断处理辅助电路接地故障。

三、背景知识

1. 单——三相供电系统

(1)劈相机分相启动

SS_4 改型电力机车采用旋转式劈相机，型号为 YPX-280M-4，380 V，57 kW。采用电阻分相启动，通过其相应的接触器 201KM 控制劈相机的运转与停止。启动电阻 263R 的通断由接触器 213KM 控制，启动过程由劈相机启动继电器 283AK 监测并控制启动电阻回路的开断。283AK 的工作电源(DC110V)从导线 531 经 533KT 联锁由导线 281 引入。

劈相机启动过程如下：当按下劈相机按键开关后，接触器 213KM 闭合，启动电阻投入，201KM 闭合劈相机开始启动，这时劈相机启动继电器监测劈相机发电相电压(由导线 279、280 引入)来间接反映劈相机的转速，当劈相机转速达到约 $0.9n_N$，也即 283AK 测得其发电相电压接近于比较电压(额定网压下，该电压值约为 220 V，由导线 202、206 引入)时 283AK 动作，使 213KM 主触头打开，断开启动电阻(263R)回路，劈相机启动完成，同时 283AK 失去工作电源处于闲置状态。

(2)通风机电动机电容分相启动

在机车运行中,劈相机一旦发生故障,为保证其他辅机继续工作,可切除劈相机,而以启动电容 253C 对牵引通风机电动机 3MA 直接进行分相启动。这时要把劈相机故障转换开关 242QS 打向“1FD(2)”位,即把 283AK 监测劈相机发电相电压的引入线转接到 3MA 的第三相上,同时必须把闸刀开关 296QS 倒向启动电容位(因启动电阻不能启动通风机)。启动过程仍由启动继电器 283AK 控制,启动完成后 283AK 常开联锁闭合,使 213KM 线圈失电,其主触头打开,切除启动电容。在运用中以 3MA 替代劈相机作电容分相启动时,司机的操纵与使用劈相机时相同。只有网压在 22 kV 以上时,才能用 3MA 电容分相启动,而且 3MA 实现 3MA 单——三相供电系统功能的同时,仍能担负自身的通风任务。

(3)库用电源电路

机车在库内可通过辅助电路入库插座 294XS 引入库内的 380 V 单相或三相电源。此时,将 235QS 倒向“库用”位。有两种情况可使用的库内电源。

①库内三相电源

一般在段内不需启动劈相机,直接启动辅机时使用。把库内三相电源接到库用插座 294XS 的 207、208、209 三点上,通过 235QS 及导线 203 与 209 之间的连接母线直接为辅助电路提供三相电源。

②库内单相电源

当库内具有大容量电源时,可将单相电源送至库用插座 294XS 的 207、208 两点上,经 235QS 给辅助电路提供单相电源,此时需使用劈相机实现单——三相供电系统。若只使用库内单相电源,也可拆开导线 203 与 209 之间的连接母线,这样做有两个目的:一是从安全角度考虑,使库用插座 294XS 的第三点(209 点)不带电;二是若电源线误接至接点 208、209 上时,避免劈相机走单相。

2. 负载电路

(1)三相负载电路

当劈相机启动完毕后,辅助电路导线 201、202、203 即可提供三相不对称电源,这时各辅机可依次投入工作。

SS_4 改型电力机车三相负载有:压缩机电动机 2MA 一台,牵引风机电动机 3、4MA 两台,制动风机电动机 5、6MA 两台,变压器风机电动机 7MA 一台,变压器油泵 8MA 一台。各辅助电动机均通过其对应的交流接触器 203KM～212KM 进行分合控制,为了改善劈相机供电系统的三相电源对称性,在 3MA～5MA 电动机的 D2～D3 相间接入移相电容 247C～252C,随电动机作负载投入而投入。

(2)单相负载电路

①380 V 单相负载电路

该电路主要是加热元件,由导线 201、202 供电,一路经自动开关 232QA 至导线 264 给窗加热玻璃 273EH、274EH 提供 380 V 单相交流电源;另一路经自动开关 233QA 给壁炉及脚炉提供单相 380V 电源。243QS 为窗加热开关,245QS 为取暖开关,共有 3 个位置:中间“0”位为关断,“1”位为脚炉、壁炉同时开,“2”位为关断脚炉、开通壁炉,自动开关 232、233QA 分别作电路的过载保护开关。

②220V 单相负载电路

该电路负载包括司机室空调及热饭电炉。220 V 电源取自导线 202、206,一路经转换开关

240QS、空调稳压器278AS供空调机280EV使用，自动开关230QA作该电路的过载保护；另一路经转换开关238QS至220 V电源插座292XS，该插座也可供热饭电炉使用，自动开关229QA作该电路的过载保护。交流库内外转换继电器284KE所起作用是：一是机车在电网下正常工作时，库用转换开关235QS置“运行”位，其常闭联锁使284KE线圈经224导线得电动作，4组284KE常开联锁闭合，接通导线206-b_6而接通220 V电源回路，就可供单相220 V负载使用；二是机车在使用库内电源时，由于235QS置“库用”位，235QS常闭联锁打开，使284KE线圈失电，故4组284KE常闭联锁闭合，接通导线206-200(地线)，使机车在库内也可获得220 V电源。

3. 保护电路

SS_4改机车辅助电路设有零压、过电压、过电流、接地及安全保护。

(1)零压保护

零压保护是接触网供电的失压保护，由接在主变压器绕组a_6-x_6两端的零压变压器281TC、电阻261R、整流装置290U、电容256C及零压时间继电器286KT组成。当电网正常供电时，286KT吸合；当电网失压时286KT失电动作，其常闭联锁闭合，经563KA零压中间继电器将接通主断路器的分闸电路，并显示信号。因电网失压后，变压器辅助绕组两端电压不是突变至零，而是随时间衰减的，所以在此电路中串有两个稳压管，截压50 V，主要作用是使零压时间继电器286KT在电网失压后能在2 s的时间内动作，以达到保护的准确性及必要性(供电网故障重合闸为2 s)，排除电网失电后重合闸时劈相机处于单相堵转合闸及短暂脱弓乱跳闸。在稳压管两端并接有电容256C，其作用主要是在零压时间继电器286KT吸合过程中，在286KT常闭联锁打开的瞬间，利用电容的反突变特性，使加在286KT线圈上的电压有一衰减过程(使286KT吸合的电流不是突然变小，而是随时间衰减)。所以并接电容256C的目的就是为了帮助零压时间继电器能可靠吸合，避免在此过程中出现“衔铁振荡”现象。

(2)接地保护

在变压器辅助绕组x_6与地之间设有辅助电路接地保护电路。这个装置由辅接地继电器285KE、整流元件291U、限流电阻262R、电容257C、辅接地故障开关237QS组成。辅接地保护属有源保护装置，支路经110 V控制电源后接地。

当辅助电路某点接地时，辅接地保护系统形成回路，285KE动作吸合，其辅助联锁使主断路器分闸线圈得电跳闸，司机台辅接地信号显示。此时285KE常闭联锁开断，回路串入电阻262R以免出现大电流而烧损接地继电器。同时接通“自锁”电路，保持信号记忆。故障解除后，借助主断路器合闸操作，使285KE恢复。237QS是辅接地保护故障隔离开关。

(3)辅机过载保护

SS_4改机车辅机过载保护采用自动开关保护，各辅机三相回路中均接有三相自动开关215QA、217QA、219QA、220QA、223QA、224QA、227QA、228QA，当出现辅机单相、堵转、短路等情况引起过流时，相应的自动开关将进行保护动作，切断三相电源并显示故障信号。

辅机的过载保护用自动开关是热脱扣和电磁脱扣的方式执行保护任务的。该自动开关具有反时限特性，既自动开关动作时间与过载电流成反比关系。短路故障的保护是通过电磁脱扣的方式执行的，该方式动作及时，一旦发生短路故障，自动开关能在0.5 s内进行保护动作，切断故障支路。辅机的过流保护是通过热脱扣形式执行的，该方式保护动作的时间长短由本支路中故障电流的大小决定：故障电流越人，则保护动作的时间越短；故障电流越小，则保护动作的时间越长。自动开关脱扣动作后，需间隔约 2～3 min 后，才能恢复接通。

(4)过电压保护

采用跨接在辅助绕组 a_6-x_6 两端的 RC 过电压保护电路，由电阻 260R、255C 组成，吸收过电压。

(5)过电流保护

辅助电路过电流保护采用过电流继电器 282KC，在辅助绕组短路或其他原因造成辅助电路短路，其电流超过 2 800 A 时，则 282KC 吸合动作使机车主断路器分闸，并显示辅过流信号。

(6)安全联锁

SS_4 改型机车设有安全门锁装置，由门联锁保护阀 287YV 控制。当 287YV 得电时，控制风缸风经 287YV 通向门联锁，门联锁锁闭高压室门；当 287YV 失电时，切断风源，门联锁弹出，可以开启各高压室门。

保护阀线圈由双路供电：

一路由控制电源线 531→主电路入库转换开关 20QP、50QP 常闭联锁→车顶门行程开关 297QP 联锁→287YV 线圈。

另一路由 a_6-x_6→204、205 导线引入→281TC 降压→290U 整流→导线 215→二极管→导线 217→287YV 线圈。

即使出现控制电路切断而机车高压供电依然存在的情况，287YV 线圈仍有一路交流供电，门联锁无法弹出，各高压室门依然打不开，从而达到确保人身安全的目的。

四、质量评价标准

序号	项目	考核内容及评分标准	分值	扣分	得分	备注
1	时间	规定时间 10 min，每超过 1 min 扣 1 分，超过 5 min 全项失格	10			
2	安全	防护用品穿戴不齐，每件扣 2 分；碰伤、破皮出血每处扣 3 分；触电或造成工伤全项失格	10			
3	正确使用仪表	仪表未校验扣 2 分；量程选择不当扣 2 分；读数不准扣 2 分；仪表损坏至不能使用扣 10 分	10			
4	作业过程	重复一次、顺序颠倒一次、检查无内容各扣 10 分，未按要求结束工作扣 5 分	20			
5	质量	故障发现不会处理扣 20 分；安装松动每处扣 3 分；漏装配件每处扣 5 分；故障未发现全项失格	50			
合计						
评价者签名：　　　　年　　月　　日						

五、项目链接

1. 华平．电力机车控制[M]. 北京：中国铁道出版社，2008.

2. 杨兆昆．韶山$_4$ 改型电力机车乘务员[M]. 北京：中国铁道出版社，2002.

3. 张中．电力机车辅助电机的电气保护[J]. 机车电传动，2005(3).

4. 范志鹏．SS_4 改进型电力机车零压保护电路改进设计[J]. 机车电传动，2005(2).
5. 罗明，龚菊芳．SS_{6B}型机车“辅接地”的原因及改进措施[J]. 机车电传动，2003(3).

任务1　判断处理辅助电路过流故障

一、学习目标

能根据故障现象判断 SS_4 改型机车辅助电路过流故障，进行故障处理，消除故障或隔离故障，维持机车运行。

二、学习任务

1. 任务描述

观察主、辅台辅过流信号和主断路器信号显示情况，处理辅助电路过流故障。

2. 任务流程

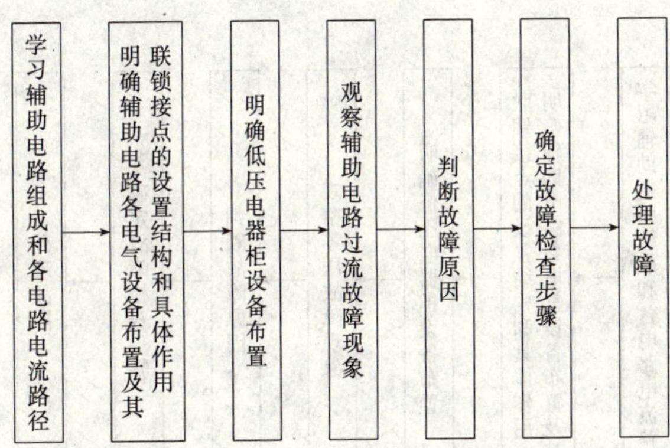

三、环境设备

设备、工具：十字头、一字头螺丝刀、手电筒、万用表、500 V 兆欧表、短接线、机车驾驶操纵台或仿真操纵台。

资料：SS_4 改型电力机车辅助电路电路图。

四、操作指导

1. 观察故障现象

机车运行中，主断路器跳闸，观察主台信号显示屏显示“辅助回路”和“主断”信号灯，辅台“辅过流”灯亮。

2. 故障判断与处理

(1)若辅机接触器触头焊接，打开灭弧罩，打磨触头；再确认触头开距、超程正常，接触器无异状，盖好灭弧罩，重新启动。

(2)若接触器焊接严重，或辅机接线烧损时，则拆掉触头，拆除其三相接线，包好绝缘，装好灭弧罩，将该辅机故障开关置故障位。

(3)若 282KC 误动作，检查辅机接触器及辅机接线无焊接烧损现象和焦糊气味，重新合主断路器一次。

(4)重新合主断路器后,仍动作,则为辅助电机短路、堵转或烧损,确认282KC无异状,逐一切除故障辅机。

任务2 判断处理零压故障

一、学习目标

能根据故障现象判断 SS_4 改型机车零压故障原因,对故障进行处理,消除故障或隔离故障,维持机车运行。

二、学习任务

1. 任务描述

观察主台零压信号和主断路器信号显示情况,处理零压故障。

2. 任务流程

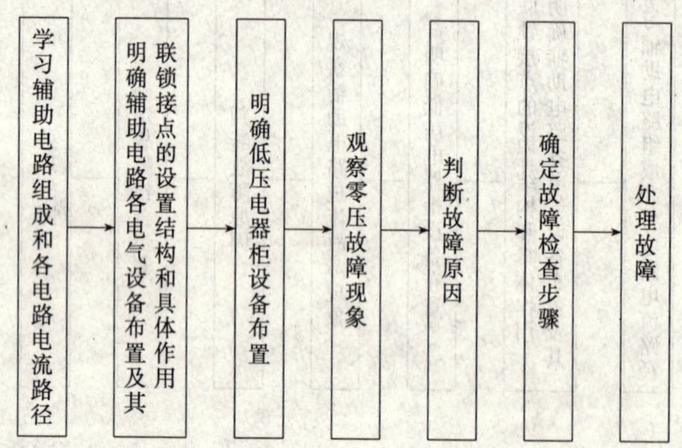

三、环境设备

设备、工具:十字头、一字头螺丝刀,手电筒、万用表、500 V兆欧表、短接线、机车驾驶操纵台或仿真操纵台。

资料:SS_4 改型电力机车辅助电路电路图。

四、操作指导

1. 观察故障现象

机车运行中,主断路器跳闸,观察主台信号显示屏显示"零压"和"主断"信号灯。

2. 故障判断与处理

(1)若有零压现象或零压保护误动作,重新合主断路器。

(2)反复活动几次236QS,使其接触良好。

(3)检查修复零压时间继电器286KT、零压中间继电器563KA不良处。

(4)重新合主断路器,启动劈相机,仍跳主断,则将零压故障隔离开关236QS置故障位,维持运行。注意观察网压,失压时及时断电。

任务3　判断处理辅助电路接地故障

一、学习目标

能根据故障现象判断SS_4改型机车辅助电路接地故障，进行故障处理，消除故障或隔离故障，维持机车运行。

二、学习任务

1. 任务描述

观察主、辅台辅助电路接地信号和主断路器信号显示情况，处理辅助电路接地故障。

2. 任务流程

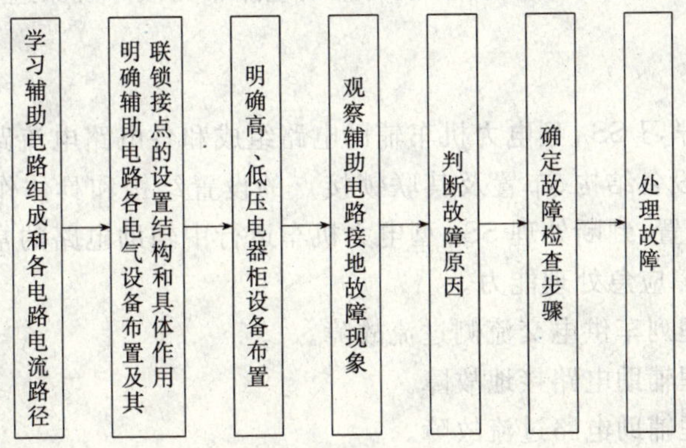

三、环境设备

设备、工具：十字头、一字头螺丝刀、手电筒、万用表、500 V兆欧表、短接线、机车驾驶操纵台或仿真操纵台。

资料：SS_4改型电力机车辅助电路电路图。

四、操作指导

1. 观察故障现象

机车运行中，主断路器跳闸，观察主台信号显示屏显示“辅助回路”和“主断”信号灯，辅台“辅接地”灯亮。

2. 故障判断与处理

(1)若辅接地继电器285KE误动作，重新合主断路器一次。

(2)检查处理辅接地故障隔离开关237QS、辅接地继电器285KE不良处所，再合主断路器。

(3)若重合主断路器后仍跳，先依次切除热饭电炉、空调、窗加热。

(4)仍不行，则将237QS置“故障”位，维持运行，加强巡视。

项目四　判断处理 SS_{7E} 型电力机车辅助电路故障

一、学习目标

通过本项目的学习和 SS_{7E} 型电力机车辅助电路常见故障处理技能训练，能说出 SS_{7E} 型电力机车辅助电路组成和各电路电流路径；能熟练说出 SS_{7E} 型电力机车辅助电路各电气设备布置及其联锁接点的设置结构和具体作用；能对辅助电路常见故障现象进行分析和处理。

二、项目任务

本项目的任务是学习 SS_{7E} 型电力机车辅助电路组成和各电路电流路径，熟悉 SS_{7E} 型电力机车辅助电路各电气设备结构、布置及其联锁接点的设置结构和具体作用，熟悉 SS_{7E} 型电力机车高、低压电器柜布置，判断处理 SS_{7E} 型电力机车运行中辅助电路的常见故障，训练 SS_{7E} 型电力机车辅助电路故障应急处理能力。

任务 1　判断处理列车供电交流侧过流故障。

任务 2　判断处理辅助电路接地故障。

任务 3　判断处理辅助电路过流故障。

任务 4　判断处理辅助变流器接触器故障。

任务 5　判断处理辅助电机过流故障。

三、背景知识

SS_{7E} 型电力机车辅助电路主要由变压器供电电路、辅助变流器供电电路、三相负载电路、单相负载电路、列车供电电路等组成，电源由主变压器的辅助绕组 a_7-b_7-x_7 提供，单相交流电源从 a_7-x_7 经库用转换开关 QS22 至导线 201、202，向辅变流器、窗加热、电源柜供电，b_7-x_7 经 QS22 向烤箱、取暖设备供电。机车在库内可通过辅助电路库用插座 XS12 引入 380 V 单相电源，将 QS22 投向库用位，则辅助电路设备即可由库内电源供电。

1. 辅助变流器供电电路

SS_{7E} 型电力机车辅机系统采用两组辅助变流器供电。两组辅助变流器分置两个柜体，称为辅助变流器Ⅰ和辅助变流器Ⅱ；每组辅助变流器含有两套结构相同的变流器装置，分别由一台整流器、一台逆变器和中间环节组成。辅助变流器Ⅰ柜体内，两台逆变器为 V11 和 V12；辅助变流器Ⅱ柜体内，两台逆变器为 V21 和 V22。其中，逆变器 V12、V22 输出为恒频恒压型 CVCF，逆变器 V11 和 V21 输出为变频变压型 VVVF，逆变器 V11 和 V21 可转换为恒频恒压输出，都具有一定的功率裕量。

变流器装置最大功率为 100 kV・A，以满足在一台变流器故障时，可将其负载转换到相邻的正常工作的变流器上，以保证机车正常运行。当两套变流器同时故障时，机车可切架运行，维持机车回段维修。

主变压器辅助绕组 a_7-x_7 送出的单相交流电 337.8 V，通过辅助库用开关 QS22，经辅助过流继电器 FA8、电流传感器 UA11、UA12、辅助变流器滤波电抗器 L9～L12 输入至辅变流柜内，经整流器整流后，输出稳压范围为 600～620 V 的直流电压，再经中间电容，送入逆变器逆变成三相交流电供各辅机使用。第一辅助变流器 BUR1 的 1 号逆变器 V11 提供牵引风机电机Ⅰ及制动风机电机Ⅰ、Ⅲ的用电，第一辅助变流器 BUR1 的 2 号逆变器 V12 提供硅风机电机Ⅰ、硅风机电机Ⅲ、变压器风机电机和备用压缩机电机的用电；第二辅助变流器 BUR2 的 1 号逆变器 V21 提供牵引风机电机Ⅱ及制动风机电机Ⅱ、Ⅳ的用电，第二辅助变流器 BUR2 的 2 号逆变器 V22 提供硅风机电机Ⅱ、硅风机电机Ⅳ、变压器油泵电机、司机室空调 1、司机室空调 2 和压缩机电机的用电。

(1)系统保护

系统具有贯穿短路、过压、欠压、过流、散热器过热保护，还具有 IGBT 元件故障、缺相和电子控制故障等检测功能。

(2)故障切换(故障工况)

为确保辅机系统工作的可靠性，在辅助变流器供电系统中，任意一台变流器装置发生故障时，可以通过控制系统使故障切换接触器 KM10、KM17、KM18、KM19 按照规定的逻辑关系闭合或断开，同时断开故障逆变器，并对其负载进行切换分配，以确保机车仍能正常运行；当其中任意两台变流器装置同时发生故障时，通过控制系统使故障切换接触器 KM10、KM17、KM18、KM19 按照规定的逻辑关系闭合或断开，同时断开故障逆变器，此时机车必须切架运行。以下为辅助变流器故障工况。

①变流器 V11 单台故障

断开接触器 KM11、KM15 和 KM17，然后闭合 KM23 和 KM10，这样就隔离了逆变器 V11 和备用压缩机，同时将 V11 上的负载牵引风机电机Ⅰ和制动风机电机Ⅰ、Ⅲ切换到了 V12 上，并将变压器风机加在 V22 上。

②变流器 V12 单台故障

断开接触器 KM12、KM15 和 KM17，然后闭合 KM23 和 KM10，这样就隔离了逆变器 V12 和备用压缩机，同时将 V12 上的负载硅风机电机Ⅰ、Ⅲ切换到了 V11 上，并将变压器风机加在 V22 上。

③变流器 V21 单台故障

断开接触器 KM21、KM15 和 KM18，然后闭合 KM24 和 KM10，这样就隔离了逆变器 V21 和备用压缩机，同时将 V21 上的负载牵引风机电机Ⅱ和制动风机电机Ⅱ、Ⅳ切换到了 V22 上，并将变压器油泵电机、司机室空调 1、司机室空调 2 和压缩机电机加在 V12 上。

④变流器 V22 单台故障

断开接触器 KM22、KM15 和 KM18，然后闭合 KM24 和 KM10，这样就隔离了逆变器 V22 和备用压缩机，同时将 V22 上的负载硅风机电机Ⅱ、Ⅳ切换到了 V21 上，并将变压器油泵电机、司机室空调 1、司机室空调 2 和压缩机电机加在 V12 上。

⑤逆变器 V11 和 V12 或辅助变流器 BUR1 整流器故障

断开 KM11、KM12、KM15、KM17，然后闭合 KM10，则变压器风机切换到了 V22 上，切除第一转向架运行。

⑥逆变器 V21 和 V22 或辅助变流器 BUR2 整流器故障

断开 KM21、KM22、KM15、KM18，然后闭合 KM10，则变压器油泵电机、司机室空调 1、司机室空调2和压缩机电机切换到了V12上，切除第二转向架运行。

⑦逆变器V11和V21同时故障

断开KM11、KM21、KM15、KM17，然后闭合KM10、KM23，则V11上的负载牵引风机电机Ⅰ和制动风机电机Ⅰ、Ⅲ切换到了V12上，并将变压器风机加在V22上，切除第二转向架运行。

⑧逆变器V11和V22同时故障

断开KM11、KM22、KM15、KM17、KM19、KM14，然后闭合KM10、KM23、KM24，则V11上的负载牵引风机电机Ⅰ和制动风机电机Ⅰ、Ⅲ切换到了V12上，变压器风机、变压器油泵电机、司机室空调1、司机室空调2和压缩机电机切换到了V21上，切除第二转向架运行。

⑨逆变器V12和V21同时故障

断开KM12、KM21、KM15、KM17，然后闭合KM10、KM23，则将V12上的负载硅风机电机Ⅰ、Ⅲ切换到了V11上，并将变压器风机加在V22上，切除第二转向架运行。

⑩逆变器V12和V22同时故障

断开KM12、KM22、KM15、KM17、KM19、KM14，然后闭合KM10、KM23、KM24，则V12上的负载硅风机电机Ⅰ、Ⅲ切换到了V11上，变压器风机、变压器油泵电机、司机室空调1、司机室空调2和压缩机电机切换到了V21上，切除第二转向架运行。

2. 负载电路

负载电路主要包括三相负载电路和单相负载电路。

(1)三相负载电路主要包括机车上的各种辅助电机

牵引风机电动机MA1、MA2，压缩机电动机MA3、MA4，制动风机电动机MA5～MA8，硅风机电动机MA9～MA12，变压器风机电动机MA13，变压器油泵电动机MA14及空调EV2、EV3。

(2)单相负载电路主要包括机车上的各种加热或取暖设备：壁炉、脚炉、膝炉、窗玻璃、饮水机等。

3. 辅助电路保护

(1)过压保护

由并联在辅助绕组a_7-x_7两端的R41、C21过电压吸收电路组成。

(2)过流、过载保护

辅助电路总的过流保护采用过流继电器FA8，整定值为2 800(1±5%) A，当辅助绕组短路或辅助电路过流时，FA8动作，使主断路器QF1跳闸并显示辅助电路过流信号。

(3)接地保护

辅助接地装置通过与两台辅助变流器中间回路的正、负极相联。当电路中有接地故障发生时，辅助接地装置输出辅接地信号，把故障信息送入机车逻辑控制单元LCU。

(4)整流器故障保护

当辅助变流器系统发生故障时，辅助变流器控制器将自动封锁控制脉冲，断开辅助变流器输入接触器，并把相关故障信息输入机车逻辑控制单元LCU，由逻辑控制单元LCU给出相应的故障显示信息。

(5)异步电机的故障保护

当异步电机中的某个电动机发生短路、堵转等故障时，通过断开相应的三相空气断路器来实现保护。该断路器将故障电机从辅助电路隔离的同时，其辅助触头将故障信息送入机车逻

辑控制单元LCU。

(6)辅助设备的故障保护

当辅助系统的其他设备发生过流等故障时,将断开各自的断路器。

(7)空调机组的故障保护

空调机组的故障保护是通过自身的保护电路来实现的。

4. 辅入库电路

整个辅助电路设有辅入库电路,以方便机车在库内调试或整备作业。将刀开关QS22置库用位,库用电源通过辅助库用插座XS12经207、208线引入库内的380 V单相交流电源。

5. 列车供电电路

(1)列车供电回路

列车供电回路主要由列车供电柜组成,列车供电柜由整流器、滤波电抗器及滤波电容等组成。872.7 V单相交流电经列车供电柜整流和LC滤波后,输出直流600 V电源,通过机车两端的供电插座XP7~XP10与客车相连,实现向客车供电。列车供电回路的整流装置、中间滤波环节(除供电电抗器外)、冷却风机及同步变压器、各类传感器以及电子控制装置和保护电路均集成在列车供电柜内。

(2)列车供电回路的保护系统

列车供电柜利用自身的电流、电压传感器检测交直流侧信号,当发生短路、过压、过流、接地等故障时,系统进行自保护,对半控桥封锁脉冲,并将信息送入逻辑控制单元LCU,逻辑控制单元LCU将断开供电柜输入真空接触器KM25、KM26,并给出相应的故障信息。

四、质量评价标准

序号	项目	考核内容及评分标准	分值	扣分	得分	备注
1	时间	规定时间10 min,每超过1 min扣1分,超过5 min全项失格	10			
2	安全	防护用品穿戴不齐,每件扣2分;碰伤、破皮出血每处扣3分;触电或造成工伤全项失格	10			
3	正确使用仪表	仪表未校验扣2分;量程选择不当扣2分;读数不准扣2分;仪表损坏至不能使用扣10分	10			
4	作业过程	重复一次、顺序颠倒一次、检查无内容各扣10分,未按要求结束工作扣5分	20			
5	质量	故障发现不会处理扣20分;安装松动每处扣3分;漏装配件每处扣5分;故障未发现全项失格	50			
合计						
评价者签名: 年　月　日						

五、项目链接

1. 杨永林. 韶山$_{7E}$型电力机车[M]. 北京:中国铁道出版社出版,2004.

2. 兰州铁路局. SS_{7E}型电力机车司机岗位安全培训教程[M]. 北京:中国铁道出版社,2006.

3. 华 平．电力机车控制[M]．北京：中国铁道出版社，2008.
4. 王小芳，贺文，等．电力机车 DC600V 供电系统的改进[J]．机车电传动，2004(3).
5. 罗明，龚菊芳．SS_{6B}型机车“辅接地”的原因及改进措施[J]．机车电传动，2003(3).
6. 张中．电力机车辅助电机的电气保护[J]．机车电传动，2005(3).

任务 1　判断处理列车供电交流侧过流故障

一、学习目标

能根据故障现象判断 SS_{7E}型机车列车供电交流侧过流故障，进行故障处理，消除或隔离故障，维持机车运行。

二、学习任务

1. 任务描述

观察微机显示屏列车供电交流侧过流信号情况，处理列车供电交流侧过流故障。

2. 任务流程

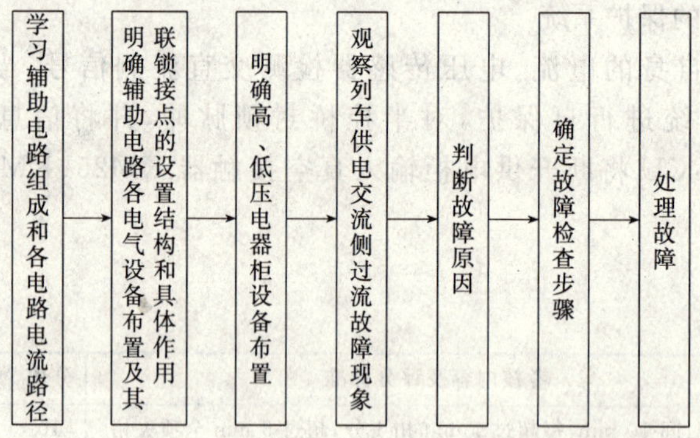

三、环境设备

设备、工具：十字头、一字头螺丝刀、手电筒、万用表、机车驾驶操纵台或仿真操纵台。

资料：SS_{7E}型电力机车辅助电路电路图。

四、操作指导

1. 观察故障现象

观察微机显示屏显示供电 1 交流侧过流或供电 2 交流侧过流信号，过流继电器 FA9 或 FA10 动作。

2. 故障判断与处理

(1)观察微机显示屏显示供电 1 交流侧过流或供电 2 交流侧过流信号，过流继电器 FA9 或 FA10 动作，检查列车供电 1 交流侧或列车供电 2 交流侧是否有短路，若有短路点，做相应处理。

(2)列车供电 1 交流侧或列车供电 2 交流侧若无短路点，检查过流继电器 FA9 或 FA10 整定值是否正确，若不正确，进行调整。

(3)重新闭合供电钥匙开关，若仍显示过流，将故障隔离开关 QS25 或 QS26 打至故障位，

切除列车供电1或列车供电2。

任务2　判断处理辅助电路接地故障

一、学习目标

能根据故障现象判断SS_{7E}型机车辅助电路接地故障，消除或隔离故障，维持机车运行。

二、学习任务

1. 任务描述

观察微机显示屏辅助电路接地信号显示情况，处理辅助电路接地故障。

2. 任务流程

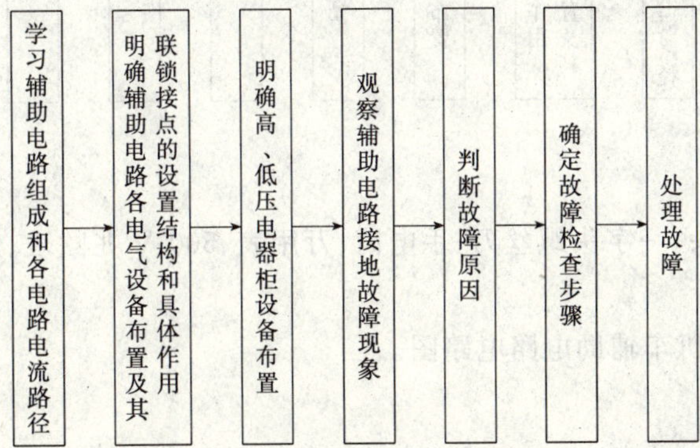

三、环境设备

设备、工具：十字头、一字头螺丝刀、手电筒、万用表、机车驾驶操纵台或仿真操纵台。

资料：SS_{7E}型电力机车辅助电路电路图。

四、操作指导

1. 观察故障现象

机车运行中，观察微机显示屏显示辅助接地、主断分信息。

2. 故障判断与处理

(1)若辅助接地继电器FE5误动作，重新合主断路器一次。

(2)检查处理辅接地故障隔离开关SA1、辅接地继电器FE5不良处理，再合主断路器。

(3)若重合主断路器后仍跳，先依次切除热饭电炉、空调、窗加热。

(4)仍不行，则将辅接地故障隔离开关置“故障”位，维持运行，加强巡视。

任务3　判断处理辅助电路过流故障

一、学习目标

能根据故障现象判断SS_{7E}型机车辅助电路过流故障，消除或隔离故障，维持机车运行。

二、学习任务

1. 任务描述

观察微机显示屏辅过流信号和主断路器信号显示情况，处理辅助电路过流故障。

2. 任务流程

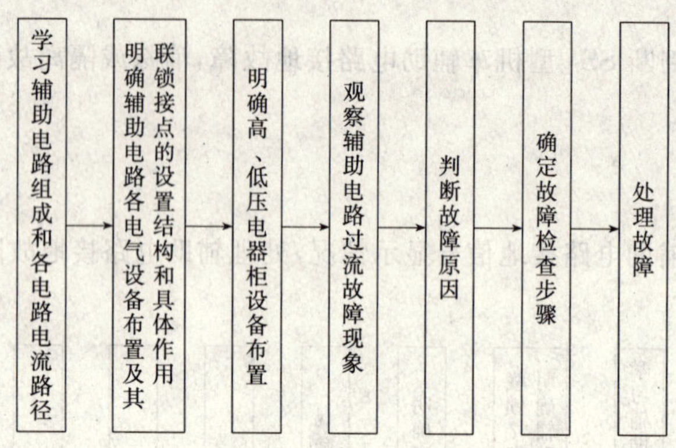

三、环境设备

设备、工具：十字头、一字头螺丝刀、手电筒、万用表、500 V 兆欧表、短接线、机车驾驶操纵台或仿真操纵台。

资料：SS_{7E}型电力机车辅助电路电路图。

四、操作指导

1. 观察故障现象

机车运行中，主断路器跳闸，观察微机显示屏显示辅助过流和主断分信号。

2. 故障判断与处理

(1)检查辅助过流继电器 FA8 整定值，若正常则为 FA8 误动作，检查辅机接触器及辅机接线无焊接烧损现象和焦煳气味，重新合主断路器一次。

(2)重新合主断路器后，仍动作，则为辅助电机短路、堵转或烧损，确认 FA8 无异状，逐一切除故障辅机。

(3)若辅机接触器触头焊接，打开灭弧罩，打磨触头；再确认触头开距、超程正常，接触器无异状，盖好灭弧罩，重新启动。

(4)若接触器焊接严重，或辅机接线烧损时，则拆掉触头，拆除其三相接线，包好绝缘，装好灭弧罩，将该辅机故障开关置故障位。

 任务 4　判断处理辅助变流器接触器故障

一、学习目标

能根据故障现象判断 SS_{7E}型机车辅助变流器接触器故障，消除或隔离故障，维持机车运行。

二、学习任务

1. 任务描述

观察微机显示屏显示某辅助变流器接触器故障信号，处理辅助变流器接触器故障。

2. 任务流程

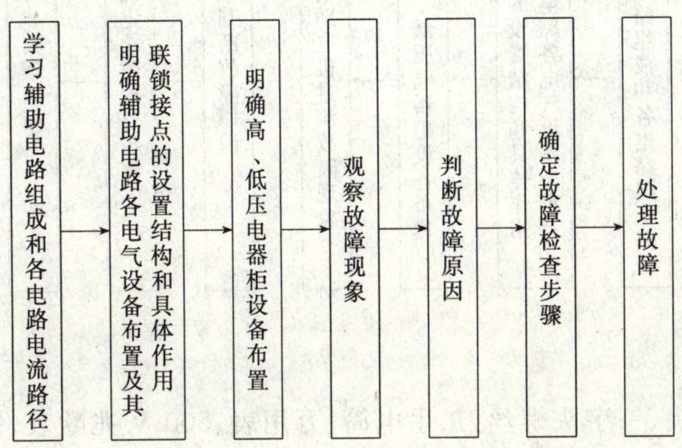

三、环境设备

设备、工具：十字头、一字头螺丝刀、手电筒、万用表、500 V 兆欧表、短接线、机车驾驶操纵台或仿真操纵台。

资料：SS_{7E} 型电力机车辅助电路电路图。

四、操作指导

1. 观察故障现象

机车运行中，观察微机显示屏显示某辅助变流器接触器故障信息。

2. 故障判断与处理

①根据微机显示屏显示某一辅助变流器接触器故障信息，首先检查相应接触器线圈是否有过热、烧损、接线松脱现象，再检查接触器主触头是否有粘连、卡位，联锁触头是否接触不良等，并作相应处理。

②若确认相应接触器故障无法修复，切除相应变流器。

③例如：微机显示屏显示Ⅰ架辅变流输出接触器 KM11 故障，首先检查 KM11 线圈是否正常，再检查 KM11 主触头是否卡位，再检查 KM11 联锁触头是否正常。若确认 KM11 故障无法修复，将 SA31 打至故障位，切除Ⅰ架辅变流器。

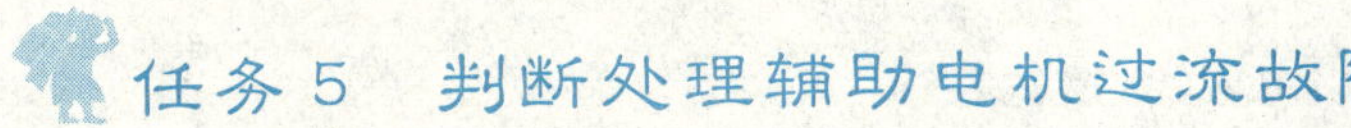

任务 5　判断处理辅助电机过流故障

一、学习目标

能根据故障现象判断 SS_{7E} 型机车辅助电机过流故障，消除或隔离故障，维持机车运行。

二、学习任务

1. 任务描述

观察微机显示屏某辅助电机过流信号，处理辅助电机过流故障。

2. 任务流程

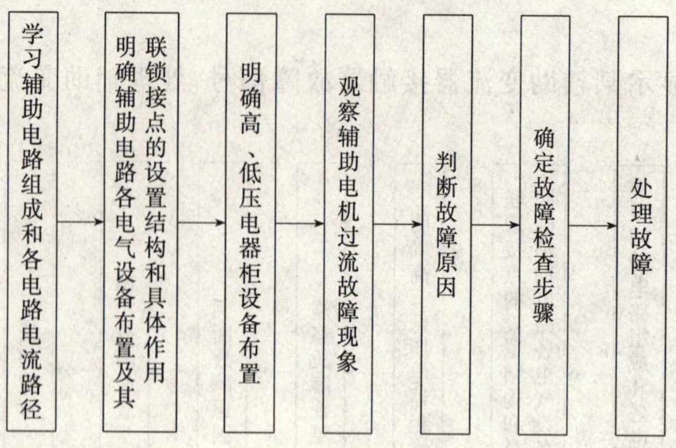

三、环境设备

设备、工具：十字头、一字头螺丝刀、手电筒、万用表、500 V兆欧表、短接线、机车驾驶操纵台或仿真操纵台。

资料：SS_{7E}型电力机车辅助电路电路图。

四、操作指导

1. 观察故障现象

机车运行中，观察微机显示屏显示某辅助电机过流信息。

2. 故障判断与处理

(1)根据微机显示屏显示某一辅助电机过流，首先检查相应辅助电机状态，是否有过热、烧损等现象，若电机过热或烧损，将相应断路器断开，切除辅助电机。

(2)若辅助电机正常，检查相应断路器及其接线，是否接触不良或断线，并做处理。

(3)闭合断路器，重新启动辅助电机，若故障仍未消失，切除相应辅助电机。

(4)实例说明。例如：微机显示屏显示主空气压缩机电机过流，首先检查主压缩机电机状态，再检查主空气压缩机电机断路器 QA4 状态，如有不良处所，作相应处理。最后闭合 QA4，重新启动压缩机，若故障仍未消失，则将故障隔离开关 SA36 打至故障位，切除主空气压缩机。

项目五　判断处理 SS_4 改型电力机车控制电路故障

一、学习目标

通过本项目的学习和 SS_4 改型电力机车控制电路常见故障处理技能训练，能说出 SS_4 改型电力机车控制电路组成和各电路电流路径，能对控制电路常见故障现象进行分析和处理，提高实践动手能力，达到能够单独指导学生动手训练的水平，全面开展项目教学。

1. 能说出 SS_4 改型电力机车控制电路组成和各电路电流路径。

2. 能说出 SS_4 改型电力机车控制电路各电气设备布置及其联锁接点的设置结构和具体作用。

3. 会根据故障现象和显示信息，对 SS_4 改型电力机车控制电路常见故障快速、准确地分析、判断和处理，确保机车正常运行。

二、项目任务

本项目的任务是学习 SS_4 改型电力机车控制电路组成和各电路电流路径；熟悉 SS_4 改型电力机车控制电路各电气设备结构、布置及其联锁接点的设置结构和具体作用；熟悉 SS_4 改型电力机车高、低压电器柜布置；判断处理 SS_4 改型电力机车运行中控制电路的常见故障，训练 SS_4 改型电力机车控制电路故障应急处理能力。

任务 1　判断处理控制电源故障。
任务 2　判断处理电源电钥匙开关故障。
任务 3　判断处理不升弓故障。
任务 4　判断处理运行中自动降弓的故障
任务 5　判断处理不能降弓的故障。
任务 6　判断处理主断路器不闭合的故障。
任务 7　判断处理劈相机故障。
任务 8　判断处理空气压缩机不启动故障。
任务 9　判断处理各通风机、油泵故障。
任务 10　判断处理两位置转换开关不转换的故障。
任务 11　判断处理预备电路故障。
任务 12　判断处理线路接触器不吸合故障。
任务 13　判断处理牵引无流的故障。
任务 14　判断处理头灯故障。
任务 15　判断处理显示屏“零位”灯故障。
任务 16　判断处理仪表灯故障。

三、背景知识

SS_4 改型电力机车的控制电路分为：有接点控制电路和微机控制电路两部分。有接点控制电路根据各环节作用的不同，分为以下部分。

预备(整备)控制电路：完成机车动车前的所有操作，主要由主台按键开关组进行主令控制。

调速控制电路：完成机车的调速控制，即启动、加速、减速，主要由主、辅司机控制器进行主令控制。

信号控制电路：完成机车整车或某些部件的工作、故障状态的显示。

照明控制电路：完成机车的内外照明及标志显示，主要由副台按键开关组进行主令控制。

控制电源：提供直流 110 V 稳压电源及其配电电路。

1. 控制电源

SS_4 改型电力机车控制电源为直流 110 V，由晶闸管半控桥式整流自动稳压装置提供控制电源。SS_4 改机车的 110 V 控制电源与蓄电池并联构成。在机车正常运行时，两者并联使用，主要由 110 V 电源提供电，蓄电池起稳压等作用；在降弓情况下，蓄电池供机车作低压试验，辅助风机打风及照明用电。在运行中电源柜故障时，蓄电池作维持机车故障运行的控制电源。

110V 稳压电源具有恒压、限流的特点，输出电压稳定为(110±5.5) V，输出电流限为55(1±10%) A。

110 V 电源主电路采用全波半控桥整流电路。电源变压器 670TC 的原边通过低压柜的库用转换开关 235QS 接到牵引变压器辅助绕组 a_6-x_6，得到 399.86 V 单相交流电，且该交流电随网压变化而变化，670TC 次边输出 220 V 送到半控桥，经 V1～V4 整流，再经 671L 电抗器、663C 电容滤波后，成为较平稳的直流电压。正常情况下，110 V“整流输出”电源与蓄电池并联，向机车控制电路提供 110 V 电源，此时蓄电池还相当于一个数千微法的大电容，在 110 V 电路上还起着滤波作用，从而保证静态情况下电压脉冲有效值小于 5 V，因此正常工作时严禁断开蓄电池。

变压器次边的 KBC、KBR 用来吸收操作过电压，整流管及晶闸管两端的 C1、R1，C2、R2、C3、C4 用作保护元件，吸收换向过电压。由输出端引出 110 V 正电压反馈信号，供控制系统进行稳压自动调节。电讯号电阻 635R 引出负的电流反馈信号，供控制系统进行限流自动调节。

整流输出通过 666QS 与蓄电池并联，110 V 电源通过 667QS 接通负载。666QS、667QS 均是双刀闸刀，如果整流桥出现故障，拉开 666QS，整流桥全部脱离蓄电池，当负载出现故障时，拉开 667QS，可同时切断与电源正、负两端的联系，避免了电源柜只拉开接地闸刀而负载带有悬浮正电位的弊端。在 110 V 电源输出回路中的整流二极管 V5 的作用是：当某一端的 DC110 V 电源故障需重联工作时，可防止处在工作中的 DC110 V 电源柜负载过重，甚至达到限流值。因为 V5 阻断了工作中的 DC110 V 电源柜对故障端蓄电池组的充电电流，同时也保护蓄电池不受外来高电位及反向电流冲击。

SS_4 改型机车的 110 V 电源的地线 400 号线通过电阻 630R(50 Ω)、中间继电器 554KA 及自动开关 616QA 接地。正常工作时 616QA 闭合，400 号线接地，110 V 电路正常工作，554KA、630R 两端无电压，无电流流过(实际流过一些蓄电池的漏电流，不足以使 616QA 动作)；一旦出现蓄电池外壳接地，或 110 V 正线(464 号线)接地，自动开关 616QA 则流过接地

电流，当接地电流超过额定值(数倍于 6 A)时，616QA 跳开，由 630R(200 W、50 Ω)限制接地电流，保护蓄电池，并维持 110 V 电源故障运行。此时，554KA 线圈得电，其常开接点闭合，司机台上显示控制电路接地。

110 V 直流电源经逆变、滤波产生±15 V、±24 V、±48 V 电压，分别供给机车司机台信号(+15 V)，仪表照明(+24 V)使用。

2. 整备控制

(1)受电弓控制

①升弓压缩机打风

机车升弓前若总风缸或控制风缸空气压力不足 450 kPa 时，需利用辅助压缩机 447MD 向辅助风缸打风。供机车升受电弓及闭合主断路器使用。447MD 的电源经“电扇”自动开关 610QA 由蓄电池提供，操作自复式开关 596SB，可使 447MD 启动打风。

②升弓控制

a. 升弓风路控制

压缩空气的开通与关闭是受门联锁保护阀 287YV 控制，当司机插上电钥匙，控制电路为：

464 · 602QA · 530 · 570QS · 531 · $\overline{20QP}$ · $\overline{50QP}$ · $\overline{297QP}$ · $\boxed{287YV}$ · 400

保护阀 287YV 得电动作，开通通向高压室门联锁阀的气路，若此时门联锁正常关闭，则门联锁阀动作，使高压室门闭锁，并开通通向受电弓升弓电磁阀的气路，为升弓做好准备。

b. 升弓电路控制

由按键开关控制。控制电路为：

(a)升前弓按 403SK

464 · 602QA · 570QS · 531 · 403SK · 532 · 587QS · 533 · (N533a · N533b · 515KF+588QS · 549 · N549a · N549b · $\overline{4QF}$) · N534b · N534a · 534 · $\boxed{1YV}$ · 400

(b)升后弓按 402SK

464 · 602QA · 570QS · 531 · 402SK · 535 · N535 · N532 · 532 · 587QS · 533 · (N533a · N533b · 515KF+588QS · 549 · N549a · N549b · $\overline{4QF}$) · N534b · N534a · 534 · $\boxed{1YV}$ · 400

前(后)节受电弓电磁阀 1YV 得电动作，压缩空气直通升弓风缸推动气缸内活塞，促使前(后)受电弓升起。

因此，受电弓升弓，电路上必须具备以下条件：库用转换开关 20QP、50QP 在运行位且其联锁必须到位(库用位此开关联锁断开)；关好车顶门，联锁 297QP 闭合(车顶门打开时，行程开关联锁 297QP 在断开位)；关好高压室、变压器室、高压柜等各室门，门联锁阀动作，515KF 动作；受电弓隔离开关处正常位。

(2)主断路器控制

①合闸控制：主断路器合闸控制与受电弓控制为同一供电支路。机车电钥匙 570QS 合上后，首先使主断合延时继电器 539KT 得电闭合，电路为：

464 · 602QA · 570QS · 531 · $\overline{562KA}$ · 538 · $\boxed{539KT}$ · 400

当按下“主断合”按键开关 401SK，若此时主断路器的风缸风压足够(大于 450 kPa)，4KF 动作，则主断的合闸线圈 QFN 得电，控制电路为：464 · 602QA · 570QS · 531 · 401SK · 537 · 586QS · 538 · 568KA · 539 · 539KT · 540 · $\overline{567KA}$ · 541 · $\boxed{4QFN}$ · 543 · 4KF · 400

主断路器的动作机构在压缩空气推力的作用下，合上主辅触头，从而完成主断路器的合闸操作。同时恢复中间继电器562KA线圈也得电，控制电路为：

464・602QA・570QS・531・401SK・537・586QS・538・568KA・539・$\boxed{562KA}$・400

562KA动作后，其反联锁打开使539KT失电，延时1 s后，539KT延时联锁打开，切断合闸线圈电路，保护了合闸线圈，即若401SK处于按下状态超过1 s，则自动由539KT正联锁切断合闸线圈供电电路，避免主断合闸线圈长时间通电而烧损，也防止了重复合闸（由于主断路器分合闸线圈是按短时工作制设计的）。同时562KA还担负着故障保护的恢复作用。从以上电路可知，要使主断路器能顺利闭合，必须具备下面几个条件：全车所有司机控制器处于“0”位，即568KA“0”位中继得电动作；主断路器处于正常开断状态（非中间位）；劈相机按键处于断开位，即567KA劈相机中继处于失电状态；主断路器风缸压力大于450 kPa，4KF动作。

②分闸控制：主断路器的分闸控制单独由603QA自动开关提供电源。分为人为操作分闸和保护性分闸。人为分闸是当司机按下“主断路器分”按键开关400SK，主断分闸线圈4QFF得电，控制电路为：

464・603QA・556・400SK・544・4QF・542・$\boxed{4QFF}$・543・4KF・400

主断路器动作分闸。

保护性分闸通过导线544得电来实现。

(3)劈相机控制

所有辅机的控制电源均由605QA自动开关提供。劈相机启动控制是完成其他辅机控制的先决条件。SS_4改型机车的劈相机及其他辅机控制分手动启动和自动启动两种方式，由591QS进行选择。当591QS打在“0”位，即为手动位，“1”位为自动位。

①劈相机手动启动控制

按下“劈相机”按键开关404SK，使567KA得电，其控制电路为：

464・605QA・560・404SK・562・（591QS“0”＋591QS“1”・563・$\overline{528KT}$）・564・$\boxed{567KA}$・400

567KA得电吸合后，464・605QA・560・567KA・561，导线561有电，分成几条支路：

劈相机启动电阻延时断开时间继电器527KT得电

561・$\overline{566KA}$・614・$\boxed{527KT}$・400

劈相机启动电阻接触器213KM和劈相机启动延时继电器533KT得电

561・（$\overline{566KA}$＋527KT）・571・（$\boxed{533KT}$＋$\boxed{213KM}$）・400

劈相机接触器201KM得电吸合并自锁，劈相机的主电路沟通，开始启动。

561・（213KM＋201KM）・572・242QS“1”・573・$\boxed{201KM}$・400

同时，劈相机启动继电器283AK开始工作。

464・602QA・570QS・531・533KT・281得电，283AK有了工作电源，开始工作，当检测到劈相机启动完成，283AK动作，通过它的常开联锁接通导线561和568，使566KA得电并自锁。电路如下：

561・（283AK＋（215QA＋242QS“2”）・570・566KA）・568・$\boxed{566KA}$・400

566KA得电并自锁后，其常闭联锁打开，527KT失电，延时1 s后213KM和533KT均失电，283AK停止工作，533KT失电后，延时3 s其常闭联锁闭合，为其他辅机正常工作作好准

备。电路为：561·$\overline{533KT}$·577 有电。

②自动控制

所谓自动控制是指司机操作主断路器合闸后，劈相机自动启动，无需人为操作劈相机以及其他辅机的琴键开关。这一功能主要用在机车过分相区时，减少司机的操作步骤。

当过完分相后，闭合主断路器后，其常闭联锁打开，使 528KT 失电，延时 1 s 后其常闭点闭合，567KA 得电吸合，劈相机开始启动。以后过程与手动控制一样。

③劈相机故障控制

若劈相机故障，将 242QS 打到“2”位，用通风机 1 代替劈相机，即用通风机 1 通过分相电容启动后代替劈相机将单相电劈成三相的功能，同时完成通风功能。具体控制如下：

a. 将 242QS 打至“2”位。

b. 将 296QS 打向“电容”位。

c. 按下劈相机琴键开关 404SK 后，与劈相机正常启动类似，只不过在 213KM 得电后，其常开联锁通过 242QS 的转换，接通的是通风机 1 的接触器 205KM，283AK 检测的是通风机 1 的 D3D4 相的电压，其他与劈相机启动完成相同。205KM 得电线路如下：

561·(213KM＋205KM)·572·242QS“2”·580·$\boxed{205KM}$·400

④“低压试验”控制及库内辅助电路三相电源试验

机车“低压试验”时，将 242QS 打在“0”位（即“试验”位），并闭合 404SK，则 567KA、566KA 得电闭合，533KT 失电打开，其常闭联锁闭合，577 有电，即可进行其他辅助电机接触器操作试验。同时，由于此时 201KM 断开，因此可将辅助电路库用插座接上三相 380 V 电源后，直接启动压缩机和各通风机，而无需启动劈相机。

(4)压缩机控制

按下“压缩机”琴键开关 405SK，则压缩机接触器 203KM 吸合。具体电路如下：

561·$\overline{533KT}$·577·(405SK·517KF＋408SK)·566KA·598·579QS“1”·599·$\boxed{203KM}$·400

操作中注意 517KF 当风压低于 750 kPa 时闭合，当风压高于 900 kPa 时断开。

使用“强泵风”琴键开关 408SK 时，要注意观察总风缸压力，听到高压安全阀喷风声或看到风压超过 950 kPa 时应注意及时关掉 408SK。

(5)通风机控制

①手动控制

按下“通风机”按键开关 406SK，导线 577 经 406SK 使导线 578 有电，经 566KA、242QS，通风机 1 隔离开关 575QS 使通风机 1 接触器 205KM 得电动作，通风机 1 开始启动。

其电路为：577·406SK·578·566KA·579·242QS“2”·575QS·$\boxed{205KM}$·400

同时，$\overline{205KM}$联锁打开，使 535KT 失电，延时 3 s 后，$\overline{535KT}$联锁闭合。导线 579 经$\overline{535KT}$使导线 581 有电，再经通风机 2 的隔离开关 576QS 使通风机 2 的接触器 206KM 得电动作，通风机开始启动。其电路为：

579·(575QS＋$\overline{535KT}$)·581·576QS·$\boxed{206KM}$·400

同时，$\overline{206KM}$联锁打开，536KT 线圈失电，延时 3 s 后$\overline{536KT}$联锁闭合，导线 581 经$\overline{536KT}$使导线 678 有电，然后，分别经 584QS 和 599QS 使 212KM 和 211KM 同时得电动作，即油泵和变压器风机同时开始启动，直至正常工作。

其电路为：581 · $\overline{\text{536KT}}$ · 687 · 584QS · $\boxed{\text{212KM}}$ · 400

518 · $\overline{\text{536KT}}$ · 687 · 599QS · $\boxed{\text{211KM}}$ · 400 至此完成了通风机的控制。

②自动控制

所谓自动控制是指司机的调速手轮转到 1.5 级以上时，导线 417 得电，自起风机中间继电器 549KA 得电动作，此时，570QS 在“1”位，406SK 在非按下位。所以，导线 577 经$\overline{\text{406SK}}$联锁、570QS、549KA 的正联锁为 549KA 提供电源使其自持。其电路为：

577 · $\overline{\text{406SK}}$ · 570QS · 603 · 549KA · 417 · $\boxed{\text{549KA}}$ · 400

同时，导线 603 经 549KA 的另一对正联锁和 509V，使导线 578 有电。其电路为：

603 · 549KA · 509V · 578

接下来的控制过程与手动控制完全一样。

当司机控制器调速手轮退到“0”位时，导线 417 不再从司机控制器中得电，而是通过自持从导线 577 得电。所以，调速手轮回到“0”位时，通风机并不能自动关闭。若要关闭通风机，必须操纵一下 406SK，切除 549KA 的供电电路，使其解锁，然后再关闭 406SK，也就关闭了通风机。

(6)制动风机控制

按下“制动风机”按键开关 407SK，首先使制动风机接触器 209KM 得电动作。电路为：

577 · 407SK · 566KA · 589 · 581QS · $\boxed{\text{209KM}}$ · 400

制动风机 1 接触器 209KM 得电动作后，受其常闭联锁控制的 526KT 失电，延时 3 s 后，使制动风机 2 接触器 210KM 得电动作。电路为：

589 · (581QS + $\overline{\text{526KT}}$) · 582QS · $\boxed{\text{210KM}}$ · 400

制动风机 2 启动工作。至此，各辅机全部启动完毕。

(7)牵引控制

①牵引向前

合上电钥匙后，通过 4 台牵引电机接触器的反联锁使线路接触器中间继电器 558KA 线圈得电。电路为：

464 · 604QA · 465 · 570QS · 466 · ($\overline{\text{12KM}}$ · $\overline{\text{22KM}}$ · $\overline{\text{32KM}}$ · $\overline{\text{42KM}}$ + 20QP + 50QP) · $\boxed{\text{558KA}}$ · 400

当主司机控制器 627AC 的换向手柄置“前”位时，导线 402、403、406 有电。

465 · 570QS · 401 · 627AC1 · 402

465 · 570QS · 401 · 627AC2 · 403

465 · 570QS · 401 · 627AC5 · 406

其中导线 402 为调速手轮的电源线，导线 403 为向前位得电线，导线 406 为牵引位得电线。

导线 403 经 558KA 的常开联锁使转换开关方向鼓转换到“前”位。

403 · 558KA · ($\boxed{\text{107YVF}}$ + $\boxed{\text{108YVF}}$) · 400

导线 406 使转换开关的工况鼓转换到“牵引”位。

406 · 558KA · $\overline{\text{560KA}}$ · $\overline{\text{92KM}}$ · ($\boxed{\text{107YVT}}$ + $\boxed{\text{108YVT}}$) · 400

最后完成了牵引向前的转换。

当两节车重联时，通过内重联线 N406 控制另一节车完成牵引转换，通过内重联线 N403 经内重联电缆的交叉重联，作用于另一节车的 N404，使另一节的两位置转换开关完成向后转换。以确保全车向前。当两台车重联时，通过外重联线 W2406 控制另一台车完成牵引转换，通过本车的 N2403 经外重联电缆交叉重联，作用于另一台车的 W2403，使另一台车完成向前转换，确保两台车方向一致。

②牵引向后

合上电钥匙后，通过 4 台牵引电机接触器的反联锁使线路接触器中间继电器 558KA 线圈得电。电路为：

$464 \cdot 604QA \cdot 465 \cdot 570QS \cdot 466 \cdot (\overline{12KM} \cdot \overline{22KM} \cdot \overline{32KM} \cdot \overline{42KM} + 20QP + 50QP) \cdot \boxed{558KA} \cdot 400$

当主司机控制器 627AC 的换向手柄置“后”位时，导线 402、404、406 有电。

465·570QS·401·627AC1·402

465·570QS·401·627AC3·404

465·570QS·401·627AC5·406

其中导线 402 为调速手轮的电源线，导线 404 为向后位得电线，导线 406 为牵引位得电线。

导线 404 经 558KA 的常开联锁使转换开关方向鼓转换到“后”位。

$404 \cdot 558KA \cdot (\boxed{107YVBW} + \boxed{108YVBW}) \cdot 400$

导线 406 使转换开关的工况鼓转换到“牵引”位。

$406 \cdot 558KA \cdot \overline{560KA} \cdot \overline{92KM} \cdot (\boxed{107YVT} + \boxed{108YVT}) \cdot 400$

最后完成了牵引向后的转换。

当两节车重联时，通过内重联线 N406 控制另一节车完成牵引转换，通过内重联线 N404 经内重联电缆的交叉重联，作用于另一节车的 N403，使另一节的两位置转换开关完成向前转换。以确保全车向后。当两台车重联时，通过外重联线 W2406 控制另一台车完成牵引转换，通过外重联线 W2404 经外重联电缆交叉重联，作用于另一台车的 W2404，使另一台车完成向后转换，确保两台车方向一致。

(8)制动控制

当主司机控制器换向手柄置“制动”位时，导线 402、403、405 有电。

其控制电路为：

465·570QS·401·627AC1·402

465·570QS·401·627AC2·403

465·570QS·401·627AC4·405

其中，导线 402 的作用与牵引时相同；导线 403 的作用只是给空气管路部分提供机车向前的信号，对控制电路无特别含义；导线 405 用来控制二位置转换开关完成向制动位转换，控制环节为：导线 405 经 558KA，使 107YVB 和 108YVB 两电磁阀得电，二位置转换开关转到“制动”位。

当两节车重联时，通过内重联线 N405，使另一节车的二位置转换开关转换到“制动”位。

当两台车重联时，通过外重联线 W2405，使另一台车的二位置转换开关转换到“制动”位，保证两台车同步工作。

(9)风速延时控制

当通风机工作正常后，安装在风道中的风速继电器就会动作，以监视通风情况。

电路为：

561 · 519KF · 550KA · 400

561 · 520KF · 551KA · 400

561 · 511KF · 541KA · 400

561 · 512KF · 542KA · 400

①牵引时，电路为：406 · 560KA · 518 · [219QA · 517 · (573QS "1"＋550KA)＋575QS "1"] · 516 · [((574 QS"1"＋551KA) · 220QA)＋576QS"1"] · 514 · 530KT · 400

550KA 和 551KA 联锁两端分别并有 573QS 和 574QS 的接点，573QS 和 574QS 分别是牵引风速 1 和牵引风速 2 隔离开关。当牵引风速继电器 1 或 2 动作不良时，将 573QS 或 574QS 打到故障位，短接 550KA 或 551KA 触点，以便机车继续运行。此时，219QA 和 220QA 继续担任保护任务，在风机发生故障、辅机自动开关保护动作，预备失败时，确保牵引无电流。除此之外，575QS 和 576QS 分别是牵引风机 1 和牵引风机 2 隔离开关，当某一牵引风机故障时，将相应的隔离开关打到故障位，在切除故障风机的同时，也短接相应的风速环节。

②制动时，导线 405 经 560KA 常开联锁，使导线 524 有电，再经 223QA 和 541KA，使导线 521 有电，然后，经 224QA 和 542KA，使导线 518 有电。其中，223QA 和 224QA 分别是制动风机 1 和制动风机 2 自动开关保护联锁。这一环节与牵引风速环节非常相似。并在 541KA 和 542KA 联锁两端的隔离开关 589QS 和 590QS，分别是制动风速 1 和制动风速 2 隔离开关；581QS 和 582QS，分别是制动风机 1 和制动风机 2 隔离开关。当某一制动风机故障时，将相应的隔离开关打到故障位，一方面切除了故障风机，另一方面短接了相应的风速环节，使机车还能继续维持运行。具体控制电路为：

405 · 560KA · 524 · [223QA · 523 · (589QS "1"＋541KA)＋581QS"1"] · 521 · [224QA · (590QS"1"＋542KA)]＋582QS"1"] · 518 · [219QA · 517 · (573QS "1"＋550KA)＋575QS"1"] · 516 · [(574QS "1"＋551KA) · 220QA＋576QS"1"] · 514 · 530KT · 400

(10)预备环节控制

当全车整备控制电路控制完成时，最终产生的结果，是预备中间继电器 556KA 得电动作。

①牵引工况

牵引向前时，导线 403 经 561KA 常闭联锁和 107QPF 即(向前时闭合)、108QPF(向前时闭合)使导线 427 有电，经 107QPT(牵引时闭合)、108QPT(牵引时闭合)，使导线 429 有电。当司机控制器调速手轮处于低级位时(1.5 级以下)，525KT 一直处于常闭状态，所以，导线 429 经525KT、567KA (此时劈相机已工作)和 560KA，使导线 432 有电，再经 4QF(主断路器已合上)，使 556KA 得电动作；当司机控制器调速手轮处于高级位时(1.5 级以上)，525KT 延时 25 s 后，其常闭点打开，导线 429 必须经 530KT，使导线 432 有电，然后，经 4QF 使 556KA 得电动作，表示预备完成。

牵引向后时，导线 404 经 107QPBW(向后时闭合)和 108QPBW(向后时闭合)，使导线 427 有电，以后的环节与牵引向前时完全一样。

所以，牵引时要使 556KA 得电动作，必须具备以下几个条件：司机操作电钥匙必须给上，即 570QS 打到"1"位；两位置必须转换到位；主断路器必须合上；劈相机必须工作；高级位时，风速延时必须完成。

②制动工况

制动时，导线405有电，404无电，而403虽有电但不起作用，所以，起作用的只是405导线。它经91KM的辅助常开接点(此时，已闭合)，使429有电，再经530KT和4QF，使556KA得电动作。而91KM是受线路接触器的辅助接点控制，线路接触器又受零位延时时间继电器的控制，所以制动时，要使556KA动作，司机控制器的调速手轮必须离开“0”位。另需指出，525KT支路由于串联560KA常闭接点，低位延时已不再起作用。

3. 调速控制电路

当机车整备(预备)完毕，机车状态信号显示一切正常时，就可以进行调速控制。调速控制是通过司机控制器的调速手轮来完成。

(1)“0”位控制

SS_4改型机车是由完全相同的两节机车重联而成，每节机车只有1个司机室，每个司机室内装有主、辅司机控制器各1只，所以，1台机车总共有4只司机控制器。每节车都有自己独立的零位中间继电器568KA和零位延时时间继电器532KT。单节车时；控制过程如下：导线464经604QA，使导线465有电，再经570QS和532KT的常闭，使导线418有电，并送入司机控制器调速手轮的第一层接点上；若此时调速手轮处于“0”位；则导线418经627AC使导线411有电，再经628AC(辅控制器)，使导线412有电，568KA得电动作。

当主司机控制器调速手轮离开“0”位(机械“0”位)时，导线411失电，最终导致568KA失电；同时，因627AC调速手轮离开“0”位后，导线415得电，零位延时时间继电器532KT得电吸合，其常闭联锁打开，导线418无电，进一步保证568KA失电。另外，因532KT的常开点闭合，使线路接触器得电动作。

当两节车重联时，通过N415去控制另一节车的532KT，通过N418去控制另一节车的568KA，达到两节机车零位同步控制的目的。如非操纵节司机控制器不在“0”位，且570QS已合上，则通过N415重联线使操纵节532KT吸合，操纵节虽在“0”位，因532KT常闭打开导致全车568KA不能吸合。

当两台机车重联时，通过W2415和W2418分别控制另一台车的532KT和568KA，以达到所有重联机车零位同步控制的目的。

(2)低级位延时控制

当627AC调速手轮转到1.5级以上时，导线417有电，525KT受导线417的控制，525KT得电，并开始延时，25 s后，其常闭点打开。525KT是低级位延时时间继电器，得电后延时主要用于在机车低级位时免开通风机、进行调车作业以及在启动通风机的过程中快速启动机车，并具有防止机车因信号不正常而引起窜车的作用。

(3)线路接触器控制

线路接触器是构通牵引电机主回路的主要电器。

导线531经532KT(此时，司机控制器调速手轮已离开“0”位，532KT得电，其常开点闭合)、10QP、60QP，使导线501有电。其中，10QP、60QP分别是1、2高压柜中空载试验转换开关的辅助接点，打到运行位时，常开点闭合。当机车处于牵引状态时，导线501经561KA的两对常闭接点，分别使导线496和497有电，导线496经575QS使导线481有电，然后，分别经19QS、29QS，使线路接触器12KM和22KM得电动作；而导线497经576QS，使导线485有电，然后，导线485分别经39QS和49QS，使线路接触器32KM和42KM得电动作，此时，牵引状态的电机主回路构成。

19QS～49QS 分别是牵引电机 1～4 的隔离开关的辅助接点。当机车处于制动状态时，导线 501 一路经 581QS、561KA 常开点（制动时，其常开点闭合）使导线 496 有电；另一路经 582QS、561KA 的另一对常开点，使导线 497 有电，接下来的环节与牵引时相同，不再重复说明。581QS 和 582QS 分别是制动风机 1 和制动风机 2 的隔离开关；当制动风机故障时，在隔离相应风机的同时，也隔离了牵引电机，避免烧坏制动电阻。前述 575QS 与 576QS 牵引风机隔离开关的作用与此相似，避免牵引电机无风烧损。

(4)调速控制

SS_4 改型机车是无级调速的全相控机车，它的调速控制主要是由无接点控制电路（电子控制电路）来完成，在此，只对与调速有关的有接点控制电路进行介绍。

①调速信号给定

SS_4 改型电力机车的速度信号是通过司机控制器给出的电压信号（即给定信号），由微机根据该电压信号的大小来对机车进行速度及电机电流控制的。当司机操纵司机控制器调速手轮置不同位置时，速度给定及相应电流给定信号也随之改变。637R 是司控器电位器，导线 1701 是从微机送出来的＋15 V 电源线，700 是地线，1703 导线是速度信号给定线，不同的级位对应司机控制器电位器输出的电压信号（1703 线）不同。司机操纵控制器送出的指令值不同，即实现了机车速度的升降控制。

②磁场削弱控制

SS_4 改型机车的磁削只有当调速手轮转到 6 级以上时才起作用，这是根据机车的牵引特性和磁削的基本原理而设置的一个环节。当调速手轮转到 6 级以上时导线 401 经 627AC 使导线 410 有电，此时，把 627AC 的换向手柄打到Ⅰ级削弱位，导线 410 经 627AC 使导线 407 有电，Ⅰ级磁削的两个电磁阀 17YV 和 47YV 得电动作，受其控制的相应接触器闭合。电机完成Ⅰ级削弱；若此时，把 627AC 的换向手柄打到Ⅱ级，则导线 410 经 627AC 使导线 408 有电，而 407 失电。导线 408 分别经 17KM 常闭联锁和 47KM 常闭联锁，使导线 458 和 459 有电，Ⅱ级磁削的两个电磁阀 18YV 和 48YV 得电动作，相应的接触器闭合并自锁，电机完成Ⅱ级削弱；若把 627AC 的换向手柄打到Ⅲ级位，则导线 410 经 627AC 使导线 407 和 408 得电，17YV、47YV、18YV、48YV 都得电动作，磁削的所有接触器都闭合，电机完成Ⅲ级磁削，提高了机车运行速度。

③励磁接触器控制

当司机控制器的换向手柄打到“制动位”时，导线 405 有电，经 516KF（制动缸压力继电器，低于 150 kPa 闭合），12KM、22KM、32KM、42KM 以及 107QPB 和 108QPB，使导线 439 有电。一路使 92KM 得电动作；另一路经励磁过流中间继电器 559KA 使导线 454 有电，91KM 由此得电动作，两个励磁接触器都闭合，这是正常工作时的情况。当某一台牵引电机故障时，需要将相应的电机隔离开关打到故障位，这样，就断开了主回路中故障牵引电机的工作回路。在控制回路中，用相应隔离开关的辅助接点短接线路接触器的联锁，以牵引电机 1 为例，当牵引电机 1 故障时，需要把 19QS 打到故障位，则 12KM 失电打开（见线路接触器控制一节的说明），19QS 的常闭点短接 12KM 的常开点。那么，导线 405 经 516KF 后，经 19QS、22KM、32KM、42KM 等，最后使 91KM 和 92KM 得电动作。当制动风机Ⅰ故障时，需要把 581QS 打到故障位，12KM 和 22KM 都失电，导线 405 经 516KF 后，经 581QS、575QS、560KA 使导线 447 有电。以后的情况与前文相同。当牵引风机 1 故障时，需要把 575QS 打到故障位。此时，若还想使用电制动，必须将 1 号高压柜中的 19QS 和 29QS 隔离开关打到故障位。在牵引电机 1 和 2 退出主回

路的同时，用 19QS 和 29QS 的常闭点，使导线 447 有电。以后的情况与前文同。

(5)重联中间继电器控制

当两台机车重联时，除 400 线以外的所有重联控制信号都经过重联中间继电器的接点，以便于意外时及时切除重联控制信号。每节机车上分别装有 4 个重联中间继电器，受 1 个隔离开关的控制。导线 531 经 570QS，使导线 525 有电；经 592QS 使导线 526 有电，545KA～548KA 4 个中间继电器都得电，接通重联控制信号。当两节车重联时，通过内重联线 N526，使另一节车的 526 得电，另一节车的 545KA～548KA 得电动作，接通了后一节车的外重联控制信号。当两台车重联(外重联)时，假设 1 号车的 A 节车为操纵端，则 1 号 A 节车的钥匙 570QS 打到“1”位(工作位)，导线 525(1 号 A 节车)有电通过内重联 N525a 送入 B 节车的 N525b，到达中央端子板，然后，从中央端子板出来，线号变成 W525b，到 B 节车车头的外重联插座内；通过外重联电缆的交叉重联，使 2 号车 A 节的 W525a，即 525 线得电，此时，若将 2 号 A 节车的 592 打到“1”位(重联位)，则 2 号车的 2 组 545KA～548KA 得电动作，接收从 1 号车送来的重联控制信号，完成两台车重联同步操作所必须做的第一步工作。所以，对被重联车来说，只有在与操纵端同一方向的司机室内的重联选择开关才起作用，其他司机室内的重联选择开关不起作用。

(6)司机钥匙互锁控制

为了防止一台车的两个司机室内都使用了钥匙开关，而造成机车窜车的现象，在 SS_4 改型机车上加装了钥匙互锁环节。

当 A 节车为操纵端时，B 节车应该是非操纵端，即 B 节车的 570QS 应处于“0”位(非工作位)，所以，A 节车的 401 有电，而 B 节车的 401 无电。A 节车的 401 通过内重联线 N401a 送入 B 节车的 N401b，作用于 B 节车的 569KA，使 569KA 得电动作，其常闭点打开，进一步确保非操纵端送入电子柜的操纵端信号 419 无电，使非操纵端的电子柜始终接收调制信号。若在 A 节车给上钥匙的情况下，B 节车也给上了钥匙，则两节车的 401b 都有电，两节车的 569KA 都得电，即两节车的 419 都无电，两个电子柜都处于接收状态，结果牵引无电流。

4. 保护控制

保护控制是指保护与主电路、辅助电路有关的执行控制。根据机车的使用情况和可能产生故障的严重程度，其保护结果有两种：一是跳主断路器；二是跳接触器。跳主断路器有以下几种情况：原边过流(网侧过流)、次边过流、牵引电机过流、辅助系统过流、主电路接地、辅助回路接地、零电压及紧急制动。跳接触器只有两种情况：励磁过流和功补过流。还有一些辅助保护环节，如：风速保护环节、辅机保护环节、风压保护环节等。下面对跳主断路器和跳接触器的保护环节作一介绍。

(1)原边过流

当原边过流继电器 101KC 检测到原边绕组过流(整定值 320 A)时，101KC 动作，导线 531 经 101KC 联锁，使导线 552 有电，使原边过流中间继电器 565KA 得电动作并自持，接通信号控制电路，显示原边过流信号；导线 531 经另 565KA，使导线 544 有电，从而分断主断路器，使显示电路显示 原边过流 。电路为：

565KA 得电并自持，1 780・(101KC+$\overline{562KA}$・565KA)・ 565KA ・400

主断断开，464・602QA・570QS“1”・531・565KA・544・4QF・542・ 4QFF ・543・4KF・400

(2)次边过流

次边过(流)载是通过次边绕组电流互感器 176TA、177TA、186TA、187TA 的检测信号送到电子柜,当电子柜判断出次边绕组过流时(整定值 3 000 A),通过导线 552 送出110 V 的电压信号,这一信号驱动 565KA 动作并自持,分断主断路器。电路为:

(AE+1780 · $\overline{\text{562KA}}$ · 565KA) · 552 · $\boxed{\text{565KA}}$ · 400

主断断,464 · 602QA · 570QS "1" · 531 · 565KA · 544 · 4QF · 542 · $\boxed{\text{4QFF}}$ · 543 · 4KF · 400

(3)牵引电机过载

直流电流传感器 111SC、121SC、131SC、141SC 检测牵引电机的电流信号,直接送入电子柜。当电子柜检测到某台电机电枢过流(整定值 1 300 A)时,经导线 554 送出 110 V 电压信号,驱动牵引电机过载中间继电器 557KA 动作并自持,电路为:

(AE+1 780 · $\overline{\text{562KA}}$ · 557KA) · 554 · $\boxed{\text{557KA}}$ · 400

主断断,464 · 602QA · 570QS"1" · 531 · 557KA · 544 · 4QF · 542 · $\boxed{\text{4QFF}}$ · 543 · 4KF · 400

从而分断主断路器。另一组 557KA 接通主显示屏,显示$\boxed{\text{牵引电机}}$。同时微机记录故障并在微机显示屏提示是那台牵引电机过载。

(4)主接地保护

SS_4 改型电力机车的主电路是转向架独立供电。每一转向架上设有一个接地继电器 97KE 和 98KE。当主电路出现接地故障,某一接地继电器动作时,其接点接通了 531 与 544 之间的回路,使导线 544 有电,从而分断主断路器。同时通过其机械机构的记忆联锁接通显示屏"主接地 1"或"主接地 2"信号灯。电路为:

架Ⅰ接地,531 · 97KE · 544 · 4QF · 542 · $\boxed{\text{4QFF}}$ · 543 · 4KF · 400　跳闸

主屏显示,790 · 97KE · 701 · 二极管 · 707 · $\boxed{\text{主接地}}$ · 500

辅屏显示,790 · 97KE · 701 · $\boxed{\text{主接地 1}}$ · 500

架Ⅱ同理。

合"主断",通过 539KT 可使接地恢复线圈 97KER、98KER 得电吸合,从而使接地显示解锁。

(5)辅助系统过流

辅助系统过流是通过过流继电器 282KC 来检测。当 282KC 检测到辅助系统过流时(整定值 2 800 A)动作,常开联锁闭合,使导线 550 有电,并使辅过流中间继电器 564KA 得电动作并自持。电路为:

1780 · (282KC+$\overline{\text{562KA}}$ · 564KA) · $\boxed{\text{564KA}}$ · 400

主断断,464 · 602QA · 570QS "1" · 531 · 564KA · 544 · 4QF · 542 · $\boxed{\text{4QFF}}$ · 543 · 4KF · 400

最后分断主断路器。同时一组 564KA 联锁接通主显示屏显示:

790 · 564KA · 755 · $\boxed{\text{辅过流}}$ · 500

(6)辅接地

当辅助电路接地时,285KE动作,使主断跳闸,并显示故障信号,电路为:

跳闸,464・602QA・570QS"1"・531・285KE・544・4QF・542・[4QFF]・543・4KF・400

辅台显示,790・285KE・756・[辅接地]・500

主台显示,790・285KE・756・二极管・720・[辅助回路]・500

(7)网压欠压保护

接触网的正常工作电压20 kV～29 kV,当网压过低时,将影响机车辅助机组的正常工作,因此需设置网压欠压保护。SS_4改型电力机车是通过零压时间继电器286KT来检测的。当机车处于零电压或机车失压超过2 s以上时,286KT失电,其常闭点接通零压中间继电器563KA线圈电路。

1780・$\overline{\text{562KA}}$・546・$\overline{\text{286KT}}$・551・[563KA]・400

同时当劈相机按键合上、劈相机处在工作状态时,561线有电经二极管503VD、欠压隔离开关236QS、563KA联锁使导线544有电,分断主断路器。电路为:

561・503V・236QS"0"・563KA・544・4QF・542・[4QFF]・543・4KF・400

同时显示故障信号:790・563KA・705・[零压]・500

若劈相机未投入工作,561无电,则只亮故障灯,不跳主断。

(8)紧急制动

紧急制动的控制信号来自通讯信号系统和紧急制动按钮,这一信号的标号是912导线。导线912经隔离二极管504VD,使导线544有电,促使主断分闸。

(9)励磁过载

电制动时,励磁过流的检测信号由电流传感器检测后送入电子柜,由电子柜来判断励磁是否过流。若出现励磁过流[I_L=(1 150±5%) A],则微机由553导线送出+110 V电压信号,使励磁过流中间继电器559KA得电并自锁,电路为:

(AE+1780・$\overline{\text{562KA}}$・559KA)・553・[559KA]・400

一组$\overline{\text{559KA}}$切断91KM供电电路,使励磁无流,保护了励磁电路,同时一组联锁接通显示屏,显示电路为:790・559KA・710・[励磁过流]・500

(10)功补过流

功补过流也由电子柜来判断。当功补过流时,功补过流中间继电器555KA接受到电子柜送来的110 V电压信号,得电动作。555KA的一对常闭联锁打开,切除了功补接触器的供电回路,使功补退出主回路。

(11)故障保护的恢复控制

上述各种故障保护,其自锁的中间继电器,由恢复中间继电器562KA的常闭联锁维持。故障消除后,闭合主断路器的同时,562KA得电,所有保护中间继电器失电打开,故障及相应信号恢复。

5. 信号控制电路

SS_4改型电力机车的司机室内,安装有1块主显示屏,1块辅显示屏,分别位于司机侧和学习司机侧,采用LED式发光二极管作光源,用15 V电源,线号790。主、辅显示屏的外形及显示的数目完全相同,都是32个信号。主显示屏显示的是机车的主要状态及主要故障,辅显示屏内显示的是对主显示屏表示内容的补充说明。司机通过对机车信号的观察,可以了解机车的工作状态。故障信号显示的原则是:无灯显示正常。

主、辅显示屏电源为直流变换器(斩波电源)产生的 DC15 V 电源,正端为导线 790,负端为导线 500。为便于司机及检修人员检查屏内信号灯是否完好无损,主台有自复式信号检查按钮 412SK。当闭合 412SK,通过内部二极管,将信号送入每一只信号灯,使所有信号灯点亮,以便确认显示屏内信号灯是否完好。

(1)主显示屏显示内容(图 1-1)

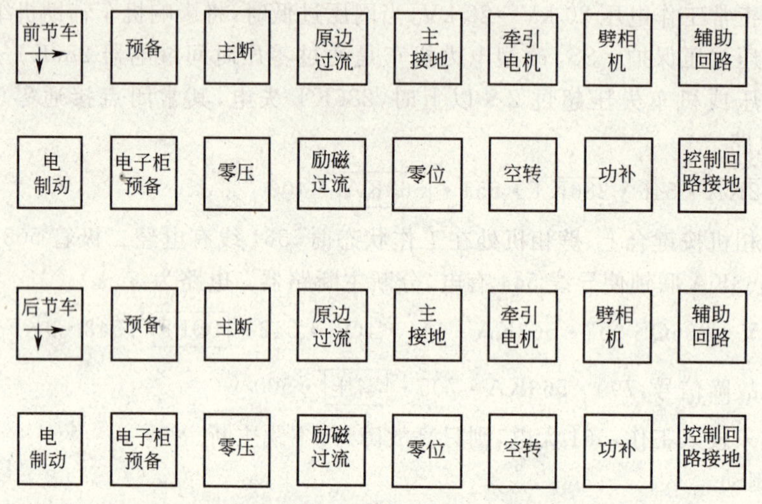

图 1-1 主显示屏

(2)辅显示屏显示内容(图 1-2)

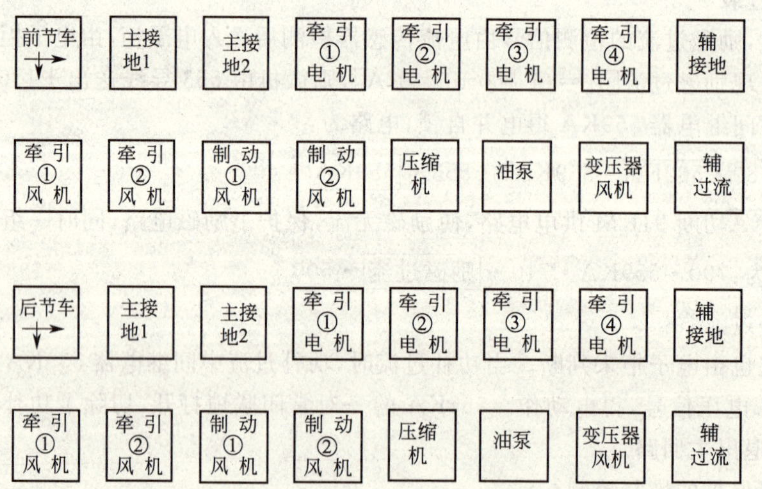

图 1-2 辅助显示屏

另外辅显示屏显示的本节车的故障信号,通过内重联线,送入另一节车的辅显示屏,另一节车的信号,也通过内重联线送本节车的辅显示屏内,所以,不管在哪一司机室,都能看到全车的工作状态及故障情况。

6. 照明控制电路

SS_4 改型电力机车照明控制电路包括前照明灯、副照灯、标志灯、仪表灯、各室灯、记事灯。

具体布置为：司机室灯（2 个），各室灯及走廊灯（共 14 个）。前照灯（1 个），标志灯（2 个），副照灯（3 个），仪表照明灯（14 个）。照明控制由学习司机台的按键开关组控制，由控制电源提供 DC110V。

（1）前照灯控制

前照灯由 464 经自动开关 606QA 提供电源。前照灯开关为 410SK 与 418SK。前照灯电路为：

464·606QA·650·(418SK+410SK)·651·[440KM]·400

464·606QA·650·440KM·655·449EL·400

（2）辅照灯与标志灯控制

副照灯与标志灯由 464 经自动开关 607QA 提供电源。

副前照灯开关为 417SK，控制本节车两个副前照灯 468EL1、469EL1。

副后照灯开关为 409SK，控制本节车尾灯 468EL2 及通过重联线控制另一节车的两个副前照灯 468EL1、469EL1。

前标志灯开关 415SK 控制本节车 1 个前标志灯 465EL1。

后标志灯开关 416SK 控制本节车 1 个后标志灯 464EL2 及通过重联线控制另一节车的前标志灯 465EL1。

（3）各室照明电路

各室照明电源由 464 经 608QA 提供。

司机室照明灯开关 422SK 控制司机室照明灯 448EL1 和 449EL1。

其他各室照明灯开关 420SK 控制 460EL、461EL、462EL。

走廊灯照明灯控制由 421SK 和 571QS 交叉控制走廊灯 452EL1～456EL1 和 452EL2～456EL2 以及 457EL。

（4）仪表照明控制

仪表照明为 24 V 电源，其电源由 464 经 614QA，逆变器 426VC 至 780 提供。通过副台仪表照明琴键开关 419SK 控制。

（5）电风扇控制

电扇电源由 464 经过 610QA 提供。按下电扇开关 413SK，电扇开始工作。

四、质量评价标准

序号	项目	考核内容及评分标准	分值	扣分	得分	备注
1	时间	规定时间 10 min，每超过 1 min 扣 1 分，超过 5 min 全项失格	10			
2	安全	防护用品穿戴不齐，每件扣 2 分；碰伤、破皮出血每处扣 3 分；触电或造成工伤全项失格	10			
3	正确使用仪表	仪表未校验扣 2 分；量程选择不当扣 2 分；读数不准扣 2 分；仪表损坏至不能使用扣 10 分	10			
4	作业过程	重复一次、顺序颠倒一次、检查无内容各扣 10 分，未按要求结束工作扣 5 分	20			
5	质量	故障发现不会处理扣 20 分；安装松动每处扣 3 分；漏装配件每处扣 5 分；故障未发现全项失格	50			
合计						
评价者签名： 年　月　日						

五、任务链接

1. 华平．电力机车控制[M]. 北京：中国铁道出版社，2008.

2. 杨兆昆．韶山4改型电力机车乘务员[M]. 北京：中国铁道出版社，2002.

3. 叶晓生．SS_4 改进型电力机车门联锁阀常见故障的原因及处理[J]. 机车电传动，2008(4).

4. 贾理锋，李平华．SS_4 型电力机车保护控制电路故障分析及措施[J]. 机车电传动，2004(6).

5. 李文平，张建成．SS_4 型电力机车两位置开关故障分析[J]. 机车电传动，2005(1).

6. 王信礼．SS_4 改进型电力机车无压无流原因分析及整改措施[J]. 机车电传动，2006(5).

任务1　判断处理控制电源故障

一、学习目标

能根据故障现象判断 SS_4 改型机车控制电源故障，消除故障或隔离故障，维持机车运行。

二、学习任务

1. 任务描述

观察主台、辅台、电源柜信号显示情况，处理控制电源故障。

2. 任务流程

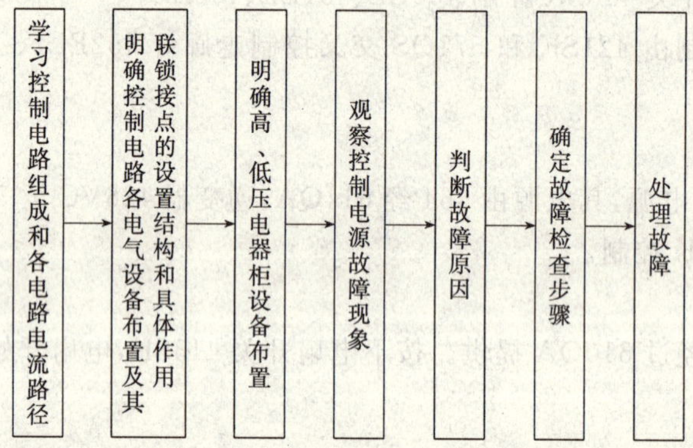

三、环境设备

设备、工具：十字头、一字头螺丝刀、手电筒、万用表、500 V兆欧表、短接线、尖嘴钳、机车控制电源柜。

资料：SS_4 改型电力机车控制电路电路图。

四、操作指导

1. 观察故障现象

(1)闭合蓄电池闸刀，电源柜电压表无显示；

(2)闭合蓄电池闸刀，学习司机台电压表无显示，控制回路无电；

(3)升弓合主断路器后，控制电压达不到110 V；

(4)控制电压过高或过低；

(5)控制电源正常，按任一按钮，控制电压下降过多；

(6)斩波电源 48 V、24 V、15 V 灯灭，斩波风扇不工作。

2. 故障判断与处理

(1)闭合蓄电池闸刀，电源柜电压表无显示

①闭合电源柜照明灯开关 676SB，697EL 灯亮为 650PV 故障，可暂不处理，维持回段。

②闭合电源柜照明灯开关 676SB，697EL 灯不亮，但副台控制电压表 658PV 显示正常，则为 666QS 线断，检查 666QS 接线，特别是背面接线。

③闭合电源柜照明灯开关 676SB，697EL 灯不亮，且副台控制电压表 658PV 也不显示，则为 601QA 跳开或接触不良，或者是蓄电池连线断。可反复断合几次 601QA，使其接触良好，或接好蓄电池连线。

④运行中无法处理时，将该节重联闸刀 668QS 置重联位，维持运行。

(2)闭合蓄电池闸刀，学习司机台电压表无显示，控制回路无电

①若 667QS 接触不良或接线断，夹紧 667QS 闸刀，连好接线。

②若二极管 VD5 或分流器 673RS 断路，进行短接处理。

③运行中无法处理时，将该节重联闸刀 668QS 置重联位，维持运行。

(3)升弓合主断路器后，控制电压达不到 110 V

①若 600QA 跳开或接触不良，反复断合几次 600QA，使其接触良好。

②检查 666QS，若接触不良或接线断，夹紧 666QS 闸刀，连好接线。

③若 600QA 和 666QS 接触正常，则为稳压触发板或主桥故障，将电源柜上的 A、B 组转换开关置另一组。

④上述处理无效时，将该节车重联闸刀 668QS 置重联位，维持运行。

(4)控制电压过高或过低

若控制电压过高或电压不稳时，将电源柜上的 A、B 组转换开关置另一组，无效时，将该节车重联闸刀 668QS 置重联位，断开 666QS，维持运行。

(5)控制电源正常，按任一按钮，控制电压下降过多

原因为个别单节蓄电池电压过低，更换不良蓄电池，运行中可将 668QS 置重联位，维持运行。

(6)斩波电源 48 V、24 V、15 V 灯灭，斩波风扇不工作

将电源柜上的 A、B 组转换开关置另一组，无效时，将该节车重联闸刀 668QS 置重联位维持运行。

任务 2　判断处理电源电钥匙开关故障

一、学习目标

能根据故障现象判断 SS_4 改型机车电源电钥匙开关故障，对故障进行处理，消除故障或隔离故障，维持机车运行。

二、学习任务

1. 任务描述

观察主、辅台信号显示情况，听门联锁动作声，处理电源电钥匙开关故障。

2. 任务流程

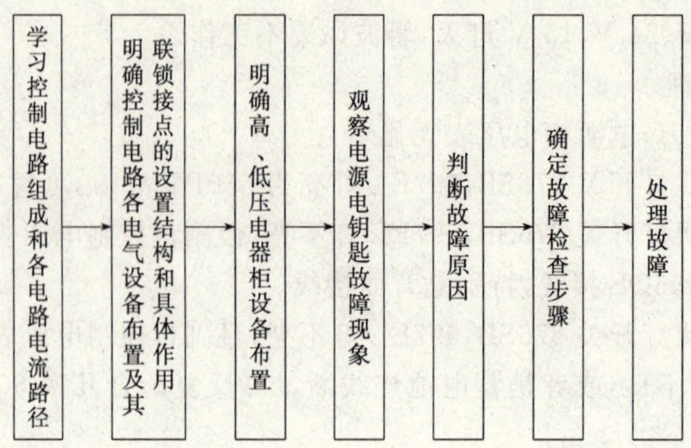

三、环境设备

设备、工具：十字头、一字头螺丝刀、手电筒、万用表、500 V 兆欧表、短接线、尖嘴钳、机车驾驶操纵台或仿真操纵台。

资料：SS_4 改型电力机车控制电路电路图。

四、操作指导

1. 观察故障现象

(1)闭合电钥匙 570QS，门联锁不动作，“零位”灯不亮；

(2)闭合电钥匙 570QS，门联锁不动作，“零位”灯亮；

(3)闭合电钥匙 570QS，门联锁动作，“零位”灯不亮。

2. 故障判断与处理

(1)闭合电钥匙 570QS，门联锁不动作，“零位”灯不亮

①检查 602QA 是否跳开或接触不良，若跳开或接触不良，反复活动几次，使其接触良好。

②检查电钥匙 570QS 接点，若接点接触不良，活动几次，如不行，则检查修复 570QS 不良处所。

(2)闭合电钥匙 570QS，门联锁不动作，“零位”灯亮

①若保护阀 287YV 不吸合为电路故障，检查 20QP、50QP、297QP 接点和 287YV 本身，处理相应接点。应急处理时，将 287YV 固定在吸合位。

②若 287YV 吸合，为风路不畅。如果两位置开关动作正常，则检查 52 阀调整压力，如果 287YV 本身风路堵塞或卡死，可轻轻敲击，使其动作；如果两位置开关不动作，则开放 140 塞门，抽出阀芯清扫，冻结时可用热棉丝或热水加热处理。应急处理时，抽出 100 阀芯，装好阀盖。

③门联锁机械卡劲，可用手锤轻轻敲击，或用撬棍撬动；若不行，则需拆下处理。

④若门联锁不良，运行中无法修复，可切单节；若牵引力不足，则需强迫该节车风压继电器 515KF 吸合，升另一节车受电弓，维持运行。但要注意此时门联锁阀已无保护作用，进高压室必须确认降弓到位，电钥匙取出。

(3)闭合电钥匙 570QS，门联锁动作，“零位”灯不亮

①闭合信号检查按钮 412SK，“零位”灯不亮，为灯炮坏，可暂不处理，维持运行，但操纵时要谨慎，手轮回“0”，必须确认到位。

②如操纵节司机控制器不在“0”位，则闭合电钥匙 570QS，能听到线路接触器吸合声，非操纵节“零位”灯一亮即灭，恢复操纵节司机控制器或辅助司机控制器即可。

③非操纵节“零位”灯不亮，则恢复司机控制器“0”位。

④如零位中间继电器 568KA 不吸合，为 412 线无电或 568KA 接点不良或 568KA 本身不能吸合，检查 412 线或处理 568KA 不良处所。

应急处理时，人为合主断路器，降弓过分相绝缘区，“零位”灯常亮，手轮回“0”，必须确认。或人为闭合 568KA，“零位”灯常亮，手轮回“0”必须确认，合主断路器需确认手轮回“0”，紧急制动无法自动切除牵引力。

任务3　判断处理不升弓故障

一、学习目标

能根据故障现象判断SS_4改型机车不升弓故障，消除故障或隔离故障，维持机车运行。

二、学习任务

1. 任务描述

观察主台、辅台仪表、信号显示情况，处理不升弓故障。

2. 任务流程

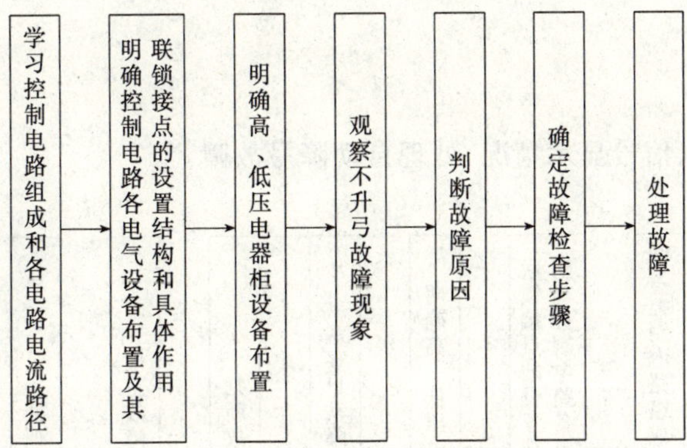

三、环境设备

设备、工具：十字头、一字头螺丝刀、手电筒、万用表、500 V 兆欧表、短接线、尖嘴钳、机车驾驶操纵台或仿真操纵台。

资料：SS_4改型电力机车控制电路电路图。

四、操作指导

1. 观察故障现象

闭合受电弓按键，升不起弓。

2. 故障判断与处理

(1)如两弓均不升，则检查确认高压室门、车顶门锁闭到位；风路畅通，风压不足时，用小压缩机打风升弓；门联锁不良时，按任务 2 处理。

(2)若受电弓电空阀 1YV 得电，则确认 143 塞门开放，门联锁伸出到位，处理不良处所；仍不能升弓，为 1YV 风路堵塞，或受电弓本身机械故障，作相应处理，运行中可用另一受电弓维持运行。

(3)如果 1YV 不得电，恢复受电弓故障隔离开关 587QS 运行位，确认非升弓节 147 塞门开放，风压继电器 515KF 无异状；仍不能升弓，换端操纵。若能升弓，则检查修复受电弓按键开关，及非升弓端 515KF 的不良处所；如果换端操作后，1YV 仍不得电，则检查修复 1YV 不良处所，运行中可用另一受电弓维持运行。1YV 不得电应急处理时，确认风路塞门开放，风压足，可取出电钥匙 570QS，将 1YV 固定在吸合位，关好高压室门，一给钥匙，即可升弓。遇降弓处所，需拔钥匙。

(4)如果受电弓升起，但升不到位，则为风压不足、降弓弹簧过强、升弓弹簧过弱或升弓弹簧折损。风压不足，疏通风路或用小压缩机打风升弓；弹簧过强或过弱，调整升、降弓弹簧强度，不良或折损者更换。运行中可升另一弓维持。

任务 4 判断处理运行中自动降弓故障

一、学习目标

能根据故障现象判断 SS_4 改型机车自动降弓故障，对故障进行处理，消除故障或隔离故障，维持机车运行。

二、学习任务

1. 任务描述

观察主、辅台仪表、信号显示情况，处理自动降弓故障。

2. 任务流程

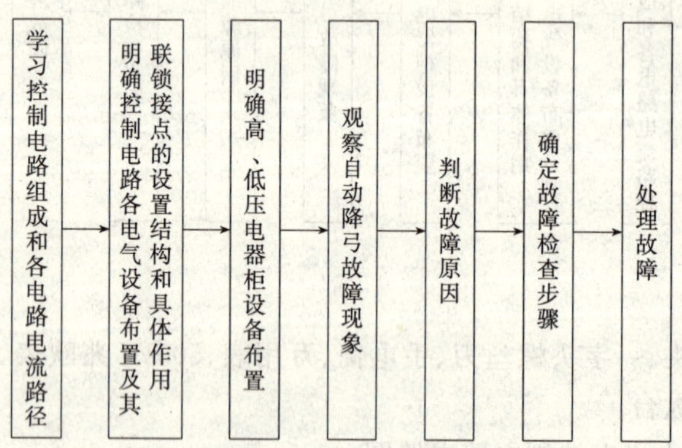

三、环境设备

设备、工具：十字头、一字头螺丝刀、手电筒、万用表、500 V 兆欧表、短接线、尖嘴钳、机车驾驶操纵台或仿真操纵台。

资料：SS_4 改型电力机车控制电路电路图。

四、操作指导

1. 观察故障现象

运行中自动降弓。

2. 故障判断与处理

(1)检查自动开关602QA是否跳开或烧损。若跳开或烧损,恢复602QA或处理不良处所。

(2)检查140塞门是否关闭。若关闭,则开放140塞门。

(3)检查287YV或1YV。287YV故障可强迫吸合,维持运行;1YV故障,可换弓运行。

任务5　判断处理不能降弓的故障

一、学习目标

能根据故障现象判断SS_4改型机车不能降弓故障,消除故障或隔离故障,维持机车运行。

二、学习任务

1. 任务描述

观察主、辅台仪表、信号显示情况,处理不能降弓故障。

2. 任务流程

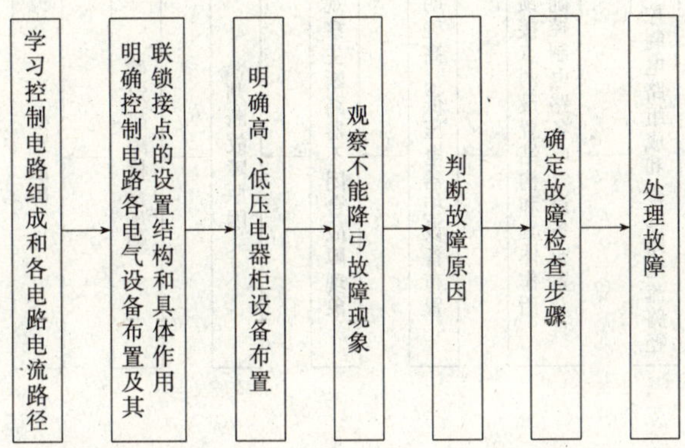

三、环境设备

设备、工具:十字头、一字头螺丝刀、手电筒、万用表、500 V兆欧表、短接线、尖嘴钳、机车驾驶操纵台或仿真操纵台。

资料:SS_4改型电力机车控制电路电路图。

四、操作指导

1. 观察故障现象

断开受电弓按键,不降弓。

2. 故障判断与处理

(1)关闭587QS后能降弓,为受电弓按键不良。

(2)若升弓电空阀排风口堵,断开受电弓按键,取出电钥匙。待降弓后,清除1YV排风口污物或换弓运行。

(3)降弓弹簧折损或滑环折损时，维持到站后，请求停电上车顶处理，强迫降弓，并将587QS打故障位，换弓运行。若遇降弓处所需停车。

(4)如弓网焊接，需立即断电，请求电网停电，上车顶处理，使弓网分离，并打磨焊接处所。

任务6　判断处理主断路器不闭合的故障

一、学习目标

能根据故障现象判断 SS_4 改型机车主断路器不闭合故障，消除故障或隔离故障，维持机车运行。

二、学习任务

1. 任务描述

观察主、辅台仪表、信号显示情况，处理主断路器不闭合故障。

2. 任务流程

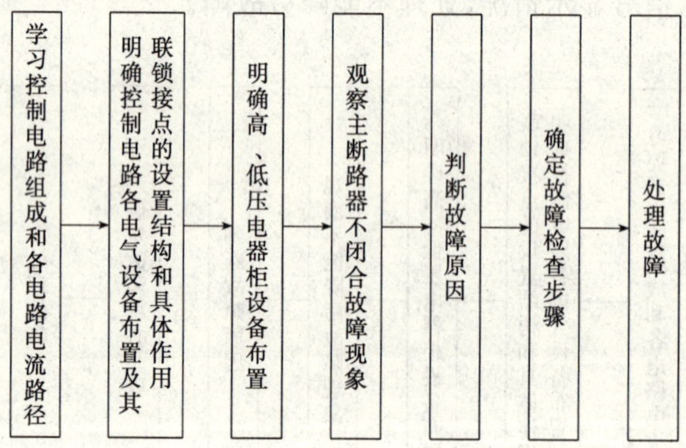

三、环境设备

设备、工具：十字头、一字头螺丝刀、手电筒、万用表、500 V兆欧表、短接线、尖嘴钳、机车驾驶操纵台或仿真操纵台。

资料：SS_4 改型电力机车控制电路电路图。

四、操作指导

1. 观察故障现象

按“主断合”按键，主断路器不闭合。

2. 故障判断与处理

(1)两节车全不闭合，确认风压足够，风路畅通，修复401SK不良处所。

(2)“0”位灯不灭为零位中间继电器568KA未吸合，或司机控制器不在“0”位，恢复调速手轮“0”位，修复568KA不良处所。

(3)按401SK，“零压”灯不灭，为主断路器故障隔离开关586QS或568KA联锁不良。恢

复586QS运行位，修复568KA不良处所。

(4)按401SK，"零压"灯灭，合闸线圈无动作声

①人为合"主断"后，不能断开，为风压继电器4KF接点不良，或风压不足，检查修复4KF不良处所，疏通风路。

②人为合"主断"后，能断开，则检查确认全车劈相机按钮恢复，劈相机中间继电器567KA释放，其常闭接点良好，主断路器延时时间继电器539KT接点良好，主断路器合闸线圈4QFN良好，不良者处理。

(5)按401SK，合闸线圈有动作声，则电路正常，检查修复合闸阀杆及隔离开关转动部分。

(6)如果主断路器卡在中间位，人为闭合主断路器合、分闸电磁阀，使主断路器复位。如不行，人为推传动活塞使其闭合，然后再断合几次，使其作用灵活。

(7)如果非操纵节主断路器不闭合，则重复操作，按键开关按下时间不少于2 s。

(8)如果隔离开关机械故障，运行中无法修复时，人为闭合主断路器维持运行。如果隔离开关转动瓷瓶破损时，确认主断路器在断开位，切除该节车。

(9)应急处理时，人为合主断路器，应注意以下几点：

①确认全车司机控制器调速手轮回"0"，劈相机按键恢复，风压大于450 kPa；

②确认降弓到位，钥匙取出；

③先顶合闸线圈，如不行再推传动活塞，注意安全；

④过分相时，调速手轮回"0"，恢复各按键开关，降弓过分相。

任务7　判断处理劈相机故障

一、学习目标

能根据故障现象判断SS_4改型机车劈相机故障，消除故障或隔离故障，维持机车运行。

二、学习任务

1. 任务描述

观察主、辅台仪表、信号显示情况，处理劈相机故障。

2. 任务流程

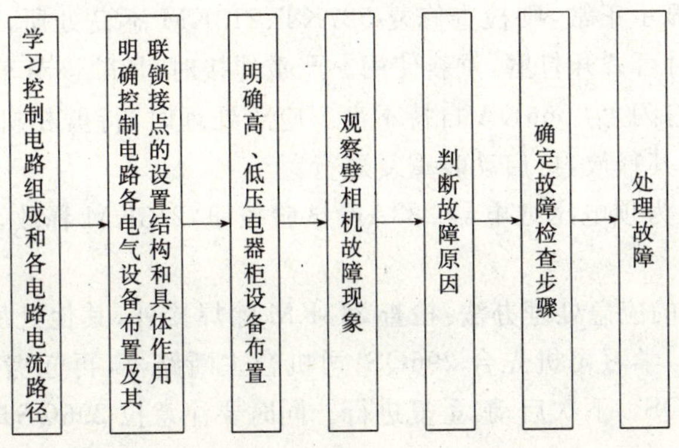

三、环境设备

设备、工具：十字头、一字头螺丝刀、手电筒、万用表、500 V 兆欧表、短接线、尖嘴钳、机车驾驶操纵台或仿真操纵台。

资料：SS_4 改型电力机车控制电路电路图。

四、操作指导

1. 观察故障现象

(1)闭合劈相机按键，“劈相机”灯不亮，无任何电器动作声。

(2)闭合劈相机按键，“劈相机”灯亮，劈相机不启动，启动电阻接触器 213KM 不吸合。

(3)闭合劈相机按键，劈相机接触器 201KM 不吸合，劈相机不启动。

(4)劈相启动后启动电阻甩不开。

2. 故障判断与处理

(1)闭合劈相机按键，“劈相机”灯不亮，无任何电器动作声。

①如两节车劈相机全不启动，为自动开关 605QA 跳开或不良、404SK 按键不良、劈相机启动方式选择开关 591QS 接点不良，否则为劈相机中间继电器 567KA 本身故障。

②将 591QS 打自起位能启动，为 591QS 手动接点不良，可用自起位维持运行。

③人为闭合 567KA，仍无效，为 605QA 跳开或不良，恢复 605QA，反复活动几次，使其接触良好。

④上述故障无法处理时可人为闭合 567KA，并将其固定在吸合位。“主断”断开时使其释放，再启动时重新闭合 567KA。

(2)闭合劈相机按键，“劈相机”灯亮，劈相机不启动，启动电阻接触器 213KM 不吸合。

①如时间继电器 533KT 吸合，则检查修复 213KM 本身。无法修复时切除该节车。

②如各时间继电器不吸合，则检查修复 567KA 正联锁，反之为 566KA 反联锁不良。

(3)闭合劈相机按键，劈相机接触器 201KM 不吸合，劈相机不启动。

①将劈相机故障隔离开关 242QS 置“0”位低压试验，205KM 不吸合，则检查修复 213KM 正联锁。

②检查 242QS，若接点不良，反复活动几次 242QS，使其接点接触良好。

③检查自动开关 215QA 接点，仍不行，则为 201KM 或劈相机本身故障，将 242QS 置故障位，296QS 置电容位，用牵引通风机动 1 代替劈相机启动。

(4)劈相启动后启动电阻甩不开。

①如果劈相机灯显示正常，则检查修复 527KT、213KM 不良处所，527KT 不释放时可拆其接线，213KM 焊接时可撬开打磨，重新使用。严重焊接时，切除该节车。

②如果劈相机灯打闪，为 566KA 自持不良。应急处理时，待劈相机启动后，将 566KA 固定在吸合位，断电后使其释放，再启动时重复进行。

③劈相机起后，人为顶电压继电器 283AK 试验按钮，213KM 释放，为 283AK 本身故障，可用此方法维持运行。

④213KM 焊接后的应急处理办法：检查 213KM 除焊接外，其他处所正常，可用此方法维持运行：断开主断路器，学习司机先合 296QS；司机合主断路器，再起劈相机，3 s 后劈相机启动，学习司机拉下 296QS。下次启动，重复进行。同时要注意拉 296QS 时需等劈机启动完毕，

296QS 不可置下位，拉时动作要快、准，防止电弧烧伤。

任务 8　判断处理空气压缩机不启动故障

一、学习目标

能根据故障现象判断 SS_4 改型机车空气压缩机不启动故障，对故障进行处理，维持机车运行。

二、学习任务

1. 任务描述

观察主、辅台仪表、信号显示情况，处理空气压缩机不启动故障。

2. 任务流程

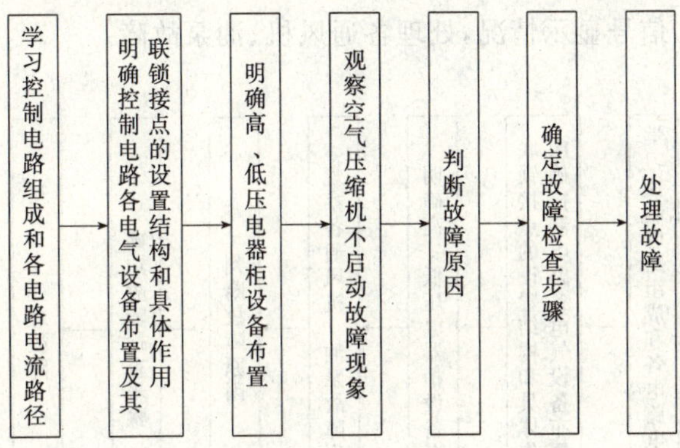

三、环境设备

设备、工具：十字头、一字头螺丝刀、手电筒、万用表、500 V 兆欧表、短接线、尖嘴钳、机车驾驶操纵台或仿真操纵台。

资料：SS_4 改型电力机车控制电路电路图。

四、操作指导

1. 观察故障现象

闭合压缩机按键，压缩机不启动。

2. 故障判断与处理

(1)闭合其他辅机按键开关，其他辅机接触器不吸合，为 577 线无电，检查处理 533KT 不良处。

(2)两节车压缩机不工作，闭合强泵风按键压缩机能启动，为 405SK 按键不良或风压继电器 517KF 不良。闭合另一节车 405SK 按键，若能启动，则检查处理本节车 405SK 不良处所；反之，则检查处理 517KF 不良处所。运行中可用强泵风维持，但要注意观察风压。

(3)闭合 405SK，压缩机灯亮。检查压缩机接触器 203KM 是否焊接，压缩机电机是否烧损，如果无焊接烧损现象，则将恢复 217QA，重新启动压缩机，如果仍动作，则切除该压缩机。

(4)短接 566KA 正联锁压缩机能启动，则检查处理 566KA 不良处所。

(5)确认压缩机故障隔离开关579QS在正常位,重新启动压缩机,若能启动,则为203KM或压缩机电机本身故障,运行中可切除该压缩机,尽量少用空气制动,节约用风,并注意监视工作压缩机的温升。

 任务9　判断处理各通风机、油泵故障

一、学习目标

能根据故障现象判断SS_4改型机车各通风机、油泵故障,对故障进行处理,消除故障或隔离故障,维持机车运行。

二、学习任务

1. 任务描述

观察主、辅台仪表、信号显示情况,处理各通风机、油泵故障。

2. 任务流程

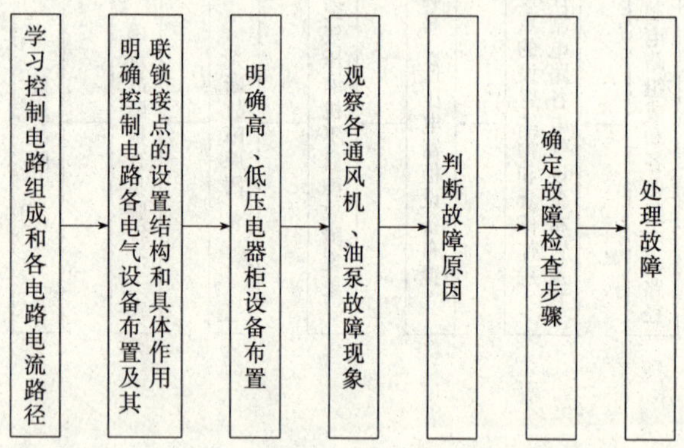

三、环境设备

设备、工具:十字头、一字头螺丝刀、手电筒、万用表、500 V兆欧表、短接线、尖嘴钳、机车驾驶操纵台或仿真操纵台。

资料:SS_4改型电力机车控制电路电路图。

四、操作指导

1. 观察故障现象

(1)闭合通风机按键406SK,通风机1不启动,接触器不吸合。

(2)通风机1启动正常,通风机2不启动或通风机2启动正常,油泵、变压器风机不启动。

(3)闭合制动风机按键407SK,制动风机1不启动。

2. 故障判断与处理

(1)闭合通风机按键406SK,通风机1不启动,接触器不吸合。

①如两节车通风机均不启动,为406SK接点不良。运行中可暂不处理,用自起风机维持运行。

②将通风机故障隔离开关575QS置故障位,其他风机能启动则为575QS接点不良、自动

开关219QA接点不良或动作、第一通风机接触器205KM本身接线断不能吸合或通风机1本身故障,反之为566KA正联锁不良,分别检查处理。

③检查205KM回路接地、短路处所,并处理。

④检查219QA,若动作,可恢复一次再试。如果还不行,确认205KM无焊接,切除通风机1。

(2)通风机1启动正常,通风机2不启动或通风机2启动正常,油泵、变压器风机不启动。

故障原因有:

a. 535KT或536KT常闭接点不良;

b. 576QS或584QS、599QS在故障位或接点不良;

c. 220QA或227QA、228QA接点不良或动作;

d. 206KM或211KM、212KM本身故障;

e. 通风机2或变压器风机、油泵本身故障。

故障分析、判断与处理同(1)。

(3)闭合制动风机按键407SK,制动风机1不启动

①如另一节车制动风机能启动,则407SK正常。反之处理407SK不良处所。

②将故障隔离开关581QS置故障位,制动风机2不能启动,则为566KA正联锁不良,检查处理。

③否则为581QS接点不良、自动开关223QA接点不良或动作、第一制动风机接触器209KM本身接线断或故障不能吸合、制动风机1本身故障,分别检查处理,运行中无法修复时,可暂不处理。停止使用该转向架电阻制动。

任务10 判断处理两位置转换开关不转换的故障

一、学习目标

能根据故障现象判断SS_4改型机车两位置转换开关不转换故障,对故障进行处理,消除故障或隔离故障,维持机车运行。

二、学习任务

1. 任务描述

观察主、辅台仪表、信号显示情况,处理两位置转换开关不转换故障。

2. 任务流程

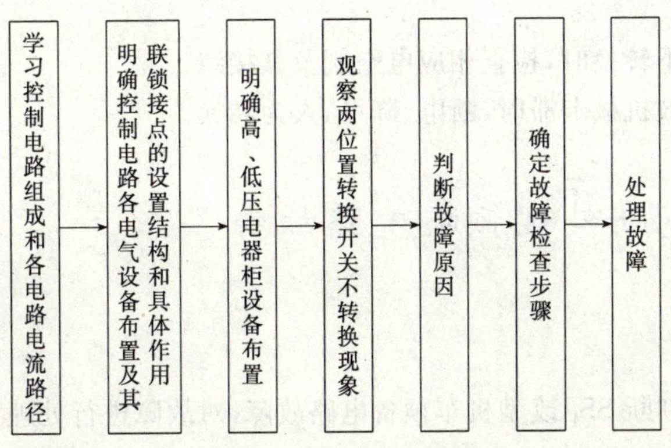

三、环境设备

设备、工具:十字头、一字头螺丝刀、手电筒、万用表、500 V 兆欧表、短接线、尖嘴钳、机车驾驶操纵台或仿真操纵台、高压电器柜。

资料:SS_4 改型电力机车控制电路电路图,高压电器柜设备布置图。

四、操作指导

1. 观察故障现象

(1)前、后鼓都不转换;

(2)前或后鼓不转换;

(3)一台转向架不转换;

(4)前、后鼓转换正常,牵制鼓不转换。

2. 故障判断与处理

(1)前、后鼓都不转换

①检查 604QA 是否接点不良或动作,恢复 604QA,反复活动几次,使之接触良好。

②检查全车调速手轮(包括辅台)均在“0”位,线路接触器中间继电器 558KA 吸合。

③检查电钥匙 570QS 接点不良,反复活动几次 570QS,使其接触良好。

④检查、疏通风路,开放 141、142 塞门,使控制风压达到 500 kPa。

⑤应急处理时,先断电、降弓,进行人为转换。并注意换向鼓必须停车转换。

(2)前或后鼓不转换

①辅台试验正常,即为主台 403 或 404 线无电,可用辅台维持运行或人为转换。

②按电空阀,转换正常,检查 558KA 常开联锁及电空阀接线。

③电空阀本身故障或两位置转换开关犯卡时,人为转换,注意转换位置要正确。

(3)一台转向架不转换

①手轮离开“0”位,该架线路接触器不吸合,为该架风路塞门关闭,恢复即可。

②手按电空阀转换正常,检查处理电空阀本身,反之,检查处理两位置转换开关不良处所。

③时间不允许时,人为转换,注意转换位置正确。

(4)前、后鼓转换正常,牵制鼓不转换

①若两节车牵制鼓均不转换,辅台试验正常,即为主台 406 或 405 线无电。

②按电空阀,转换正常,检查 558KA 常开联锁及电空阀接线。(牵引时还要检查 560KA 常闭联锁)

③一节车或一架不转换时,检查相应电空阀及其接线。

④牵引制动转换鼓机械卡滞时,断电、降弓,人为转换。

任务 11　判断处理预备电路故障

一、学习目标

能根据故障现象判断 SS_4 改型机车预备电路故障,对故障进行处理,维持机车运行。

二、学习任务

1. 任务描述

观察主、辅台仪表、信号显示情况，处理预备电路故障。

2. 任务流程

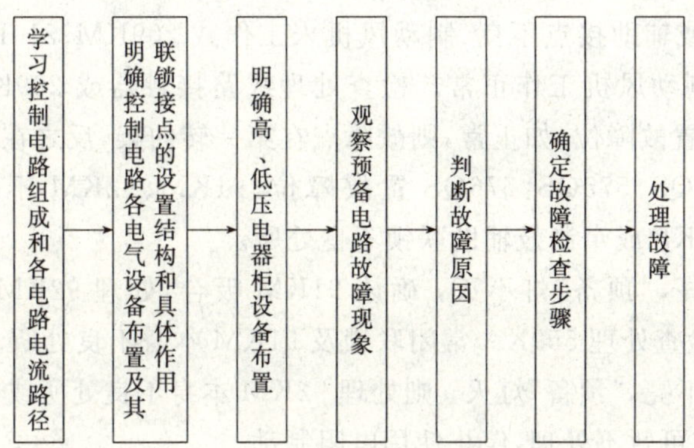

三、环境设备

设备、工具：十字头、一字头螺丝刀、手电筒、万用表、500 V 兆欧表、短接线、尖嘴钳、机车驾驶操纵台或仿真操纵台。

资料：SS_4 改型电力机车控制电路电路图。

四、操作指导

1. 观察故障现象

(1)换向手柄“前”或“后”位，“预备”灯不灭；

(2)换向手柄“制”位，调速手轮离“0”位，“预备”灯不灭；

(3)换向手柄“前”或“后”位，牵制鼓来回转换，预备中间继电器 556KA、560KA、561KA 打板。

2. 故障判断与处理

(1)换向手柄“前”或“后”位，“预备”灯不灭

①换向手柄向后“预备”灯能灭，为牵制转换中间继电器 561KA 常闭联锁不良，处理不良处所。

②将风速故障隔离开关 573QS、574QS 置故障位，或强迫风速延时时间继电器 530KT 吸合“预备”灯灭，为劈相机未投入工作或劈相机中间继电器 567KA 常开联锁不良、低级位延时时间继电器 525KT 常闭联锁或牵制转换中间继电器 560KA 常闭联锁不良。确认劈相机投入工作，检查处理 567KA 常开联锁和 560KA 常闭联锁不良处所。运行中可暂不处理，维持运行。但要注意低位级也需开通风机。

③若 573QS、574QS 置故障位，“预备”灯仍不灭，则为两位置开关转换没完成或辅助联锁不良、主断闭合不到位或 4QF 不良，确认主断闭合到位，辅助联锁良好，两位置转换开关位置正确，否则人为转换到位。

④上述处理无效，则为 556KA 本身故障，检查处理 556KA 不良处所。

(2)换向手柄“制”位，调速手轮离“0”位，“预备”灯不灭

①如“预备”灯不灭，“电制动”灯不亮，励磁接触器91KM、92KM全不吸合，为闸缸压力过高或风压继电器516KF接点不良、线路接触器未吸合或辅助接点不良、牵制鼓未转换到位或辅助接点不良、制动风机未工作或制动风机接触器209KM、210KM常开联锁不良。

确认闸缸压力100 kPa以下，牵制鼓转换到位，位置正确。

将故障隔离开关581QS、582QS、575QS、576QS均置故障位。如91KM、92KM能吸合，为线路接触器未吸合或辅助接点不良、制动风机未工作或209KM、210KM常开联锁不良，确认线路接触器吸合，制动风机工作正常。检查处理线路接触器或209KM、210KM辅助联锁（可将581QS、575QS置故障位，如正常，则故障点在第一转向架，反之在第二转向架）。

如将581QS、582QS、575QS、576QS置故障位，91KM、92KM不能吸合，则检查处理560KA常开联锁、516KF或牵制鼓辅助联锁不良处所。

②如“电制动”灯亮，“预备”灯不灭，确认91KM吸合，处理92KM常开联锁不良处所。若91KM未吸合，则检查处理559KA常闭联锁及91KM本身不良处所。

③如“电制动”灯不亮，“预备”灯灭，则处理92KM本身不良处所或其常开联锁。

④上述处理无效，可暂不处理，停止使用电阻制动。

(3)换向手柄“前”或“后”位，牵制鼓来回转换，预备中间继电器556KA、560KA、561KA打板

①如果91KM焊接，则断电、降弓、撬开，装好灭弧罩。暂时撬不开时，拆其扁线，包扎绝缘，停止使用电制动。

②如果91KM常开联锁断不开，拆其接线，停止使用电制动。

③发生此故障时，手轮离“0”位，则“预备”灯灭，能给流。如后节车工况鼓在“制”位，则会烧坏电阻带。所以无论任何情况下，手轮离“0”时，必须注意“预备”灯显示。

任务12　判断处理线路接触器不吸合故障

一、学习目标

能根据故障现象判断SS_4改型机车线路接触器不吸合故障，对故障进行处理，维持机车运行。

二、学习任务

1. 任务描述

观察主、辅台仪表、信号显示情况，处理线路接触器不吸合故障。

2. 任务流程

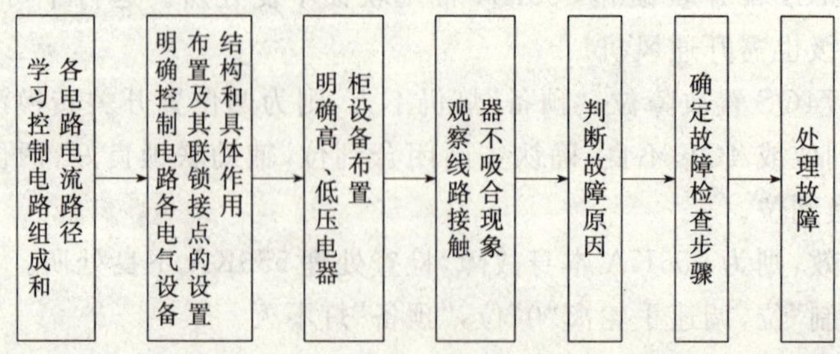

三、环境设备

设备、工具：十字头、一字头螺丝刀、手电筒、万用表、500 V 兆欧表、短接线、尖嘴钳、机车驾驶操纵台或仿真操纵台、高压电器柜。

资料：SS_4 改型电力机车控制电路电路图，高压电器柜设备布置图。

四、操作指导

1. 观察故障现象

调速手轮离“0”位，线路接触器不吸合。

2. 故障判断与处理

(1)打换向手柄，如两位置转换开关不动作，为风路风压不足或风路不畅，疏通风路，风压不足时打风。

(2)如全车线路接触器不吸合，则为操纵节 415 线无电。

(3)如一节车线路接触器不吸合，则为 523KT 未吸合或常开联锁不良、10QP、60QP 不在运行位。恢复 10QP、60QP 运行位，处理 523KT 不良处所。

(4)如牵引位不吸合，则为 561KA 卡在吸合位，使其释放。

(5)如在制动位不吸合，则为 561KA 不吸合，运行中可暂不处理。如必须使用电制动时，确认 560KA 动作正常，人为闭合 561KA。

(6)如某一转向架线路接触器不吸合，牵引位恢复 575QS 或 576QS 运行位。仍不吸合，修复 561KA 常闭接点不良处所。制动位不吸合，恢复 581QS 或 582QS 运行位。仍不吸合，修复 561KA 常开接点不良处所。

任务 13　判断处理牵引无流的故障

一、学习目标

能根据故障现象判断 SS_4 改型机车牵引无流故障，对故障进行处理，维持机车运行。

二、学习任务

1. 任务描述

观察主、辅台仪表、信号显示情况，处理牵引无流故障。

2. 任务流程

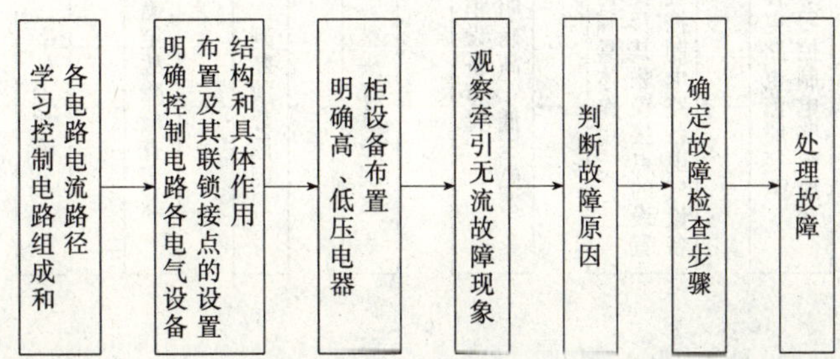

三、环境设备

设备、工具:十字头、一字头螺丝刀、手电筒、万用表、500 V 兆欧表、短接线、尖嘴钳、机车驾驶操纵台或仿真操纵台。

资料:SS_4 改型电力机车控制电路电路图。

四、操作指导

1. 观察故障现象

牵引无流。

2. 故障判断与处理

(1)预备灯不灭,预备未完成,按任务 11 处理,并检查操纵节 556KA 的 558 接线。

(2)检查恢复全车司机控制器“0”位,确认非操纵节 570QS 在断开位。

(3)线路接触器不闭合,检查处理相应接点。

(4)辅台试验正常,为主台电位器故障,用辅台维持运行。

(5)检查电子柜 1780 线无松脱,N105、N106 插座安装牢固。两车电子柜 A、B 组选择开关一致。

(6)上述处理无效,转 B 组运行。

(7)如某一电机线路接触器不吸合,则恢复该电机闸刀运行位,修复其联锁不良处所。

(8)如 532KT 不吸合,牵引力又不足时,可人为闭合,此时应特别注意,绝对不能错打反向器。

任务 14　判断处理头灯故障

一、学习目标

能根据故障现象判断 SS_4 改型机车头灯故障,对故障进行处理,维持机车运行。

二、学习任务

1. 任务描述

观察主、辅台仪表、信号显示情况,处理头灯故障。

2. 任务流程

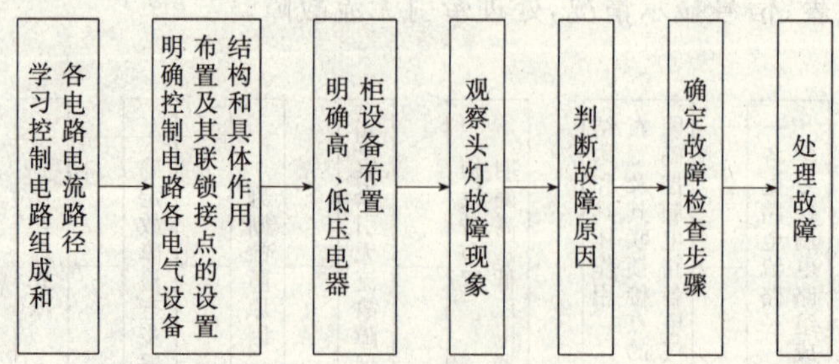

三、环境设备

设备、工具:十字头、一字头螺丝刀、手电筒、万用表、500 V 兆欧表、短接线、尖嘴钳、机车

头灯总成。

资料：SS_4 改型电力机车控制电路电路图。

四、操作指导

1. 观察故障现象

闭合头灯按键 418SK 或 410SK，头灯不亮。

2. 故障判断与处理

①闭合 418SK 或 410SK，头灯一亮一不亮，则为 418SK 或 410SK 接点不良，处理不良处所。

②检查 606QA 是否接点不良或动作，恢复 606QA，反复活动几次，使之接触良好。

③检查 577QS 接点不良或故障位，恢复 577QS 运行位，反复活动几次 577QS，使其接触良好。

④确认 418SK 或 410SK、606QA、577QS 接点良好，检查处理接触器 440KM 接线及其常开联锁。

⑤检查头灯，若烧损，则更换。

⑥若 440KM 本身故障，则切除头灯。

任务 15　判断处理显示屏"零位"灯故障

一、学习目标

能根据故障现象判断 SS_4 改型机车"零位"灯故障，消除故障或隔离故障，维持机车运行。

二、学习任务

1. 任务描述

观察主、辅台仪表、信号显示情况，处理显示屏"零位"灯故障。

2. 任务流程

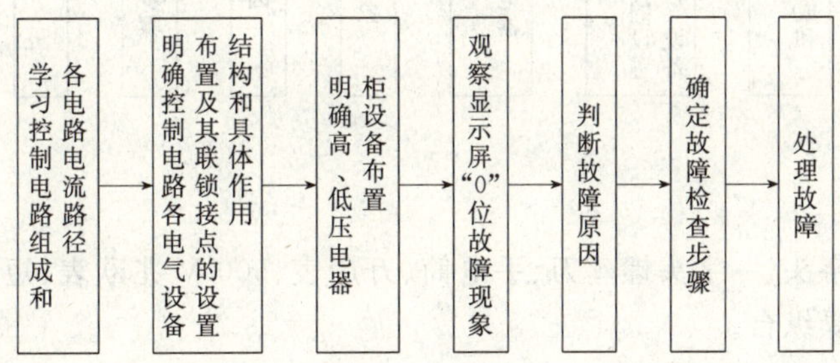

三、环境设备

设备、工具：十字头、一字头螺丝刀、手电筒、万用表、500 V 兆欧表、短接线、尖嘴钳、机车驾驶操纵台或仿真操纵台。

资料：SS_4 改型电力机车控制电路电路图。

四、背景知识

机车设备及其布置，司机操纵台设备及其布置，高、低压柜设备及其布置，主、辅信号显示屏信息内容。

五、操作指导

1. 观察故障现象

闭合 570QS,“零位”灯不亮。

2. 故障判断与处理

(1)闭合 412SK,若“零位”灯不亮,则为灯泡烧损,更换灯泡。

(2)检查司机控制器调速手轮是否在零位,恢复全车主、辅司机控制器“0”位。

(3)检查处理 568KA 常开联锁、568KA 本身及其接线,处理不良处所。

任务 16 判断处理仪表灯故障

一、学习目标

能根据故障现象判断 SS_4 改型机车仪表灯故障,对故障进行处理。

二、学习任务

1. 任务描述

观察主、辅台仪表显示情况,处理仪表灯故障。

2. 任务流程

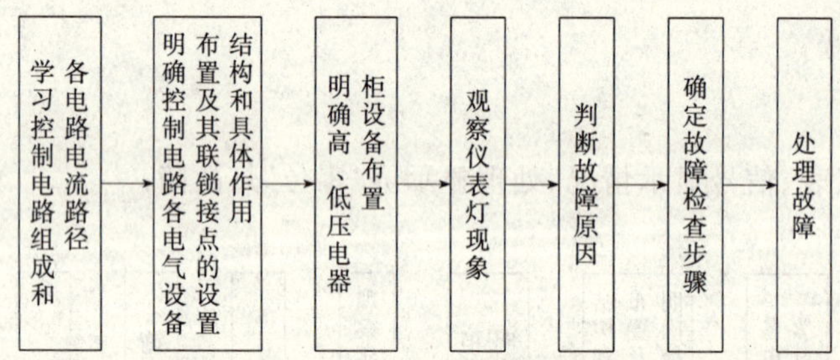

三、环境设备

设备、工具:十字头、一字头螺丝刀、手电筒、万用表、500 V 兆欧表、短接线、尖嘴钳、机车驾驶操纵台或仿真操纵台。

资料:SS_4 改型电力机车控制电路电路图。

四、操作指导

1. 观察故障现象

闭合 419SK,仪表灯不亮。

2. 故障判断与处理

(1)闭合 419SK,若仪表都不亮,则为 419SK 接点不良,处理不良处所。

(2)闭合 419SK,若个别仪表不亮,则为灯烧损,更换烧损灯泡。

项目六　判断处理 SS_{7E} 型电力机车控制电路故障

一、学习目标

通过本项目的学习和 SS_{7E} 型电力机车控制电路常见故障处理技能训练，能说出 SS_{7E} 型电力机车控制电路组成和各电路电流路径，能对控制电路常见故障现象进行分析和处理。

1. 能说出 SS_{7E} 型电力机车控制电路组成和各电路电流路径。
2. 能熟练说出 SS_{7E} 型电力机车控制电路中部件及联锁接点的设置结构和具体作用。
3. 会根据故障现象和显示信息，对 SS_{7E} 型电力机车控制电路常见故障快速、准确地分析、判断和处理，确保机车正常运行。

二、项目任务

本项目的任务是学习 SS_{7E} 型电力机车控制电路组成和各电路电流路径；熟悉 SS_{7E} 型电力机车控制电路各电气设备结构、布置及其联锁接点的设置结构和具体作用；熟悉 SS_{7E} 型电力机车高、低压电器柜布置；判断处理 SS_{7E} 型电力机车运行中控制电路的常见故障，训练 SS_{7E} 型电力机车控制电路故障应急处理能力。

任务 1　判断处理 110 V 控制电源故障。

任务 2　判断处理受电弓故障。

任务 3　判断处理主断路器故障。

任务 4　判断处理牵引电机无压无流故障。

任务 5　判断处理两位置转换开关故障。

任务 6　判断处理运行准备灯不熄灭故障。

三、背景知识

SS_{7E} 型电力机车的控制系统主要由司机指令系统、逻辑控制系统 LCU、机车特性控制系统（微机）、列车安全系统等组成。

逻辑控制系统由两套相同的逻辑控制单元 LCU 组成，LCU 相当于通常的可编程序控制器 PLC，用以替代继电器有触点控制电路，使逻辑控制完全由软件来完成，从而减少机车布线，并且逻辑更加方便。正常时一套工作，另一套备用，当出现故障时，可通过转换开关进行转换。

机车特性控制为恒流准恒速特性控制，由微机来完成。

当操作机车时，司机指令送入 LCU，由 LCU 进行逻辑判断输出指令进行预备等逻辑控制。司机调速指令送入微机，由微机进行机车的特性控制。

微机及 LCU 除本身的特性控制和逻辑控制之外，还具有与微机显示屏的通信功能，通过三者之间的相互配合，可实现机车的状态显示、故障显示、故障记忆、检索及微机和LCU自检功能，从而形成了功能强大的控制系统。

1. 整备控制电路

整备控制主要包括对受电弓、主断路器以及辅助变流器、空气压缩机、通风机、制动风机等的控制。

(1)受电弓、主断路器的控制

①升弓压缩机打风

机车升弓前若总风缸或控制风缸无压缩空气储存，则需利用压缩机MD5向控制风缸打风，供机车升受电弓和主断路器合闸使用。MD5的电源经自动开关FA24由蓄电池提供。操作自复式开关SA43，使MD5启动打风。注意当控制风缸风压大于500 kPa时，可断开SA43。

②升弓控制

控制电源经自动开关FA21，主扳键开关箱钥匙联锁开关SA21(SA22)，使导线422得电。而门联锁支路422线，经主电路库用隔离开关QS11、QS12，车顶门联锁SA4使保护阀YV1得电。开通高压室门联锁阀的气路，使高压室门锁闭，并完成通向升弓气路的准备。按下主台受电弓扳键开关SB201，则676线经SB201、SA18(受电弓隔离开关)使升弓电空阀YV4得电。开通受电弓风缸气路，升起Ⅱ端受电弓。同样，按下SB101可升Ⅰ端受电弓。

为保证乘务人员的安全，将受电弓气路与门联锁气路串联，在各高压室门没有关好或联锁没有锁到位时，则门联锁不开通，堵塞了升弓气路，受电弓无法升起。而升弓后，交流电源经U31整流后可使保护阀YV1始终得电。使门联锁保持锁闭，各高压室门无法打开，以达到安全目的。

(2)主断合闸

当控制风缸风压大于450 kPa时，风压继电器KA13闭合，按下主断合扳键开关SB103，即电源由675线，经SB103，使428得电送入LCU，LCU输出480经主断QF1常闭联锁，使主断路器合闸线圈得电，主断路器合闸。

(3)主断分闸

主断路器分闸有人为分闸和线路保护跳闸两种。司机按下主断分扳键开关SB104，110 V电源经自动开关FA22、SB104，主断路器常开联锁QF1，至主断路器分闸线圈，使主断路器分闸。

因线路保护装置动作使主断路器分闸的有：原边过流继电器FA1、辅助过流继电器FA8；主电路接地继电器FE1、FE2、FE3、FE4；辅助回路接地继电器FE5；紧急制动420得电；压力释放阀KA15以及LCU和微机柜发出的指令。

(4)辅机控制

司机按下辅变流变频和定频扳键开关SB105、SB106，辅变流器Ⅰ、Ⅱ投入运行，同时各种辅机，牵引风机、变压器风机、油泵、硅风机等相继启动。当司机操作换向手柄到“制”位时，制动风机启动；按下压缩机扳键开关SB107或SB207，压缩机启动。

2. 调速控制

机车调速控制主要包括通过操作司机台主令电器，控制两位置开关及线路接触器的动作，使微机柜发出脉冲触发信号。

(1)司机控制器的联锁

机车的启动调速控制由主司机控制器AC1、AC2,调车操纵由调车控制器AC3、AC4来控制。

(2)主司机控制器

主司机控制器设有换向手柄和调速手柄。换向手柄有“后、0、前、制”4个位置,调速手柄从“0”位向前推为牵引控制0～17级,向后推为17～1级制动控制。

换向手柄和调速手柄联锁关系如下:

换向手柄在“0”位时,调速手柄不能离开“0”位。换向手柄在“前、后”位时,调速手柄可以离开“0”位转向牵引0～17各级位。调速手轮离开“0”位,换向手柄被锁住。换向手柄在“制动”位时,调速手柄可离开0位转向制动17～1各级位。调速手柄在“0”位时,换向手柄可以在“0、前、后、制”各位移动。

(3)调车司机控制器

调车司机控制器,使用换向手柄代替原来的换向手柄和调速手柄。通过换向手柄进行前后转换,并进行相应的级位调速。

(4)位置转换开关的控制

当Ⅰ端主台调速手柄在“0”位时,110 V电源经主扳键开关箱钥匙SA21(SA22),使422有电,422送入LCU,LCU输出484线使零位中间继电器KL10得电吸合。KL10的常开触头串联在两位置转换开关的电空阀得电回路中,可确保两位置转换开关的无电转换。将Ⅰ端换向手柄放在“向前”位时,404、407线得电,通过LCU经零位中间继电器KL10常开联锁,使向前电空阀YV5、YV6和牵引电空阀YV9、YV10得电,位置转换开关转向Ⅰ端向前牵引位(换向手柄置“后”同理)。

将Ⅰ端换向手柄放在“制”位时,405、406线得电,通过LCU经KL10常开联锁,使向后电空阀YV7、YV8,制动电空阀YV11、YV12得电转换,位置转换开关转向Ⅰ端向后、制动位。这里和国产其他韶山系列交直电力机车不同的是,由于SS_{7E}型电力机车复励电机采用控制电枢电流方向来构成主回路,因此制动时“前、后”位置转换开关动作也进行转换。

(5)励磁、线路接触器的控制

由于SS_{7E}型电力机车采用复励牵引电机,为保证电机能够平滑启动、停止,不发生冲击,在接触器控制回路中设置连锁环节,即首先闭合两励磁接触器KM7、KM8,当微机柜检测到32 A他励励磁电流后再通过LCU使线路接触器KM1～KM6闭合。

同理,在线路接触器分断过程中,通过LCU使得当线路接触器KM1～KM6均断开后,励磁接触器才断开。

当两位置转换开关转换到位后,调速手柄离开“0”位,如果控制逻辑条件满足的话,则励磁接触器得电闭合,为闭合线路接触器作准备,举例如下:

Ⅰ端换向手柄放在“前”位(或“后”位),404(405)、407线得电,两位置转换开关转向Ⅰ端向前(后)牵引位,404、407线送入LCU。当调速手柄离开“0”位时,412线有电并送入LCU。LCU则输出501、502线使励磁接触器KM7及KM8得电闭合。

由微机控制柜检测励磁电流大于32 A时,LCU输出493、497线,经牵引电机隔离闸刀联锁QS1～QS6(运行位),使主线路接触器KM1～KM6得电闭合。

当调速手柄从运行位退回“0”位时,线路接触器KM1～KM6失电断开。等到KM1～KM3(KM4～KM6)的联锁触头同处于释放状态后,励磁接触器KM7(KM8)才断开。

3. 保护控制

(1)原边过流保护

机车原边电流过载时,网侧过流继电器 FA1 动作,422 线经 FA1 主触头使主断路器 QF1 跳闸,同时经 FA1 辅助常开联锁触头使 LCU 得到信号,并通过微机显示屏显示“原边过流”故障信息。当故障排除后,按下“主断合”按键开关 SB103(SB203),“原边过流”故障消失。

(2)次边短路保护

微机控制柜 AT 通过变压器次边电流互感器 TA1~TA4 检测出短路电流后,微机显示屏显示“次边短路”故障信息。同时,微机柜输出信号使主断路器跳开。故障排除后,通过重新合主断,微机控制柜解锁。

(3)牵引、制动过载保护

牵引工况,微机控制柜通过电流传感器 UA1~UA8 检测电机电枢或励磁过载后,微机柜输出导线,使微机显示屏显示故障信息。同时,微机柜输出信号使主断路器跳开。故障排除后,通过重新合主断,微机控制柜解锁。

制动工况,微机柜检测制动电流或励磁电流过载后,送入 LCU 792 线,LCU 断开励磁接触器 KM7、KM8,同时,微机柜输出导线,使微机显示屏显示故障信息。

(4)辅助过流保护

辅助电路过流后,辅助过流继电器 FA8 动作,422 线经 FA8 联锁常开触头使主断路器跳闸,同时经 FA8 辅助常开联锁触头使 LCU 得到信号,并通过微机显示屏显示“辅过流”故障信息。当故障排除后,按下“主断合”按键开关 SB103(SB203),“辅过流”故障消失。

(5)接地保护

当主电路某处接地时,相应的接地继电器 FE1~FE4 动作,通过其常开辅助触头使主断路器跳闸。同时,相应的接地继电器的辅助触头接通 LCU,LCU 输出使“主接地”故障显示。故障排除后,通过合主断路器使继电器恢复线圈得电解锁。

当辅助电路某处接地时,辅助接地继电器 FE11 动作吸合并自锁,FE11 常开联锁触头使主断路器分闸。同时,FE11 的辅助触头接通 LCU,LCU 输出使“辅接地”故障灯显示。故障排除后,通过合主断路器使继电器恢复线圈得电解锁。

当控制电源 110 V 接地时,电源屏内 FA31 自动开关跳开,使控制电路接地中间继电器 FE9 得电吸合,使“控制接地”故障灯显示,故障排除后,需把 FA31 合上进行恢复。

(6)空转保护

当机车发生空转时,微机柜 AT 中防空转控制系统发出控制减载指令的同时,微机显示屏显示“空转”故障信息;同时还输出 791 撒砂指令到 LCU,LCU 输出 810、820 导线,以便及时撒砂。

4. 照明控制

机车照明控制电路是一些灯及发光管的控制电路。SS_{7E}型电力机车照明控制电路包括前照灯、副前照灯、标志灯、仪表灯、各室灯,记事灯及刮雨器水泵等环节。均通过扳键开关及扳钮开关进行控制。

(1)前照灯控制

电源由“前照灯”FA27 自动开关提供,当导线 358 得电时,按下“前照灯”按键开关 SB120,使Ⅰ端前照灯得电。同理,按下 SB220 按键开关,可操纵Ⅱ端前照灯。

(2)副前照灯控制

副前照灯电源由FA26自动开关提供，按下副前照灯按键开关SB118，经限流电阻R61，接通Ⅰ端EL3和EL5副头灯投入工作。同理，操作按键开关SB218可控制Ⅱ端EL4和EL6投入工作。在夜间调车作业时，司机可操纵后端副前照灯朝后方向照明。限流电阻是限制灯泡冷态启动电流，可以提高灯泡寿命。机车副前照灯主要是作为机车前方的近距离照明，前照灯作为远距离照明，从而扩大了机车前方远、近照明的空间。

机车两端学习司机侧设置了红色标志灯。每端扳键开关组均设有“标志灯”开关，操作SB116或SB216扳键开关控制Ⅰ、Ⅱ端标志灯

(3)各室照明控制

车内照明电源由FA24自动开关提供。司机室照明灯EL7～EL10分别由相应端司机室副台的司机室照明扳键开关SB111、SB211控制。走廊照明灯EL18～EL26由副台的走廊照明扳键开关SB112、SB212交叉接法控制。各室照明灯EL11～EL16由副台的各室照明扳键开关SB113、SB213交叉接法控制。

(4)仪表照明控制

各仪表照明均为24 V灯管，其电源FA28自动开关提供110 V，经控制电源柜内的低压逆变电源(110 V/28 V、24 V、15 V)，输出24 V(导线648)供各仪表照明灯，分别通过副台仪表照明按键开关SB123、SB223控制。仪表照明灯分别包括EL29～EL58共30只照明灯。另外供司机在机车运行时记事用的照明灯具EL27、EL28分别由其自身的开关控制。

(5)刮雨器水泵控制

刮雨器水泵电源由FA25自动开关提供。司机室Ⅰ端是MD6，Ⅱ端是MD7，分别由喷水洗涤扳钮开关SB124、SB224控制。另外直流110 V行灯电源插座XS17、XS18也取自该电路。

5. 信号灯控制

SS_{7E}型电力机车各故障信号主要由司机室主台的微机显示屏显示，还有一部分主要的故障信号由司机室主台的信号灯显示屏进行显示。信号灯在发光面板上刻有文字，以说明故障内容。当主台钥匙联锁开关合上后，110 V经SA21(SA22)使650线带电。当发光二极管另一端接通400线后，就可发光显示。主台有两行显示屏，共有24个发光管。

(1)状态显示信号

主断路器合闸后，QF1常闭联锁断开651线，使主台“主断分”信号灯灭。当人为或故障保护分闸后，“主断分”信号灯亮。

当各司机控制器的调速手柄均处于“0”位时，通过LCU使主台“手柄零位”信号灯亮。

当机车主电路系统正确构成后，通过LCU使主台“运行准备”信号灯灭。

当变压器冷却系统油循环正常工作时，通过LCU使“油流”信号灯灭。

当车列缓解、保压、制动、紧急，接触器KM41～KM44动作后，650线经过KM41～KM44的常开联锁点亮主台故障显示屏的“车列缓解”、“车列保压”、“车列制动”、“车列紧急”信号灯。

(2)主电路过载保护信号

网侧过流时，通过LCU使微机显示屏显示“原边过流”信号。

当微机控制柜AT检测到次边短路信号时，微机显示屏显示“次边过流”信号。

当微机控制柜AT检测到电枢、励磁回路过载时，微机显示屏显示牵引电机过载信息。

(3)辅助电流过载保护信号

辅助电路过流时，通过 LCU 使主台显示屏显示“辅过流”信号。

辅机保护信号：“空气压缩机”、“Ⅰ端牵引风机”、“制动风机”、“Ⅱ端牵引风机”、“油流”、“变压器风机”等信号灯。当辅机空气断路器检测过载时，相应信号灯亮，且微机显示屏显示相应信息。

在辅助电机启动过程中，由于启动时风机风压的作用，对应的信号灯会短时显示，启动完毕后则应熄灭，若辅机启动后，信号灯不灭，说明辅机启动失败。

(4)接地、零压保护信号

当Ⅰ或Ⅱ转向架电枢电路及励磁电路接地时，通过 LCU 使“主接地”信号灯亮。

当辅助电路接地时，通过 LCU 使主台“辅接地”信号灯亮。

当 110 V 控制电路接地时，通过控制电路接地中间继电器 FE9 使主台“控制接地”信号灯亮。

(5)欠压、空转保护信号

当微机柜检测轮对发生空转时，主台显示屏显示“空转”信号。

当微机柜检测网压小于 17.5 kV 时，输出 784 导线，经过欠压隔离开关 SA3，送出 785 导线进入 LCU，主台显示屏显示“欠压”信号。

(6)供电保护信号

当微机柜检测供电过流时，微机柜输出 789、790 线到 LCU，LCU 输出 669、670、671 线到主台故障显示屏，分别点亮“供电 1、2 过流”。

当 LCU 检测供电接地时，LCU 输出 685，故障显示屏显示“供电接地 1”、“供电接地 2”。

(7)变压器保护信号

当变压器压力释放阀 KA15，信号温度计 KA16 动作后，650 线经过 KA15 常开联锁点亮主台信号灯“油爆”。

6. 供电控制电路

当列车做好供电准备后，机车硅风机启动完成后，司机旋动供电控制开关 SA53(SA54)，电源线 354 经过 SA53(SA54)送入 LCU549 导线，LCU 输出 581(585)，581(585)经过供电接地继电器 FE7(FE8)的常闭联锁，供电接地故障开关 QS23(QS24)的联锁触头，供电故障隔离开关 QS25(QS26)的联锁触头，使供电接触器 KM25(KM26)得电，机车开始向列车供电。

7. 其他电路控制

(1)机车行车安全设备

自动信号电源由 FA32 自动开关提供，363 线送至行车安全设备。监控装置的电源由 FA33 自动开关提供，364 线送至监控主机 PS1。机车在级位运行中，一旦发生特殊情况需要由学习司机及时采用紧急制动时，学习司机可按下在副台上的紧急制动按钮 SB3 或 SB4，接通紧急放风阀电路，机车实行紧急制动。同时导线 804 得电使主断路器 QF1 分闸，切断网压。

(2)无线列调电台

无线列调电台电源由 FA34 自动开关提供，无线电台主机由天线接收信号，在Ⅰ、Ⅱ端司机台上分别设有控制盒，由扬声器收话，传声器送话，可以直接与列车调度室对讲。

(3)电制动记录仪

机车上设置电制动记录仪的目的，是为了检测机车实际使用电制动的状况。从电机取电

机的电流和电压信号，输入电制动记录仪，经过处理后转换成功率，再与时间乘积显示千瓦时。电制动记录仪的电源在机车司机换向手柄转至制动位时，406 有电送至记录仪，记录仪即处于工作状态。

四、质量评价标准

序号	项目	考核内容及评分标准	分值	扣分	得分	备注
1	时间	规定时间 10 min，每超过 1 min 扣 1 分，超过 5 min 全项失格	10			
2	安全	防护用品穿戴不齐，每件扣 2 分；碰伤、破皮出血每处扣 3 分；触电或造成工伤全项失格	10			
3	正确使用仪表	仪表未校验扣 2 分；量程选择不当扣 2 分；读数不准扣 2 分；仪表损坏至不能使用扣 10 分	10			
4	作业过程	重复一次、顺序颠倒一次、检查无内容各扣 10 分，未按要求结束工作扣 5 分	20			
5	质量	故障发现不会处理扣 20 分；安装松动每处扣 3 分；漏装配件每处扣 5 分；故障未发现全项失格	50			
合计						
评价者签名：　　　　年　　月　　日						

五、任务链接

1. 杨永林．韶山 $_{7E}$ 型电力机车[M]．北京：中国铁道出版社，2004.

2. 兰州铁路局．SS_{7E} 型电力机车司机岗位安全培训教程[M]．北京：中国铁道出版社，2006.

3. 华平．电力机车控制[M]．北京：中国铁道出版社，2008.

4. 覃栋．SS_7 型电力机车电源柜故障原因分析及改进[J]．机车电传动，2006(3).

5. 张群．电力机车门联锁阀故障分析与改进[J]．机车电传动，2004(3).

6. 史秀奕．电力机车控制电路的规范化分析[J]．机车电传动，2001(3).

7. 蒋仲升．SS_7 型机车 TGZ10-2775 型整流柜硅元件烧损原因分析及改进[J]．机车电传动，2006(5).

8. 魏兴舟．机车司机控制器电位器故障分析与改进[J]．机车电传动，2005(6).

任务 1　判断处理 110 V 控制电源故障

一、学习目标

能根据故障现象判断 SS_{7E} 型机车 110 V 控制电源故障，消除或隔离故障，维持机车运行。

二、学习任务

1. 任务描述

观察司机台、电源柜信号显示情况，处理 110 V 控制电源故障。

2. 任务流程

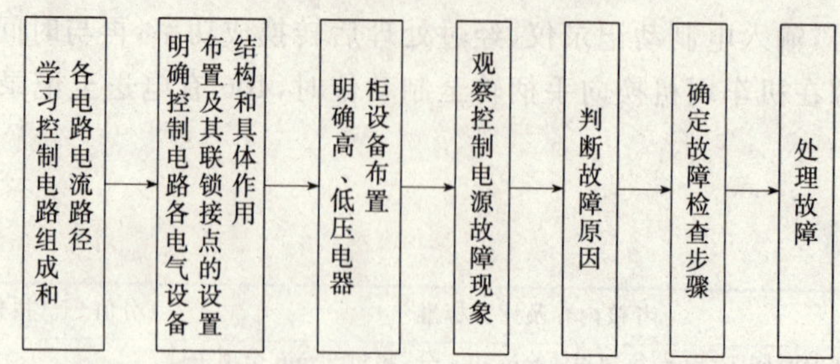

三、环境设备

设备、工具：十字头、一字头螺丝刀、手电筒、万用表、500 V 兆欧表、短接线、尖嘴钳、机车控制电源柜。

资料：SS_{7E}型电力机车控制电路电路图。

四、操作指导

1. 观察故障现象

(1)闭合蓄电池闸刀，控制电源柜电压表无显示；

(2)升弓闭合主断路器，无 110 V 控制电源输出。

2. 故障判断与处理

(1)闭合蓄电池闸刀，控制电源柜电压表无显示

①闭合控制电源柜照明灯钮子开关 SA，灯亮则是电源柜电压表故障或电压表接线未接好，处理电压表接线，使其连接良好，若电压表损坏，可暂不处理，回机务段更换；

②检查蓄电池闸刀开关 FA29，重复断、合 2～3 次，使其闭合良好；

③检查蓄电池闸刀 QS33 是否接触不良或背面接线松脱，处理不良处所；

④检查蓄电池连接是否线断或接触不良并处理。

(2)升弓闭合主断路器后无 110 V 控制电源输出

①当升弓闭合主断路器后，控制电压表输出电压仍显示蓄电池输出电压值时，应首先检查“交流输入”、“输出 1”或“输出 2”自动开关，若跳时恢复；

②检查工作模块面板上“启动—停止”钮子开关若在停止位时打向启动位；

③若工作模块组的故障红灯亮时，先按压模块控制插件上的“复位”按钮进行复位；

③经以上检查处理无效时，进行电源模块转换操作：先将“电源模块控制电源”钮子开关打向断开位，再将“电源模块工作转换”钮子开关转向另一组(模块 1 或模块 2)，然后闭合“电源模块控制电源”钮子开关。

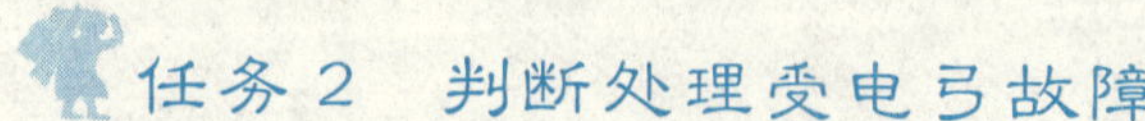

任务 2　判断处理受电弓故障

一、学习目标

能根据故障现象判断 SS_{7E}型机车不升弓故障，消除或隔离故障，维持机车运行。

二、学习任务

1. 任务描述

观察司机操纵台仪表、微机屏信号显示情况，处理不升弓故障。

2. 任务流程

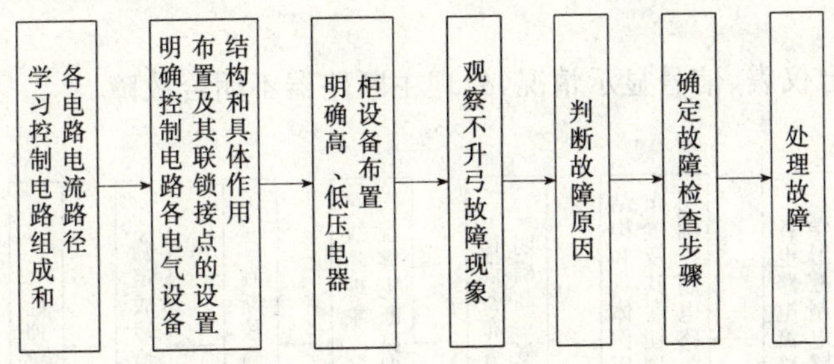

三、环境设备

设备、工具：十字头、一字头螺丝刀、手电筒、万用表、500 V 兆欧表、短接线、尖嘴钳、机车驾驶操纵台或仿真操纵台。

资料：SS$_{7E}$型电力机车控制电路电路图。

四、操作指导

1. 观察故障现象

闭合受电弓扳键开关，受电弓升不起。

2. 故障判断与处理

(1)如两弓均不升，则检查确认高压室门、车顶门锁闭到位；风路畅通，风压不足时，用辅助压缩机打风升弓，按要求调整 52 调压阀，使其输出压力大于 500 kPa；门联锁不良时，处理不良处所。

(2)检查 143(144)塞门，打开相应塞门。

(3)排除主入库转换开关 QS11、QS12 或车顶门行程开关 SA4 联锁故障，紧固松脱接线，保证门联锁电磁阀 YV1 电路畅通。

(4)检查 YV1 本身风路堵塞或卡死时，可轻轻敲击使其动作，否则拆下修理。

(5)检查修复受电弓扳键开关是否接触不良或接线松脱，修复不良处所，紧固接线。

(6)检查修复受电弓隔离开关 SA17(SA18)不良接点并确认置于运行位。

(7)若受电弓电空阀 YV2(YV4)得电，门联锁伸出到位，仍不能升弓，为 YV2 风路堵塞，或受电弓本身机械故障，作相应处理，无法排除时，运行中可用另一受电弓维持运行。

(8)如果受电弓升起，但升不到位，则为风压不足、降弓弹簧过强、升弓弹簧过弱或升弓弹簧折损。风压不足，疏通风路或用辅助压缩机打风升弓；弹簧过强或过弱，调整升、降弓弹簧强度，不良或折损者更换。运行中可升另一弓维持。

任务 3　判断处理主断路器故障

一、学习目标

能根据故障现象判断 SS$_{7E}$型机车主断路器不闭合故障，消除或隔离故障，维持机车运行。

二、学习任务

1. 任务描述

观察司机操纵台仪表、信号显示情况，处理主断路器不闭合故障。

2. 任务流程

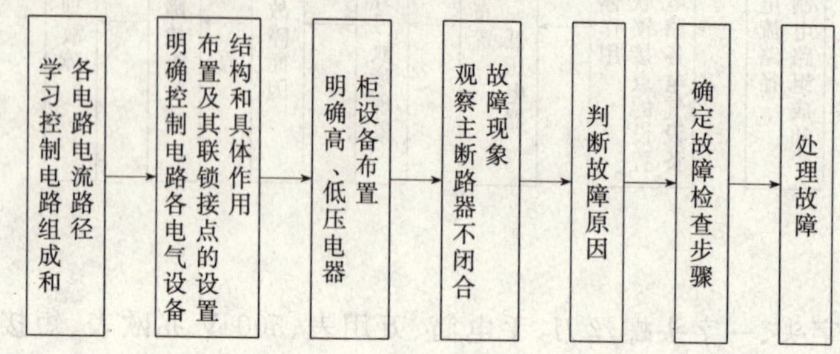

三、环境设备

设备、工具：十字头、一字头螺丝刀、手电筒、万用表、500 V 兆欧表、短接线、尖嘴钳、机车驾驶操纵台或仿真操纵台。

资料：SS_{7E}型电力机车控制电路电路图。

四、操作指导

1. 观察故障现象

按“主断合”扳键开关，主断路器不闭合。

2. 故障判断与处理

(1)观察司机操纵台“手柄零位”灯显示，主断路器合不上。

①检查总风缸压力是否达到 450 kPa 以上，若未达到时利用控制风缸存风或用辅助压缩机打风合主断路器；

②检查主断路器供风塞门 148 是否关闭，关闭时开放；

③检查主断路器调压阀的排水阀是否开放，开放时关闭；

④确认风压足够，风路畅通，修复主断合扳键开关 SB103 不良处所；

⑤以上处理后，故障仍不消失，将 LCU 转换开关转换到另一组。在操作 LCU 柜 A/B 组转换开关前，应将换向手柄及调速手柄回“0”位，关闭各扳键开关，还应将电源柜中“LCU 电源”自动开关 FA23 断开，然后进行由“A”组打向“B”组或“B”组打向“A”组的转换操作，转换完毕后再闭合“LCU 电源”自动开关 FA23。

(2)观察司机操纵台“手柄零位”灯不亮，主断路器合不上，换向手柄各位置两位置转换开关均不转换，进级时无压无流。

①检查确认各调速手柄均回到“0”位、各线路接触器 KM1、KM6 及励磁接触器 KM7、KM8 彻底释放到位，可将 LCU 转换开关转换到另一组。若零位中间继电器 KL10 仍不吸合时，可将 KL10 人为顶死在吸合位，然后可通过主台控制实现闭合主断或换向转换操作，待转换完成后松开 KL10 即可。

②若某线路接触器焊接不释放时，可停车将所焊接接触器对应的牵引电机故障隔离闸刀置故障位，然后人为强迫 KL10 吸合位，再闭合主断及换向操作，操作完成后松开即可。

注意：禁止在未确认各调速手柄回到"0"位和各线路接触器及励磁接触器 KM1～KM8 彻底释放到位的情况下，人为将零位中间继电器 KL10 顶到闭合位，进行换向操作。

任务4 判断处理牵引电机无压无流故障

一、学习目标

能根据故障现象判断SS_{7E}机车牵引无压无流故障，对故障进行处理，维持机车运行。

二、学习任务

1. 任务描述

观察司机操纵台仪表、信号显示情况，处理牵引电机无压无流故障。

2. 任务流程

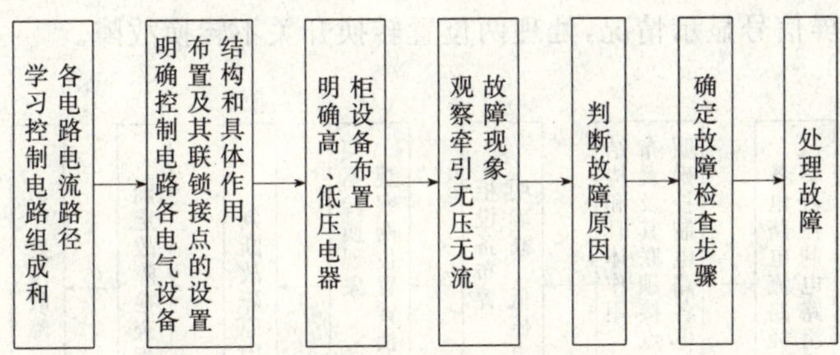

三、环境设备

设备、工具：十字头、一字头螺丝刀、手电筒、万用表、500 V 兆欧表、短接线、尖嘴钳、机车驾驶操纵台或仿真操纵台。

资料：SS_{7E}型电力机车控制电路电路图。

四、操作指导

1. 观察故障现象

司机控制器调速手柄进级位，牵引电机无电压无电流。

2. 故障判断与处理

(1)所有牵引电机无压无流

①辅台试验正常，为主台电位器故障，用辅台维持运行。

②辅台试验故障不消失，为微机柜故障，换组运行。

(2)某一转向架牵引电机无压无流

①检查微机柜脉冲输出插座和变流器脉冲输入插座是否松脱，根据情况做相应处理。经处理无效时，改用一个转向架牵引，维持运行。

②检查转向架故障隔离开关，恢复故障隔离开关于运行位。

③以上处理故障不消失，则为微机柜故障，换组运行。

(3)某一牵引电机无压无流

①检查相应牵引电机故障隔离开关，恢复至运行位。

②若微机显示屏显示相应线路接触器故障，则检查接触器线圈是否正常，主触头是否有黏连或卡位，联锁触头是否正常，并做相应处理。若接触器故障无法修复时，将相应电机故障隔离开关置故障位，切除电机运行。

任务5　判断处理两位置转换开关故障

一、学习目标

能根据故障现象判断 SS_{7E} 型机车两位置转换开关不转换故障，对故障进行处理，维持机车运行。

二、学习任务

1. 任务描述

观察微机显示屏信号显示情况，处理两位置转换开关不转换故障。

2. 任务流程

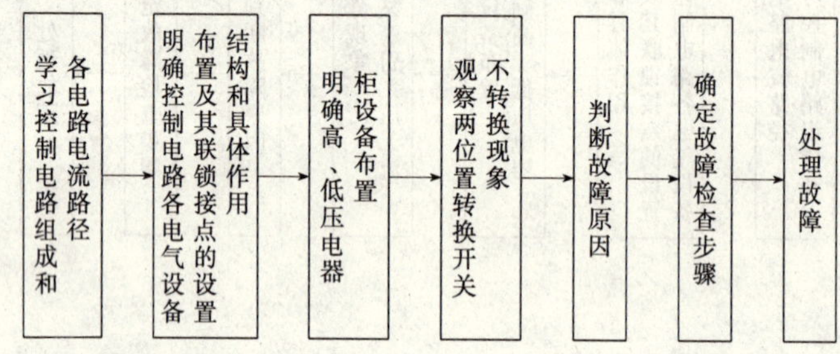

三、环境设备

设备、工具：十字头、一字头螺丝刀、手电筒、万用表、500 V兆欧表、短接线、尖嘴钳、机车驾驶操纵台或仿真操纵台、高、低压电器柜。

资料：SS_{7E} 型电力机车控制电路电路图，高、低压电器柜设备布置图。

四、操作指导

1. 观察故障现象

(1)前、后鼓都不转换；

(2)前或后鼓不转换；

(3)一台转向架不转换；

(4)前、后鼓转换正常，牵制鼓不转换。

2. 故障判断与处理

(1)前、后鼓都不转换

①检查 FA20 自动开关是否接点不良或动作，恢复 FA20，反复活动几次，使之接触良好。

②检查全车调速手轮(包括辅台)均在“0”位，零位中间继电器 KL10 吸合。

③检查司机台钥匙开关 SA21(SA22)接点是否不良，反复活动几次 SA21(SA22)，使其接触良好。

④检查、疏通风路，调整51调压阀，满足最低控制风压达到375 kPa。

⑤检查电空阀YV5、YV6、YV7、YV8是否正常。

⑥检查YV5、YV6、YV7、YV8电空阀联锁接点是否正常。

⑦确认电空转换故障时，先断电、降弓，进行人为转换。并注意换向鼓必须停车转换。

(2)前或后鼓不转换

①辅台试验正常，即为主台404或405线无电，可用辅台维持运行或人为转换。

②按电空阀，转换正常，检查KL10常开联锁及电空阀接线。

③电空阀本身故障或两位置开关犯卡时，人为转换，注意转换位置要正确。

(3)一台转向架不转换

①调速手柄离开"0"位，该架线路接触器不吸合，为该架风路塞门关闭，恢复即可。

②手按电空阀转换正常，检查处理电空阀本身，反之，检查处理两位置转换开关不良处所。

③时间不允许时，人为转换，注意转换位置正确。

(4)前、后鼓转换正常，牵制鼓不转换

①若牵制鼓均不转换，辅台试验正常，即为主台406或407线无电。

②检查牵制转换开关是否有卡位。

③按电空阀，转换正常，检查KL10常开联锁及电空阀接线。

④一架不转换时，检查相应电空阀及其接线。

⑤牵引制动转换鼓机械犯卡时，断电、降弓，人为转换。

任务6　判断处理运行准备灯不熄灭故障

一、学习目标

能根据故障现象判断SS_{7E}型机车运行准备灯不熄灭故障，消除故障或隔离故障，维持机车运行。

二、学习任务

1. 任务描述

观察微机显示屏信号显示情况，处理运行准备灯不熄灭故障。

2. 任务流程

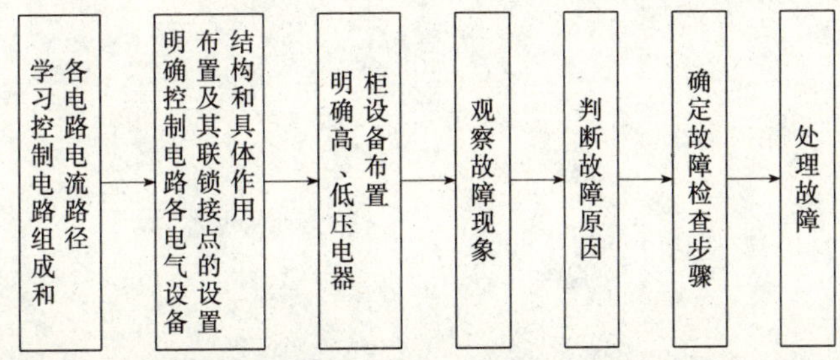

三、环境设备

设备、工具：十字头、一字头螺丝刀、手电筒、万用表、500 V兆欧表、短接线、尖嘴钳、低压电器柜。

资料：SS_{7E}型电力机车控制电路电路图。

四、操作指导

1. 观察故障现象

调速手柄置“*”位，显示屏“手柄零位”灯熄灭，“运行准备”灯不熄灭。

2. 故障判断与处理

(1)若“储能制动”灯亮并产生制动时，应检查51调压阀，调整压力过低时将其调到规定压力，使储能制动缓解。若“储能制动”灯亮而未产生制动时，为压力继电器9KF卡紧，调整9KF。

(2)重新闭合主断路器数次，使主断路器闭合良好。

(3)改由副台操作。

(4)若微机显示屏显示某风机故障时，在确认该风机运转正常的情况下，将对应的风压隔离开关置“2”位维持运行。

(5)若微机显示屏显示某两位置转换开关联锁故障时，检查两位置转换开关是否转换到位，若未转换到位，停车后人为转换到位。

(6)经以上检查处理无效时将LCU转换开关转换到另一组。

项目七 SS_4 改型电力机车高压试验

一、学习目标

通过本项目的学习和 SS_4 改型电力机车高压试验技能训练，应能说出 SS_4 改型电力机车高压电器屏柜的设备布置、屏柜内电器的安装位置、各高压电器及其联锁接点的设置结构和具体作用及车内电器的检查顺序；熟悉机车高压试验程序，能按程序进行机车高压试验，并能判断每步试验结果的正确与错误；能采取简捷的、正确的方法检查出电气线路或电器故障并进行处理。达到能够单独指导学生技能训练的水平，全面开展项目教学。

1. 能说出 SS_4 改型电力机车高压电器屏柜的设备布置、屏柜内电器的安装位置、各高压电器及其联锁接点的设置结构和具体作用及车内电器的检查顺序。

2. 能按程序进行机车高压试验，并能判断每步试验结果的正确与错误。

3. 会根据故障现象和显示信息，采取简捷的、正确的方法检查出电气线路或电器故障并进行处理。

二、项目任务

1. 任务描述

本项目的任务是按 SS_4 改型电力机车高压试验程序进行高压试验，通过做 SS_4 改型电力机车高压试验，发现机车高压电气故障，并对电气故障判断处理，训练 SS_4 改型电力机车电气故障应急处理能力。具体要求为：

(1)识读机车高压电器屏柜布置图，掌握电器屏柜及相关电器的布置位置；

(2)熟悉 SS_4 改型电力机车电气线路、高压电器及联锁接点的设置结构和具体作用；

(3)熟记 SS_4 改型电力机车车内电器的检查顺序；

(4)熟记 SS_4 改型电力机车高压试验程序，并能按高压试验程序进行高压试验；

(5)试验过程中，能根据故障现象和显示信息分析、判断和处理 SS_4 改型电力机车常见故障。

2. 任务流程

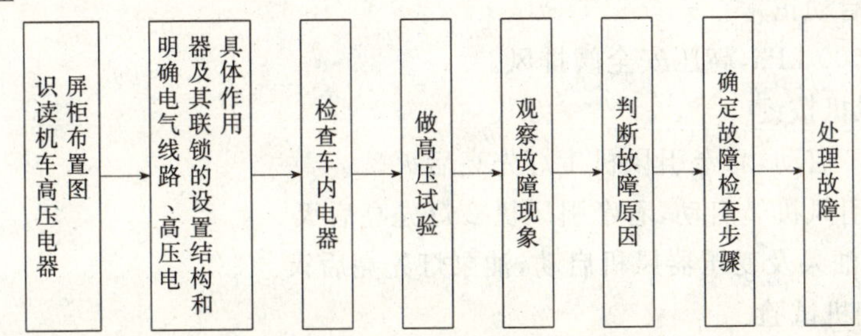

三、环境设备

设备、工具：十字头、一字头螺丝刀、手电筒、万用表、500 V 兆欧表、短接线、绝缘胶布、绝缘垫片、尖嘴钳、卡丝钳、机车驾驶操纵台或模拟仿真操纵装置、高低压电器柜、主型电气设备。

资料：SS_4 改型电力机车高、低压电器柜布置图、司机操纵台布置图及显示屏信息内容、SS_4 改型电力机车电路图。

四、背景知识

SS_4 改型电力机车高压电器柜板面电器安装位置图，如图 1-3 所示。

五、操作指导

1. SS_4 改型电力机车高压试验准备工作

(1)所有故障隔离开关置“运行”位，各开关、闸刀、塞门均在正常工作位；

(2)总风缸风压不低于 700 kPa；

(3)机车做高压整备状态：车顶作业、隔离开关作业完毕，锁好车顶门；A、B 各室及地沟无人、无工具、无杂物，锁好各室门，拉下锁闭杆；人员齐全，均处于安全位置，操纵台无禁动牌。

(4)小闸上闸 300 kPa。

2. SS_4 改型电力机车高压试验程序及要求

(1)闭合钥匙开关 570QS，听门联锁阀动作声；有关电器动作，看有关信号灯亮。

(2)逐一闭合“前”和“后”受电弓按键开关 402SK、403SK，逐一断开后再升后弓。

①看受电弓升降是否正常。

②看网压表指示是否正常，一般为 19～29 kV。

(3)闭合主断路器

①看“零压”及“主断”灯灭。

②看辅压表是否显示位于(396～460)V 之间。

③看控制电压表由 90 V 以上渐充至 110 V。

(4)手动启动劈相机

①听劈相机启动正常。

②看劈相机灯及辅助回路信号显示后灭。

(5)启动压缩机

①听压缩机启动正常。

②放风 3 s 后，看压力调节器调整范围 750～900 kPa，允许偏差 20 kPa。

(6)闭合强泵风按键

①听压缩机启动正常。

②风压约 1 000 kPa，高压安全阀排风。

(7)闭合通风机按键

①牵引风机 1 启动，看牵引风机 1 灯先亮后灭。

②3 s 后，牵引风机 2 启动，看牵引风机 2 灯先亮后灭。

③又 3 s 后，油泵及变压器风机启动，油泵灯先亮后灭。

(8)自启劈相机试验

断开主断路器按键，591QS 置“1”位，闭合主断路器，听劈相机启动声应正常，“劈相机”及“辅助回路” 信号显示后又灭。

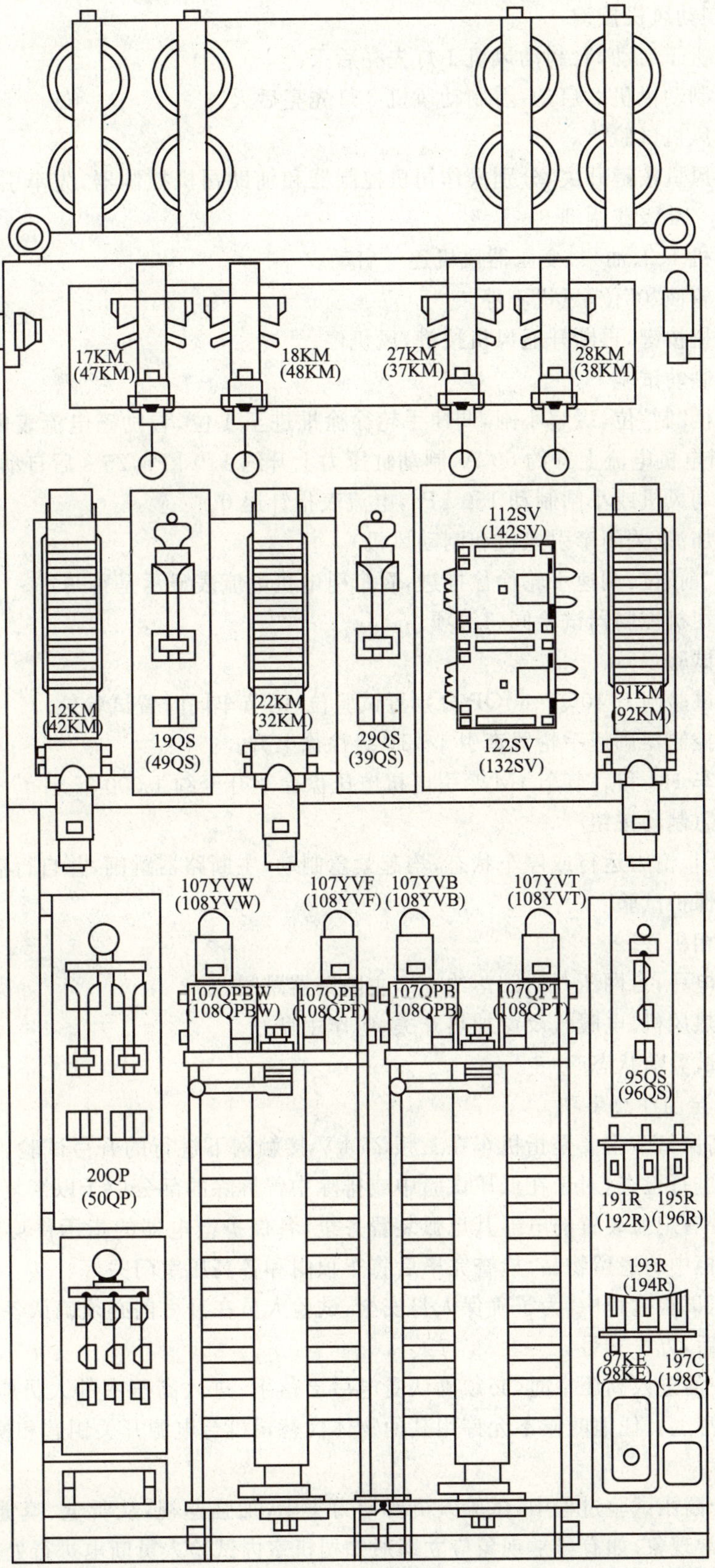

17KM (47KM)
18KM (48KM)
27KM (37KM)
28KM (38KM)
112SV (142SV)
12KM (42KM)
19QS (49QS)
22KM (32KM)
29QS (39QS)
122SV (132SV)
91KM (92KM)
107YVW (108YVW)
107YVF (108YVF)
107YVB (108YVB)
107YVT (108YVT)
107QPBW (108QPBW)
107QPF (108QPF)
107QPB (108QPB)
107QPT (108QPT)
95QS (96QS)
20QP (50QP)
191R (192R)
195R (196R)
193R (194R)
97KE (98KE)
197C (198C)

图 1-3 SS_4 型电力机车高压电器柜板面电器安装位置图

(9)闭合制动风机按键

①制动风机 1 启动,看制动风机 1 灯先亮后灭。

②3 s 后,制动风机 2 启动,看制动风机 2 灯先亮后灭。

(10)自起风机试验

①不合通风机按键开关,分别操作司机控制器和辅助司机控制器,先牵引后制动,调速手轮置牵引 1.5～10 级或制动 8～1 级。

②牵引风机 1、2、油泵、变压器风机逐一启动。

③调速手轮回“0”位,风机不停。

④合通风机按键,再断开通风机按键,风机停。

(11)电阻制动试验

①换向手柄“制”位,缓解小闸,调速手轮徐徐推进至 1 位,看励磁电流表电流徐徐上升至约 930 A,牵引电机电流上升约 50 A,制动缸压力上升约 110 kPa,25 s 后自动缓解。

②关闭制动风机或小闸制动 150 kPa,电流表指针退 0。

(12)低位加流(关闭牵引风机和制动风机)

换向手柄“前”位,调速手轮徐徐推进,看牵引电机电流表显示是否一致。

(13)辅助司机控制器试验同(12)项。

(14)空载试验

①将空载试验闸刀 10QP、60QP 分别置试验位(两节车同时置试验位)。

②主司机控制器调速手轮置牵引 1～10 级徐徐上升。

③看本节车 1M 和后节车 4M 牵引电机电压徐徐上升至约 1 000 V。

(15)按紧急制动按钮

不论在牵引、惰力运行或停车状态,均起紧急制动,主断路器跳闸,并自行撒砂。

(16)零压保护试验

①启动劈相机

②降下受电弓,自网压开始跌落约 2 s,主断路器跳闸。

(17)闭合热风机、电暖气及窗加热开关,应作用良好。

(18)恢复试验前状态

3. 操作安全与注意事项

(1)机车高压试验主要是指机车在工频 25 kV 接触网下进行的升弓试验。在高压试验前应再次对机车进行检查,对于在低压试验中或排除中曾拆除的部分应予以恢复,各闸刀均恢复正常运行位,带有熄弧装置的电器其熄弧装置齐全,各保护继电器的指示件均应恢复正常位,并清理各室各柜中的遗留物品,检查完毕后将车顶门和各高压室门关好。

(2)在高压试验过程中,为了确保人身安全,试验人员在升弓前必须确认各高压室无人,并经高呼和鸣笛后,方可升弓。

(3)试验中需进入高压室时,必须确认受电弓已落下;进入高压室的人员应将司机台电源开关钥匙带在身上。任何时候不允许用其他物体代替司机台电源开关钥匙和换向手柄进行操作。

(4)在整个高压试验过程中,试验人员要精力集中,加强巡视,从听觉、嗅觉和视觉等方面发现是否有异常现象,如有异常现象应立即通知司机室内试验人员断电进行处理。

(5)动调速手轮时,无论牵引或制动,必须有防窜车意识,执行好防窜车措施。

六、质量评价标准

评价维度	分值	行为表现描述	实际得分
安　全	4	完全符合安全规定	
	2	未出现违规操作，但需要帮助和提醒	
	0	经提醒，仍出现违规操作	
正确使用仪表	2	不需指导，能正确使用仪表	
	1	会使用仪表，但需指导	
	0	不会使用仪表	
作业过程	4	作业过程完整，各步骤准确无误	
	2	作业过程完整，但有多次重复检查现象	
	0	作业过程混乱	
质　　量	10	发现故障，并能正确处理故障	
	4	发现故障，但不会处理	
	0	未发现故障	
项目总分			

七、项目链接

1. 华平．电力机车控制[M]. 北京：中国铁道出版社，2008.

2. 杨兆昆．韶山$_4$ 改型电力机车乘务员[M]. 北京：中国铁道出版社，2002.

项目八　SS_{7E}型电力机车高压试验

一、学习目标

通过本项目的学习和SS_{7E}型电力机车高压试验技能训练，应能说出SS_{7E}型电力机车高压电器屏柜的布置、屏柜内电器的安装位置、各高压电器及其联锁接点的设置结构和具体作用及车内电器的检查顺序；熟悉SS_{7E}型电力机车线路、管路走向，各机械、电气部件的结构、作用及相互联系；熟悉SS_{7E}型电力机车高压试验程序，能按程序进行机车高压试验，并能判断每步试验结果的正确与错误；熟练操作各故障转换开关，熟练运用故障应急处理方法对试验中出现的常见故障安全、准确、快速地予以处理。达到能够单独指导学生技能训练的水平，全面开展项目教学。

1. 能说出SS_{7E}型电力机车高压电器屏柜的布置、屏柜内电器的安装位置及车内电器的检查顺序。

2. 能按程序进行机车高压试验，并能判断每步试验结果的正确与错误。

3. 会根据故障现象和显示信息，采取简捷的、正确的方法检查出电气线路或电器故障并进行处理。

二、项目任务

1. 任务描述

本项目的任务是按SS_{7E}型电力机车高压试验程序进行高压试验，通过做SS_{7E}型电力机车高压试验，发现机车高压电气故障，并对电气故障判断处理，训练SS_{7E}型电力机车电气故障应急处理能力。具体要求为：

(1)识读机车高压电器屏柜布置图，掌握电器屏柜及相关电器的布置位置；

(2)熟悉SS_{7E}型电力机车电气线路、高压电器及联锁接点的设置结构和具体作用；

(3)熟记SS_{7E}型电力机车车内电器的检查顺序；

(4)熟记SS_{7E}型电力机车高压试验程序，并能按高压试验程序进行高压试验；

(5)试验过程中，能根据故障现象和显示信息分析、判断和处理SS_{7E}型电力机车常见故障。

2. 任务流程

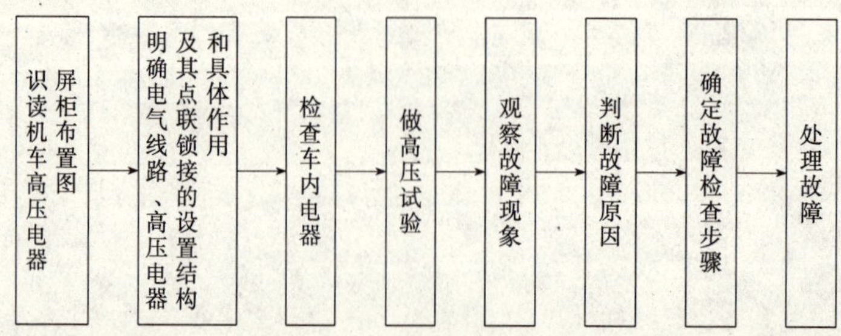

三、环境设备

设备、工具：十字头、一字头螺丝刀、手电筒、万用表、500 V 兆欧表、短接线、绝缘胶布、绝缘垫片、尖嘴钳、卡丝钳、机车驾驶操纵台或模拟仿真操纵装置，高、低压电器柜。

资料：SS_{7E}型电力机车高、低压电器柜布置图、司机操纵台布置图及显示屏信息内容、SS_{7E}型电力机车电路图。

四、背景知识

SS_{7E}型电力机车高压电器柜板面电器安装位置图，如图 1-4 所示。

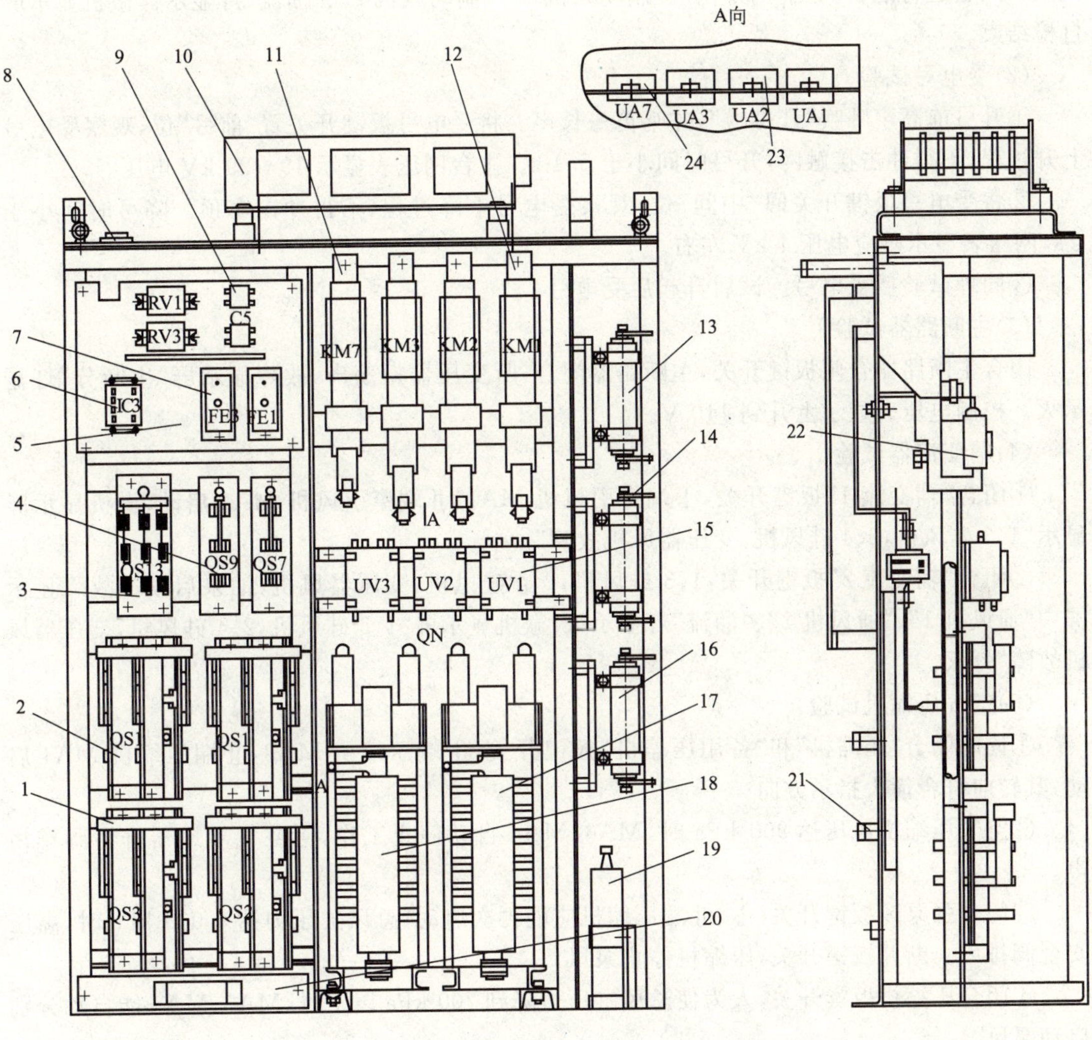

图 1-4　SS_{7E}型电力机车高压电器柜板面电器安装位置图

1—电机故障隔离开关；2—入库电源开关；3—空载试验开关；4—接地故障开关；5—同步变压器；6—移相同步变压器；7—接地继电器；8—20 芯插座；9—过压吸收电容；10—固定磁场分路电阻；11—励磁接触器；12—电路接触器；13、14、16—电阻；15——电压传感器；17—牵引—制动转换开关；18—方向转换开关；19—过压吸收电容；20—接线端子板；21—主电路接线端子板；22—电压抑制器；23—电机电流传感器；24—励磁电流传感器

五、操作指导

1. SS_{7E}型电力机车高压试验前的准备工作

(1)各保护装置，隔离开关均在“运行”位，主断路器在断开位。

(2)确认各室无人，并无杂物、工具等，关好各室门，人员处于安全地点。

(3)换向手柄置“0”位，机车制动缸压力 300 kPa。

(4)确认网压表显示 4 kV 左右，接触网有电。

2. SS_{7E}型电力机车高压试验程序及要求

(1)闭合电钥匙开关 SA21(SA22)门联锁保护阀 YV1 得电吸合，门联锁动作，故障显示屏“主断分”、“运行准备”、“手柄零位”、“制动风机 1”、“制动风机 2”、“油流”灯显示。微机显示屏自检结束。

(2)受电弓试验

①升弓前高声呼唤“升弓啦”，并鸣笛一长声。将受电弓扳键开关置“前弓”位，观察受电弓上升过程，不得冲击接触网，升弓时间小于 5.4 s。主台网压表显示 19～29 kV 电压。

②将受电弓扳键开关回“中间”位，观察受电弓下降过程，不得冲击车顶。降弓时间小于 4 s，网压表显示感应电压 4 kV 左右。

③同理试验后受电弓。试后升起后受电弓。

(3)主断路器试验

闭合主断路器合闸扳键开关，主断路器闭合，听变压器振荡声，故障显示屏“主断分”灯显示灭。控制电压表显示上升到 110 V。

(4)辅变流器试验

①闭合“辅变流 1”扳键开关，Ⅰ端牵引风机 MA1、Ⅱ端牵引风机 MA2 启动，微机显示屏显示“1、3 硅风机，2、4 硅风机，变压器风机故障”。

②闭合“辅变流 2”扳键开关，1、3 硅风机，2、4 硅风机，变压器风机，油泵启动。故障显示屏中“通风机 1”、“通风机 2”、“油流”灯显示灭，微机显示屏“1、3 硅风机，2、4 硅风机，变压器风机故障”灯灭。

(5)空气压缩机试验

①同时闭合“压缩机”和“备用压缩机”扳键开关，Ⅰ端压缩机 MA3，Ⅱ端压缩机 MA4 启动，其转向符合箭头指示方向。

②空气压缩机风压达 900 kPa 时，MA3、MA4 自动停止工作，听空气干燥器排污阀排污声。

③闭合强泵风扳键开关，Ⅰ、Ⅱ端压缩机应能再次启动，总风缸压力达 1 000 kPa 时，高压安全阀排风。断开扳键开关，压缩机停止泵风。

④闭合压缩机扳键开关，人为使总风缸压力降到 700 kPa 以下时，MA3、MA4 能自动分别启动泵风。

(6)制动风机试验

①将换向手柄打至“制动”位，Ⅰ端制动风机 MA5、MA7，Ⅱ端制动风机 MA6、MA8 启动。故障显示屏中“制动风机”灯显示，启动完毕，显示消失；制动风机产生的风由车下吸风吹向制动电阻，从车顶排出。

②换向手柄回“0”位，延时 100 s，制动风机停机。司机台故障显示屏“制动风机”灯亮。

(7)辅变流机组故障状态运行试验

断开各辅机扳键开关和“辅变流1”、“辅变流2”扳键开关,断开主断路器。

①分别将低压柜上的转换开关SA31、SA32、SA33、SA34置“2”位,再合“辅变流1”和“辅变流2”扳键开关,各辅机均应正常运行。注意:Ⅰ端空气压缩机MA3不能工作。

②将低压柜上的转换开关SA31、SA33同时置“2”位,再合“辅变流1”和“辅变流2”扳键开关,主变风机MA13,油泵MA14及Ⅱ端牵引风机MA2,制动风机MA6、MA8,硅机组风机MA10、MA12,空气压缩机MA4均能正常运行(机车需切除第一转向架运行)。

③将低压柜上转换开关SA32、SA34同时置“2”位,再合“辅变流1”和“辅变流2”扳键开关,主变风机MA13,油泵MA14及Ⅰ端牵引风机MA1,制动风机MA5、MA7,硅机组风机MA9、MA11、空气压缩机MA4均能正常运行(机车需切除第二转向架运行)。

④将低压柜上的转换开关SA31、SA32同时置“2”位,再合“辅变流1”和“辅变流2”扳键开关,主变风机MA13,油泵MA14及Ⅰ端牵引风机MA1,制动风机MA5、MA7,硅机组风机MA9～MA12,Ⅱ端空气压缩机MA4均能正常运行(机车需切除第二转向架运行)。

⑤将低压柜上的转换开关SA31、SA34同时置“2”位,再合“辅变流1”和“辅变流2”扳键开关,主变风机MA13,油泵MA14及Ⅰ端牵引风机MA1,制动风机MA5、MA7,硅机组风机MA9～MA12,Ⅱ端空气压缩机MA4均能正常工作(机车需切除第二转向架运行)。

⑥将低压柜上的转换开关SA33、SA32同时置“2”位,再合“辅变流1”和“辅变流2”扳键开关,主变风机MA13,油泵MA14及Ⅰ端牵引风机MA1,制动风机MA5、MA7,硅机组风机MA9～MA12,Ⅱ端空气压缩机MA4均能正常运行(机车需切除第二转向架运行)。

⑦将低压柜上的转换开关SA33、SA34同时置“2”位,再合“辅变流1”和“辅变流2”扳键开关,主变风机MA13,油泵MA14及Ⅰ端牵引风机MA1,制动风机MA5、MA7,硅机组风机MA9～MA12,Ⅱ端空气压缩机MA4均能正常运行(机车需切除第二转向架运行)。

注意:在故障工况下,Ⅰ端空气压缩机MA3均不工作。

(8)加馈电阻制动试验

①机车制动缸压力低于150 kPa,闭合“辅变流1”、“辅变流2”扳键开关,换向手柄置“制动”位,各辅助机组启动,两位置转换开关分别转向“后”、“制动”位。

②调速手柄由“0”置“17”位,励磁接触器KM7、KM8和线路接触器KM1～KM6吸合,故障显示屏“手柄零位”、“运行准备”灯显示灭。列车制动管自动减压40～50 kPa,机车制动缸压力缓上升40～50 kPa,25 s后自动缓解。

③调速手柄从“17～1”位方向缓慢移动,到8级左右停留,励磁电流从0缓慢上升并限制在250(1±3.5%)A范围内,并产生70 A加馈电流。再逐渐移至1级,加馈电流、励磁电流消失。

④机车制动150 kPa以上,励磁接触器KM7、KM8释放,励磁电流降至0,故障显示屏“运行准备”灯亮,解除电阻制动。调速手柄回“0”位,故障显示屏“手柄零位”灯亮。

(9)牵引试验

①小闸制动300 kPa,换向手柄置“前”位,两位置转换开关均转向“向前”、“牵引”位,闭合“辅变流1”、“辅变流2”扳键开关。

②调速手柄由“0”位移至“*”位,励磁接触器KM7、KM8闭合,故障显示屏“手柄零位”、“运行准备”灯灭,励磁电流显示32 A预励磁电流,线路接触器KM1～KM6闭合。

③架隔离试验

将Ⅰ架故障隔离开关 SA23 打至“2”位，接触器 KM1～KM3、KM7 释放，恢复 SA23 于“1”位；

将Ⅱ架故障隔离开关 SA24 打至“2”位，接触器 KM4～KM6、KM8 释放，恢复 SA24 于“1”位。

④自动过分相试验

调速手柄回“0”后再缓慢推至“1”位，6 台电机电流均为 100 A；手柄再缓慢推至“2”位，6 台电机电流均为 200 A。按下司机台“过分相”按钮，主断路器跳闸，降下受电弓后再升起受电弓，主断路器自动闭合，电机电流缓慢恢复到 200 A。

⑤调速手柄回“0”位，线路接触器 KM1～KM6 释放后，励磁接触器 KM7、KM8 释放，故障显示屏“手柄零位”、“运行准备”灯亮。

(10)辅助司机控制器试验参照主司机控制器进行。

(11)LCU 转换开关转至另一组，微机柜转换开关分别转至“Ⅰ”、“Ⅱ”位，按照上述方法进行试验。

(12)照明灯试验

分别闭合“司机室照明”、“各室照明”、“走廊照明”、“仪表照明”、“记事照明”开关，相应照明灯应亮，闭合“前标志灯”、“后标志灯”、“副前照灯”、“副后照灯”开关，其相应照明灯应亮，闭合“信号检查”开关，故障显示屏应全亮，闭合“前照灯”开关，前照灯应正常启辉发亮。

(13)辅助系统设备试验

①将电热玻璃转换开关 SA5、SA6 置“运行”位，电热玻璃应发热；

②将壁炉转换开关 SA7、SA8 置“运行”位，壁炉及膝炉应发热；

③将脚炉转换开关 SA9、SA10 置“运行”位，脚炉应发热；

④将“防寒加热”扳键开关置“运行”位，加热阀 RQ1～RQ5 应发热；

⑤将空调控制开关置“运行”位，两端司机室空调正常工作；

⑥观察电度表的转向正确。

(14)机车安全装备试验

列车无线调度电话、机车自动信号、列车监控记录装置按有关规定进行试验，作用不良严禁出段。

(15)轮缘喷油器试验

闭合钥匙开关，电子控制器上红色电源指示亮。按Ⅰ端(Ⅱ端)喷油试验按钮，控制器上Ⅰ端(Ⅱ端)喷油指示灯亮，听喷脂器排风声。3 s 后指示灯灭，1 s 后又亮，循环作用。松开试验按钮，喷油指示灯灭，确认喷油状态。

(16)轴温检测装置试验按有关规定进行。

(17)降下受电弓，欠压保护动作，主断路器跳闸。

(18)恢复试验前状态。

3. 操作安全与注意事项

(1)机车高压试验主要是指机车在工频 25 kV 接触网下进行的升弓试验。在高压试验前应再次对机车进行检查，对于在低压试验中或排除中曾拆除的部分应予以恢复，各闸刀均恢复正常运行位，带有熄弧装置的电器其熄弧装置齐全，各保护继电器的指示件均应恢复正常位，并清理各室各柜中的遗留物品，检查完毕后将车顶门和各高压室门关好。

(2)在高压试验过程中，为了确保人身安全，试验人员在升弓前必须确认各高压室无人，并

经高呼和鸣笛后，方可升弓。

(3)试验中需进入高压室时，必须确认受电弓已落下；进入高压室的人员应将司机台电源开关钥匙带在身上。任何时候不允许用其他物体代替司机台电源开关钥匙和换向手柄进行操作。

(4)在整个高压试验过程中，试验人员要精力集中，加强巡视，从听觉、嗅觉和视觉等方面发现是否有异常现象，如有异常现象应立即通知司机室内试验人员断电进行处理。

(5)动调速手柄时，无论牵引或制动，必须有防窜车意识，执行好防窜车措施。

六、质量评价标准

评价维度	分值	行为表现描述	实际得分
安　全	4	完全符合安全规定	
	2	未出现违规操作，但需要帮助和提醒	
	0	经提醒，仍出现违规操作	
正确使用仪表	2	不需指导，能正确使用仪表	
	1	会使用仪表，但需指导	
	0	不会使用仪表	
作业过程	4	作业过程完整，各步骤准确无误	
	2	作业过程完整，但有多次重复检查现象	
	0	作业过程混乱	
质　量	10	发现故障，并能正确处理故障	
	4	发现故障，但不会处理	
	0	未发现故障	
项目总分			

七、项目链接

1. 杨永林．韶山$_{7E}$型电力机车[M]．北京：中国铁道出版社出版，2004.

2. 兰州铁路局．SS_{7E}型电力机车司机岗位安全培训教程[M]．北京：中国铁道出版社，2006.

3. 华平．电力机车控制[M]．北京：中国铁道出版社，2008.

项目九　SS_4 改型电力机车低压试验

一、学习目标

通过本项目的学习和 SS_4 改型电力机车低压试验技能训练，应能说出 SS_4 改型电力机车低压电器屏柜的布置、屏柜内电器的安装位置、各低压电器及联锁接点的设置结构和具体作用及车内电器的检查顺序；熟悉 SS_4 改型电力机车电气线路、风路走向，各机械、电气部件的结构、作用及相互联系；熟悉机车低压试验程序，能按程序进行机车低压试验，并能判断每步试验结果的正确与错误；熟练操作各故障转换开关，熟练运用故障应急处理方法对试验中出现的常见故障安全、准确、快速地予以处理。

1. 能说出 SS_4 改型电力机车低压电器屏柜的布置、屏柜内电器的安装位置及车内电器的检查顺序；

2. 能按程序进行机车低压试验，并能判断每步试验结果的正确与错误；

3. 会根据故障现象和显示信息，采取简捷的、正确的方法检查出电气线路或电器故障并进行处理。

二、项目任务

1. 任务描述

本项目的任务是按 SS_4 改型电力机车低压试验程序进行低压试验，通过做 SS_4 改型电力机车低压试验，发现机车低压电气故障，并对电气故障判断处理，训练 SS_4 改型电力机车电气故障应急处理能力。具体要求为：

(1)识读机车低压电器屏柜布置图，掌握电器屏柜及相关电器的布置位置；

(2)熟悉 SS_4 改型电力机车电气线路、低压电器及联锁接点的设置结构和具体作用；

(3)熟记 SS_4 改型电力机车车内电器的检查顺序；

(4)熟记 SS_4 改型电力机车低压试验程序，并能按低压试验程序进行低压试验；

(5)试验过程中，能根据故障现象和显示信息分析、判断和处理 SS_4 改型电力机车常见故障。

2. 任务流程

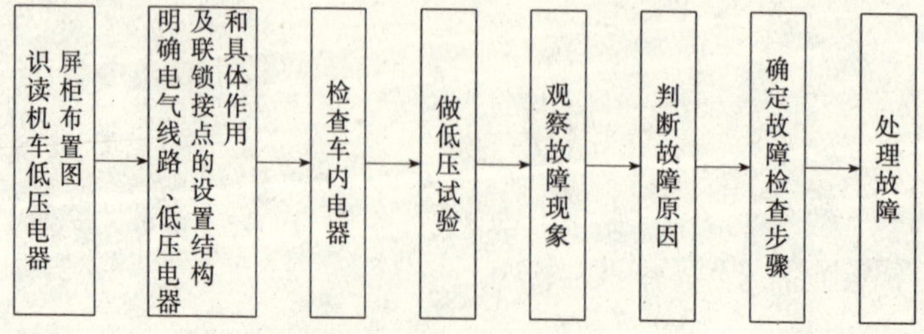

三、环境设备

设备、工具：十字头、一字头螺丝刀、手电筒、万用表、500 V 兆欧表、短接线、绝缘胶布、绝缘垫片、尖嘴钳、卡丝钳、机车驾驶操纵台或模拟仿真操纵装置、高、低压电器柜。

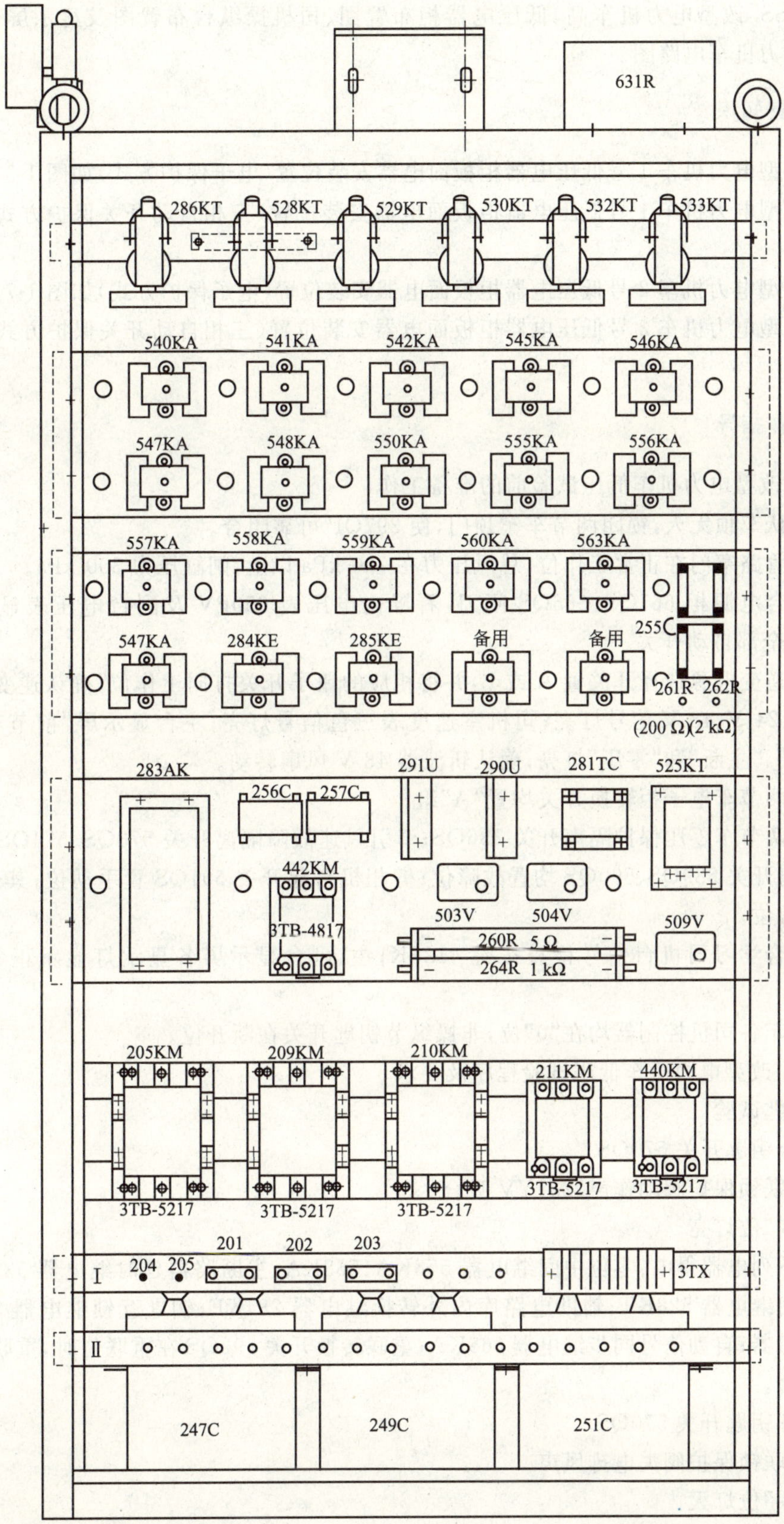

图 1-5　SS$_4$ 改型电力机车 1 号低压电器柜板面电器安装位置(电子保护方式)图

资料：SS_4 改型电力机车高、低压电器柜布置图、司机操纵台布置图及显示屏信息内容、SS_4 改型电力机车电路图。

四、背景知识

SS_4 改型电力机车 1 号低压电器柜板面电器安装位置(电子保护方式)如图 1-5 所示。

SS_4 改型电力机车 1 号低压电器柜板面电器安装位置(三相自动开关保护方式)如图 1-6 所示。

SS_4 改型电力机车 2 号低压电器柜板面电器安装位置(电子保护方式)如图 1-7 所示。

SS_4 改型电力机车 2 号低压电器柜板面电器安装位置(三相自动开关保护方式)如图 1-8 所示。

五、操作指导

1. SS_4 改型电力机车低压试验前的准备工作

(1)确认车顶无人，锁闭两节车车顶门，使 297QP 可靠闭合。

(2)各管路塞门在正常工作位，总风压力在 700 kPa 以上，闸缸压力 300 kPa。

(3)闭合电源柜 667QS、666QS 闸刀，看屏内电压表 650PV 及副台电压表显示不少于 90 V；闭合全部自动开关。

(4)将逆变电源选择开关置 A 或 B，并将相应的钮子开关打向工作位，确认逆变电源插件板上 15 V、24 V、48 V 信号灯亮；司机室速度表三色信号灯亮；主台显示屏“前节车”、“后节车”、“预备”、“主断”和“零压”灯亮；确认斩波器 48 V 风扇转动。

(5)将两节车电子柜转换开关均置“A”组。

(6)将两节车零压保护隔离开关 236QS；牵引风速故障隔离开关 573QS、574QS 及制动风速故障隔离开关 589QS、590QS 均置故障位；劈相机自起开关 591QS 置手动位；其余开关、闸刀均置正常位。

(7)闭合学习司机台信号检查按键 412SK；主、副台显示屏各显示灯显示正常后，断开 412SK。

(8)全车各司机控制器均在“0”位，非操纵节钥匙开关在断开位。

2. SS_4 改型电力机车低压试验程序及要求

(1)钥匙试验

①闭合钥匙开关 570QS

听：门联锁保护阀动作声，287YV 吸合。

看：“零”位灯亮。

同时下列电器得电：零位中间继电器 558KA、568KA；主断路器延时继电器 539KT；劈相机自起中间继电器 528KT；辅助电路库内外转换继电器 284KE；钥匙互锁继电器 569KA；功补放电接触器；自动信号同步继电器 665KA；重联转换开关 592QS 在重联位时，重联中间继电器得电吸合。

②断开钥匙开关 570QS

听：门联锁保护阀失电排风声。

看：“零”位灯灭。

上述得电电器均失电。

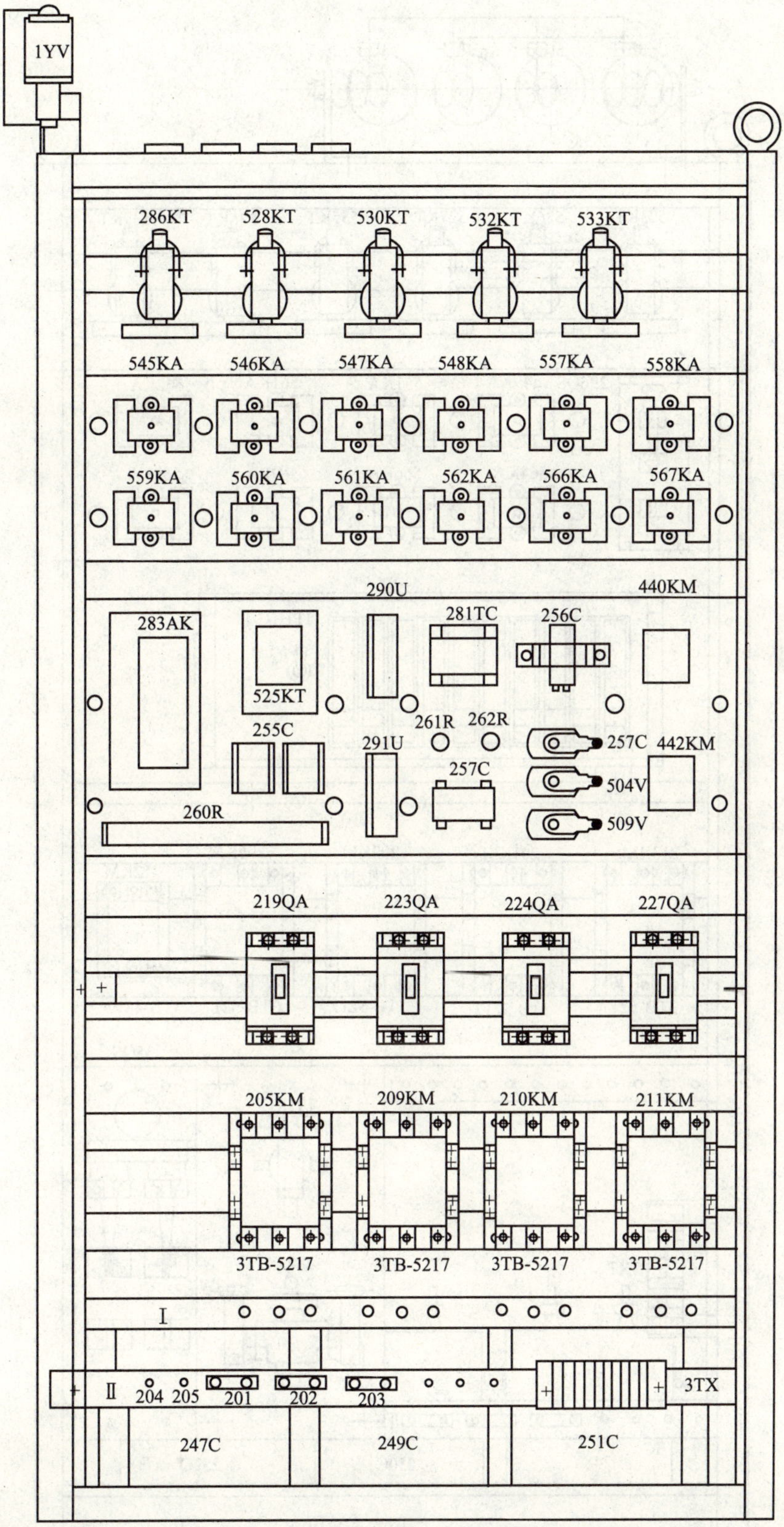

1YV

286KT 528KT 530KT 532KT 533KT

545KA 546KA 547KA 548KA 557KA 558KA

559KA 560KA 561KA 562KA 566KA 567KA

290U 440KM

283AK 281TC 256C

525KT

261R 262R

255C

291U 257C 442KM

257C 504V

260R 509V

219QA 223QA 224QA 227QA

205KM 209KM 210KM 211KM

3TB-5217 3TB-5217 3TB-5217 3TB-5217

Ⅰ

Ⅱ 204 205 201 202 203 3TX

247C 249C 251C

图 1-6 SS_4 改型电力机车 1 号低压电器柜板面电器安装位置(三相自动开关保护方式)图

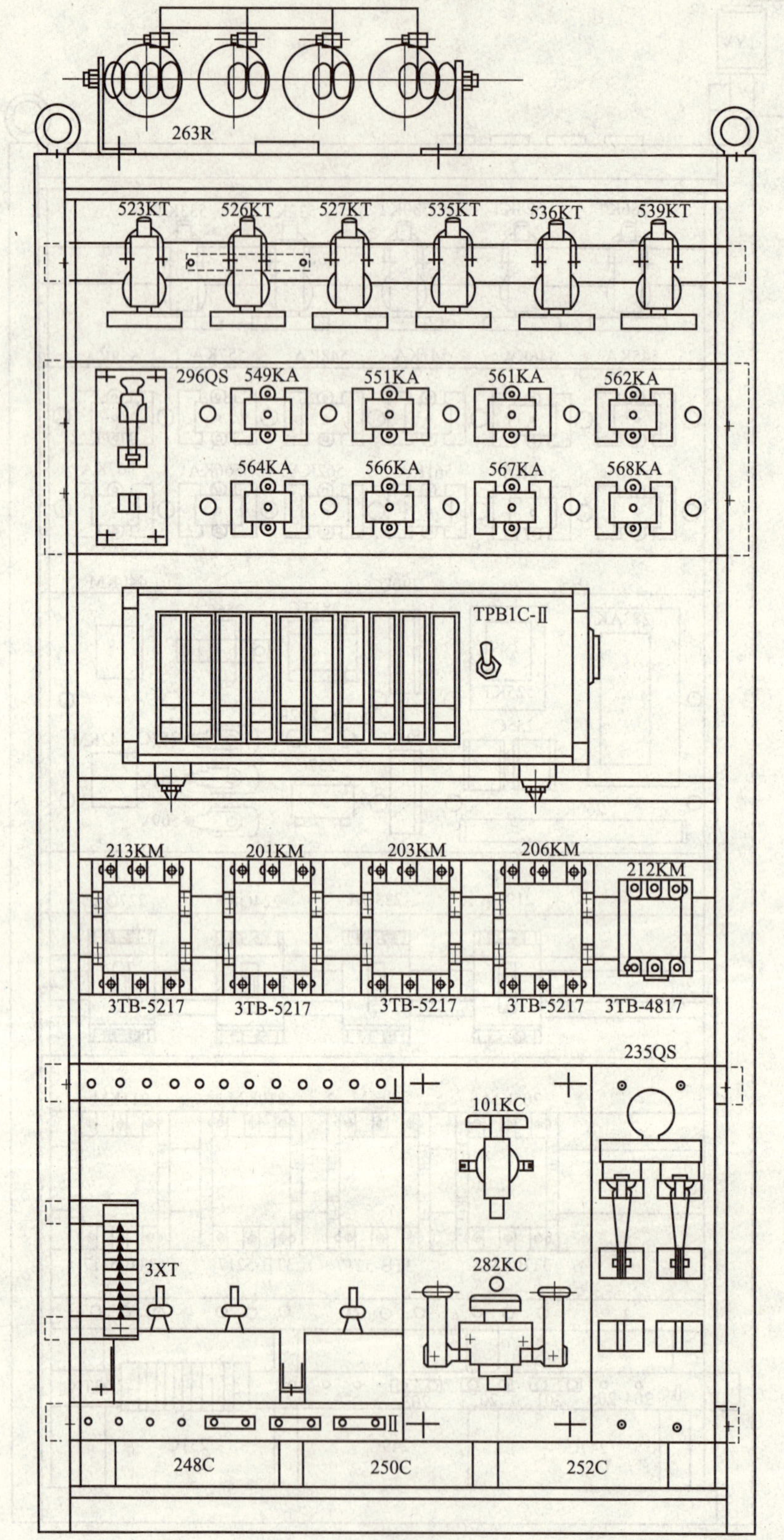

图 1-7　SS_4 改型电力机车 2 号低压电器柜板面电器安装位置(电子保护方式)图

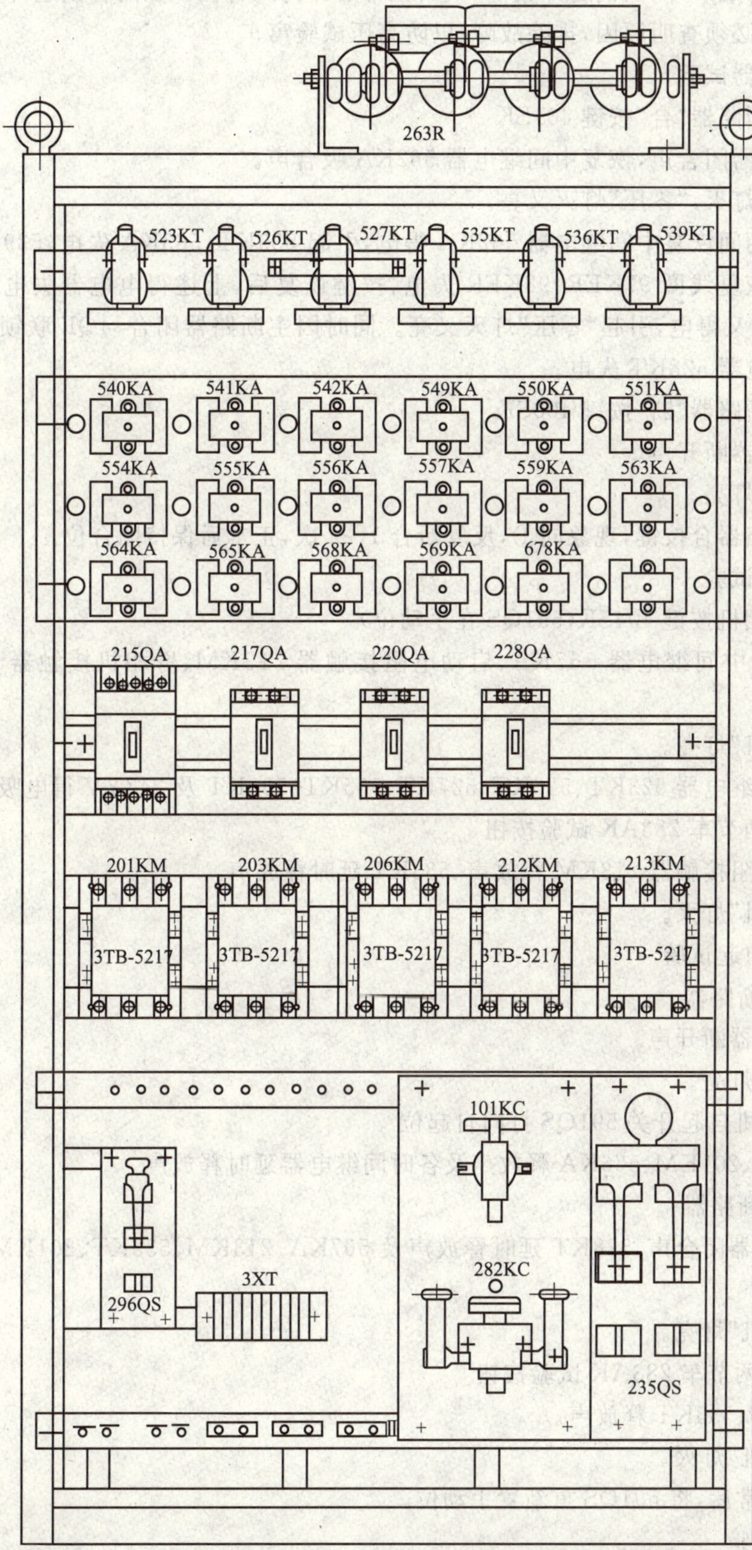

263R

523KT 526KT 527KT 535KT 536KT 539KT

540KA 541KA 542KA 549KA 550KA 551KA

554KA 555KA 556KA 557KA 559KA 563KA

564KA 565KA 568KA 569KA 678KA

215QA 217QA 220QA 228QA

201KM 203KM 206KM 212KM 213KM

3TB-5217 3TB-5217 3TB-5217 3TB-5217 3TB-5217

101KC

282KC

296QS 3XT

235QS

图 1-8　SS_4 改型电力机车 2 号低压电器柜板面电器安装位置(三相自动开关保护方式)图

③反复断合成 2～3 次钥匙开关 570QS，正常后保持闭合位。如闭合钥匙开关 570QS 后，“零位”灯不亮，必须查明原因，排除故障，以防高压试验窜车。

(2)主断路器试验

①闭合主断路器“合”按键 401SK

听：主断路器闭合声，恢复中间继电器 562KA 吸合声。

看：“主断”灯灭，“零压”灯灭又亮。

按键闭合期间恢复中间继电器 562KA 得电，引起 539KT、563KA 失电，539KT 失电又使主接地继电器恢复线圈 97KER、98KER 失电，按键恢复后，上述得电电器失电，失电电器得电，563KA 失电又得电，引起“零压”灯灭又亮。同时因主断路器闭合，4QF 联锁断开，使劈相机自起中间继电器 528KT 失电。

②闭合主断路器“断”按键 400SK

听：主断路器断开声。

看：“主断”灯亮。

③合主断路器合按键，现象同①，反复断合 1～2 次，正常后保持闭合位。

(3)劈相机试验

①闭合劈相机按键 404SK(591QS 在手动位)

听：劈相机中间继电器 567KA、启动电阻接触器 213KM、劈相机接触器 201KM 吸合声。

看：“劈相机”灯亮。

同时，时间继电器 523KT、526KT、527KT、535KT、536KT 及 247YV 得电吸合。

②人为按两节车 283AK 试验按钮

听：启动电阻接触器 213KM 释放声、533KT 延时释放声。

看：“劈相机”灯灭。

③劈相机自起试验

a. 断开主断路器

听：主断路器断开声。

看：“主断”灯亮。

b. 将劈相机自起开关 591QS 打向自起位

听：567KA、201KM、566KA 释放声及各时间继电器延时释放声。

c. 闭合主断路器

听：主断路器闭合声，528KT 延时释放声及 567KA、213KM、533KT、201KM 及各时间继电器依次吸合声。

看：“劈相机”灯亮。

d. 人为按两节车 283AK 试验按钮

听：213KM、533KT 释放声。

看：“劈相机”灯灭。

e. 试验正常后，将 591QS 重新置手动位。

(4)辅机试验

①压缩机

闭合压缩机按键 405SK，总风压力大于 700 kPa 时，闭合强泵风按键 408SK。

听:压缩机接触器203KM吸合声,延时3 s后听523KT、247YV释放声。

②通风机

闭合通风机按键406SK。

听:牵引风机1接触器205KM吸合声。

看:主台“辅助回路”灯亮,副台“牵引风机1”灯亮。

3 s后。

听:535KT释放声,206KM吸合声。

看:副台“牵引风机2”灯亮。

又3 s后。

听:536KT释放声和211KM、212KM吸合声。

看:副台“油泵”灯亮。

③制动风机

闭合制动风机按键407SK。

听:制动风机接触器209KM吸合声。

看:副台“制动风机1”灯亮。

隔3 s后。

听:526KT释放声和210KM吸合声。

看:副台“制动风机2”灯亮。

④试验正常后依次断开408SK、406SK、405SK

听:各接触器释放声。

看:“牵引风机1”、“牵引风机2”、“油泵”灯灭。

劈相机按键、制动风机按键不关,以免影响后续试验。

(5)换向试验

①换向手柄打“制”位

听:两位置转换开关转换声。

前节车向前,后节车向后,牵制鼓转“制”位,同时牵引制动转换中间继电器560KA、561KA,风速延时继电器530KT得电吸合。

②将制动缸压力缓解至100 kPa左右后,调速手轮离开“0”位,打向“制”区

听:线路接触器12KM、22KM、32KM、42KM及励磁接触器91KM、92KM吸合声;

看:“电制动”灯亮,“预备”灯灭,“零位”灯灭。

同时532KT、556KA得电吸合,558KA、568KA失电释放。

③正常后,空气制动阀打制动位

听:91KM、92KM、556KA释放声;

看:“电制动”灯灭,“预备”灯亮。

④调速手轮回“0”位

听:线路接触器释放声;

看:“零位”灯亮。

⑤换向手柄置“前”位

听:两位置转换开关转换声。

看:“预备”灯灭。

同时,560KA、561KA 失电释放,556KA 得电吸合。

⑥换向手柄置“0”位

听:两位置转换开关转换声,电空阀失电排风声,530KT 延时释放声。如手柄回“0”过快,则听不到转换声,仅能听到 530KT 延时释放声。

看:“预备”灯亮。

⑦换向手柄置“后”位

听:两位置转换开关转换声。

看:“预备”灯灭。

同时 530KT、556KA 得电吸合。

⑧换向手柄回“0”位

听:两位置转换开关转换声、电空阀失电排风声、530KT 延时释放声。

看:“预备”灯亮。

⑨正常后将 573QS、574QS、589QS、590QS 均置正常位。

(6)牵引试验

①换向手柄置“前”位

听:两位置转换开关转换声。

看:“预备”灯灭。

②调速手轮离开“0”位,置牵引区 0～1.5 级

听:线路接触器吸合声。

看:“零位”灯灭。

③调速手轮置 1.5 级以上

听:牵引风机接触器依次吸合声;

看:主台“辅助回路”灯亮,副台“牵引风机 1”、“牵引风机 2”、“油泵”灯依次亮。

调速手轮 1.5 级以上 417 线有电,使通风机自起继电器 549KA 得电吸合并自持(通过 577 线、406SK 非按下位),578 线也有电,使通风机依次启动。

④等 25 s 后,调速手轮置 6 级以上

听:525KT 延时吸合声。

看:“预备”灯亮。

417 线给 525KT 供电,延时 25 s 后吸合,常闭联锁打开,切断预备继电器 556KA 另一供电支路,使 556KA 失电释放。

⑤磁场削弱试验

a. 换向手柄置“Ⅰ”位

听:磁场削弱接触器 17KM、27KM、37KM、47KM 吸合声。17YV、47YV 吸合。

b. 手柄离“Ⅰ”位后置“Ⅱ”位

听:先听 17YV、47YV 失电排风声,17KM、27KM、37KM、47KM 释放声,置“Ⅱ”位后,听 18KM、28KM、38KM、48KM 吸合声。18YV、48YV 吸合。

c. 手柄置“Ⅲ”位

听:17KM、27KM、37KM、47KM 吸合声,17YV、47YV 得电吸合。

d. 手柄从“Ⅲ”位依次退回“前”位

分别听 17YV、47YV 及 18YV、48YV 失电排风声及相应磁场削弱接触器释放声。

⑥调速手轮回“0”位

听：线路接触器释放声。

看：“零位”灯亮，“预备”灯、主台“辅助回路”，副台“牵引风机1”、“牵引风机2”、“油泵”灯仍亮。

549KA依靠577线、406SK非按下位仍得电自持，578线仍有电，通风机及油泵接触器仍吸合。417线通过577线及549KA常开联锁仍有电，使525KT仍吸合，其常闭联锁仍切断556KA供电电路，“预备”灯亮。

⑦闭合406SK后再断开

听：205KM、206KM、211KM、212KM、549KA、525KT失电释放声。

看：“预备”灯灭。主台“辅助回路”，副台“牵引风机1”、“牵引风机2”、“油泵”灯灭。

按下406SK后，577线通过406SK非按下位给549KA供电回路被切断，549KA失电释放，常开联锁打开，578线、417线失电，导致525KT、205KM、206KM、211KM、212KM均失电。525KT常闭联锁闭合，接通556KA供电电路，“预备”灯灭。

⑧“后”位试验

a. 换向手柄置“后”位

听：两位置转换开关转换声。

看：“预备”灯灭。

b. 调速手轮置牵引区1～1.5级

听：线路接触器吸合声。

看：“零位”灯灭。

c. 正常后，调速手轮回“0位”，换向手柄回“0位”并取出。

(7)辅台试验

①换向手柄置辅台“前”位并推向调速区(1～1.5级即可)

听：先听两位置转换开关转换声，再听线路接触器吸合声。

看：“预备”灯灭，“零位”灯灭。

②将换向手柄置辅台“后”位，并推向调速区

听：先听两位置转换开关转换声，再听线路接触器吸合声。

看：“预备”灯灭，“零位”灯灭。

③试验完毕，将换向手柄取出，注意双槽口对正。

(8)保护试验

①主接地

人为使主电路某一点接地(注意安全)。

听：主断路器断开声。

看：主台“主断”灯、“主接地”灯亮，辅台“主接地1”或“主接地2”灯亮。

②辅接地

闭合主断路器，人为使辅助回路某点接地。

听：主断路器跳闸声。

看：主台“主断”灯、“辅助回路”灯亮；辅台“辅接地”灯亮。

③牵引过载

闭合主断路器，人为闭合牵引电机过流中间继电器557KA。

听：主断路器跳闸声。

看：主台“主断”灯、“牵引电机”灯仍亮。

④原边过流（主短路）

闭合主断路器，人为闭合原边过流中间继电器 565KA。

听：主断路器跳闸声。

看：主台“原边过流”灯、“主断”灯亮。

⑤辅过流

闭合主断路器，人为闭合辅过流中间继电器 564KA。

听：主断路器跳闸声。

看：主台“辅助回路”，“主断”灯亮，副台“辅过流”灯亮。

⑥励磁过流

换向手柄“制”位，制动缸压力 100 kPa 左右，调速手轮离“0”位（劈相机、制动风机接触器需闭合），人为闭合励磁过流中间继电器 559KA。

听：91KM 释放声。

看：主台“预备”灯、“励磁过流”灯亮。

⑦辅机保护

闭合主断路器，启动劈相机及各辅机后，人为闭合辅机保护试验按钮。

先听：相应接触器跳开声。

如辅机接触器无法释放跳开，则 3 s 后。

听：主断路器跳闸声。

看：主台“主断”灯、“辅助回路”灯亮，副台“辅过流”灯亮。

⑧功补过流

人为闭合功补过流中间继电器 555KA。

听：功补接触器释放声。

看：“功补”灯亮。

⑨试验完毕，断开主断路器，236QS 恢复正常位。

六、质量评价标准

评价维度	分值	行为表现描述	实际得分
安　全	4	完全符合安全规定	
	2	未出现违规操作，但需要帮助和提醒	
	0	经提醒，仍出现违规操作	
正确使用仪表	2	不需指导，能正确使用仪表	
	1	会使用仪表，但需指导	
	0	不会使用仪表	
作业过程	4	作业过程完整，各步骤准确无误	
	2	作业过程完整，但有多次重复检查现象	
	0	作业过程混乱	

续上表

评价维度	分值	行为表现描述	实际得分
质　量	10	发现故障，并能正确处理故障	
	4	发现故障，但不会处理	
	0	未发现故障	
项目总分			

七、项目链接

1. 华平．电力机车控制[M]．北京：中国铁道出版社，2008.

2. 杨兆昆．韶山 4 改型电力机车乘务员[M]．北京：中国铁道出版社，2002.

 项目十　SS_{7E}型电力机车低压试验

一、学习目标

通过本项目的学习和SS_{7E}型电力机车低压试验技能训练，应能说出SS_{7E}型电力机车低压电器屏柜的布置、屏柜内电器的安装位置及车内电器的检查顺序；熟悉SS_{7E}型电力机车电气线路、风管路走向，各机械、电气部件的结构、作用及相互联系；熟悉机车低压试验程序，能按程序进行机车低压试验，并能判断每步试验结果的正确与错误；熟练操作各故障转换开关，熟练运用故障应急处理方法对试验中出现的常见故障安全、准确、快速地予以处理。

1. 能说出SS_{7E}型电力机车低压电器屏柜的布置，屏柜内电器的安装位置，各低压电器及其联锁接点的设置结构、具体作用和车内电器的检查顺序。

2. 能按程序进行机车低压试验，并能判断每步试验结果的正确与错误。

3. 会根据故障现象和显示信息，采取简捷的、正确的方法检查出电气线路或电器故障并进行处理。

二、项目任务

1. 任务描述

本项目的任务是按SS_{7E}型电力机车低压试验程序进行低压试验，通过做SS_{7E}型电力机车低压试验，发现机车低压电气故障，并对电气故障判断处理，训练SS_{7E}型电力机车电气故障应急处理能力。具体要求为：

(1)识读机车低压电器屏柜布置图，掌握电器屏柜及相关电器的布置位置；

(2)熟悉SS_{7E}型电力机车电气线路、低压电器及联锁接点的设置结构和具体作用；

(3)熟记SS_{7E}型电力机车车内电器的检查顺序；

(4)熟记SS_{7E}型电力机车低压试验程序，并能按低压试验程序进行低压试验；

(5)试验过程中，能根据故障现象和显示信息分析、判断和处理SS_{7E}型电力机车常见故障。

2. 任务流程

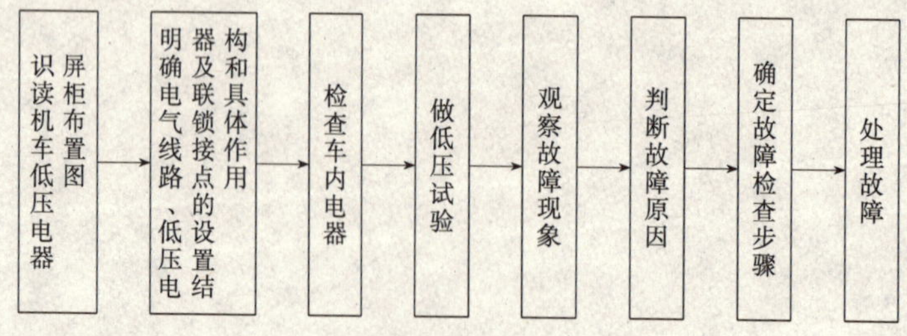

三、环境设备

设备、工具：十字头、一字头螺丝刀、手电筒、万用表、500 V兆欧表、短接线、绝缘胶布、绝缘垫片、尖嘴钳、卡丝钳、机车驾驶操纵台或模拟仿真操纵装置、高、低压电器柜。

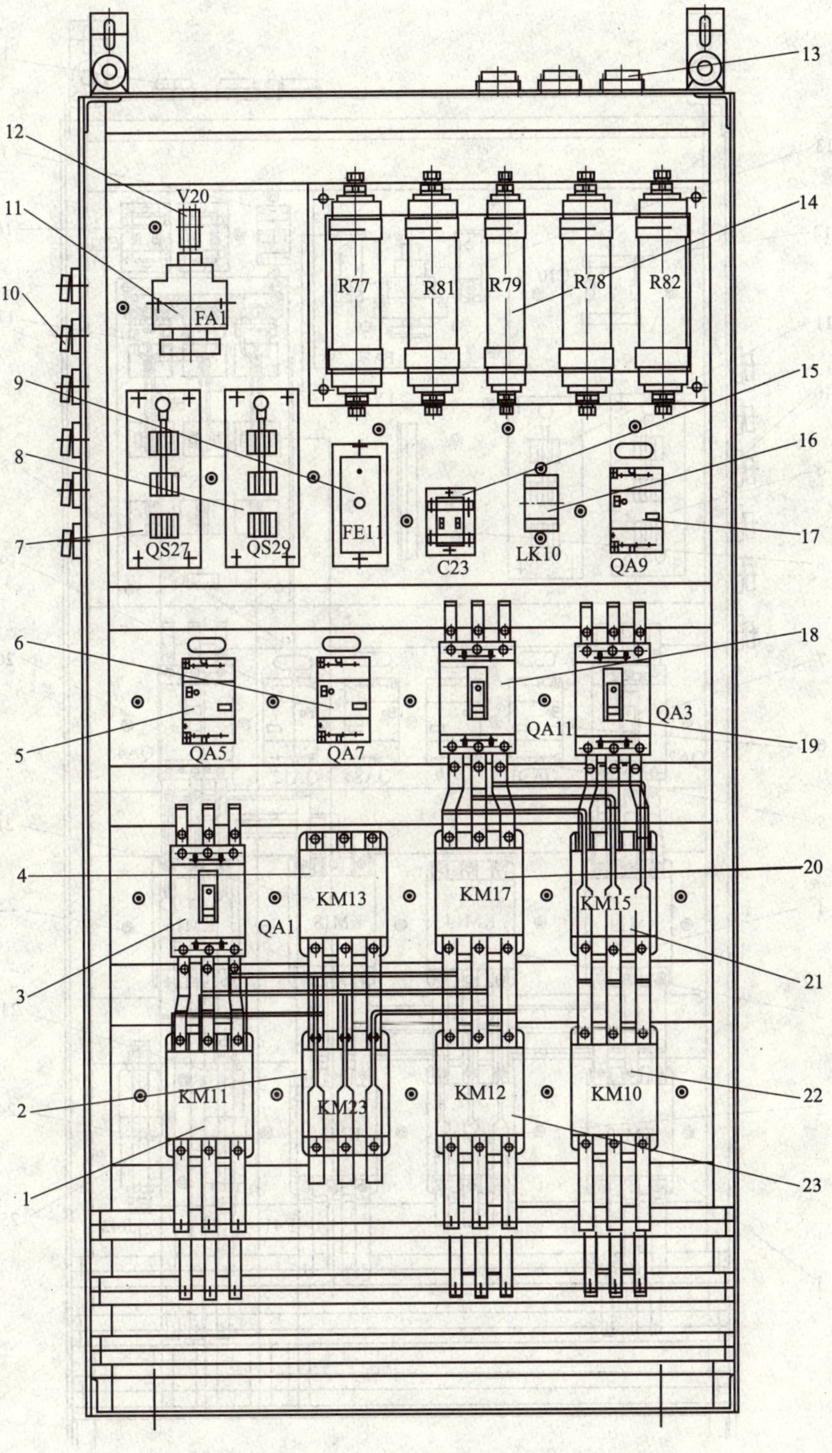

图 1-9 SS_{7E}型电力机车Ⅰ端低压电器柜布置图

1、2、3—辅助变流器输出接触器；2—变流器风机电机接触器；3—牵引风机电机断路器；4—制动风机接触器；5、6—制动风机断路器；7、8—接地故障开关；9—辅助变流器接地装置；10—转换开关；11—网侧过流继电器；12—二极管组装；13—20 芯插座；14—电阻；15—移相电容；16—中间继电器；17—变流器风机电机断路器；18—变压器风机电机断路器；19—备用压缩机电机断路器；20—辅助变流器隔离接触器；21—空气压缩机电机接触器；22、23—辅助变流器转换接触器

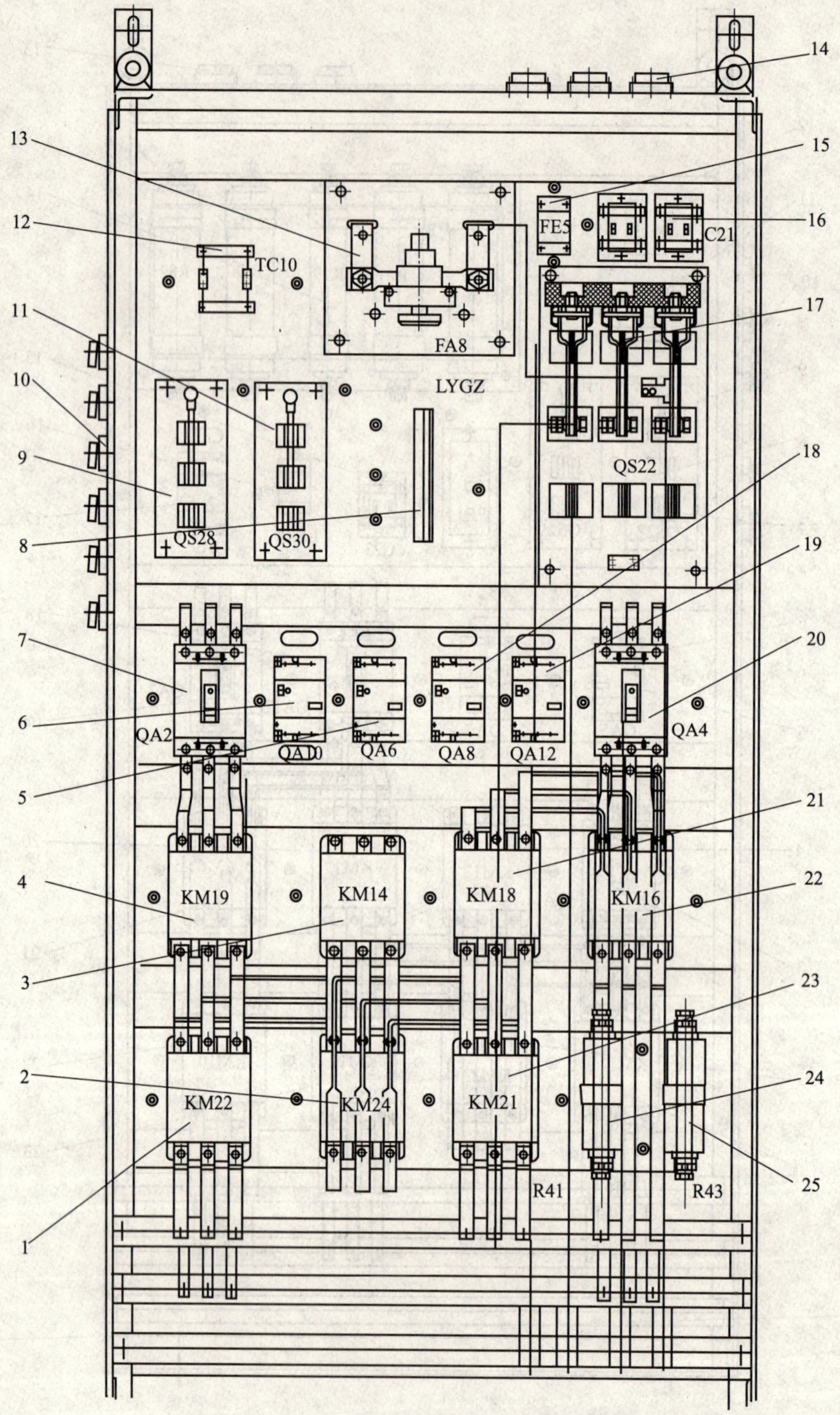

图 1-10　SS_{7E}型电力机车Ⅱ端低压电器柜布置图

1、2、3—辅助变流器输出接触器；2—辅助变流器转换接触器；3—制动风机接触器；4—牵引风机电机接触器；5—制动风机断路器；6—变流器风机电机断路；7—牵引风机电机断路器；8—全波整流板；9—接地故障开关；10—转换开关；11—接地故障开关；12—控制变压器；13—辅助过流继电器；14—20 芯插座；15—辅助接地继电器；16—过压吸收电容；17—辅助库用刀开关；18—制动风机断路器；19—油泵电机断路器；20—空气压缩机电机断路器；21、23—辅助变流器隔离接触器；22—空气压缩机电机接触器；24—过压保护电阻；25—高压阀保护电阻

资料：SS$_{7E}$型电力机车高、低压电器柜布置图、司机操纵台布置图及显示屏信息内容、SS$_{7E}$型电力机车电路图。

四、背景知识

1. SS$_{7E}$型电力机车Ⅰ端低压电器柜布置图，如图 1-9 所示。

2. SS$_{7E}$型电力机车Ⅱ端低压电器柜布置图，如图 1-10 所示。

五、操作指导

1. SS$_{7E}$型电力机车低压试验前的准备工作

(1)空气管路各塞门置“运行”位，总风缸压力不低于 700 kPa。

(2)关好车顶门、各室门、锁闭门联锁。

(3)各隔离开关置“运行”位，电源柜自动开关均置“闭合”位。

(4)依次闭合电源柜内刀开关 QS34(接地刀开关)、QS33(蓄电池开关)和 QS35(主整流器刀开关)注意拉闸时顺序相反。听辅变流隔离接触器 KM17、KM18、牵引风机隔离接触器 KM19 得电吸合声，确认电源柜上双向电流表显示不大于 10 A、电压表显示应不低于 90 V。司机台监控装置显示屏自检，自检结束后显示相关信息。

(5)将电源柜内“电源模块控制电源”、“辅助电源工作”开关置“通”位，“电源模块工作转换”开关置“模块 1”或“模块 2”位，“辅助电源工作转换”开关置“辅电 1”或“辅电 2”位，工作状态 48 V、24 V、15 V 绿灯均亮。

(6)微机控制柜转换开关置“正常”位(中间位)，防空转钮子开关置“投入”位。

(7)将 LCU 柜转换开关置“Ⅰ”位。

(8)司机台微机显示屏切换开关置“0”位。

(9)将欠压隔离开关 SA3 置“2”位。

2. SS$_{7E}$型电力机车低压试验程序及要求

(1)SA21(SA22)电钥匙及微机显示屏试验

①闭合电钥匙 SA21 或 SA22，门联锁保护阀 YV1、“0”位中间继电器 KL10 得电吸合。听门联锁动作声，看司机台故障显示屏灯显示全部闪亮，闪亮结束后，“主断分”、“运行准备”、“手柄零位”、“通风机 1”、通风机 2”、“油流”灯亮。微机显示屏自检结束后，显示相应信息。根据显示屏下方的操作按键和检查命令，检查初始参数设置、运行参数，诊断结果和提示信息显示正常。

将司机台微机显示屏切换开关由“0”位转置“右屏”则监控装置显示屏(左屏)无显示，微机控制显示屏则显示监控装置的有关信息。再将切换开关由“右屏”转置“左屏”后，回“0”位两显示屏显示相应信息。

②断开 SA21 或 SA22，听 YV1 保护阀失电排风声，“0”位中间继电器 KL10 失电释放，看司机台故障显示屏“主断分”、“运行准备”、“手柄零位”、“通风机 1”、“通风机 2”、“油流”灯灭。微机控制显示屏失电。

③重新闭合电钥匙 SA21 或 SA22，同第(1)项。

(2)主断路器试验

①闭合“主断合”扳键开关 SB103 或 SB203(自复良好)，听主断路器 QF1 闭合声，看司机台故障显示屏中“主断分”灯灭。网压表 4 kV 感应电压消失。

②闭合“主断分”扳键开关 SB104 或 SB204(自复良好),听主断路器断开声,看“主断分”灯亮。网压表应有 4 kV 感应电压显示。

③断、合主断路器 2～3 次后再闭合,检查主断路器储风缸 148 供风塞门是否关闭。

(3)辅助变流器及辅机试验

①闭合“辅变流 1”扳键开关,低压柜内逆变器输出接触器 KM11、KM21 得电,听接触器吸合声。

②断开“辅变流 1”扳键开关,接触器 KM11、KM21 延时 1 s 断开。

③闭合“辅变流 2”扳键开关,低压柜内逆变器输出接触器 KM12、KM22 得电,听接触器吸合声。

④断开“辅变流 2”扳键开关,接触器 KM12、KM22 延时 1 s 断开。

⑤闭合“辅变流 1”扳键开关和“压缩机”扳键开关(风压高于 700 kPa 时,闭合强泵扳键),KM11、KM21 得电吸合,Ⅱ端螺杆压缩机接触器 KM16 延时 2 s 后得电吸合。

⑥闭合“备用压缩机”扳键开关,Ⅰ端备用压缩机 KM15 得电吸合,YV13 延时 3 s 释放。

⑦断开“辅变流 1”、“压缩机”和“备用压缩机”扳键开关,听 KM11、KM21、KM15、KM16 失电释放声。

⑧闭合“辅变流 2”扳键开关和“压缩机”扳键开关(风压高 700 kPa 时,闭合强泵扳键),KM12、KM22 得电吸合,Ⅱ端螺杆压缩机接触器 KM16 延时 2 s 后得电吸合。

⑨闭合“备用压缩机”扳键开关,Ⅰ端备用压缩机 KM15 得电吸合,YV13 延时 3 s 释放。

⑩断开“辅变流 2”、“压缩机”和“备用压缩机”扳键开关,听 KM12、KM22、KM15、KM16 失电释放声。

⑪同时闭合“辅变流 1”、“辅变流 2”、“压缩机”和“备用压缩机”扳键开关,听 KM11、KM21、KM12、KM22、KM15、KM16 得电吸合声。

⑫将换向手柄打至“制动”位,听两位置转换开关转换声,Ⅰ端制动风机接触器 KM13、Ⅱ端制动风机接触器 KM14 得电吸合,看司机台故障显示屏“制动风机”灯亮。

⑬将换向手柄回“0”位,延时 100 s,KM13、KM14 断开,司机台故障显示屏“制动风机”灯灭。

⑭辅机故障试验:依次操作压缩机、制动风机各故障隔离开关 SA35、SA36、SA37、SA38 置“2”位,各相应接触器 KM13、KM14、KM15、KM16 均应释放。司机台故障显示屏“压缩机”灯亮。

(4)辅助变流器故障切换试验

断开各辅机扳键开关和“辅变流 1”、“辅变流 2”扳键开关,断开主断路器,分别将 SA31、SA32、SA33、SA34 按下列组合方式置“2”位,检查各接触器的闭合情况符合表 1-1。

表 1-1 辅助变流器隔离开关隔离试验

故障工况	KM11	KM12	KM23	KM17	KM10	KM24	KM18	KM19	KM21	KM22	KM15	KM14	KM13	KM16
SA31	0	1	1	0	1	0	1	1	1	1	0	1	1	1
SA33	1	0	1	0	1	0	1	1	1	1	0	1	1	1
SA34	1	1	0	1	1	1	0	1	1	0	0	1	1	1
SA32	1	1	0	1	1	1	0	1	0	1	0	1	1	1
SA31、SA33	0	0	1	0	1	0	1	1	1	1	0	1	×	1

续上表

故障工况	KM11	KM12	KM23	KM17	KM10	KM24	KM18	KM19	KM21	KM22	KM15	KM14	KM13	KM16
SA32、SA34	1	1	0	1	1	1	0	0	0	0	0	0	1	1
SA31、SA34	0	1	1	0	1	1	1	0	1	0	0	0	1	1
SA31、SA32	0	1	1	0	1	0	1	×	1	0	0	×	1	1
SA33、SA34	1	0	1	0	1	1	1	0	0	1	0	0	1	1
SA33、SA32	1	0	1	0	1	0	1	×	0	1	0	×	1	1
正常工况	1	1	0	1	0	0	1	1	1	1	1	1	1	1

注：1. 执行器件状态中“1”表示相应接触器处于得电闭合状态，“0”表示相应接触器处于失电断开状态。

2. 表中最后一行表示4个隔离开关全部在运行位时接触器的状态。

3. 表中执行器件状态打“×”的项目表示此种情况下不需考虑相应接触器所在的状态。

4. 相应隔离开关隔离时，4个隔离开关中其余隔离开关应处于正常位。

以第一行为例：将SA31置“故障”位，将SA32、SA33、SA34置“运行”位，Ⅰ端低压柜内接触器KM12、KM23、KM10及Ⅱ端低压柜内接触器KM21、KM22、KM18、KM19、KM14得电吸合。

(5)换向手柄试验

①换向手柄由“0”置“后”位，Ⅰ、Ⅱ端换向开关电空阀YV7、YV8得电，听换向开关转换声，Ⅰ、Ⅱ端换向开关均转向“后”位；牵制开关电空阀YV9、YV10得电，听牵制开关转换声，Ⅰ、Ⅱ端牵制开关均转向“牵引”位。

②换向手柄由“后”置“0”位，听两位置转换开关电空阀YV7、YV8、YV9、YV10失电排风声。

③换向手柄由“0”置“前”位，Ⅰ、Ⅱ端换向开关电空阀YV5、YV6得电，听换向开关转换声，Ⅰ、Ⅱ端换向开关均转向“前"位，牵制开关电空阀YV9、YV10得电吸合。

④换向手柄由“前”置“0”位，听转换开关电空阀YV7、YV8、YV9、YV10失电排风声。

⑤换向手柄由“0”置“制”位，听Ⅰ、Ⅱ端换向开关电空阀YV7、YV8，牵制开关YV11、YV12得电转换声，Ⅰ、Ⅱ端换向开关均转向“后”位，牵制开关转向“制动”位，制动风机接触器KM13、KM14得电吸合。看司机台故障显示屏“制动风机”灯亮。

⑥换向手柄由“制”置“0”位，听转换开关电空阀YV7、YV8、YV11、YV12失电排风声，制动风机接触器KM13、KM14延时100 s失电释放。司机台故障显示屏“制动风机”灯灭。

⑦换向手柄有“0”置“前”位，Ⅰ、Ⅱ端换向开关电空阀YV5、YV6，牵制开关电空阀YV9、YV10得电，听两位置转换开关转换声，Ⅰ、Ⅱ端转换开关均转向“前”、“牵引”位。

(6)调速手柄牵引试验

①调速手柄由“0”置“＊”位。零位中间继电器KL10失电释放，司机台故障显示屏“手柄零位”灯灭。听励磁接触器KM7、KM8得电吸合声、故障显示屏“运行准备”灯不灭。

②调速手柄由“＊”位置“0”位，听励磁接触器KM7、KM8失电释放声，零位中间继电器KL10得电吸合，司机台故障显示屏“手柄零位”灯亮。

③调速手柄由“0”置“＊”位，再置“1～17”位，无电器的动作声。微机显示屏显示“一、二架牵引回路未构成”。

④调速手柄回“0”位，听励磁接触器KM7、KM8失电释放声，零位中间继电器KL10得电吸合，故障显示屏“手柄零位”灯亮。

(7)牵引风速继电器隔离试验

①将Ⅰ端低压柜内牵引风压继电器隔离开关 SA25,Ⅱ端低压柜内Ⅱ硅风压继电器隔离开关 SA28、Ⅰ端低压柜内Ⅰ硅风压继电器隔离开关 SA29,变压器风压继电器隔离开关 SA30 打至"2"位(故障位)。

②调速手柄由"0"置"1～17"位,零位中间继电器 KL10 失电释放,励磁接触器 KM7、KM8 得电吸合,故障显示屏"手柄零位"、"运行准备"灯灭。

③将 SA25 打至"1"位(运行位)、故障显示屏中"运行准备"灯亮,再将 SA25 打至"2"位(故障位),故障显示屏中"运行准备"灯仍亮。

④将调速手柄退至"0"位,然后打至"1～17"位,待故障显示屏中"运行准备"灯灭后,将 SA28 置"1"位,故障显示屏中"运行⑪准备"灯亮,再将 SA28 置"2"位,故障显示屏中"运行准备"灯仍亮。

⑤按以上方法依次试验 SA29、SA30 的控制功能。

⑥换向手柄"后"位牵引试验与"前"位相同。

(8)加馈电阻制动试验

①机车制动缸压力低于 150 kPa,换向手柄置"制动"位,听Ⅰ、Ⅱ端制动风机接触器 KM13、KM14 得电吸合声,Ⅰ、Ⅱ端换向开关电空阀 YV7、YV8,牵制开关电空阀 YV11、YV12 得电,Ⅰ、Ⅱ端换向开关均转向"后"位,牵制开关转向"制动"位。司机台故障显示屏"制动风机"灯亮。

②将牵引风压继电器隔离开关 SA25,制动风压继电器隔离开关 SA26、SA27,Ⅰ、Ⅱ端硅风压继电器开关 SA28、SA29,变压器风压继电器隔离开关 SA30 置"2"位,调速手柄由"0"置"17"位,听线路接触器 KM1～KM6、励磁接触器 KM7、KM8 得电吸合声,零位中间继电器 KL10 失电释放,看故障显示屏"手柄零位"、"运行准备"灯灭。

③调速手柄"17～1"位移动,无电器释放声。

④调速手柄由"17～1"置"0"位,听线路接触器 KM1～KM6,励磁接触器 KM7、KM8 失电释放声,零位中间继电器 KL10 得电吸合,看故障显示屏"手柄零位","运行准备"灯亮。

⑤将制动风压隔离开关 SA26 置"1"位,调速手柄由"0"置"17～1"位,励磁接触器 KM7、KM8,线路接触器 KM1～KM6 得电吸合,零位中间继电器 KL10 失电,故障显示屏"手柄零位"灯灭,但"运行准备"灯不灭。微机显示屏显示"一、二架制动回路未构成"。

⑥调速手柄回"0"位,恢复各隔离开关,换向手柄由"制"转"0"位,延时 100 s,制动风机接触器 KM13、KM14 失电释放,司机台故障显示屏"制动风机"灯灭。

(9)"前"、"后"位牵引试验

辅助司机控制器的"前"、"后"位牵引试验参照主台进行。

(10)机车向列车供电回路试验

闭合集控器开关 AC7,旋动供电控制开关 SA53(SA54),听供电接触器 KM25(KM26)得电吸合声。故障显示屏灯灭。

(11)保护和信号电路试验

①闭合主断路器,人为使原边过流继电器 FA1 动作,主断路器跳闸,故障显示屏及微机显示屏中"主断分"、"原边过流"灯亮。闭合主断路器"主断分"、"原边过流"灯灭。

②人为使辅过流继电器 FA8 动作,主断路器跳闸,"主断分""辅助过流"灯亮。闭合主断路器"主断分""辅助过流"灯灭。

③人为使供电过流继电器 FA9、FA10 动作，其接触器 KM25、KM26 断开，“供电过流”灯亮。

④人为使主接地继电器 FE1 动作，主断路器跳闸，“主断分”“主接地”和“1 主接地”显示。合主断路器，“主断分”“主接地”和“1 主接地”显示消失。

同以上方法依次试验 FE2～FE4 的保护控制。

⑤人为使供电接地继电器 FE7～FE8 动作，供电接触器 KM25、KM26 动作断开，同时“供电接地”灯亮。断开钥匙开关，再重新闭合，以上故障显示屏灯灭。

⑥人为使辅助电路接地继电器 FE5 动作，主断路器跳闸，“主断分”、“辅接地”灯亮。闭合主断路器，“主断分”、“辅接地”灯灭。

⑦人为使辅变流机组接地继电器 FE11 动作，主断路器跳闸，“主断分”、“Ⅰ、Ⅱ辅变流”灯显示。闭合主断路器，“主断分”、“Ⅰ、Ⅱ辅变流”显示消失。

⑧调速手柄离开“0”位，按下“紧急制动”按钮，制动管压力紧急减压到 0，主断路器跳闸。

⑨依次闭合各辅机断路器 QA1～QA12 试验按钮，断路器 QA1～QA12 跳断，相应的信号灯显示。

(12)将 LCU 转换开关置“Ⅱ”位，微机控制柜转换开关分别置“Ⅰ”位、“Ⅱ”位，按上述方法进行试验。注意：

①转换 LCU 故障转换开关时，应确定调速手柄在“0”位，换向手柄在“0”位，所有辅机及辅变流装置开关在关位；分断电源屏中的 LCU 电源自动开关 FA23，再将故障转换开关转换到另一组，然后恢复自动开关。

②转换微机柜故障转换开关时，应确定调速手柄在“0”位，换向手柄在“0”位，分断电源屏中的微机控制电源自动开关 FA35，再将故障转换开关转换到相应的位置，然后恢复自动开关。

六、质量评价标准

评价维度	分值	行为表现描述	实际得分
安　全	4	完全符合安全规定	
	2	未出现违规操作，但需要帮助和提醒	
	0	经提醒，仍出现违规操作	
正确使用仪表	2	不需指导，能正确使用仪表	
	1	会使用仪表，但需指导	
	0	不会使用仪表	
作业过程	4	作业过程完整，各步骤准确无误	
	2	作业过程完整，但有多次重复检查现象	
	0	作业过程混乱	
质　量	10	发现故障，并能正确处理故障	
	4	发现故障，但不会处理	
	0	未发现故障	
项目总分			

七、项目链接

1. 杨永林．韶山 7E 型电力机车[M]．北京：中国铁道出版社出版，2004.

2. 兰州铁路局．SS_{7E}型电力机车司机岗位安全培训教程[M]．北京：中国铁道出版社，2006.

3. 华 平．电力机车控制[M]．北京：中国铁道出版社，2008.

项目十一 判断处理机车微机控制系统故障

一、学习目标

通过本项目学习，能说出机车微机控制系统基本原理与结构，微机控制系统主要作用与功能，机车微机控制系统故障判断原则与方法，能正确快速检查和维护机车微机柜，会根据故障判断原则与方法处理机车运行中微机系统常见故障，确保列车正常运行。

1. 能说出电力机车微机控制系统的基本构成和功能

2. 能说出机车微机控制系统故障判断原则与方法，会判断处理机车微机控制系统常见故障。

3. 会观察司机操纵台故障显示屏和微机显示屏的显示信息，能根据显示信息对微机柜进行日常检查和维护，使微机控制系统正常运行。

二、项目任务

1. 项目任务

本项目的任务是判断处理机车运行中微机控制系统的常见故障，训练微机系统故障应急处理能力。具体要求为：

(1)学习微机控制系统的构成及微机柜的插件分布，掌握机车微机控制完成的任务与功能。

(2)学会机车微机控制系统的日常使用与维护范围、方法。

(3)学会微机控制系统常见故障判断与处理方法，能够运用这些方法判断处理微机控制系统常见故障。

任务 1　微机柜的使用与维护。

任务 2　判断处理微机控制系统死机故障。

任务 3　判断处理空转/滑行保护故障。

任务 4　微机控制系统常见故障现象及处理。

三、环境设备

机车微机控制柜、司机操纵台或微机柜结构图、微机控制系统插件箱布置图、微机控制系统控制关系框图、司机操纵台布置图及微机显示屏信息内容。

四、背景知识

1. 电力机车微机控制的特点

(1)通用性强。硬件基本通用，依靠软件的灵活性来满足不同车型不同的控制要求。

(2)可靠性高。数字控制，使用冗余设计技术。

(3)自动化程度高。充分利用计算机的逻辑判断功能，部分代替司机的工作。

(4)容易实现重联控制。利用网络通信技术,满足机车不同编组方式控制要求。

(5)功能强。除牵引、制动控制功能外,容易实现自动过分相、保护和空电联合制动等功能。

(6)故障诊断和记录。出库前的检查诊断,运行中随机诊断并记录各种传感器信号,故障发生时能保存故障发生前后所有模拟量和数字量的数据;回库后可进行故障原因分析,记录数据中也包括当时的运行速度和司机手柄级位,对判断是否误操作提供了确凿的依据。

(7)便于移植和推广。采用 FUPLA 功能块语言编程,便于修改和调节。

2. 微机控制的基本概念

控制系统一般都具有 3 个要素,即控制对象、信息处理机构、执行机构。控制对象给出控制目标;信息处理机构将目标值和实际情况进行比较、运算,给执行机构发出动作指令;执行机构根据接收到的动作指令进行调节,以求达到或尽量接近控制目标。图 1-11 是控制系统示意图。

控制系统有开环控制和闭环控制之分。在开环控制中,输出信号不反馈到信息处理机构;在闭环控制中,信息处理机构是根据给定目标与输出反馈信号的差值来进行控制。毫无疑问,闭环控制比开环控制易于稳定并具有较高的精度。

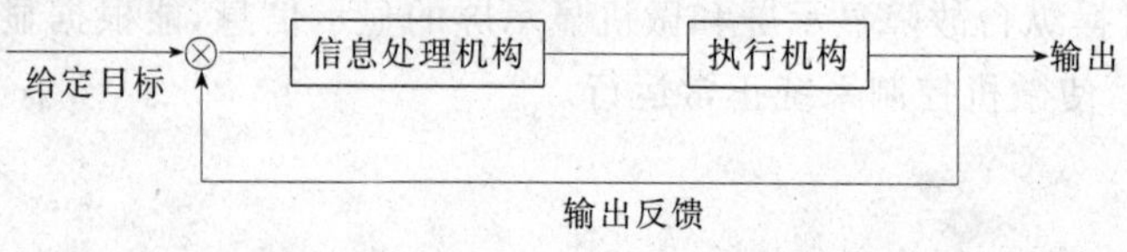

图 1-11　控制系统示意图

一个复杂的控制系统可以由多个闭环系统组合而成,如速度环、电流环、电压环等等。SS 型电力机车微机控制系统,不论在正常工况还是在故障工况下都采用闭环控制,由系统自动调节,从而减轻司机的劳动强度,简化司机的操纵程序。

在电力机车上,微机的控制目标主要是电机电枢电流和机车速度,信息处理机构是微型计算机,执行机构是晶闸管变流装置。即微机根据司机给定的手柄级位以及实际机车速度来调节晶闸管的触发角,从而使机车稳定运行在司机希望的工况。

SS_8 型电力机车是国产电力机车中首次采用微机控制度车型。以往的机车都采用模拟控制,如 SS_3、SS_4 改和 SS_7 型机车等,它们都是采用以运算放大器为基础的模拟控制方式。随着电力电子技术、半导体集成技术的发展和控制要求的提高,用微机控制来取代模拟控制是牵引动力技术发展的必由之路,它标志着机车控制技术水平已上升到新阶段。

3. 机车微机系统基本控制方法

电力机车控制系统的根本任务就是控制列车运行速度;列车速度由列车加速度调节;加速度可由牵引电动机转矩与车轮轮周空气制动力矩控制。

由以上三点可知,机车控制系统基本任务就是控制电机与空气制动系统。

(1)牵引/制动控制

牵引工况下,电机作为电动机运行,系统的主要特性为:

$$\begin{cases} I_d=(U_d-E)/\sum R \\ E=C_e\cdot\Phi\cdot n \\ M=C_M\cdot\Phi\cdot I_d \end{cases}$$

式中　I_d、U_d、E——分别为牵引电机电流、端电压和反电势；

M——电机输出转矩；

C_e、C_M——电机常数；

$\sum R$——主回路电阻总和，其值一般在 0.01～0.1 Ω 之间；

n——电机转速。

由上述特性公式可知，硅机组整流出来的端电压 U_d 主要用来克服电机的反电势 E，随着机车运行速度加大，反电势也加大，控制系统的作用就是不断的自动调整硅机组的输出 U_d，使机车在牵引阶段加速到手柄给定速度。

制动工况下，牵引电动机作他励发电机运行，制动力的调节方法可由下面公式看出：

$$\left.\begin{aligned} M&=C_M\cdot\Phi\cdot I_Z \\ I_Z&=(E+U_d)/R_i \\ E&=C_e\cdot\Phi\cdot n \end{aligned}\right\}\Rightarrow I_Z=(C_e\cdot\Phi\cdot n+U_d)/R_i$$

式中　I_Z——制动电流；

E——电机发电电势；

R_i——制动电阻。

由上公式可见，当 U_d 为 0 时(此时未进入最大励磁限制)，制动力矩会随机车速度下降而减少，为了使机车低速时也能产生足够制动力，可开通硅机组增加 U_d，以维持 I_Z，即所谓的加馈制动。

(2)控制方法

如图 1-12 所示，机车微机控制系统采用了闭环控制方式，即速度与电流双闭环，电压限制作为辅助手段，其中微机控制系统的作用是进行比较计算、数值变换——由差值到整流晶闸管的导通角，以达到恒电流启动、准恒速运行、电机限压等的控制目的。

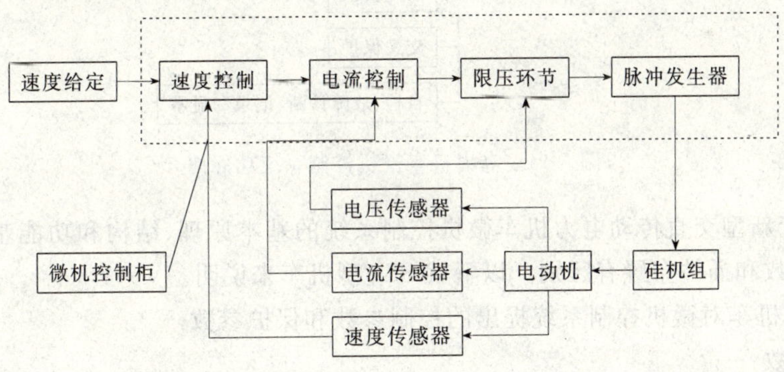

图 1-12　机车微机控制系统原理图

(3)微机控制系统的构成

如图 1-13 所示为机车微机控制系统的控制框图。

由传感器取得各种模拟信号，经信号调整使其量值适合于模/数转换和范围，再供 CPU 采样；数字信号经光电隔离后送 CPU；计算机根据预定的程序对这些模拟量和数字量进行处理和监测，再经数/模转换输出模拟控制信号；经脉冲控制器、信号调整和功率放大，输出晶闸管触发所需的脉冲；通过键盘和显示器进行人机对话，司机可从显示屏获得机车的各种信息。

4. 电力机车微机控制系统功能

电力机车微机控制系统功能如图 1-14 所示。

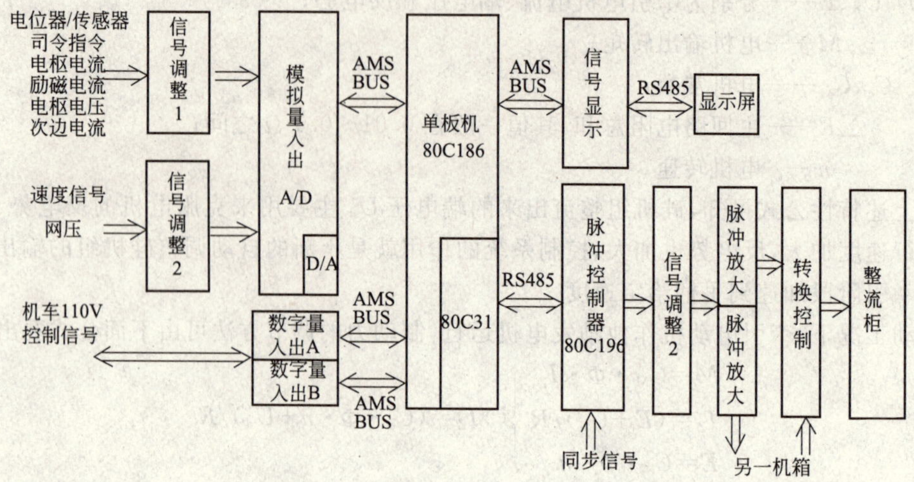

图 1-13 微机控制系统的控制框图

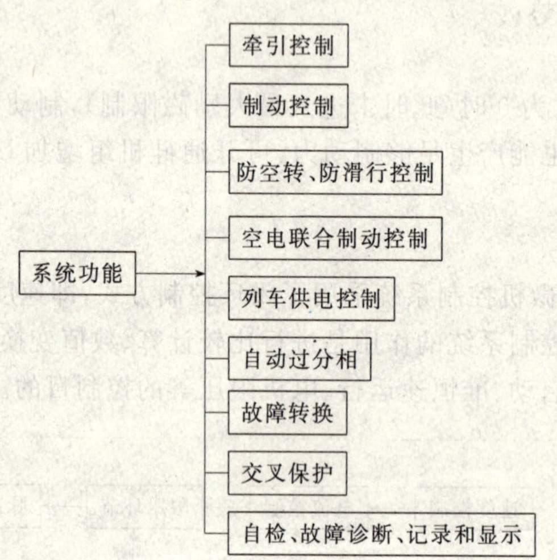

图 1-14 电力机车微机控制系统功能图

目前，国产新型交直传动电力机车微机控制系统的基本原理、结构和功能基本相同，只是具体的控制参数和插件布置有区别。以下就 SS_{7E} 型机车来说明。

(1) SS_9 型机车对微机控制系统提出的控制参数和保护参数

①控制参数

最大电机电压	910 V(v≤96 km/h)
	1 030 V (v≥112 km/h)
牵引最大电机电流	1 320 A
制动最大电机电流	760 A
制动最大电机励磁电流	250 A
最深削磁系数	0.42

②保护参数

电枢电流过载	牵引：1 600 A
	制动：1 200 A

励磁电流过载	制动:360 A
电枢电压过压	1 150 V
机车轮轴超速	180 km/h
网压欠压	AC 17.5 kV
主变压器牵引绕组短路保护	AC 4 500 A
小齿轮弛缓保护	同架电流相差 30%,持续 5 s 以上

(2)牵引控制

①采用特性控制,即低速时的恒流控制和设定速度点的准恒速控制。电机电流按下式控制:

$$I_m=\begin{bmatrix}100N\\900N-90v\\1\,320\end{bmatrix}_{min}\quad(A)$$

式中　N——牵引级位,0～18 级连续可调;

v——机车速度,km/h。

在黏着限制的范围内,机车先按特性的平直段恒流启动($100N$),待机车速度升高进入特性的斜线段即准恒速控制区($900N-90v$)后,机车按准恒速运行,同一级位速度变化范围约10 km/h,1 320 A 为电机限制电流,最后输出电流取三者中的最小值。

②采用顺控方式。先开放大桥,再依次开放两段小桥。当机车速度小于 96 km/h 时,电机电压限制值为 910 V,速度达到 112 km/h 时,电机电压限制值为 1 030 V,即自动超压保护,中间范围线性调整,超压后可自动进行无级磁场削弱,磁削时电机电压维持 1 030 V。

③对轴重转移进行电气补偿。2 个转向架分别补偿,前架减载 2.5%,后架增载 2.5%,额定电流以下不补偿。

④有速度监控装置常用制动外封锁接口。微机控制装置接收到列车运行监控记录装置的常用制动命令时(减速命令),封锁触发脉冲,取消牵引动力。

(3)制动控制

①采用特性控制。制动电流按下式控制:

$$I_m=\begin{pmatrix}76v+760-760N\\760\end{pmatrix}_{min}\quad(A)$$

式中　N——制动级位,18～0 级连续可调;

v——机车速度,km/h。

②采用加馈电阻制动

采用最大制动电流限制和准恒速无级调速特性控制方式,司机控制器上分为 18 级,几位由大到小 18～1 级,每一级位对应机车一定制动速度。

(4)防空转、防滑行控制

防空转、防滑行控制可以保证机车在任何轨面条件下启动、加速、制动不擦伤轮轨,不发生牵引电机超速。防空转、防滑行控制完全由软件实现,控制特性一致性好,控制参数的调整和控制方式的修改较方便。

(5)空电联合制动控制

空电联合制动的功能由主 CPU 板(SBC)及外围数字 I/O 板来实现。

空电联合制动控制是以机车准恒速加馈电阻制动和 DK-1 型机车电空制动机为基础,以主手柄级位作为给定速度，根据机车速度(反馈速度)及其他信号的相关状态，控制列车制动机和机车制动机的减压制动和充风缓解，同时对电制动进行干预，在充分利用电制动的前提下，使空气制动和电制动有机结合起来。

(6)列车供电控制

列车供电控制部分与列车供电整流柜配套使用，用于由机车向客车提供直流电源，将额定交流电压 870 V 变换为额定直流电压 600 V，额定直流电流 2×670 A，整流桥采用两组相同的单相半控桥。

过压保护动作值：660(1±5%) V，脉冲被封锁。

过流保护动作值：800(1±5%) A，脉冲被封锁。

有关列车供电控制部分全部通过微机柜上的 N108 插座与外部连接。

(7)自动过分相控制

微机控制装置在收到来车感应器感应的过分相信号(预告或强迫断信号)，并确认后，先封锁触发脉冲，延时 200 ms 后发主断分信号。在通过分相区后，机车微机控制装置检测并确认网压已恢复正常后，再发主断合信号。微机控制装置在过分相区、主断合后，在主手柄没有退回的情况下，控制电流上升速率，以防止由于给定值较大引起的电流冲击。

(8)故障转换

与传统的模拟控制车不同，机车微机控制装置不设 A、B 组，采用转向架独立控制，即每个插件箱控制 1 个转向架。故障转换开关的 3 个位的含义(Ⅰ位、正常位、Ⅱ位)也与模拟控制车不同，Ⅰ位、Ⅱ位作故障位，平时应放在正常位。当一个插件箱故障时，为了不损失牵引力或制动力，改为由另一个插件箱集中控制。

故障转换具体操作：

(1)转换开关的中间位为正常位：表示此时两个转向架分别由两个插件箱独立进行控制，同一转向架的 3 台电机并联控制。此时具有全部的控制、诊断和保护功能。

(2)转换开关为故障位(Ⅰ位、Ⅱ位)：Ⅰ位表示改由一层插件箱(RACK1)集中控制，此时切除了二层插件箱的开关电源，Ⅱ位表示改由二层插件箱(RACK2)集中控制，此时切除了一层插件箱的开关电源。集中控制时，具有正常位时的全部功能，仪表仍能保持独立显示。

(3)若要切除整个微机控制柜的电源，应分断电源柜中的“电子控制”自动开关。

(9)交叉保护

当一个插件箱故障时，微机柜的转换开关要打在故障位。此时正常插件箱仍然对所控制的转向架进行闭环控制。而故障插件箱的开关电源不工作，故障插件箱所控制的对应转向架则进行跟随控制。为了使跟随控制的转向架不会发生严重故障，特设交叉保护功能：即将原故障插件箱中控制的电机电枢电流、电机电枢电压的反馈信号分别取出最大值，送到正常插件箱的 A/D 采样通道，实现故障位时的电机电枢过流、电机电压过压的交叉保护，同时将原故障插件箱中控制的桥过流(主变压器二次侧过流)数字信号也送到正常插件箱的内部数字输入通道，实现故障位时的桥过流的交叉保护。

(10)自检、故障诊断、记录和显示

①静止时低压和高压自检

a. 微机控制装置自检；

b. 牵引、制动命令及主电路的构成检查；

c. 给定值及特性计算检查；

d. 传感器静差检查，包括速度传感器，电流、电压传感器；

e. 牵引高压晶闸管触发检查，分别给三段桥发触发脉冲，检测电机电流和电压值；

f. 加馈制动静止高压试验，司机控制器主手柄离开"0"位，励磁电流上升到最大限制值后，产生 70 A 加馈电枢电流。

②实时故障检测

a. 速度传感器故障检测；

b. 电流、电压传感器故障检测；

c. 小齿轮弛缓检测；

d. 控制装置内部脉冲控制器和单板机之间通信故障检测。

③诊断结果评判

机车彩色液晶显示系统的故障编码已达 80 多个。诊断系统将机车保护和部件诊断内容归结为若干种类型，每一种类型给出相应的处理办法。

④显示、操作

微机控制机车的两端司机室都装有彩色液晶显示屏，显示屏下方有操作按键，自检命令和初始参数设置以及监控信号的选取等，通过键盘操作来实现。运行参数、诊断结果和提示信息通过显示屏显示。

5. 判断处理机车微机系统常见故障基本方法

(1)机车微机控制柜结构认识

机车微机柜结构图、机车微机柜插件布置图和机车微机显示屏信息样图，如图 1-15、图

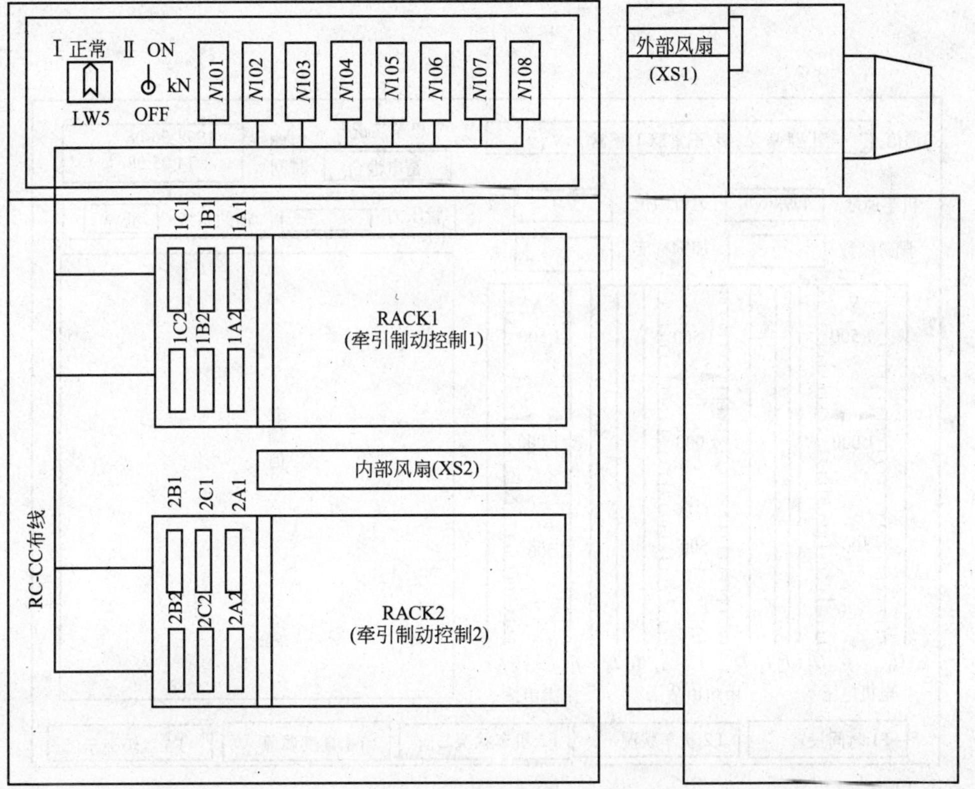

图 1-15　机车微机柜结构图

1-16和图 1-17 所示。

Multibus-96母板印制线连接

01 05 09 13 17 21 25 29 33 37 41 45 49 53 57 61 65 69 73 77 81

C1	B1	A1
信号调整1	信号调整2及列车供电	两架信号交换
C2	**B2**	**A2**
触发脉冲输出	110V电源及数字量输入	传感器电源及数字量输出

Z36C	Z32G	Z33		Z68	Z166	Z166	Z225D	Z64C	Z332	Z228A	Z69BF	Z65BF	Z66	Z70C	Z67		
转换控制插件	信号调整1插件	电源插件		试验连接插件	脉冲放大插件	脉冲放大插件	信号调整2插件	脉冲控制器插件	列车供电控制插件	信号调整3插件	数字量输入输出插件*B*	数字量输入输出插件*A*	模拟量输入输出插件	信息显示处理插件	单板机插件		
转换控制	信号调整1	电源		连接板	脉冲放大	脉冲放大	信号调整2	脉冲控制器	供电控制	信号调整3	数字入出B	数字入出A	模拟入出	信息显示	单板机		

图 1-16　机车微机柜插件布置图

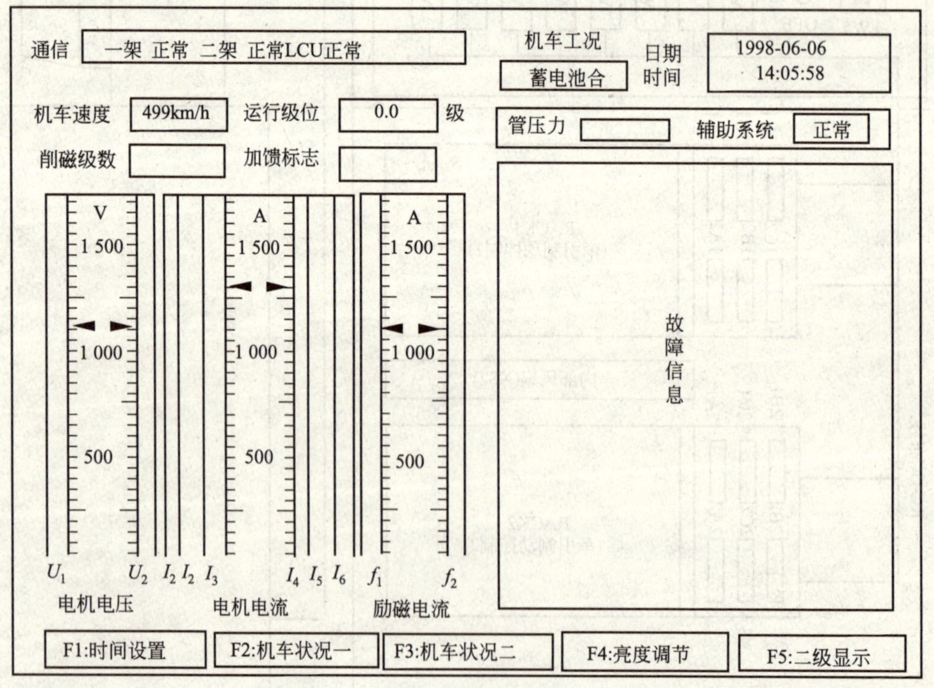

图 1-17　机车微机显示屏信息样图

(2)故障判断原则与方法

微机控制柜以高可靠性为主要设计原则，从元器件的选型、采购、筛选以及生产过程中的质量保证措施和调试试验程序都是十分严格的。一般来说微机柜的工作是可靠的，同时微机控制系统又是一个十分复杂的系统。因此，为了少走弯路，在怀疑微机控制装置故障之前，应该首先确认主电路、接点控制电路及检测部件等环节是否正常，因为微机控制柜必须依赖这些部分提供的信号来工作。一般先按照以下项目检查机车电器线路是否正常。

①主电路是否构成，线路接触器主接点及辅助接点闭合是否可靠。

②与控制有关的状态信号是否正确送到了控制柜。如：牵引、制动、零位、预备、转向架切除等信号。

③给定值(司机控制器指令)及反馈值是否正常送到了控制柜。如：司机控制器指令、速度信号、电机电流、电机电压、励磁电流等信号。

④网压同步信号是否正常送到了控制柜。

以上信号可以通过以下几种办法来确认：

①司机操纵台故障显示屏的显示。

②微机彩色液晶显示屏的故障显示。

③打开微机控制柜门盖，观察插件面板指示灯状态和通过测试孔测量可疑信号。

(3)微机复位按钮的操作和使用

司机操作台设有微机“复位”按钮，该按钮受司机控制器“零位”连锁控制，若微机柜的某一架工作不正常时，可以先将主手柄回“0”后接微机复位按钮，再重新提手柄。若不能恢复正常则应查明原因另行处理，或将转换开关置相应的故障位。

(4)故障运行与故障转换开关的操作

如确认某一架微机控制箱或其外电路故障需要转换故障转换开关时，应先将主手柄回到“0”位，换向手柄回到“0”位。分断电源屏中的“电子控制”自动开关，再将故障转换开关转到相应的位置。由此保证故障转换开关在无电状态下转换。转换开关转换完毕后，再合上“电子控制”自动开关。

五、质量评价标准

序号	项目	考核内容及评分标准	分值	扣分	得分	备注
1	时间	规定时间 20 min，每超过 1 min 扣 1 分，超过 10 min 全项失格	10			
2	安全	防护用品穿戴不齐，每件扣 2 分；碰伤、破皮出血每处扣 3 分；触电或造成工伤全项失格	10			
3	仪表使用	仪表未校验扣 2 分；量程选择不当扣 2 分；读数不准扣 2 分；仪表损坏至不能使用扣 10 分	10			
4	作业过程	重复一次、顺序颠倒一次、检查无内容各扣 1 分，未按要求结束工作扣 5 分	20			
5	质量	故障发现不会处理扣 20 分；安装松动每处扣 3 分；漏装配件每处扣 5 分；故障未发现全项失格	50			
合　计						
评价者签名：			年　月　日			

六、项目链接

1. 杨永林．韶山 7E 型电力机车[M]. 北京:中国铁道出版社,2006.

2. 余卫斌．韶山 9 型电力机车[M]. 北京:中国铁道出版社,2006.

3. 郭世明．微机检测与故障诊断处理技术[M]. 成都:西南交通大学出版社,2007.

4. 李晓村,张中央．机车新技术概论[M]. 成都:西南交通大学出版社,2006.

5. 杜学询．SS_8 型电力机车逻辑控制单(LCU)元关系的缺陷分析及改进[J]. 机车电传动,2008(5).

6. 李科亮,郭世明,等．SS_4 改型机车电气故障诊断专家系统[J]. 机车电传动,2008(5).

7. 汪子皓,莫易敏．基于机车故障诊断准加系统的故障树优化设计[J]. 内燃机车,2008(4).

8. 徐元凯．电力机车蓄电池系统存在的故障隐患及改进措施[J]. 机车电传动,2008(1).

9. 宁如斌,杨俊杰等．HXD_2 型交流传动重载货运电力机车[J]. 机车电传动,2008(1).

10. 程媛媛,宋宁博等．调车机车监控实时通信系统的研究与应用[J]. 中国铁路,2007(12).

任务 1　微机柜的使用与维护

一、学习目标

熟悉微机控制柜的插件、开关及插座布置,会检查各接插件的接触状况,会操作各种转换开关,能通过相关仪表和指示灯显示情况判断机车牵引、制动工况是否正常。能按照规定对微机柜进行定期检查和维护。

二、学习任务

1. 任务描述

按照规定方法检查微机柜各插件及接插座,进行机车牵引、制动工况特性及工作状态检查,检查与维护微机柜。

2. 任务流程

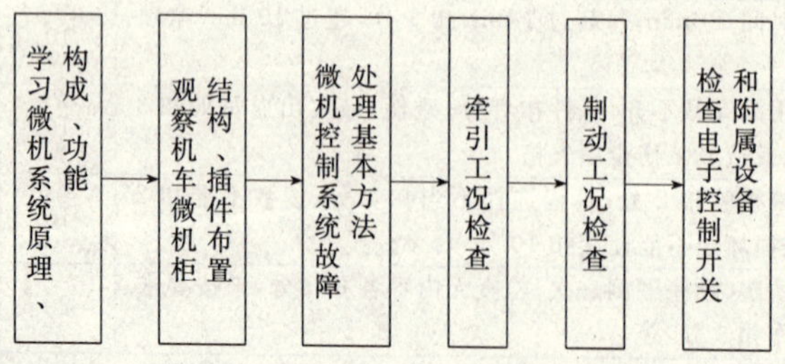

三、环境设备

SS_{7E} 或 SS_8、SS_9 机车微机柜实物与平面布置图,在机车上或实训室机车模拟仿真操纵装置完成。

四、操作指导

1. 准备工作

(1)微机柜对外连接插头座及插件箱边插头座对应位置正常、接插可靠。

(2)风扇层插头及插件箱接地片接插良好。

(3)插件箱中各板位插件齐备,接插到位。插件面板防松螺钉紧固良好。

(4)电源插件面板上的钮子开关置开位。

(5)转换开关置正常位。

(6)防空转钮子开关置投入位。

(7)盖好微机柜门盖。

2. 牵引工况检查

(1)转向架独立控制,一层插件箱控制 1 架,二层插件箱控制 2 架。

(2)按准恒速特性控制。恒流启动,启动后机车大致维持在手柄所给定的速度范围内运行。

(3)启动工况下,轴重转移环节起作用时,两架电流会不一致,前架减载,后架增载。

(4)空转时,"空转"指示灯亮,防空转投入时撒砂阀动作,自动撒砂、自动减流,空转消除后电流自动回升。此时电流表指针会出现快速下摆然后恢复现象,是正常情况。

(5)电机满电压后,自动超压,超压后根据需要可自动进行无级磁场削弱,磁削时电机电压维持在最高电压。

3. 制动工况检查

静止电制动试验。换向手柄打到"制"位,待机车预备好后操作主手柄至第 9 级位,励磁电流会缓慢上升到最大励磁电流限制值,然后有 70 A 的制动电流出现(观察牵引电机电流表)。在单机进行制动试验时要注意带闸,以防机车反向运行。

运行中的电制动。若机车速度低于手柄级位所对应的速度时,制动电流为 0。如果要加大制动力,则应将主手柄前移(向级位低的方向移),当机车速度大于手柄给定速度时,制动电流上升,电制动力增加。在最大电制动功率满足要求的前提下,机车速度可大致维持在手柄级位所对应的速度上。制动电流从 0 上升到与机车速度相对应的最大值之间的速度范围约 10 km/h。

滑行时,"空转"指示灯亮,防空转投入时撒砂阀动作,自动撒砂、自动减流,滑行消除后电流自动回升。

需要增大制动力时,总是先调节励磁电流,励磁电流最大后才进入加馈工况,且维持励磁电流为最大。加馈工况下,需要减小制动力时则先下调加馈电流,退出加馈工况后再调励磁电流。

4. 其他相关操作

(1)禁止带电转换,带电插拔插件和接插头。插拔插件时应关断插件箱电源,插拔插件或 56 芯矩形插头时应关断"电子控制"自动开关。

(2)禁止两端同时给钥匙,即只允许有一个操作端。

(3)定期检查微机柜内的 4 个风扇工作是否正常,插件上插接元件是否牢靠,插件面板紧固螺钉是否松动。

(4)定期清除柜体内、插件箱及插件上的积灰,盖好微机柜门盖。

任务 2 判断处理微机控制系统死机与 LCU 故障

一、学习目标

能根据微机现象判断微机死机故障并快速恢复故障。

二、学习任务

1. 任务描述

学会使用用微机复位键恢复死机故障，如复位开关不能恢复死机故障，则用“电子控制”自动开关恢复故障。

2. 任务流程

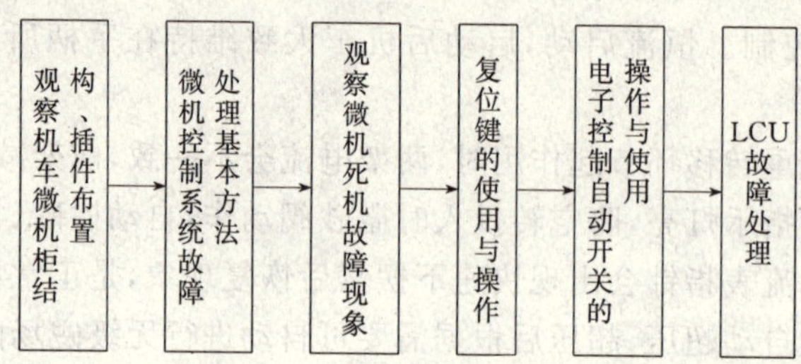

三、环境设备

司机操纵台或司机操纵台设备布置图，微机柜结构及插件布置图，在机车上或实训室机车模拟仿真操纵装置完成。

四、操作指导

1. 观察微机死机故障现象

微机控制柜以高可靠性为主要设计原则，从元器件的选型、采购、筛选以及生产过程中的质量保证措施和调试实验程序都是十分严格的。一般来说微机柜的工作是可靠的，同时微机控制系统又是一个十分复杂的系统。因此，为了少走弯路，在怀疑微机控制装置故障之前，应该首先确认主电路、接点控制电路及检测部件等环节是否正常，因为微机控制柜必须依赖这些部分提供的信号来工作。

主电路是否已经构成，线路接触器主接点及辅助接点是否可靠闭合。

与微机柜有关的状态控制信号是否送到微机柜，是否正确，如牵引、牵引响应、制动、制动响应、零位、准备、操作端、转向架切除等。

给定值(司机控制器指令)及反馈值是否正确送到了微机控制柜。如：司控器指令、速度信号、电机电流、电机电压、励磁电流。

网压同步信号是否正确送到了微机控制柜(网压同步信号可以通过以下几种办法来确认：①司机台故障显示屏的显示；②液晶显示屏的故障显示；③打开微机控制柜门盖，观察插件面板指示灯状态和通过测试孔测量可疑信号)。如果微机控制装置某一架工作不正常或出现死机现象，按压任何按键无反应。

2. 微机死机故障判断与排除

如出现上述故障现象，司机应先将主手柄回“0”后按司机操纵台上的“复位”按钮，再重新提手柄。对于由微机死机造成的故障，在按“复位”按钮后应能够消除。

如上述方法不行，应采取另外一个更为有效的办法，是将“电子控制”自动开关断开后再合上，使 CPU 上电初始化，故障可以排除。

如上述方法仍不行，就要考虑故障运行。确认某一架微机控制箱或其外电路故障需要转换故障开关时，应确定主手柄在“0”位，换向手柄在“0”位，分断电源屏中的“电子控制”自动开关，再将故障转换开关转到相应的位置，然后恢复自动开关，维持故障运行。

3. 确认是否逻辑控制单元故障

随着电子技术的不断发展，元器件的质量以及逻辑控制单元的生产工艺已经有很大改善，LCU 的可靠性也越来越高。因此，在怀疑 LCU 故障以前，有必要首先确认：

(1)主电路是否已经构成，如线路接触器是否可靠闭合等；

(2)与 LCU 有关的状态控制信号是否送到 LCU，正确与否，如牵引、制动、“0”位、准备、操作端等；

(3)LCU 对外连接插座是否接触良好等。

4. 确认 A/B 组是否都有故障

LCU 有 A/B 两组完全相同的系统，它们可以完全独立工作。要检查是否 A/B 组都有故障就要检查 A/B 两组的公共部分，即在条件都满足的情况下，转换 A/B 两组，看故障是否一样。如果故障现象一样，则基本排除 LCU 本身的故障；如果现象不一样，则可能 LCU 其中的一组发生故障。

5. 确认是否 LCU 的电源插件故障

如果基本确定是 LCU 本身故障，则可以开始检测 LCU 插件故障。首先看电源板是否正常工作，如果电源板指示灯为红色，则首先看是否 LCU 工作电压太低，电源板处在欠压保护，如果工作电压正常则看是否后部短路，电源板进行了过流保护，否则可能电源板已经发生了故障。

6. 确认是否 LCU 的 CPU 板故障

如果电源板指示灯为绿色，而且从测试孔量得输出电压正常，则再检测 CPU 板，主要检测 CPU 板指示灯是否显示正常。如果 A 板红灯闪烁，则 CPU 板的第一块 CPU 故障；如果 B 板红灯闪烁，则 CPU 板的第 2 块 CPU 故障，此时应更换 CPU 板。

7. 确认是否 LCU 的输入板故障

首先确认输入信号是否送进 LCU，可以通过测量 56 芯矩形插座上相对应的针是否得电，如果有电，而 LCU 输入板上相应的通道指示灯不亮，则可能该输入板的这个输入通道故障。

8. 确认是否 LCU 的输出板故障

根据逻辑关系判断，某一输出点条件满足，应该有输出，而 LCU 输出板相应的通道指示灯不亮，并且相应的输出线不得电，则可能该输出板的这个输出通道故障。如果某一输出线上不管条件是否满足一直有电，则表明该通道已经短路。

任务 3　判断处理空转/滑行保护故障

一、学习目标

能根据故障现象判断机车空转/滑行故障，消除空转滑行，恢复机车轮轨黏着，使机车恢复正常牵引力。

二、学习任务

1. 任务描述

通过观察电流表和速度传感器及空转保护装置信号和动作情况，判断是否发生空转故障，一旦发生空转或滑行，要及时处理空转故障。

2. 任务流程

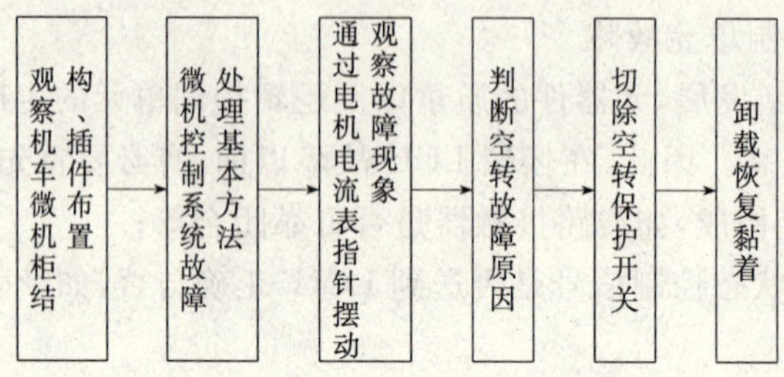

三、环境设备

司机操纵台和司机操纵台设备布置图，微机柜结构及插件布置图，在机车上或实训室机车模拟仿真操纵装置完成。

四、操作指导

1. 故障现象

某一台牵引电动机空转时，该支路中的负载电流大大减小，而与此同时，非空转支路中的负载电流就要相应地略有增加，这种负载电流的变化可以作为检测空转的信号。

利用两电动机支路的电流差作为检测信号在机车低速运行时，灵敏度较高，机车高速运行时，灵敏度较低，即当机车低速运行时，只要有较小的速度差，就能达到较大的电流差值，而当机车在高速运行时，在速度差相同的情况下，其电流差则较小。根据一种或多种空转检测信号进行综合判断，确认空转发生状态，观察电流表或速度传感器信号，看空转保护装置是否频繁动作。

对于空转检测，最好能够检测到空转发生前一瞬间的异常状态，以便及早采取措施，做到防患于未然，但这种信号的检测比较困难，故目前多数机车还都采用空转出现后所发生的一些异常现象作为检测空转的信号。

机车轮对空转时，经常会出现以下几种现象：

(1)空转电机所在的支路中，电流大幅度下降；

(2)空转电动机的反电动势迅速升高；

(3)空转轮对的角速度迅速上升；空转轮对与非空转轮对间的转速差增大。

2. 故障判断与处理

根据空转发生的严重程度可采取自动撒砂(增大黏着系数)、持续降低牵引电机输出功率直至封锁触发脉冲使牵引电机输出功率为 0 等空转保护措施，使空转状态迅速消除。

在微机柜副柜面板上设有钮子开关，向上为空转保护投入，向下为空转保护切除。若遇到速度传感器故障、空转保护频繁动作，则可切除空转保护。空转保护切除时，有关空转保护的程序仍在运行，仍会进行自动撒砂和空转显示，但不进行减流。

当空转状态消除后，微机系统又按一定的加载速率恢复牵引电机的输出功率（避免因恢复功率过快又发生空转现象）。

任务4　微机控制系统常见故障现象及处理

一、学习目标

能根据故障现象判断处理机车无流、电流不平衡、过载、窜车等故障。

二、学习任务

1. 任务描述

判断处理机车无流故障；判断处理机车电机电流不平衡故障；判断处理机车过载故障；判断处理机车窜车故障。

2. 任务流程

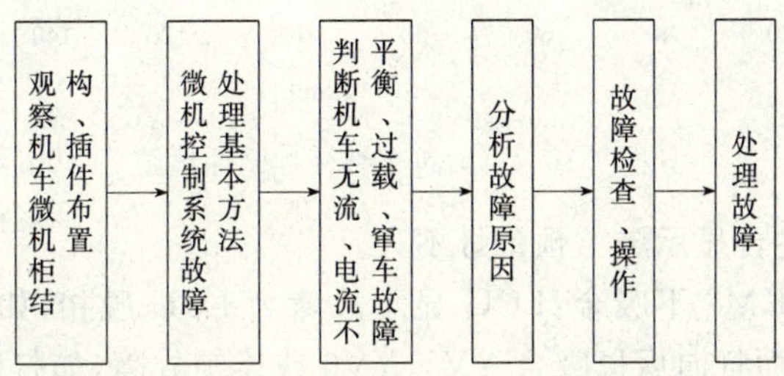

三、环境设备

机车微机控制柜和微机柜插件布置图，机车司机操纵台或模拟驾驶台、设备布置图，在机车上或实训室机车模拟仿真操纵装置完成。

四、操作指导

1. 判断无流类型

无流一般分正常无流及故障无流两种情况。

(1)正常无流

正常无流又有两种情况：一是手柄位置不当，由控制特性控制引起的无流，如图1-18所示。例如，牵引手柄放在N级，当机车速度大于10N km/h时必然产生无流现象，此时只升高手柄级位就会有电流产生。再如制动放在N级时，当机车速度小于10N km/h时，也会无流，此时若将手柄依向更低级位就会有电流产生。二是由安全系统要求产生的卸载无流，机车微机控制装置在接到此命令后卸载封锁脉冲。

出现这种情况，不要惊慌失措，一般不需任何处理，维持机车运行工况即可。

(2)故障无流现象与处理

①线路接触器未闭合，主电路未构成。观察司机调速手柄是否离开“0”位在牵引级位上，如不在牵引级位上，属于正常。如在牵引级位上，到高压电器柜检查线路接触器KM1～KM6是否吸合，不吸合，则把调速手柄退回“0”位，检查处理线路接触器故障。

②预备、零位、牵引、制动等状态信号不对，引起微机柜封锁脉冲。机车运行过程中最常见

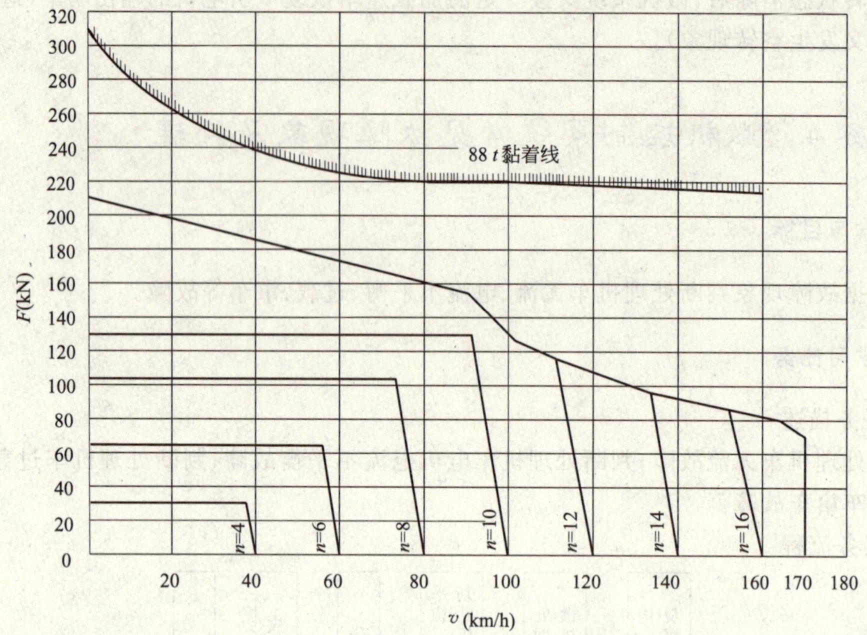

图 1-18　电力机车特性控制曲线图

的是预备不好，即司机主台显示屏上预备灯不灭。

预备灯不灭 KM7、KM8 不吸合：LCU 显示故障为 LCU 脱扣，如不换向为 FA20 脱。如换向手柄向前位不吸合而打向后位吸合 YV5、YV6 或连锁故障，如打制位吸合为 YV9、YV10 或连锁故障，如仍不好则为 51 号调压阀故障或调压过低造成换向开关不到位，如换副台正常为主台故障。

预备灯不灭 KM7、KM8 吸合：第一可以分别甩一架车试验区分是否为 KM7、KM8 连锁故障，如为联锁故障可以短接（上下短接），但应防止接地，短接后手柄打"0"位，"零位"灯不亮，KL10 吸合；第二，更换 LCU；第三，如蓄能灯亮，则为 9KF 故障，可短接 850-650 线。

预备灯灭无压无流：当 AT 一架显示故障时手柄回"0"位，按复位键，如仍不好，可以更换 AT 柜；当两架同时显示故障时，检查恢复 AT 脱扣，如一架无励磁电流则该架车的励磁回路快熔烧坏或电流传感器故障，如两架均无压无流时应更换 AT 柜。

③微机柜未收到司机给定指令，可能是司机控制器电位器无电源，电位器无输出或传输线断线或接触不良引起，检查处理电位器及接触线。

④微机柜未收到牵引响应或制动响应信号。这可能是牵引主电路或制动励磁电路未构成，也可能是线路接触器和励磁接触器的联锁接点不良。检查线路接触器、励磁接触器的连锁触头节点是否良好，如不好则处理或更换。

⑤微机柜中，某个插件箱的电源插件不正常，电源插件故障使插件箱无法工作。电源插件自身带有过流过压保护，如果由于过流过压保护动作，电源插件也不能产生正常的电源，有可能是电源自身保护造成的。这时则用分合"电子控制"自动开关的方法，使电源重新启动就可解决。

⑥微机柜封锁脉冲。脉冲控制器复位封锁脉冲的条件有 10 种情况，一般应首先考虑没有同步电压或插件未插到位。此外，外部复位继电器不释放、带插座的芯片接触不良等也可能造成无流。检查复位继电器或插件上的芯片是否松动、接插件是否插紧牢固。

2. 电流不平衡

(1)由传感器引起的电流不平衡

机车交车过程中出现电流传感器和电压传感器有正偏或负偏。当传感器上加了±24 V电源后,此时电机虽无电流或无电压,仪表上仍有显示。一般固定的静态偏差很少见,绝大多数都是在牵引制动反复操作几次后产生的,此时若断开±24 V电源,偏差就可消失。地面上对传感器进行测试并没有发现什么不良现象。一般偏差可达±70 A左右。在静止加馈试验时,某个电机无加馈电流,也可能是由于电流传感器负偏引起的;电机电流相差100 A也是由传感器正负偏造成的。表现的现象虽然不同,但原因就是一个。出现这种情况需更换电流传感器,消除故障。

如果静止时就有电机电压显示,也必须更换相应的电压传感器。

由于电流传感器不正常造成的电机电流不平衡,这往往是某一电机电流偏大或偏小。同一架的3个电机电枢并联,整流电压相同,由于电机特性差异引起的负荷分配不均不应该太大,若同一架的两个电机电流相差很大,就对电流传感器进行检查,发现确实为传感器故障需更换传感器。

(2)硅元件损坏引起的电流不平衡

当某个桥臂的快熔烧损,硅元件击穿或损坏时,必然会引起两架电流的不平衡。在主桥没有全开放以前,电流不平衡现象并不明显,因为系统为闭环控制,可以靠增加U_{E1}来得到所需的电流。当主桥满开放或已达到电机限压时,电机电流不平衡现象加剧。

即使将转换开关转至故障位,由良好的一架微机柜控制全车,此现象也不能消除。运行中可检查两架的U_{E1}(65号板位30B),若发现在U_{E1}相差较大,回库后应对硅元件和快熔进行检查更换。

(3)由于轮径设定不当引起的电流不平衡

在恒流启动时两架电流相同,但进入准恒速控制时,两架有先后,电流不平衡,此现象容易在新车上产生。要通过显示屏上的按键对轮径进行设定后,再运行时电流不平衡现象消失。

每个插件箱都按相同的方法对4个速度进行处理,所得结果应是相同的,此数据再乘上轮径系数(实际轮径与半磨耗轮径的比值)才是机车的实际速度。对于新车,在轮径未设定前,两架的轮径值肯定不会一致,因而计算得到的机车速度也不一致,这就是两架进入准恒速先后不一致的原因。通过对上下机箱65号板位26B的测量,可以发现有明显差别。

轮径设定值保留在有备用电池的RAM中,若电池亏损,应予更换,否则也会造成上下机箱轮径设定值的不同。另外,当更换LDIP故障记忆传送插件时,也必须重新设定轮径,以免下机箱轮径设定值不一致。

(4)由于微机本身故障引起的电流不平衡

在发现两架电流不平衡后,将转换开关转到故障位,由良好的一架微机柜控制全车,若此时电流不平衡现象消除,有可能是由于微机本身引起的。

要判断是哪个插件故障引起的,需要对现象进行综合分析。简单可行的办法是上下机箱相应的插件对调。一般首先对调脉冲放大和脉冲控制器插件;其次可对调继电器转换插件和模拟量输入/输出插件。如对调以后故障消失,则可断定是该插件故障,更换插件即可。

(5)由于空转引起的两架电流不平衡

此现象属于正常现象。空转时，由于空转保护引起减流，在空转消除后，两架电流恢复平衡。

(6)由接插元器件松动引起的电流冲动或无流

每个插件上，为了便于更换有些集成芯片加装插座。机车的震动可能造成芯片与插座接触不良，应定期检查，并按紧所有带插座的芯片。

(7)速度传感器故障引起的电流不平衡

当速度传感器故障或连接松脱时，会引起防空转保护误动作，从而引起电流不平衡。从65号板位27 A～30 A读取4个速度，可以判断速度传感器有无问题。如有问题则更换速度传感器及连接线。

3. 过载

(1)电流传感器故障无电流反馈时，更换电流传感器；

(2)电压传感器故障失去限压功能时，更换电压传感器；

(3)变流器触发级故障时。检查出发电路输出脉冲是否正常。

发生上述情况，都可能引起过载，主断路器跳闸。

4. 窜车

所谓窜车指手柄一离开“0”位就有较大的电枢电流。司机控制器指令不正常，一离开“0”位，就有大的输出。

(1)操作端信号不唯一，即非操作端的扳钮开关有不锁在“0”位的，检查非操作端的扳钮开关是否锁在“0”位，如不在则均打到“0”位；

(2)微机柜内部无电流反馈，U_{E1}很大；

(3)变流器触发级故障。

以上分析了可能引起常见故障的原因，重要的是要根据现场情况进行综合分析、判断。出现故障时，一般应首先排除芯片松动和板没插好的因素，然后再进一步找其他原因。如运行途中窜车保护动作，主断路器跳闸，应重新闭合主断路器，按复位按钮，如消除不了则需无电转换AT柜。

第二部分　制动系统综合试验及故障处理

项目一　DK-1 型电空制动机的操作与试验验收

一、学习目标

通过本项目学习，学员应能熟知制动机的操作规程，在此基础上，能够完成制动机电空位、空气位操作前的准备工作，能够完成制动机的本、补机重联操作，能够完成制动机在机车无动力回送时的操作，并且在操作中自觉遵守各种操纵中的注意事项。学员在认知制动机试验和验收规则和方法步骤后，能够顺利完成机车制动机八步闸和五步闸试验。

1. 能熟练陈述电力机车制动机操作规程；
2. 会进行电力机车制动机电空位操作的准备工作；
3. 能完成电力机车制动机空气位操作的准备工作；
4. 在电空位和空气位操作时，能够自觉遵守操纵中的注意事项；
5. 能完成电力机车制动机在不同情况下的本、补机重联操作；
6. 能够完成电力机车无动力回送的操作；
7. 能完成电力机车制动机试验前的准备工作；
8. 能够熟练陈述电力机车制动机试验过程和步骤；
9. 能完成电力机车制动机八步闸试验；
10. 能完成电力机车制动机五步闸试验。

二、项目任务

本项目的任务是在认知机车制动机的操作规程和试验验收规则和方法步骤后，完成制动机的各项操纵和试验验收。

任务 1　DK-1 型电空制动机的操作。

任务 2　DK-1 型电空制动机的试验验收。

三、背景知识

1. DK-1 型电空制动机的操作规程。
2. DK-1 型电空制动机试验验收方法和步骤。

四、质量标准

考核项目：		工时定额：	开始时间：		结束时间：	
班　级：		姓　名：	学　号：		实际用时：	
项目	分数	考核内容及评分标准	每次扣分	次数	扣分	得分
操作技能	70	1. 操作、检查、测量、调整方法不当或错误	4			
		2. 工序错乱	6			
		3. 漏拆、漏检、漏修、漏测	6			
		4. 零部件或工具脱落	4			
		5. 口述内容有遗漏、错误	4			
		6. 工作中返工	10			
		7. 作业后，未按要求恢复、整理	3			
		8. 按工艺要求，质量不符合规定	2			
		9. 超过时间者（每分钟）超过额定工时一半的该项失格	1			
工具设备使用	20	1. 工、量具及设备开工前不检查，收工时不清理	3			
		2. 工、量具及设备使用不当	3			
		3. 工、量具脱落	6			
		4. 工具不全	3			
		5. 工具、设备损坏，视情况	5～20			
安全生产	10	1. 按规定着装，不符合要求	3			
		2. 违章或违反安全事项	4			
		3. 工作场地不整洁，工件、工具摆放不整齐	2			
合计	100					
考核员		签名：　　　　日期：　　　　年　　月　　日				

五、任务链接

1. 李益民. 电力机车制动机[M]. 北京：中国铁道出版社，2008.
2. 杨兆昆. 韶山 4 改型电力机车乘务员[M]. 北京：中国铁道出版社，2002.
3. 王建华. DK-1 型机车电空制动机的制动控制的改进[J]. 机车电传动，2005(3).
4. 马金法. DK-1 型电空制动机空气制动阀改进建议[J]. 科技信息，2008(22).
5. 刘玉河. 改进 DK-1 型制动机防止机车缓解的改进建议[J]. 机车电传动，2003(4).
6. 刘豫湘. DK-1 型电空制动机与电力机车空气管路系统. 北京：中国铁道出版社，1998.
7. 黄如玉. DK-1 型电空制动机非常制动级位跳闸电路的改进[J]. 机车电传动，2000(4).
8. 税建平. SS$_4$ 改型机车 DK-1 型电空制动机的改进[J]. 电力机车与城轨车辆，2007(1).

任务 1　DK-1 型电空制动机的操作

一、学习目标

1. 能熟练陈述电力机车制动机操作规程；

2. 会进行电力机车制动机电空位操作的准备工作；

3. 能完成电力机车制动机空气位操作的准备工作；

4. 在电空位和空气位操作时，能够自觉遵守操纵中的注意事项；

5. 能完成电力机车制动机在不同情况下的本、补机重联操作；

6. 能够完成电力机车无动力回送的操作。

二、学习任务

1. 任务描述

学员在学习认知制动机各种操纵的规程和操作注意事项后，顺利完成各项操作，并在操纵中能够自觉遵守操作中的注意事项。

2. 任务流程

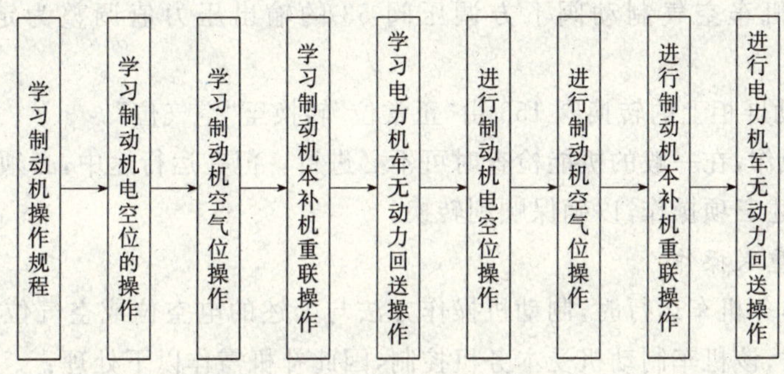

三、环境设备

主要设备和工具：DK-1 电空制动机综合试验台或者电力机车 1 台、电空制动控制器的操纵手柄和空气制动阀的操纵手柄 1 套。

四、操作指导

（一）电空位操作

操作前的准备工作：

1. 检查控制电源屏上的电空制动用自动开关 615QA 扳钮应朝上，处于闭合位。

2. 检查电空制动屏柜

①转换阀 154 在制动管定压为 500 kPa 时，置于货车位；在制动管定压为 600 kPa 时，置于客车位。

②转换阀 153 处于正常位。

③开关板 502 上的 3 个转换开关 463QS、464QS、465QS 均应朝下，处于闭合位。其中，转换开关 463QS 因目前尚未使用适应补风的车辆制动机，故不宜朝上处补风位。转换开关 464QS、465QS 则在相应的电路有故障或各段另有规定时，可分别朝上处于切除位。

④调压阀 55 输出压力调整为制动管定压(500 kPa 或 600 kPa)。调整时以司机操纵台制动管压力表读数为准。

3. 除 155、156、121 塞门外，开通所有与制动机系统有关的塞门。

4. 电空转换扳钮均处于“电空位”。非操纵节机车电空制动控制器手柄在重联位、空气制动阀手柄在运转位时将手柄分别取出后，并于操纵节机车电空制动控制器、空气制动阀的相应位置装入手柄。

5. 操纵节机车重联转换阀 93 打向本机位，非操纵节机车重联转换阀 93 打向补机位，同时开通两节机车间的列车管折角塞门 60、总风联管折角塞门 64 和制动平均管塞门 82 和 84。

6. 空气制动阀下方调压阀 53 调整压力为 300 kPa。调整时以司机操纵台制动缸压力表读数为准。

完成上述各项准备工作并对制动机进行规定的机能检查后，即可使用电空位操作。

（二）空气位操作

操作前的准备工作：

1. 将操纵节机车空气制动阀上的电空转换扳钮移至“空气位”，并将手柄移至缓解位。

2. 将操纵节机车空气制动阀下方调压阀 53 的输出压力值调整为定压（500 kPa 或 600 kPa）。

3. 将电空制动屏柜上的转换阀 153 由“正常位”转换至“空气位”。

上述第 3 项操作，在一般的机能检查时可不必进行。但在运行途中，必须转为空气位操作时，应全部完成上述三项操作，以确保顺利转换。

（三）本、补机重联操作

当机车作为本务机车运行时，制动机操作方法与上述的电空位或空气位操作相同。当机车作为补机运行时，该机车制动机受本务机控制，因此补机需作以下处理：

1. 与同型号机车重联

(1)两机车间平均管、总风联管、制动管均开通

①将两节机车电空制动控制器手柄置重联位或取出；空气制动阀手柄置运转位或取出。

②将两节机车重联转换阀 93 的转换按钮置于“补机位”。

③如某节机车无电空制动电源或处于空气位，还应将该节机车中继阀座下方的制动管塞门 115 关断。

(2)两机车间平均管、总风联管没有开通

①将两节机车电空制动控制器手柄置重联位或取出；空气制动阀手柄置运转位或取出。

②将重联操纵节机车重联转换阀 93 的转换按钮置于“本机位”。

③将重联非操纵节机车重联转换阀 93 的转换按钮置于“补机位”。

④将重联操纵节机车的分配阀缓解塞门 156 开放。

⑤如某节机车无电空制动电源或处于空气位，还应将该节机车中继阀座下方的制动管塞门 115 关断。

2. 与不同型号机车重联

同上述第(2)种情况。

（四）退乘操作

运行后的退乘及机能检查试验完成后的操作要点：

1. 切断电空制动电源。

2. 关闭总风缸塞门 111、113。

3. 确认控制风缸 102 的压力为 900 kPa 时，及时关闭膜板塞门 97。

（五）无动力回送操作

1. 空气制动阀手柄置于运转位或取出，电空制动控制器放重联位或取出。

2. 关断两节机车的制动管塞门 115，并开放分配阀缓解塞门 156 及无动力回送塞门 155。

3. 两节机车分配阀低压安全阀的整定值调整为 180～200 kPa。

4. 两节机车的重联转换阀 93 与本务机车相同。

5. 关断两节机车的总风缸塞门 112。

五、任务要求与注意事项

（一）基本要求

能够熟练陈述电力机车制动机操作规程，熟练陈述制动机各种操作的操作要点和注意事项，进而完成制动机的各项操作。

（二）制动机操纵的安全要求

1. 操纵时应穿戴工作服，佩带必要的安全防护措施。

2. 给电或给风试验中需两人以上进行，1 人试验，1 人监护。遇到异常情况时，应首先切断电源或风源，以防事态扩大。

（三）电空位操纵安全注意事项

1. 操纵电空制动控制器可对全列车进行制动与缓解；操作空气制动阀可对机车进行单独制动与缓解。

2. 电空制动控制器紧急制动后，若需要缓解全列车时，需在紧急位停留 15 s 以上才能返回运转位进行缓解。

3. 电空制动控制器手柄在过充位、运转位中立位和制动位时，由于其他原因引起紧急制动作用，需经 15 s 以后，电空制动控制器手柄先置重联位或紧急位，再回运转位才能缓解列车。

4. 如果非操纵节机车处于空气位或处于电空位但无电空制动电源，还应将非操纵节机车中继阀下方的列车管塞门 115 关闭。

5. 在运行中，则应严格执行《机车操作规程》的第 43 条中“车未停稳，严禁移动单、自阀手柄”之规定。

6. 电空位操纵时，禁止“偷风”操纵。

所谓偷风是指列车制动保压时，人为地将电空制动控制器手柄由中立位短时间地移至运转位或缓解位，再移回中立位的操纵方法。

7. 采用“一段制动法”操纵时，追加制动时，需待第一次减压排风完成后，再施行追加减压。同时，追加减压量不应超过第一次减压量。

8. 采用 “长波浪式制动”时，应注意制动距离不宜过长，以免闸瓦过热而使制动失效，或轮箍过热弛缓。

9. 采用“短波浪式制动”，应掌握好缓解时机，防止因缓解过早使列车速度剧增，并且严防充风不足，错过下一次制动时机，而造成超速或放飏事故。

10. 因电空制动控制器和空气制动阀均能控制机车的制动与缓解，而且最终以空气制动阀的控制为准，因此，在运行中电空制动控制器减压的同时，严禁将空气制动阀手柄移至缓解位（或下压手柄），因为一旦发生此种情况，极易损伤甚至拉断车钩，同时因机车不制动，会使列车制动力下降。

（四）空气位操纵安全注意事项

1. 操作空气制动阀可对全列车进行制动与缓解。单缓机车则要下压其手柄。

2. 电空制动控制器手柄应放运转位，也可从重联位取出。

3. 需紧急制动时，应按压紧急按钮或开放手动放风塞门121，并将空气制动阀手柄置于制动位。

4. 此时因制动管有补风作用，在中立位停留一段时间后，要监视速度的变化，以免因车辆的陆续自然缓解而丧失制动时机。

5. 由于空气位操作只是一种补救的措施，因此在操作时必须格外注意，做到正司机、学习司机密切协调，方能确保运行的安全。

6. 若非操纵节机车处于空气位，或处于电空位但无电空制动电源，应将非操纵节机车中继阀的制动管塞门115关断。

7. 空气位操纵，只允许短时间低速维持故障运行，到达安全地方后，应及时恢复电空制动，以确保运行安全。

8. 由于空气位时没有最大和最小有效减压量的自动控制，因此需要司机在将手把移到制动位后，注意观察均衡风缸压力表，当发现减压量达到要求时，及时将手把移到中立位，以避免过量减压造成制动力过大、浪费压缩空气，延误缓解时机。

（五）本、补机重联操作安全注意事项

因为补机的缓解通过只有一条，即补机的作用管通过补机重联转换阀"补机位"与补机的制动平均管相通后，再经主机的制动平均管、主机的重联转换阀"主机位"与主机的制动缸相通，从而在主机制动缸排向大气时能够使补机的作用管排向大气，因此进行本补机重联操作时一定要注意将93重联阀打至正确的位置，否则会造成补机的制动缸不能缓解而造成轮对因过热而弛缓的事故。

任务2 DK-1型电空制动机的试验验收

一、学习目标

1. 能熟练陈述电力机车制动机试验方法；
2. 能完成电力机车制动机试验前的准备工作；
3. 能够熟练陈述电力机车制动机试验过程和步骤；
4. 能完成电力机车制动机八步闸试验；
5. 能完成电力机车制动机五步闸试验。

二、学习任务

1. 任务描述

学员在学习认知制动机试验方法和试验中的注意事项后，顺利完成各项试验，并在试验中能够自觉遵守试验中的注意事项。

2. 任务流程

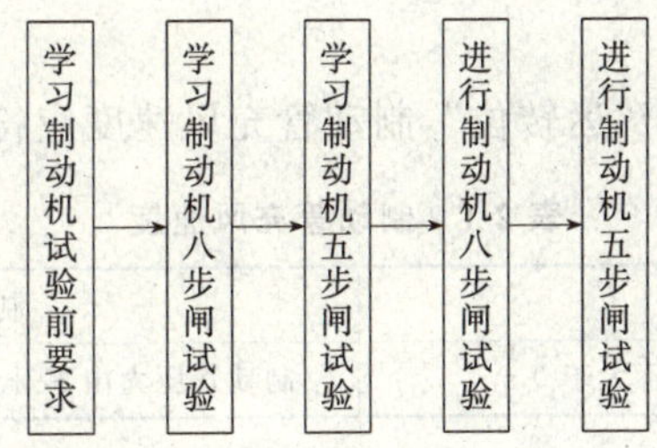

三、环境设备

主要设备和工具：DK-1 电空制动机综合试验台或者电力机车 1 台、电空制动控制器的操纵手柄和空气制动阀的操纵手柄 1 套。

四、试验验收方法

(一)DK-1 型电空制动机单机检修试验

1. 试验前的要求

(1)制动机各主要阀件应按要求单件试验合格。

(2)确认各管路和电路连接正确。

(3)确认各塞门及有关电路开关处于正常工况。

(4)确认空气压缩机工作正常。

(5)确认非操纵节机车电空制动控制器处于“重联位”，空气制动阀处于“运转位”。操纵节机车两手柄均置“运转位”。

(6)确认两节机车空气制动阀上的电空转换扳钮在“正常位”。

2. 电空位试验

(1)缓解状态下各压力值检查

电空制动控制器、空气制动阀手柄均置“运转位”，检查各压力表针指示应符合下列要求：

①总风缸——750～900 kPa。

②均衡风缸——定压。

③制动管——定压(允许与均衡风缸压力差不大于 10 kPa)。

④制动缸——0 kPa。

(2)紧急制动性能检查

电空制动控制器在“运转位”停放不少于 90 s 后，移至紧急制动位。

①制动管压力由定压降至 0 的时间不大于 3 s。

②制动缸压力升至 400 kPa 的时间不大于 5 s。

③制动缸最高压力为(450±10)kPa；安全阀应动作。

④机车自动撒砂。

⑤机车有级位时，主断路器自动跳闸；否则，主断路器不跳闸。

(3)紧急制动后的单独缓解性能检查

①将空气制动阀手柄移至“缓解位”并下压手柄，制动缸压力应即可下降，并能缓解至 0。

②待制动缸压力降至 0 后，再将空气制动阀手柄移至“运转位”，制动缸压力不回升。

(4)列车充风性能检查

将电空制动控制器手柄置于“运转位”,制动管充风速度应符合表 2-1。

表 2-1 制动管充风速度

制动管定压 500 kPa	制动管定压 600 kPa
制动管压力由零升至 480 kPa 的时间不大于 9 s	制动管压力由零升至 480 kPa 的时间不大于 11 s

(5)初制动减压和均衡风缸、制动管漏泄检查

①将电空制动控制器手柄移至“中立位”,制动管压力下降每分钟应不大于 10 kPa。检查完毕后将电空制动控制器手柄移回运转位。

②将电空制动控制器手柄移至“制动位”,待制动管减压 40～60 kPa 后置于“中立位”,并保持 1 min,均衡风缸漏泄量每分钟不大于 5 kPa;制动管漏泄量每分钟不大于 10 kPa。检查完毕后将电空制动控制器手柄移回运转位。

(6)阶段制动性能及最大有效减压量、过量减压量的检查

①电空制动控制器手柄置于“运转位” 20 s 以上后,再将其手柄在“制动位”与“中立位”间移动,施行阶段制动,直至达到全制动最大有效减压量。检查阶段制动是否稳定,制动管减压量与制动缸压力比例应符合表 2-2 的规定。

表 2-2 制动管减压量与制动缸压力比例表

	制动管定压 500 kPa			制动管定压 600 kPa		
制动管减压量(kPa)	40～50	100	140	40～50	100	170～180
制动缸压力(kPa)	90～130	240～270	340～380	90～130	240～270	400～435

②最后将电空制动控制器手柄移至“制动位”,制动管获得过量减压量(见表 2-3)。待压力稳定后,制动缸压力变化每分钟不应大于 10 kPa。

表 2-3 制动管过量减压量

制动管定压(kPa)	500	600
制动管过量减压量(kPa)	190～240	210～290

(7)过充性能检查

①将电空制动控制器手柄移至“过充位”,制动管压力应超过定压 30～40 kPa,并且制动缸压力不缓解。

②当电空制动控制器手柄移回“运转位”后,制动缸压力应缓解到 0,制动管过充压力在 120～180 s 内自动消除。

(8)常用全制动以及制动缸漏泄量检查

①将电空制动控制器手柄移至“制动位”,均衡风缸减压速度和制动缸压力升压速度应符合表 2-4。

表 2-4 均衡风缸减压速度与制动缸压力升压速度

制动管定压 500 kPa	制动管定压 600 kPa
均衡风缸减压 140 kPa 的时间为 5～7 s	均衡风缸减压 170 kPa 的时间为 6～8 s
制动缸由 0 升至 340～380 kPa 的时间为 6～8 s	制动缸由 0 升至 400～435 kPa 的时间为 7～9.5 s

②关断分配阀供给塞门，检查制动缸漏泄量每分钟不大于 10 kPa。检查完毕后开通供给塞门。

(9)缓解性能检查

将电空制动控制器手柄移回“运转位”，均衡风缸、制动管应恢复定压。制动缸压力下降速度应符合表 2-5。

表 2-5 制动缸压力下降速度

制动管定压 500 kPa	制动管定压 600 kPa
制动缸压力由 340～380 kPa 下降至 40 kPa 的时间不大于 7 s	制动缸压力由 400～435 kPa 下降至 40 kPa 的时间不大于 8.5 s

(10)单独制动与单独缓解性能检查

①将空气制动阀手柄在“中立位”与“制动位”间来回移动，阶段制动作用应稳定。

②将空气制动阀手柄在“中立位”与“运转位”间来回移动，阶段缓解作用应稳定。

③将空气制动阀手柄由“运转位”移至“制动位”，制动缸压力由 0 升至 280 kPa 的时间不大于 4 s。

④当空气制动阀手柄移回“运转位”时，制动缸压力由 300 kPa 下降至 40 kPa 的时间不大于 5 s。

(11)重联位性能检查

将电空制动控制器手柄由“运转位”移至“制动位”，待制动管减压后再将手柄移至“重联位”，制动管应保压。

3. 空气位试验

扳动空气制动阀上的电空转换扳钮置于“空气位”，并将其下方的调压阀的输出值调整为定压。

(1)缓解状态下各压力值检查

将空气制动阀手柄置于“缓解位”并下压手柄各压力值应符合下列要求：

①总风缸——750～900 kPa。

②均衡风缸——定压。

③制动管——定压(允许与均衡风缸压力差不大于 10 kPa)。

④制动缸——压力为 0。

(2)常用全制动及单独缓解性能检查

①将空气制动阀手柄置于“制动位”，再回“中立位”，均衡风缸减压速度和制动缸压力升压速度应符合表 2-4。

②下压空气制动阀手柄，制动缸压力应能缓解。停止下压空气制动阀手柄，制动缸压力停止下降。

(3)缓解性能检查

将空气制动阀手柄移回 “运转位”，并下压手柄，均衡风缸与制动管压力应能升至定压，制动缸压力应能缓解至 0。

(4)阶段制动性能检查

将空气制动阀手柄在“制动位”与“中立位”间移动，阶段制动作用应稳定。

4. 辅助性能检查

空气位试验完成后，将制动机恢复到电空位，即可进行辅助性能检查。在每项辅助性能检查之前，均应使制动机恢复到缓解状态，并将电空制动控制器、空气制动阀手柄置于“运转位”。

(1)检查按钮作用检查

按压充气按钮，均衡风缸与制动管压力同时上升至超过定压 100 kPa；松开该按钮，并迅速按下消除按钮，均衡风缸与制动管压力停止上升，并略有下降。

(2)电—空联锁性能检查

将司机控制器换向手柄置于“制动位”，启动各风机，并将调速手柄离开“0”位。制动管应减压(45±5)kPa，且制动缸升压。延时 20～28 s 后，制动管应自动恢复定压，且制动缸压力自动缓解。

(3)断钩保护性能检查

开放制动管手动放风塞门，产生紧急制动作用：

①制动管压力应快速降至 0，并不得自动缓解。

②制动缸压力升至(450±10)kPa。

③机车自动撒砂。

④自动选择切除机车牵引动力。

(4)失电制动性能检查

切除电空制动机电源，制动管压力应按常用制动减压速度减压，并且制动缸压力上升。

5. 无动力回送性能检查

将电空制动机调整到无动力回送状态，并将电空制动控制器手柄置于“重联位”，空气制动阀手柄置于“运转位”。

(1)当制动管压力为定压时，总风缸压力应在低于制动管定压 140～180 kPa 之间。

(2)当制动管压力下降后，制动缸最高压力应限制在 180～200 kPa 间。

(二)DK-1 型电空制动机单机日常试验

在日常运用的交接班过程中，通常只进行单机日常试验。试验时将单机检修试验进行简化，原第一步闸不变，原第二步和第四步简化合并为第二步闸，原第三步闸不变，原第五步简化为新的第四步闸，取消来的第六步和第七步闸，原来的第八闸作为新的第五步闸。

五、任务要求与注意事项

(一)基本要求

能够熟练陈述电力机车制动机试验方法，熟练陈述制动机各项试验操作要点和注意事项，进而完成制动机的各项操作。

(二)制动机操纵的安全要求

1. 操纵时应穿戴工作服，佩带必要的安全防护措施；

2. 给电或给风试验中需两人以上进行，1 人试验，1 人监护。遇到异常情况时，应首先切断电源或风源，以防事态扩大。

(三)八步闸试验检查要求

八步闸试验要示如表 2-6 所示。

(四)单机日常试验(五步闸)检查要求

单机日常试验的检查要求如表 2-7 所示。

表 2-6 DK-1型电空制动机“八步闸试验”

操作过程	电空制动控制器						空气制动器				检查要求 (制动管定压 500 kPa)
	过充位	运转位	中立位	制动位	重联位	紧急位	缓解位	运转位	中立位	制动位	
第一步		1 5				2	3	4			1. 制动管、均衡风缸、总风缸均为规定压力；制动缸压力为 0； 2. 制动管压力 3 s 内降为 0；制动缸压力 5 s 内升至 400 kPa，最高压力达到 450 kPa；自动撒砂；有级位时切除主断； 3. 同时下压手柄，制动缸压力应能缓解到 0； 4. 制动缸压力不得回升； 5. 制动管充至 480 kPa 的时间在 9 s 内
第二步		10	7 8 9	6 10							6. 制动管减压 40～60 kPa 后，均衡风缸、制动管的漏泄量分别不大于 5 kPa/min、10 kPa/min； 7. 制动管减压 40～60 kPa，制动缸压力为 90～130 kPa； 8. 制动管减压 100 kPa，制动缸压力为 240～270 kPa； 9. 制动管减压 140 kPa，制动缸压力为 340～380 kPa； 10. 制动管减压 190～240 kPa 时，制动缸压力变化不大于 10 kPa/min
第三步	11	12									11. 均衡风缸压力为定压，制动管压力为过充压力(定压 30～40 kPa)，制动缸不缓解； 12. 120～180 s 左右过充压力消除，制动管恢复定压，制动缸压力应缓解为 0
第四步		13 15		14							13. 均衡风缸减压 140 kPa 的时间为 5～7 s，制动缸压力升至 340～380 kPa 的时间为 6～8 s； 14. 关断分配阀供给塞门，制动缸的漏泄量不大于 10 kPa/min； 15. 制动缸压力由 340～380 kPa 降至 40 kPa 的时间不大于 7 s，均衡风缸、制动管恢复定压
第五步								16 19	17	18	16. 阶段制动作用应稳定、正常； 17. 阶段缓解作用应稳定、正常； 18. 制动缸压力由 0 升至 280 kPa 的时间不大于 4 s； 19. 制动缸压力由 300 kPa 降至 40 kPa 的时间不大于 5 s
第六步					20				21 21		20. 均衡风缸、制动管应减压后保压； 21. 本务节机车制动缸压力 250 kPa 时，重联节机车制动缸压力应为 225～275 kPa
第七步		22 23 24 25									22. 按压充气按钮，均衡风缸与制动管压力同时上升，并超过定压 100 kPa；松开该按钮，迅速按下消除按钮，均衡风缸与制动管压力停止上升，并略有下降； 23. 司机控制器换向手柄置于“制”位，调速手柄离开“0”位，制动管应减压(45±5)kPa，且制动缸升压。延时 20～28 s 后，制动管应自动恢复定压，制动缸压力自动缓解； 24. 开放制动管手动放风塞门，应产生紧急制动，并不得自动缓解； 25. 切断电空制动电源，应产生常用制动；闭合电源，制动机恢复正常
第八步	空气位操作程序： 1. 将电空转换扳钮扳至“空气位”； 2. 将调压阀 53 调至定压； 3. 空气位试验完毕后将电空转换扳钮复位至“电空位”						26 29		27 28	30	26. 同时下压手柄，制动管、均衡风缸皆为定压，制动缸压力为 0； 27. 均衡风缸减压 140 kPa 的时间为 5～7 s，制动缸压力升至 340～380 kPa 的时间为 6～8s； 28. 下压手柄，制动缸压力应能缓解；停止下压手柄，制动缸压力停止下降； 29. 均衡风缸、制动管恢复定压； 30. 阶段制动作用应稳定

注：1～20 项检查中，重联节机车制动机的制动与缓解应与本务节机车制动机协调一致。

表 2-7　DK-1 型电空制动机"五步闸试验"

操作过程	电空制动控制器						空气制动器				检查要求
	过充位	运转位	中立位	制动位	重联位	紧急位	缓解位	运转位	中立位	制动位	
第一步		1 5				2	3	4			1. 制动管、均衡风缸、总风缸均为规定压力；制动缸压力为 0； 2. 制动管压力 3 s 内降为 0；制动缸压力 5 s 内升至 400 kPa，最高压力达到 450 kPa；自动撒砂；有级位时切除主断； 3. 同时下压空气制动阀手柄，制动缸压力应缓解到 0； 4. 制动缸压力不得回升； 5. 制动管充至 480 kPa 的时间在 9 s 内
第二步			7	6							6. 均衡风缸常用最大有效减压量的时间为 5～7 s；制动缸压力升至 340～380 kPa 的时间为 6～8 s； 7. 均衡风缸、制动管的漏泄量分别不大于 5 kPa/min、10 kPa/min
第三步	8	9									8. 均衡风缸压力为定压，制动管压力为过充压力(定压 30～40 kPa)，制动缸压力不变； 9. 120～180 s 左右过充压力消除，制动管恢复定压，制动缸压力应缓解为 0
第四步							12		11	10	10. 制动缸压力由 0 升至 280 kPa 的时间在 4 s 内，最终达到 300 kPa； 11. 制动缸压力不变； 12. 制动缸压力由 300 kPa 降至 40 kPa 的时间在 5 s 内
第五步	空气位操作程序： 1. 将电空转换扳钮扳至"空气位"； 2. 将调压阀 53 调至定压； 3. 空气位试验完毕后将电空转换扳钮复位至"电空位"						13 16		15	14	13. 同时下压空气制动阀手柄，制动管、均衡风缸皆为定压，制动缸压力为 0； 14. 均衡风缸减压 140 kPa 的时间为 5～7 s； 15. 均衡风缸、制动管、制动缸的漏泄量分别不超过 5 kPa/min、10 kPa/min； 16. 均衡风缸、制动管恢复定压

项目二　处理 DK-1 型电空制动机故障

一、学习目标

通过本项目的学习和电力机车 DK-1 型电空制动机常见故障处理技能训练，使专业教师能熟练陈述 DK-1 型电空制动机的综合作用过程，能分析出电力机车 DK-1 型制动机常见故障的分类和表现形式，能对制动机常见故障现象进行分析和处理，提高实践动手能力，达到能够单独指导学生动手训练的水平，全面开展项目教学。

1. 能说出 DK-1 型电空制动机的综合作用过程。
2. 能分析出电力机车 DK-1 型制动机常见故障的分类和表现形式。
3. 能对制动机常见故障现象进行快速、准确分析和处理，确保机车正常运行。

二、项目任务

本项目的任务是判断处理电力机车制动机运行中的常见故障，训练电力机车制动机故障应急处理能力。具体任务为：

任务 1　制动管漏泄量判断与检查。

任务 2　制动管不充风的故障判断与处理。

任务 3　电空制动控制器不起作用故障判断与处理。

任务 4　电空制动机"电空位"和"空气位"转换操作。

任务 5　制动机过量供给故障的判断与处理。

任务 6　电空制动控制器手柄制动后置中立位，均衡风缸压力继续下降。

三、背景知识

(一)DK-1 型电空制动机电空位综合作用过程

在电空操纵时，空气制动阀上电空转换扳钮打在电空位，此时制动机的综合作用称为电空位操纵。在此位置时，在气路上，空气制动阀的作用管的通路被接通，小闸可通过控制机车作用管的压力而单独操纵机车的制动与解，电路接通了导线 899 与导线 801 之间的线路，电空制动控制器获得电源，使电空制动控制器能够操纵全列车(包括机车)的制动与缓解。

1. 空气制动阀在运转位时电空制动控制器在各个位置的作用

该位置称为自动制动作用，即通过电空制动控制器的操纵来控制全列车的制动与缓解。此时，空气制动阀运转位时接电路通了导线 809 和导线 818。气路上则切断了作用管与大气或总风缸之间的通路，空气制动阀不控制作用管压力变化，也即此时机车车辆的缓解与制动均由电空制动控制器控制。

(1)运转位

该位置是列车运用中，电空制动控制器手把常放位置，实现总风缸向全列车初充风、再充风，缓解机车与车辆。

该位置的作用电路、气路如下：

①电空制动控制器

运转位时，导线 803、809、813 有电。

电源 899 经微动开关 3SA1 使 801 有电，即电空制动控制器有了电源，从而使 803、809、813 通电。经中间继电器 452、451 的常闭接点，使缓解电空阀(258)和排 2 电空阀(256)得电。缓解电空阀关闭上阀门，开下阀门。总风缸调压阀(55)调整为 500 kPa 或 600 kPa，经逆止阀、缓解电空阀阀门输出，向下列处所充气。

a. 向均衡风缸(52)及中继阀膜板活塞左侧充气；

b. 向压力开关(208、209)膜板下方充气；

c. 通向检查电空阀(255)及重联电空阀(259)输出口。

同时：排 2 电空阀(256)得电，关闭上阀门，关断了过充风缸经它排向大气的通路；导线 809 再经空气制动阀内的微动开关 3SA2 接通导线 818，通过中间继电器 452、451 的常闭接点使排风 1(254)电空阀得电。则排风 1 电空阀打开下阀门口，将作用管与大气连通，从而确保机车的缓解作用。

导线 813 有电，为实现 DK-1 型电空制动机与列车分离、制动管断裂、车长阀(或手动放风塞门 121 或 122)制动及列车安全运行监控记录装置自动停车功能的配合作准备。

②中继阀

处于缓解充气位及缓解充气后的保压状态。由于膜板活塞左侧均衡风缸压力逐渐增加，使膜板右移，打开供气阀阀口，总风经供气阀直接向制动管充气，车辆缓解。

③分配阀

处于充气缓解位。由于制动管升压，分配阀主阀活塞下降到充气缓解位，使得制动管压力空气充入工作风缸，直到压力均等为止。同时，容积室的压力空气经作用管、排风 1 电空阀排向大气(因 156 塞门呈关闭状，不可能由 $R \to r_2 \to d_1 \to d_2 \to d_3$ 排出)。而均衡活塞也处于缓解位，使得制动缸与大气相通，机车缓解。

(2)过充位

此位是列车运用中，车辆快速缓解、而机车保持制动的位置。该位置与运转位基本相同，不同的是制动管获高出定值 30～40 kPa 的充气压力，且机车制动缸保持原来的压力不变。

①电空制动控制器

此位时，导线 803 通电、缓解电空阀(258)和排 2 电空阀(256)得电，其作用同运转位。

同时，导线 805 通电。使过充电空阀(252)得电，过充电空阀打开下阀门，总风缸压力空气通入过充风缸(56)；并进入中继阀过充柱塞左侧，使中继阀向制动管供给过充风压。

导线 813 有电，为实现 DK-1 型电空制动机与列车分离、制动管断裂、车长阀(或手动放风塞门 121 或 122)制动及列车安全运行监控记录装置自动停车功能的配合作准备。

此位时，导线 809 断电，排风 1 电空阀失电，下阀门关闭，作用管排风通路被关闭，此时作用管保持原来的压力不变。

②中继阀

因过充风缸的总风压力空气使过充往塞右移顶在膜板活塞上给其一个附加力，相当于 30～40 kPa，从而使制动管获得较定值高出 30～40 kPa 的快速充气。当电空制动控制器再回到运转位后，制动管的过充风压可在过充风缸徐徐排风的控制下，由中继阀缓慢消除之。

③分配阀

在此位时，分配阀的主阀部为充气状，均衡部则根据容积内有无压力空气而处于相应的位置。若容积室内有压力空气则因排风 1 电空阀无电而关闭了下阀门，作用管不能通大气，故机车仍处于保压状态。

(3)制动位

该位置是在列车运行中，使列车缓慢停车或调节速度时用的。

①电空制动控制器

手把置于制动位时，导线 806、808、813 有电。

由于导线 803 失电，使缓解电空阀(258)失电，则缓解电空阀关闭下阀门口，开放上阀门口，使均衡风缸的压力空气通过(153)转换阀，再经上阀门口，又经缩堵 d_3(ϕ1.0 mm)至制动电空阀(257)的上阀门口排至大气；同时，均衡风缸的压力空气经缩堵 d_4(ϕ1.0 mm)充入初制动风缸(58)内。随司机操纵电空制动控制器手把在制动位停留时阀的长短而决定减压量的多少。只要缓解电空阀有一短暂时间的失电，均衡风缸通过开放的上阀门口即可与初制动风缸相通从而得到 40～50 kPa 的快速减压量，这可促使后部车辆中较迟钝的三通阀也能起到制动作用。

导线 806 通电，经转换扳钮开关(463QS)使中立电空阀(253)得电。总风缸的压力空气(750～900 kPa)经开放的下阀门口，通至总风遮断阀套的左侧，推总风遮断阀处于关闭状态，切断了中继阀的供风源。

导线 808 通电，为压力开关(208)的接线点(808-800)接通做准备。当均衡风缸减压量达到 190～230 kPa 后，压力开关(208)膜板上方压力使膜板向下凹，芯杆下落，使微动开关(466)的下接点闭合，制动电空阀(257)得电，关闭上阀门，停止均衡风缸的继续减压，以达自动控制制动管过量减压之目的。

导线 813 有电，为实现 DK-1 型电空制动机与列车分离、制动管断裂、车长阀(或手动放风塞门 121 或 122)制动及列车安全运行监控记录装置自动停车功能的配合作准备。

②中继阀

由于膜板活塞左侧室的压力降低。膜板活塞带动顶杆左移，拉开排气阀形成制动位，制动管的压力空气经排气阀口排向大气，列车制动。当制动管及中继阀主活塞压力降低到与均衡风缸压力平衡时，在排气阀弹簧的作用下，关闭排气阀口，且不打开供气阀口，制动管停止减压。

③分配阀

由于制动管压力逐渐降低，使得分配阀由局减位到制动位，沟通了下列通路：

①制动管压力→节制阀 A 槽→局减室→缩孔 I→排入大气促使主阀到制动位；

②工作风缸压力空气(制动位)→容积空→均衡部膜板下方；

③总风缸压力空气→均衡部供气阀口→制动缸，机车呈制动状；

④紧急阀：由于制动管常用制动减压，紧急阀 95 形成常用制动状态。

(4)中立位

中立位是制动前的准备位置及制动后的保压位置。

①电空制动控制器

在此位置时，导线 806、807、813 有电。

只要转换钮子开关(463)在“不补风位”导线 806 即可通电给中立电空阀(253)，使总风遮断阀处于关闭状态。

而此位主要是导线807通电给制动电空阀(257),使其关闭上阀门口,停止均衡风缸排风减压,以适应控制要求。

若电空制动控制器手把在制动前先移至此位。此时因缓解电空阀,通过压力开关(209)之微动开关(209SA)的联锁(807-209SA-827)继续得电而保持运转位的状态。虽然制动电空阀由导线807～导线800得电关闭上阀门,但暂时无用;若在制动后再移中立位的,因压力开关(209)已动作,微动开关(209SA)的连锁使827与807断开,缓解电空阀(258)为失电状,切断了均衡风缸的风源,均衡风缸成了制动减压后的保压状。虽然微动开关(209)使接点800与822接通,此线无电,不起作用。另外,电空制动控制器在此位置时,如果车列的制动机均有阶段缓解性能时,为适应这种性能的要求,只需将转换钮子开关(463)搬至"补风位"即可实现。因"补风位"时,中立电空阀只有在紧急制动情况下以及电空制动控制器在重联位时,由导线821经二极管(260)获得电能,使总风遮断阀关闭。而其他位置均不得电,总风遮断阀呈开启状。此时,(463QS)是在"不补风位",806接通中立电空阀253。

②中继阀

因总风遮断阀在中立电空阀控制下处于关闭状态,中继阀得不到供风,不可能向制动管补风从而处于制动后的保压状态。

③分配阀

处于保压位。各部通路均被切断,使容积室压力不变(排风1电空阀失电,下阀门关闭,作用管不能通大气),机车制动缸压力呈保压状态。但制动缸压力若有漏泄,可通过均衡部得以补偿。

(5)紧急制动位

列车运行中遇有危及行车安全或人身安全的紧急情况时,使用该位置使列车紧急停车。

①电空制动控制器

在此位置时:导线812、806、804、821通电。

导线806通电经转换钮子开关(463)使中立电空阀得电,控制总风遮断阀处于关闭状,制动管得不到供风。

导线804通电,使得ZDF电动放风阀(JZF)的电空阀(94YV)得电。总风经(94YV)下阀门通入电动放风阀橡皮膜下方气室,开启放风阀,制动管压力空气急剧排向大气,使列车迅速停车。

同时,当机车有级位时,804导线电源可经失电的零位中间继电器568KA的常闭联锁使导线912有电,使得主断路器跳闸,切除机车牵引动力源。

导线812通电,经"向前"转换开头联锁(107QPF)使撒砂电空阀(251、241)得电,下阀门开放,使撒砂器产生撒砂作用,以增加轮轨之阀的黏着。

导线821通电,重联电空阀(259)获电打开下阀门,沟通均衡风缸与制动管,使中继阀膜板活塞两侧始终保持一致而防止膜板拉伤。最后均衡风缸压力空气随制动管一起排出。

另外821导线的电源可经(260)二极管使中立电空阀也获电,作用同上。同时经二极管(264)使制动电空阀(257)得电,关均衡风缸排风口。

排风2电空阀(256)失电,连通过充风缸向大气排风的通路,迅速排空过充风缸的压力空气。

②紧急阀

由于制动管压力急剧下降,也引起紧急阀动作,进一步加速制动管排风,迅速产生紧急制

动作用。

③中继阀

由于均衡风缸连通制动管,因此失去对制动管的充、排气能力。

④分配阀

此位置与制动位相同,只因增压阀的作用,使总风缸压力空气进入容积室。由于安全阀调整压力值为(450±10)kPa,所以多余的压力空气由安全阀喷出。容积室保持450 kPa的压力,即紧急制动时制动缸内的压力。

(6)重联位

为重联机车、补机、无动力回送机车及本务机车非操纵端所使用的位置。

①电空制动控制器

导线821得电。重联电空阀(259)得电,打开下阀门口,使制动管与均衡风缸沟通,从而实现中继阀的自锁,保证制动管的压力不再受该中继阀运用的控制。

同时,通过二极管(264)使制动电空阀(257)得电,关闭上阀门,使均衡风缸不能由此排风,导线N821还通过(260)二极管使中立电空阀获电,致使总风遮断阀处于关闭状态。

排2电空阀失电,使过充风缸与大气相通。

②中继阀

此位置由于重联电空阀将均衡风缸与制动管沟通,中继阀膜板活塞两侧压力一致而成自锁状态,失去对制动管的控制功能。制动管压力变化由本务机车操控。

③分配阀

此时受本务机车控制,随制动管压力变化而动,充气缓解、制动、保压及紧急制动均有可能。

2. 空气制动阀在各位置的作用

该工况一般称为单独制动作用,即通过空气制动阀来单独操纵机车的制动、缓解与保压。当电空制动控制器手柄在运转位时,则有:导线803和导线809得电,使机车、车辆制动机保持缓解。

(1)制动位

为机车单独制动用。

①空气制动阀

手把右移,作用凸轮得一个降程,作用柱塞在弹簧的反力作用下右移。总风经调压阀调整为300 kPa的压力空气直通作用管,使机车得到300 kPa的最大制动缸压力。同时由于定位凸轮压缩微动开关(3SA2),使导线809与818两接点断开,排风1电空阀(254)失电,关闭下阀门,作用管不能与大气相通,使机车制动得以实现。

②分配阀

由于空气制动阀向作用管送入的压力空气可直接进入容积室内,再进入均衡部膜板活塞的下方,推动膜板活塞及空心阀杆上升,顶开供气阀并压缩供气阀弹簧,总风经开放的供气阀口送入制动缸,并经缩堵孔进入膜板活塞上方。此为分配阀均衡部的制动位。

此时,分配阀主阀部受着列车管压力变化控制,处于充气缓解状态。

(2)中立位

为机车制动后保压用。

①空气制动阀

将空气制动手把由制动位回移中立位，这时，由于作用凸轮使作用柱塞处于中间位置，切断了调压阀管与作用管的通路。同时，微动开关(3SA2)还被压缩着，致使导线 809 与 818 接点仍断开看，则排风 1 电空阀仍失电，容积室内压力空气不能排出，从而使机车制动缸保持一定的制动压力。

②分配阀

均衡部在制动过程中，当膜板活塞上下压力平衡后，供气阀弹簧伸张推动供气阀向下密闭供气阀座，停止向制动缸供风。空心阀杆也向下移，由于膜板活塞下方容积变化，略使压强增高的反力不便空心阀杆脱离供气阀下端面，所以空心阀杆上端的排风口不开放，制动缸压力空气不能排出。分配阀均衡部即处于制动后的保压状态，主阀部仍为充气缓解位。

(3)运转位

正常运行时放置的位置。

①空气制动阀

当空气制动阀手把由中立位回移至运转让时，定位凸轮不再压缩微动开关(3SA2)，导线 809 与 818 接通电路，排风 1 电空阀重新得电开下阀门，将作用管与大气相通。

②分配阀

由于容积室压力空气经作用管及排风 1 电空阀通大气，均衡部膜板活塞、空心阀杆下移，开放空心阀杆排风口 d_5、使机车制动缸压力空气经 d_6 排入大气，机车缓解。

(4)缓解位

缓解位一般是电空制动控制器常用制动后放中立位时，欲单独缓解机车制动力时使用的位置。

①电空制动控制器常用制动后放中立位，由于排风 1 电空阀(254)失电，使作用管不能与大气连通。欲单独缓解机车制动时，可将空气制动阀手把推至缓解使作用柱塞左移打开作用管与大气的通路，或下按手把使缓解阀开放作用管与大气的通路，均能使分配容积室与大气沟通，达到单独缓解机车制动的目的。

②分配阀则由于容积室与大气沟通，所以均衡部膜板活塞带空心阀杆下移，开放空心阀杆排风口 d_5，使制动缸压力空气排入大气而位于缓解状态。

当然，对于单独缓解机车制动时，还要遵循制动机操作规程的有关规定。

(二)DK-1 型电空制动机空气位综合作用原理

为确保行车安全可靠，SS_4 改电空制动机系统设有空气位操作方式，即用空气制动阀可代替电空制动控制器操纵全列车的制动、保压和缓解作用。

在运行中，一旦电控系统出现故障，司机需要将设在空气制动阀上的“电空”转换柱塞扳柄由“正常位”扳至“空气位”，转换往塞杆压缩微动开关(3SA1)就能使相应的连锁(导线 899 与导线 801)断开，将(导线 899 与导线 800)接通。切断电空制动控制器电源，并开通相应的气路；此外还应对调压阀(53)或(54)进行调整，使输出压力与制动管定压相同，并且应将电空制动控制器手把放运转位。如此，就可以用空气制动阀对全列车施行制动与缓解的操纵。

“空气位”时空气制动阀有 3 个作用位置。

1. 缓解位

缓解位为列车运行时手把的放置位。由于作用往塞左移的结果，连通调压阀管的通路，使得 500 kPa 或 600 kPa 的压力空气充入均衡风缸，促使中继阀呈缓解充气位，迅速向制动管充气，使车列起缓解作用。机车分配阀主阀部虽成缓解状态，但因作用管不排风，机车不缓解。

这是由于在“空气位”操纵全列车时，还需要使用车列缓解，机车保压这一性能，一般是不开放分配阀(156)塞门的缘故。如此，空气制动阀手把在缓解位运行时：要经常下按手把使分配阀均衡部处缓解状，以防止机车发生自然制动现象。

2. 制动位

制动位是使均衡风缸的压力空气经转换柱塞凹槽和作用柱塞端盖缩堵孔 d_{11} (φ1.4 mm)排向大气，形成均衡风缸减压。减压量由空气制动阀手把在制动位停留时间长短而定。由于均衡风缸的减压，中继阀、分配阀处于制动位，机车与车辆同样制动。

3. 中立位

当在制动位使均衡风缸减压量达到要求时，即将空气制动阀手把移至中立位。中立位各通路均切断，中继阀、分配阀将处于制动后保压状态，列车也呈制动后保压状态。

当需要单独缓解机车制动力时，只要按压空气制动阀手把即可实现。

(三)DK-1 型电空制动机的故障处理

1. 故障分类

由于 DK-1 型机车电空制动机与一般机车空气制动机在结构、性能及操作方法等方面有较大的不同，故障的性质也不相同。一般可分为控制电路、阀类部件、管路及连接部分和操作不当以下几个方面的故障：

(1)控制电路故障

DK-1 型机车电空制动机的操作系统采用电控方式，因此常会出现一些控制电路故障。例如接线头、插头及插座的虚接和电子元件的虚焊，二极管及压敏电阻的击穿会造成控制功能的错误；而开关节点不良、中间继电器卡位及触头接触不良、线圈断路，电空阀线圈断路和控制单线断路、短路、接地等则会造成执行部件不动作。

(2)阀类部件故障

在 DK-1 型机车电空制动机中，阀类部件的故障会直接影响到气路的作用。这类故障大多是在阀类部件内的滑动件上。例如由于缺少油脂润滑，各种活塞杆和分配阀的滑阀、节制阀会出现卡滞，造成风路不能沟通；由于动作频繁和老化等原因，弹簧件会失效，影响阀类部件的正常动作，橡胶件会出现破损裂纹造成窜风和漏风，使阀类部件不能动作或性能下降，同样阀类部件内的小孔堵塞也会影响动作。

(3)管路及连接部分故障

这类故障的现象一般比较明显，主要表现在堵塞和泄漏，也有部分阀座内部暗孔内泄引起的窜风。

(4)操作不当造成的故障

DK-1 型机车电空制动机是一个比较复杂的系统，特别是 SS_4 改进机车为双节制动机重联机车，司机在使用机车前，必须全面学习掌握 DK-1 型机车电空制动机的功能作用，并按照制动机的操作方法来操纵机车，如果违反操作方法或操作不当，也会使制动机出现故障。例如塞门开闭不对，重联阀位置不对，重联机车电空制动控制器、空气制动阀手把位置不对等将会使制动机不能正常工作。

2. 故障处理法

(1)首先，必须熟悉 DK-1 型机车电空制动机的控制电路和空气管路，而且要熟悉个部件的内部结构、作用原理和制动机的操作方法，以便快速、准确地判断故障。

(2)对机车制动机所出现的故障大致判断一下，按分类方法将故障分类。例如通过电空阀、压力开关动作是否正常可以把故障区分成电路或气路故障。

(3)对每一类故障化整为零，缩小范围，具体方法有两条，可以采用优选法查找故障，也可以根据分析从最易发生故障的地方入手查找故障。

(四)故障判断原则与方法

1. 发生故障时，必须正确地掌握故障发生时各仪表的显示情况、机车内部电空阀的动作情况及是否有响声等，同时还要注意发生故障时的操作，注意当时各手柄的位置所在以及操作动作与发生故障的时间间隔等。

2. 在正确掌握故障现象的基础上，要对发生的故障进行分析，判断能造成该故障的原因，如果有多种原因均能引起这种现象，则应尽量在司机室内或电空制动屏柜处用一些其他方法缩小可能发生故障的原因。

3. 对于多种原因均能引起的故障，在检查处理时应分段检查或逐个检查，同时应本着先易后难，先检查可动部件，后检查静止部件，先检查惯性故障处所，后检查其他处所的原则去检查处理，对于经常发生不良的部分和容易检查的部分首先进行检查处理。

4. 对于刚检修过的机车，由于部件的互换、拆装等可能有漏接、错接等现象；对于运用中的机车一般故障为电路中某部分接触不良或某部件受损发生问题而造成。

四、质量标准

序号	项目	考核内容及评分标准	分值	扣分	得分	备注
1	时间	规定时间 10 min，每超过 1 min 扣 1 分，超过 5 min 全项失格	10			
2	安全	防护用品穿戴不齐，每件扣 2 分；碰伤、破皮出血每处扣 3 分；触电或造成工伤全项失格	10			
3	正确使用仪表	仪表未校验扣 2 分；量程选择不当扣 2 分；读数不准扣 2 分；仪表损坏至不能使用扣 10 分	10			
4	作业过程	重复一次、顺序颠倒一次、检查无内容各扣 1 分，未按要求结束工作扣 5 分	20			
5	质量	故障发现不会处理扣 20 分；安装松动每处扣 3 分；漏装配件每处扣 5 分；故障未发现全项失格	50			
合　计						
评价者签名：　　年　月　日						

五、项目链接

1. 杨兆昆. 韶山 4 改型电力机车乘务员[M]. 北京：中国铁道出版社，2002.

2. 王爱民. DK-1 型电空制动机检修及故障处理[M]. 北京：中国铁道出版社，1996.

3. 崔志超. SS_{4B}型机车空气制动系统存在的问题及处理[J]. 机车电传动，2004(3).

4. 税建平. SS_4 改型机车 DK-1 型电空制动机的改进[J]. 电力机车与城轨车辆，2007(1).

5. 邹振洪. DK-1 型电空制动机空气位作用的改进设想[J]. 内燃机车，2006(7).

6. 石建新. SS_4 改型机车 DK-1 型电空制动机故障判断及对策[J]. 电力机车与城轨车辆，2008(4).

任务1　制动管漏泄量判断与检查

一、学习目标

能通过试验判断出制动机系统中制动管的漏泄量的大小是否在正常的范围内，如果超过范围，能够消除故障或隔离故障，维持机车运行。

二、学习任务

1. 任务描述

通过制动机的综合作用和试验的学习，能够通过制动机试验判断出制动机系统中制动管的漏泄情况，通过制动机故障处理的学习，能够在发现制动管漏泄超过标准时，通过检查或处理，消除故障或进行隔离，维持机车运行。

2. 任务流程

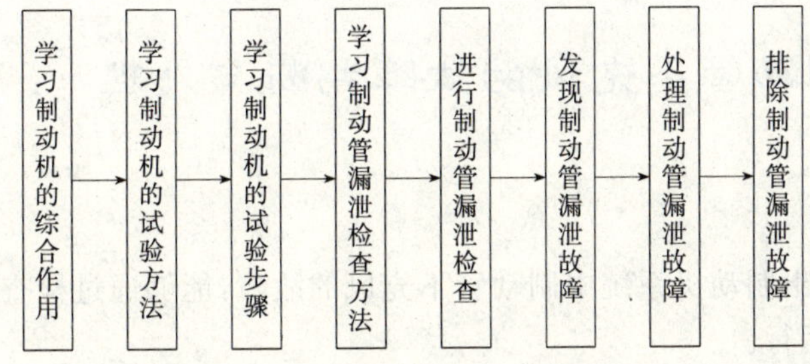

三、环境设备

在SS_4改型电力机车上或在DK-1制动机试验台上进行。十字头和一字头螺丝刀各1把、手电筒1个、试灯1个、万用表1块、500 V兆欧表1块、短接线若干根、肥皂液适量、SS_4改型电力机车电路图、空气管路图各1份。

四、操作指导

(一)均衡风缸、制动管漏泄检查方法

1. 将电空制动控制器手柄从“运转位”移至“中立位”，此时因为缓解电空阀依然得电，均衡风缸压力保持不变，但是因为中立电空阀得电，使总风遮断阀口被关闭，切断了制动管的供风源，制动管的漏泄不能得到补充，因而可以准确检查出制动管的漏泄量。制动管漏泄标准：制动管压力下降每分钟应不大于10 kPa。

2. 将电空制动控制器手柄移至“制动位”，待制动管减压40～60 kPa后置于“中立位”，并保持1 min，此时缓解电空阀失电，制动电空阀失电，均衡风缸的漏泄不能得到补充，因而可准确检测出均衡风缸的漏泄量，而制动管漏泄量可能比制动前中立位略高。均衡风缸漏泄标准：均衡风缸的漏泄量每分钟不大于5 kPa；制动管漏泄量仍然每分钟不大于10 kPa。

(二)制动机系统中影响制动管漏泄的部位

1. 制动管管路自身、各管路接头及塞门；

2. 中继阀、电动放风阀、紧急阀、分配阀。

(三)制动管漏泄量的试验判断

电空制动控制器手把置“运转位”时间要不低于 90 s,确保工作风缸和紧急阀的紧急气室充至与制动管的压力相等后,方可将手把置于“中立位”来检测制动管的漏泄量。

如果试验发现制动管漏泄量超标,检查处理:

(1)检查制动管各管路自身及管路接头及塞门,怀疑漏泄而听不清声音时,可在怀疑部位涂抹肥皂液来检查。

(2)关中继阀制动管塞门 115,观察制动管漏泄情况,如此时正常则为中继阀故障,否则恢复检查其他阀件。

(3)关电动放风阀塞门 117,观察制动管漏泄情况,如此时正常则为电动放风阀故障,否则恢复检查其他阀件。

(4)关紧急阀塞门 116,观察制动管漏泄情况,如此时正常则为紧急阀故障,否则恢复检查其他阀件。

(5)如前述阀件均无故障,则检查分配阀。

任务 2　制动管不充风的故障判断与处理

一、学习目标

能通过试验判断出制动机系统中制动管不充风的故障,能够通过检查或处理,消除故障或隔离故障,维持机车运行。

1. 能完成制动管的充风试验。
2. 通过试验判断制动管不充风故障。
3. 检查处理制动管不充风故障,维持机车运行。

二、学习任务

1. 任务描述

学员通过对制动机综合作用、操作规程、试验方法和步骤的学习后,能够完成制动管的充风试验,能够发现制动管不充风故障,能够对制动管不充风故障进行检查处理。

2. 任务流程

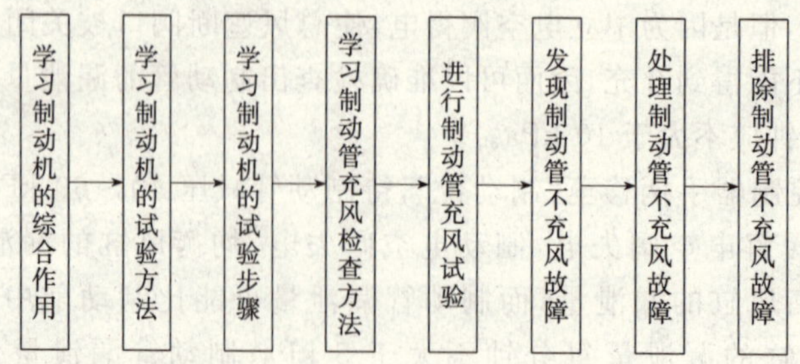

三、环境设备

在 SS_4 改型电力机车上或在 DK-1 制动机试验台上进行。十字头和一字头螺丝刀各 1

把、手电筒1个、试灯1个、万用表1块、500 V兆欧表1块、短接线若干根、肥皂液适量、SS_4改型电力机车电路图和空气管路图各1份。

四、操作指导

（一）制动管充风试验

将电空制动控制器手柄置于“运转位”，制动管充风速度应符合表2-8。

表2-8 制动管充风速度

制动管定压500 kPa	制动管定压600 kPa
制动管压力由0升至480 kPa的时间不大于9 s	制动管压力由0升至480 kPa的时间不大于11 s

（二）制动机系统中影响制动管不充风的部位及原因

(1)制动管塞门115关闭。

(2)253中立电空阀下阀口未复位或排气口被堵。

(3)总风遮断阀卡位，不复位。

(4)中继阀供气阀卡位，不复位。

(5)总风缸塞门114关闭。

（三）制动管充风是否正常的试验判断

当制动管定压为500 kPa时，要求制动管压力由0升至480 kPa的时间不大于9 s。当制动管定压600 kPa时，要求制动管压力由0升至480 kPa的时间不大于11 s。低于前述速度则视为充风不正常。

（四）制动管不充风的检查处理

1. 检查总风缸进入总风遮断阀的塞门114的开通情况，如不通，开通；

2. 检查中继阀处制动管塞门115至开通；

3. 电空制动控制器手柄置中立位2～3次，看中立电空阀是否能恢复正常，若运转位253中立电空阀继续排风不止，关闭157塞门，转换至空气位操纵。检测更换253中立电空阀；

4. 转空气位操纵后，制动管仍无压力，则应为总风遮断阀卡位，拆检遮断阀，一时修不好，抽出遮断阀，维持运行，到段检修。

任务3 电空制动控制器不起作用故障判断与处理

一、学习目标

能通过试验判断出制动机系统中电空制动控制器不起作用的故障，能够通过检查或处理，消除故障或隔离故障，维持机车运行。

二、学习任务

1. 任务描述

通过电空制动控制器的作用原理的学习，在学习制动机综合作用和试验方法与步骤的基础上，通过试验能发现电空制动控制器不起作用故障，并且能够对电空制动控制器不起作用故障进行检查处理，维持机车运行。

2. 任务流程

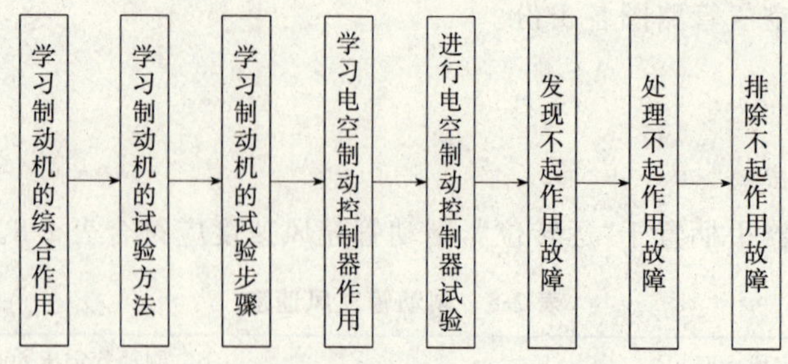

三、环境设备

在 SS_4 改型电力机车上或在 DK-1 制动机试验台上进行。十字头和一字头螺丝刀各 1 把、手电筒 1 个、试灯 1 个、万用表 1 块、500 V 兆欧表 1 块、短接线若干根、肥皂液适量、SS_4 改型电力机车电路图和空气管路图各 1 份。

四、操作指导

(一)电空制动控制器的作用

电空制动控制器是制动机的操纵机构,它实际上是一个多位置多路电路转换开关。操纵电空制动控制器手把在不同位置,就能控制不同的电路得电与失电,从而通过有关元件,实现控制不同的电空阀得电和失电,使之实现气路的开通或切断,从而控制全列车的制动、缓解作用。

(二)电空制动控制器不起作用原因

电空制动控制器是一个多位置多路的电路转换开关,它要实现电路转换,必须要有工作电源,即它的电源线 801 必须有电,因此电源线 801 因故不能得电是电空制动控制器不起作用的根本原因。

1. 电空制动电源自动开关 615QA 未合上。

2. 电空转换开关不到位,3SA1 未动作而接通 899 和 801,电空制动控制器没获得工作电源。

3. 3SA1 本身故障,不能接通 899 和 801。

(三)故障判断

1. 通过试验判断电空制动控制器工作是否正常。

2. 如果试验发现电空制动控制器不起作用,检查处理:合上 615QA,扳动电空转换开关至电空位,如正常则继续运行,否则转换至空气运行,回段检修。

任务 4　电空制动机“电空位”和“空气位”转换操作

一、学习目标

能熟练地进行“电空位”和“空气位”的转换操作,从而能够在机车运行中,遇到“电空位”故障时顺利地转换至“空气位”维持运行。

1. 能够正确完成“电空位”向“空气位”的转换操作。

2. 能够正确完成“空气位”向“电空位”的转换操作。

二、学习任务

1. 任务描述

学员在学习制动机综合作用原理、试验方法和步骤基础上，完成“电空位”操作规程和制动机“空气位”操作规程的学习后，顺利完成制动机“电空位”和“空气位”的相互转换操作。

2. 任务流程

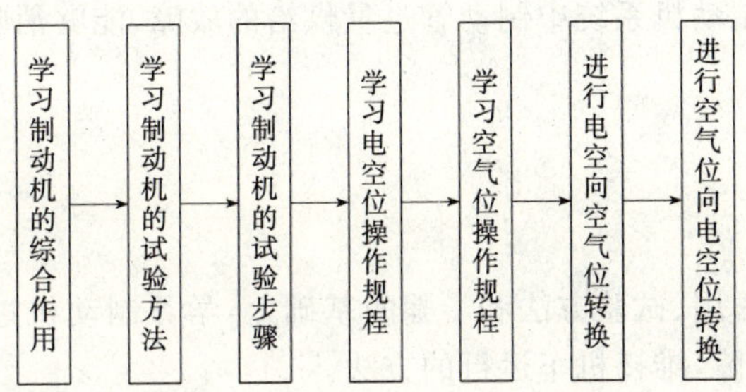

三、环境设备

在SS_4改型电力机车上或在DK-1制动机试验台上进行。十字头和一字头螺丝刀各1把、手电筒1个、试灯1个、万用表1块、500 V兆欧表1块、短接线若干根、肥皂液适量、SS_4改型电力机车电路图和空气管路图各1份。

四、操作指导

(一)“电空位”和“空气位”之间的转换

通过操纵空气制动阀上的电空转换开关，完成“电空位”和“空气位”之间的转换。

(二)“电空位”向“空气位”转换的程序

1. 将操纵节机车空气制动阀上的电空转换扳钮移至“空气位”，并将手柄移至“缓解位”。

2. 将操纵节机车空气制动阀下方调压阀53的输出压力值调整为定压(500 kPa或600 kPa)。

3. 将电空制动屏柜上的转换阀153由“正常位”转换至“空气位”。

上述第3项操作，在一般的机能检查时可不必进行。但在运行途中，必须转为空气位操作时，应全部完成上述3项操作，以确保顺利转换。

(三)“空气位”操作的注意事项

1. 操作空气制动阀可对全列车进行制动与缓解。单缓机车则要下压其手柄。

2. 电空制动控制器手柄应放运转位，也可从重联位取出。

3. 需紧急制动时，应按压紧急按钮或开放手动放风塞门121，并将空气制动阀手柄置于制动位。

4. 此时因制动管有补风作用，在中立位停留一段时间后，要监视速度的变化，以免因车辆的陆续自然缓解而丧失制动时机。

5. 由于空气位操作只是一种补救的措施，因此在操作时必须格外注意，做到正司机、学习司机密切协调，方能确保运行的安全。

6. 若非操纵节机车处于空气位，或处于电空位但无电空制动电源，应将非操纵节机车中继阀的制动管塞门115关断。

7. 空气位操纵，只允许短时间低速维持故障运行，到达安全地方后，应及时恢复电空制动，以确保运行安全。

任务 5　制动机过量供给故障的判断与处理

一、学习目标

能通过试验判断出制动机系统中制动管过量供给的故障，能够消除故障或隔离故障，维持机车运行。

二、学习任务

1. 任务描述

在学习制动机综合作用、试验方法和步骤的基础上，学习制动机过量供给故障的原因，检查处理方法，以及隔离故障，维持机车运行的方法。

2. 任务流程

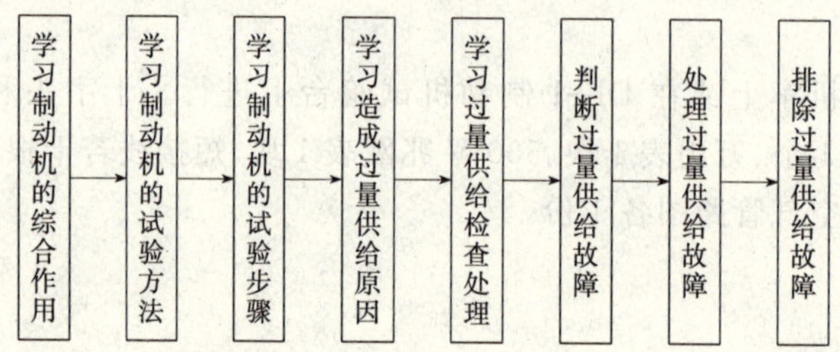

三、环境设备

在 SS_4 改型电力机车上或在 DK-1 制动机试验台上进行。十字头和一字头螺丝刀各 1 把、手电筒 1 个、试灯 1 个、万用表 1 块、500 V 兆欧表 1 块、短接线若干根、肥皂液适量、SS_4 改型电力机车电路图和空气管路图各 1 份。

四、操作指导

(一)制动管充风试验

将电空制动控制器手柄置于"运转位"，制动管充风速度应符合表 2-9。

表 2-9　制动管充风速度

制动管定压 500 kPa	制动管定压 600 kPa
制动管压力由 0 升至 480 kPa 的时间不大于 9 s	制动管压力由 0 升至 480 kPa 的时间不大于 11 s

(二)制动管过量供给的故障原因

(1)255 检查电空阀下阀口漏。

(2)操纵端充气按钮作用不良。

(3)55 号调压阀故障。

(三)判断制动管是否充风正常

通过试验判断制动管是否充风正常。

(四)制动管过量供给的检查处理

1. 更换255检查电空阀。

2. 检测充气按钮。

3. 运用中除特殊情况需立即停车处理外，一般均应维持运行。维持运行中需要减压时，累计减压量不能超过140 kPa，要利用线路纵断面采用电阻制动配合使用，直至达到前方停车站停车后处理：关闭157塞门；转换扳键置空气位。

4. 当车辆压力已过量至900 kPa，可分两步消除：

(1)停车后追加减压至260 kPa，待全列排风停止，再将空气制动阀用的调压阀调整至700 kPa再缓解。

(2)待全列充满风后，两次实行减压140 kPa，待全列排风停止，再将空气制动阀用的调压阀调整到制动管定压，空气制动阀放缓解位，车辆即可缓解。

任务6　电空制动控制器手柄制动后置中立位，均衡风缸压力继续下降

一、学习目标

能通过试验判断出制动机系统中制后中立位均衡风缸继续减压的故障，能够通过检查或处理，消除故障或隔离故障，维持机车运行。

二、学习任务

1. 任务描述

在学习制动机综合作用、试验方法和步骤的基础上，学习制动机电空制动控制器手柄制动后置中立位，均衡风缸压力继续下降故障的原因，检查处理方法以及隔离故障，维持机车运行的方法。

2. 任务流程

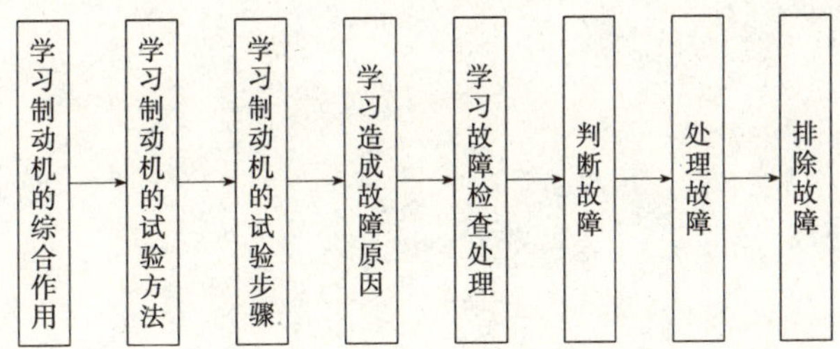

三、环境设备

在SS_4改型电力机车上或在DK-1制动机试验台上进行。十字头和一字头螺丝刀各1把、手电筒1个、试灯1个、万用表1块、500 V兆欧表1块、短接线若干根、肥皂液适量、SS_4改型电力机车电路图和空气管路图各1份。

四、操作指导

(一)电空制动控制器制动后移中立位保压过程

将电空制动控制器手柄移至“制动位”，待制动管减压一定量后置于“中立位”，因为缓解电

空阀失电，均衡风缸压力不会上升，而制动电空阀得电，上阀门关闭，均衡风缸和初制动风缸停止减压，因此制动后中立位均衡风缸的压力应保持不变。

(二)制动后中立位继续减压故障的故障原因

1. 某端空气制动阀转换柱塞第二道O形圈漏，造成均衡风缸由此漏泄而减压。

2. 257制动电空阀上阀口不严，使均衡风缸和初制动风缸经上阀口继续减压。

3. 262二极管断路，制动电空阀没有得电，使均衡风缸继续减压。

(三)判断制动后中立位是否正常

通过试验判断制动后中立位是否正常。

(四)如果发现制动后中立位均衡风缸继续减压，检查处理

1. 检查调压阀53溢流孔，判断泄漏端。操纵端O形圈漏，可在减压后放中立位，将电空扳键转至空气位，空气制动阀回运转位后，扳键再扳回电空位即可缓解。非操纵端O形圈漏，则需转至空气位运行。

2. 更换257制动电空阀，或转空气位操纵。

3. 电空制动控制器放制动位过量减压后能自动保压，则可短接800-807线，维持运行。

第三部分　电力机车运用与管理

项目一　列车牵引计算

一、学习目标

通过本项目学习，使学员能够认识机车的牵引特性，会看牵引特性曲线图和牵引计算数据表，并能根据牵引特性曲线和有关数据分辨和比较机车性能；能够在计算机车牵引力、列车阻力、列车制动力的基础上计算列车合力，从而进一步认识列车合力对列车运动的影响，会利用列车运动方程式计算列车运行时间和运行距离；能说出列车制动距离的解算方法与思路，会利用一次简化计算法快速计算列车制动距离；能说出牵引质量的计算依据和方法，会利用有关数据计算各种机车在不同线路的牵引质量，确定牵引定数；能说出某种列车牵引计算软件的特点和使用方法，会应用牵引计算软件建立机车车辆、线路等数据文件，合理编组列车，绘制列车运行速度时分曲线，并生成列车牵引操纵图。

1. 能说出机车牵引力、列车阻力、制动动力的形成原因，会计算或查表、读图。

2. 能阐明列车合力对列车运动趋势影响的内在原因，会用列车运动方程式计算列车运行时间、距离。

3. 能运用列车换算制动率与每百吨列车重量换算闸瓦压力判断列车制动能力并进行有关制动计算。

4. 能描述牵引质量计算的依据和基本方法，会利用有关数据和公式计算牵引质量，确定牵引定数。

5. 能应用列车牵引计算软件建立机车车辆、线路数据文件，并进行模拟操纵及有关计算，能读懂并绘制牵引操纵图。

二、项目任务

本项目的任务是学习列车牵引计算基本知识，解算一系列与列车运动有关的实际应用问题：机车牵引力、列车阻力、列车制动力的计算与查表方法；机车牵引特性、制动特性曲线；列车换算制动率与每百吨列车重量换算闸瓦压力；制动距离的计算；根据列车合力判断列车运行趋势；确定不同机车在不同线路的牵引质量；运用一种列车牵引计算软件并利用软件绘制列车运行速度时分曲线，生成并看懂牵引操纵图，指导司机牵引操纵。

任务1　电力机车机车牵引力及牵引特性认知。

任务2　列车制动力计算。

任务3　列车合力与列车运行时间、距离计算。

任务4　列车制动距离与制动限速计算。

任务5　牵引质量计算。

任务6 牵引电算技术训练(绘制 SS_3 型电力机车在湘黔线娄底—怀化段的牵引操纵图)。

三、环境设备

设备、工具:普通计算器,通用配置计算机1台,QYJS运行环境为中文WIN95/98/XP,打印机,建议在多媒体教室上课。

四、背景知识

1. 列车运动过程中作用在列车上的各种力,这些力产生的原因、过程、变化规律、计算方法及其对列车运动的影响;
2. 列车运行速度和时间的解算;
3. 牵引质量的计算;
4. 机车能耗量的计算;
5. 列车制动问题的解算;
6. 牵引电算训练。

五、项目链接

1. 列车牵引计算规程(TB/T 1407—1998).
2. 中华人民共和国铁道部组织编写. 铁路技术管理规程[M]. 北京:中国铁道出版社,2007.
3. 张中央. 列车牵引计算[M]. 北京:中国铁道出版社,2006.
4. 孙中央. 列车牵引计算实用教程[M]. 北京:中国铁道出版社,2005.
5. 杨永林. 韶山7E型电力机车[M]. 北京:中国铁道出版社,2006.
6. 赵叔东. 韶山8型电力机车[M]. 北京:中国铁道出版社,1998.
7. 钱钟侯. 高速铁路概论[M]. 北京:中国铁道出版社,2006.
8. 饶忠. 列车制动[M]. 北京:中国铁道出版社,2003.
9. 夏寅荪,吴培元. 120型空气制动机[M]. 北京:中国铁道出版社,2005.

任务1 电力机车机车牵引力及牵引特性认知

一、学习目标

能用语言和图形结合描述机车牵引力的形成过程,明确黏着牵引力及对机车牵引力的限制,能看懂机车牵引特性曲线,会查用机车牵引计算数据表,能根据牵引特性曲线和有关数据分辨和比较机车性能。

二、学习任务

1. 任务描述

认识机车牵引力的形成和黏着牵引力;描述机车牵引特性及牵引特性曲线;明确机车牵引力的取值标准。

2. 任务流程图

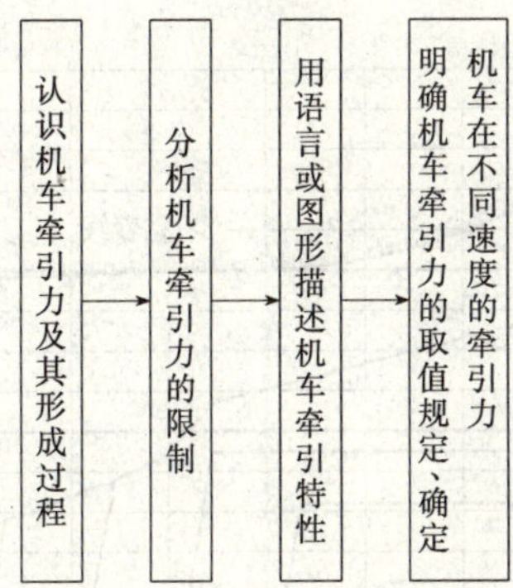

三、环境设备

建议在多媒体教室学习并备有《列车牵引计算规程》(以下简称《牵规》),典型机车牵引特性曲线图。

四、背景知识

(一)机车牵引力的形成

机车牵引力是由机车动力装置产生动力转矩,并通过传动装置传递给动轮,再通过轮轨间的黏着作用,引起钢轨对动轮的切向反作用力,即机车牵引力。因这个切向反作用力是作用在轮周的轮轨接触的切线上,所以这个力又称作轮周牵引力。

(二)黏着牵引力

轮轨之间的接触状态,用“黏着”来描述,轮轨之间存在黏着力来维持轮对在钢轨上的正常运动,如果轮周上的切线力大于轮轨间的黏着力时动轮就要发生空转。在不发生空转的前提条件下,所能实现的最大轮周牵引力称为黏着牵引力。其值按下式计算:

$$F_{\mu}=P_{\mu}g\mu_{j}\quad(\text{kN})$$

根据各型机车不同速度下的黏着牵引力,可以在坐标图中绘出黏着牵引力与速度的关系曲线,称为黏着牵引力曲线,如机车牵引特性曲线图中带阴影的曲线。

(三)机车牵引特性及牵引特性曲线

机车牵引特性是指机车轮周牵引力 F 与运行速度 v 之间的关系,用函数关系表示为 $F=f(v)$。将牵引电机牵引力和黏着牵引力与速度的关系绘在一张图上,构成电力机车牵引特性曲线。机车的牵引特性曲线由专门试验得出。未经试验的新造机车,可参考由生产厂家提供的通过理论计算得出的“预期特性”曲线。“预期特性”曲线一般和试验曲线相当接近。目前大体有两类典型的牵引特性曲线,一种是采用调压控制方式的如 SS_3 型电力机车的牵引力 F 与运行速度 v 之间的关系 $F=f(v)$ 如图 3-1 所示;另一种为采用恒流准恒速控制(特性控制)方式的如 SS_8 型电力机车的牵引力 F 与运行速度 v 之间的关系 $F=f(v)$ 如图 3-2 所示。

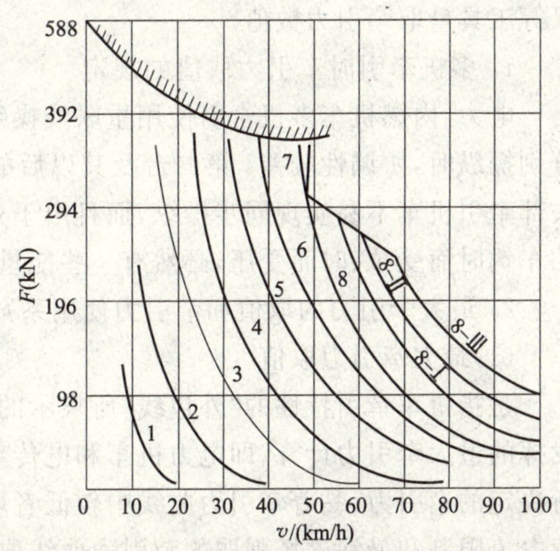

图 3-1　SS_3 型电力机车的牵引力 F 与运行速度 v 之间的关系

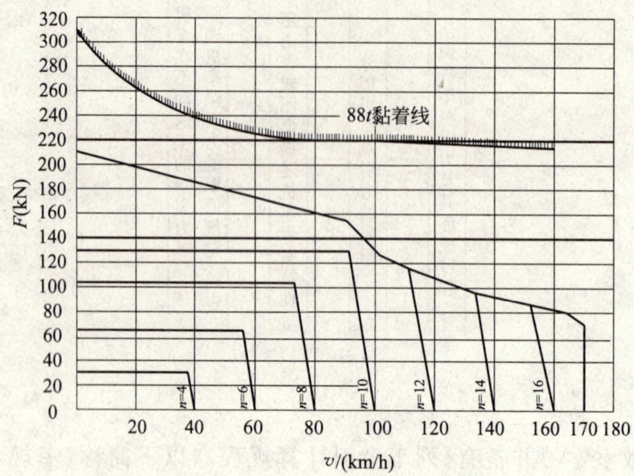

图 3-2　SS_8 型电力机车的牵引力 F 与运行速度 v 之间的关系

采用恒流准恒速控制方式的机车，牵引特性曲线图上所标的级位是“名义级位”。实际上级位是连续（无级）的，即名义级位间的位置也可以使用。另外，采用这种调速方式的货运机车，其牵引特性曲线图上往往缺少黏着牵引力曲线，图上“外包线”低速度段那一条直线就是按照黏着限制设定的控制函数所决定的牵引力，这一段直线大体上代表黏着限制。

恒流准恒速控制方式的机车牵引特性有一个明显的特征，即在某一名义级位下，低速段是一段水平线，即牵引力为常数，然后转为沿斜线下降，到一定速度，机车牵引力会降为 0。牵引力开始下降和降为 0 的速度与名义级位之间都有一定关系。这种关系是由该型机车的特性控制函数决定的。

五、实践指导

机车牵引力一般通过查表和读图的方式获得，各型机车牵引力数据表由《牵规》提供，由数据表可以查找出机车在不同级位不同速度下的牵引力值。也可以通过牵引特性曲线，用三角尺等工具量取牵引力数值。

1. 多机牵引时牵引力取值的规定

电力、内燃机车多机牵引使用重联线操纵时，因操纵动作协调，每台机车牵引力均取全值；分别操纵时，协调性较差，第二台及其以后的每台机车牵引力均取全值的 0.98，推送的补机与头部牵引机车不易实现同步操纵，而且由于列车后部车辆车钩处于压缩状态，中间一部分车辆的车钩时而受拉、时而受压，必然有一些能量损失，故推送补机的牵引力均取全值的 0.95。

2. 最大牵引力的取值和牵引力使用系数

(1)最大牵引力取值

是指机车牵引特性的“外包线”所表示的牵引力。牵引计算时要取机车在同一速度下能够发挥的最大牵引力计算，即电力机车和电传动内燃机车的最大牵引力，在低速区，按启动电流所决定的牵引力、黏着牵引力曲线中较低者取值。此后，电力机车顺次按最高级位满磁场、持续电流限制和最深磁场削弱的牵引力曲线取值，内燃机车按最高手柄位（最高柴油机转速）的牵引力曲线取值。

(2)机车牵引力的取值方法步骤（以 SS_4 型机车为例）

①自启动($v=0$)到 $32m$ 牵引特性曲线与黏着曲线的交点($v=50$ km/h)按黏着限制线取黏着牵引力;

②由 $v=50$ km/h 到最低计算速度 51.5 km/h 按 $32m$ 特性曲线取值;

③由最低计算速度 $v=51.5$ km/h 到 33—Ⅲ曲线与持续电流限制线交点($v=73.2$ km/h)按持续电流限制线取值;

④$v>73.2$ km/h,按 33—Ⅲ特性曲线取值。

对采用调压控制的其他型机车的牵引力取值可以参照 SS_4 型机车牵引力的取值方法。对采用特性控制的机车牵引力取值按照牵引特性曲线外包线取值。

⑤牵引力使用系数

为了在运用中对机车功率使用留有余地,避免由于长时间超负荷运转而降低机车使用寿命,使机车经常处于良好的技术状态,我国现行《牵规》增加了"牵引力使用系数"的内容。规定对各型机车,凡取用最高负荷各速度的牵引力计算列车最大合力、绘制最大合力线图或进行其他计算时,均应乘以牵引力使用系数 λ_y,并且规定 λ_y 取为 0.9,即实际使用的最大牵引力为

$$F_y=F\cdot\lambda_y$$

按列车在平直道上运行时仍有加速度的原则计算牵引质量时,其最高速度对应的牵引力不乘以牵引力使用系数。

当计算较平缓地段的运行时分时,为了避免频繁交替地变换牵引和惰行工况,也可以取用部分负荷的牵引力,如果较高部分负荷的牵引力大于上述最大牵引力与牵引力使用系数的乘积 F_y 时,按 F_y 取值。

六、质量评价标准

评价维度	分值	行为表现描述	得分
问题解决	6	对牵引力的形成及限制、牵引特性理解完全正确,能按照《牵规》有关规定对机车牵引力正确取值	
	3	对机车牵引力有关概念、定义部分理解或解释错误,部分取值错误	
	0	对机车牵引力有关概念、定义完全理解错了	
获得答案	4	能按照《牵规》有关规定对机车牵引力正确取值	
	2	机车牵引力取值虽然不正确,但方法正确	
	1	抄写错误,观察判断错误,只作出部分正确取值	
	0	没有掌握机车牵引力正确取值方法,方法错误导致取值完全错误	

任务 2　列车制动力计算

一、学习目标

能说出列车制动力产生的方法,阐明黏着制动与非黏着制动的区别,能说出列车换算制动率的含义与取值规定,列车换算制动率与每百吨列车重量换算闸瓦压力的关系,会进行列车动力制动力的计算与查表,会用动力制动控制列车长大下坡道速度的有关计算。

二、学习任务

1. 任务描述

认识制动力及其产生方法、黏着制动与非黏着制动；叙述列车换算制动率的概念与运营列车换算制动率的取值规定；计算列车单位制动力；明确列车长大下坡道上能够以均衡速度运行的计算方法与判据。

2. 任务流程图

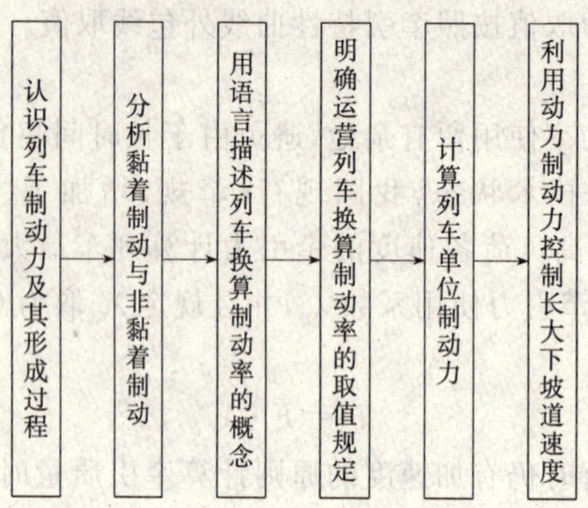

三、环境设备

设备、工具、资料：普通计算器或普通配置计算机、《牵规》，建议在多媒体教室上课。

四、背景知识

(一)制动力产生方法

产生列车制动力的方法很多，主要可分为三类：

1. 摩擦制动

传统的摩擦制动指的是将空气压力通过机械传动装置传到闸瓦或闸片上，利用闸瓦与车轮踏面或闸片与制动盘的摩擦而产生制动力，分为闸瓦制动和盘形两种。电磁轨道制动是另外一种摩擦制动。

2. 动力制动

依靠机车的动力机械通过传动装置产生的制动力。包括电阻制动、再生制动、电磁涡流制动、液力制动等。

闸瓦制动、盘形制动、电阻制动、再生制动、电磁涡流转子制动，都是利用轮轨之间的黏着而转变成制动力，均属于黏着制动，其制动力要受产生制动力的那些车轴的轮轨间黏着力的限制。同一根轴上各种黏着制动力之和不能超过该轴轮轨间的黏着力。

电磁轨道制动和电磁涡流轨道制动不通过轮轨间的黏着起作用，属于非黏着制动，不受轮轨间黏着极限值的限制。其中电磁涡流制动优于电磁轨道制动，因为它没有任何摩擦副。电磁制动目前在国外作为高速列车的辅助制动装置。

(二)动力制动力及制动特性

动力制动力包括机车的电阻制动、再生制动和液力制动等。机车动力制动力用 B_d 表示。无论是电力机车或电传动内燃机车采用的电阻制动还是液力传动内燃机车所采用的液力制

动，都具有与摩擦制动很不同的性能：在高速时制动力随速度的降低而增大，在低速时随速度的降低而减小。在长大下坡道上，采用动力制动可使列车安全地以较大速度行驶，提高线路通过能力；通过站场或在缓行区段，使用动力制动减速，可节省轮轨、闸瓦的磨耗。但是，动力制动只是在机车和动车上才有。它并不能代替闸瓦制动而只能作为一种辅助的制动。因为低速时动力制动的制动力随速度而降低，列车在低速和停车时还必须依靠闸瓦制动。

动力制动特性曲线通过专门试验得出。没有作过性能试验的机车，可以采用“预期特性”曲线。可以通过查阅各型机车的动力制动特性数据表或特性曲线得到机车在不同速度下的动力制动力。

（三）制动力计算方法

1. 列车换算制动率与每百吨列车重量换算闸瓦压力

列车换算制动率 ϑ_h 是列车总闸瓦压力与列车重力之比，即平均分配到列车单位重力上的换算闸瓦压力数。该值乘以 $100g$（现场近似计算时可乘以 1 000），即是每百吨列车重量换算闸瓦压力。

$$\vartheta_h=\frac{\sum K_h}{(P+G)\cdot g}=\frac{\sum K_h'+\sum K_h''}{(P+G)\cdot g}$$

2. 常用制动系数

当列车施行常用制动时，列车单位制动力 b_c 小于等于紧急制动时列车单位制动力 b。二者的比值称为常用制动系数 β_c，$\beta_c\leqslant 1$，紧急制动时 $\beta_c=1$。

3. 列车单位制动力计算

按照上述步骤求出换算摩擦系数 φ_h，列车换算制动率 ϑ_h，查《牵规》表 4 得常用制动系数 β_c，则列车单位制动力按下式计算：

$$b=1\,000\varphi_h\vartheta_h\beta_c \quad (\text{N/kN})$$

4. 运营列车换算制动率 ϑ_h 通用值的取值规定

（1）使用高磷闸瓦的货物列车

使用高磷闸瓦的货物列车换算制动率的通用值按列车管压力 500 kPa 和 600 kPa 建议分别取为 0.28 和 0.30。

（2）使用高摩闸瓦的货物列车

使用高摩闸瓦的货物列车换算制动率的通用值按列车管压力 500 kPa 和 600 kPa 建议分别取为 0.18 和 0.20。

（3）使用新高摩闸瓦的货物列车

使用新高摩闸瓦的货物列车换算制动率的通用值按列车管压力 500 kPa 和 600 kPa 建议分别取为 0.16 和 0.18。

（4）使用新高摩闸瓦的行包快运货物列车

使用新高摩闸瓦的行包快运货物列车换算制动率的通用值按列车管压力 500 kPa 和 600 kPa 建议分别取为 0.20 和 0.22。

（5）闸瓦制动的旅客列车

牵引辆数多时，换算制动率还要大些，考虑留适当余地，闸瓦制动的旅客列车换算制动率的通用值取为 0.58。

（6）盘形制动的旅客列车

考虑适当留有余地，盘形制动旅客列车换算制动率（以高摩合成闸片为基型）的通用值取为 0.32。

五、实践指导

1. 查表得到机车动力制动力数据

可以通过相关资料，查出各型电力机车在不同速度下的动力制动力数据，即 B_d。

2. 计算列车在坡道上的下滑力

根据列车阻力计算方法，计算列车在下坡道的下滑力为：

$$W=-[P(w_0'+i_j)+G(w_0''+i_j)]g\times10^{-3}$$

当多机牵引时为：

$$W=-\{\sum[P(w_0'+i_j)]+G(w_0''+i_j)\}g\times10^{-3}$$

式中 P,G——分别为机车计算质量和牵引质量，t；

w_0',w_0''——分别为在给定速度下的机车、车辆单位基本阻力，N/kN；

i_j——长大下坡道的加算坡度千分数，下坡取负值。

3. 单用动力制动把列车控制在某一恒速运行的判据

一般情况，货物列车在长大下坡道上执行《铁路技术管理规程》(以下简称《技规》)235 条规定的困难在于机车制动操纵，用空气制动难于操纵，用动力制动就容易控制。如果机车动力制动力足够大，能控制列车以不超过 20 km/h 的速度运行，这个问题就能妥善解决。最理想的情况是单用动力制动就能控制列车不超过 20 km/h 的速度运行，这就要求在 20 km/h 以下机车的动力制动力大于列车在下坡道上的下滑力。所以，在长大下坡道上，单用动力制动能否把列车控制在某一速度基本恒速运行，要看机车的动力制动力是否大于或等于列车下滑力。

在长大下坡道上，采用动力制动可使列车安全地以较大速度行驶，提高线路通过能力。单用动力制动，制动力是否足够大，能否在一定的速度下控制列车不增速，需用下式判定：

$$\lambda_d B_d\geqslant-[P(w_0'+i_j)+G(w_0''+i_j)]g\times10^{-3}$$

当多机牵引时，上式变为

$$\lambda_d\sum B_d\geqslant-\{\sum[P(w_0'+i_j)]+G(w_0''+i_j)\}g\times10^{-3}$$

式中 λ_d——动力制动力使用系数，建议取 0.9。

以上两式右端是列车在长大下坡道上的“下滑力”。这个不等式成立时，即电阻制动力大于等于下滑力，说明单用动力制动能够控制列车不增速，否则，欲使列车减速必须用空气制动适当补助。如果不使用空气制动，则需要降低牵引重量或降低运行速度。合适的运行速度要通过试算确定。合适的牵引质量 G_d 的计算公式：

$$G_d\leqslant\frac{102\lambda_d B_d+P(w_0'+i_j)}{-(w_0''+i_j)}\quad(t)$$

当多机牵引时，合适的牵引质量 G_d 的计算公式可根据上述公式导出：

$$G_d\leqslant\frac{102\lambda_d\sum B_d+\sum[P(w_0'+i_j)]}{-(w_0''+i_j)}\quad(t)$$

应当指出，采取降低运行速度和牵引重量的措施，都会降低运输能力，最好是采用动力制动加空气制动补助，其平均运行速度要比单用空气制动高得多。

【例】 SS_4 型电力机车双机牵引 4 500 t 的货物列车，以 60 km/h 的速度运行在 18‰长大

下坡道上，施行电阻制动，问列车是否能减速运行？

【解】 (1)确定 SS_4 型电力机车双机 60 km/h 速度时的电阻制动力

从有关数据表出 SS_4 型电力机车电阻制动力为 374.7 kN，则

$$\lambda_d \sum B_d = 0.9 \times 2 \times 374.7 = 674 \quad (\text{kN})$$

(2)计算列车"下滑力"

SS_4 型电力机车计算质量 $P=184$ t，60 km/h 速度时机车单位基本阻力 $w_0'=4.54$ N/kN，货车单位基本阻力 $w_0'=1.66$ N/kN，则

$$-\{\sum[P(w_0'+i_j)]+G(w_0''+i_j)\}g\times 10^{-3}$$

$$=-\{2\times 184\times(4.54-18)+4\ 500\times(1.66-18)\}\times 9.8\times 10^{-3}=769 \text{ kN}$$

(3)结论

以上计算说明电阻制动力小于"下滑力"，不等式不能满足，即单用电阻制动不能控制列车减速，需要使用空气制动配合使用。

六、质量评价标准

评价维度	分值	行为表现描述	得分
问题解决	6	对制动力的形成、产生方法、黏着限制理解完全正确，能够正确应用制动力计算公式计算列车制动力，正确判定列车在长大下坡道的均衡速度	
	3	对制动力的形成、产生方法、黏着限制理解不完全正确，基本能够正确应用公式计算列车制动力，判定列车在长大下坡道的均衡速度有误	
	0	对制动力的形成、产生方法、黏着限制理解错误，不能用公式计算列车制动力	
获得答案	4	正确给出计算列车制动力的所有公式并会应用	
	2	只能给出个别制动力计算公式，不能举一反三达到熟练应用	
	1	对制动力、列车换算制动率理解有错误，或只能回答出部分有关制动力计算答案	
	0	对本项目学习没有结果，或者基本概念不清导致解题错误和答案错误	

任务3　列车合力与列车运行时间、距离计算

一、学习目标

进一步认识列车合力对列车运动的影响，能绘制列车合力曲线，能说出列车运动方程式的基本形式，会根据列车运动方程式计算特定条件下的列车运行时间与运行距离，为列车运行速度、时间、制动距离等专题计算做好知识与技能铺垫。

二、学习任务

1. 任务描述

写出列车合力的基本表达式及对列车运动的影响；绘制列车合力曲线；求解列车运动方程式，说出列车运动方程的含义；根据列车运动方程式按照匀变速运动规律计算列车运行时间与距离。

2. 任务流程图

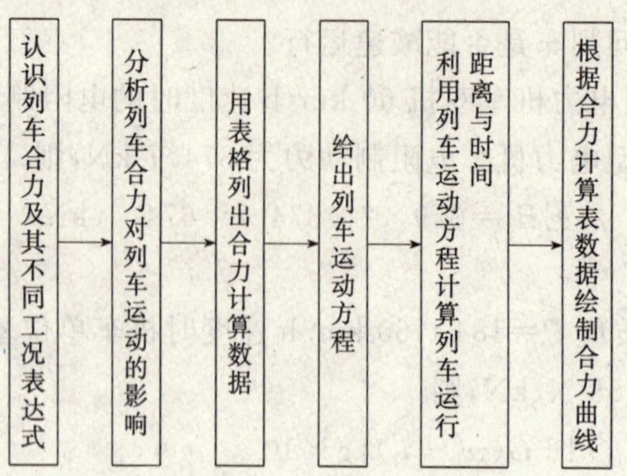

三、环境设备

列车合力曲线图、《牵规》、计算器或普通配置计算机、建议在多媒体教室上课。

四、背景知识

(一)作用在列车上的合力

列车运行中，作用在列车上的合力，即牵引力 F_y($F_y=\lambda_y F$，λ_y 是牵引力使用系数)，阻力 W 和制动力 B 的代数和，以 C 表示。

牵引力、阻力、制动力的方向不同，对列车所起的作用不同。列车运动状态，取决于作用在列车上的合力。把与列车运行方向相同的力规定为正，相反的力规定为负。则作用在列车上的合力为：

$$C=F_y-W-B \quad (\text{kN})$$

单位合力为：

$$c=\frac{(F_y-W-B)\times 10^3}{(P+G)\cdot g}=f_y-w-b \quad (\text{N/kN})$$

(二)列车合力表达及对列车运动的影响

机车工况不同，作用于列车上的力的组合也不同，机车不同工况下作用于列车上的单位合力分别为：

1. 牵引工况　　$c=f_y-w_0-i_j$
2. 惰行工况　　$c=-w=-(w_0+i_j)$
3. 动力制动　　$c=-w-\lambda_d b_d=-(w_0+\lambda_d b_d+i_j)$
4. 空气紧急制动　　$c=-w-b=-(w_0+b+i_j)$
5. 空气常用制动　　$c=-w-\beta_c b=-(w_0+\beta_c b+i_j)$
6. 动力制动加空气常用制动

$$c=-w-\lambda_d b_d-\beta_c b=-(w_0+\lambda_d b_d+\beta_c b+i_j)$$

列车在平直道上运行时，$i_j=0$

不论机车在任何工况，当 $C>0$ 时，合力作用方向与列车的运行方向相同称加速力，列车加速运行；当 $C<0$ 时，合力作用方向与列车运行方向相反，称减速力，列车减速运行；当 $C=0$，则列车等速运行。

可见，合力的大小和方向决定了列车运动状态的变化。

(三)合力曲线图的概念

把列车在不同运行工况的单位合力与运行速度的变化关系绘成曲线 $c=f(v)$，称做列车

单位合力曲线图，简称合力曲线图。

由于列车工况不同，有不同的合力组成，所以合力曲线图也是由牵引运行、惰力运行、空气制动和动力制动运行 4 种曲线组成。在牵引计算中，合力曲线图是解算许多重要问题的基本资料。

(四)列车运动方程

合力图只能定性地说明列车在一定速度时的合力的大小、方向及列车运动的趋势，不能定量地求算加速度的大小。表示列车加速度(加速度或减速度)与作用于列车上的合力的数学关系式，叫做列车运动方程。

列车运动方程可根据牛顿第二定律导出：

$$a=\frac{g}{1\,060}c$$

重力加速度 g 可取下面几种单位：

$$g=9.81\ \mathrm{m/s^2}$$

$$g=35.3\ \mathrm{km/h\cdot s}$$

$$g=2\,120\ \mathrm{km/h\cdot min}$$

$$g=12\,700\ \mathrm{km/h^2}$$

将上述的 4 个数值代入上式就可得出列车运动方程为：

$$a=\frac{1}{108}c\quad(\mathrm{m/s^2})$$

$$a=\frac{1}{30}c\quad(\mathrm{km/h\cdot s})$$

$$a=2c\quad(\mathrm{km/h\cdot min})$$

$$a=120c\quad(\mathrm{km/h^2})$$

(五)列车运行时间的计算公式

为了计算方便，在解算列车运行问题时通常是用分段累计的近似计算方法。这个方法的思路是：将列车速度划分为若干间隔。如果每个间隔取的不大，则在每个速度间隔内，作用在列车上的合力就可以近似地看作是一个常数，即每个速度间隔内平均速度对应的合力、加速度可视为不变。这样每一个速度间隔内列车的运动就近似位匀变速运动，与其有关的运行距离和运行时间计算，就可以按匀变速运动的有关公式来计算。运用列车运动方程式得 v_1-v_2 速度间隔内列车运行时间

$$\Delta t=\frac{30(v_2-v_1)}{c}\quad(\mathrm{s})$$

$$\Delta t=\frac{v_2-v_1}{2c}\quad(\mathrm{min})$$

$$\Delta t=\frac{v_2-v_1}{120c}\quad(\mathrm{h})$$

(六)列车运行距离的计算公式

由运行时间公式得

$$\Delta S=\frac{v_1+v_2}{2}\cdot\frac{v_2-v_1}{120c}=\frac{v_2^2-v_1^2}{240c}\quad(\mathrm{km})$$

如果走行距离取 m 作单位，则

$$\Delta S=1\,000\times\frac{v_2^2-v_1^2}{240c}=\frac{4.17(v_2^2-v_1^2)}{c}\quad(\mathrm{m})$$

五、实践指导

以 SS_4 型机车牵引 4 000 t 重货列车，采用高磷闸瓦，$\vartheta_h=0.28$，$v_0=80$ km/h 为实例，绘制单位合力曲线。

1. 列出合力计算表

(1)牵引工况

速度 v：由 0 开始每隔 10 km/h 取一速度列入计算表，$v=0$ 和 $v=10$ km/h 必须列入，然后每隔 10 km/h 或 20 km/h 取一速度，直到机车最大速度或其他限制速度(此处取货车的最高速度 80 km/h)。在机车牵引特性曲线上各转折点所对应的速度也应列入计算。例如表中 50、51.5、73.2 为最高级位满磁场与黏着限制线、持续电流限制牵引力曲线与满磁场、Ⅲ级磁场削弱牵引力曲线的交点速度。电阻制动力曲线Ⅰ、Ⅱ级的峰值速度分别为 28.7 km/h 和 47 km/h，Ⅰ、Ⅱ级的交点速度为 36.7 km/h。这些点均应列入表中以计算有关各项。

第 1 栏：机车牵引力，从 SS_4 电力机车计算数据表中查出不同速度下最大牵引力。

第 2 栏：最大合力曲线时的牵引力，F_y，$F_y=F\cdot\lambda_y$，λ_y 是牵引力使用系数，$\lambda_y=0.9$。

第 3 栏：机车运行时的单位基本阻力 w_0'，按有关公式计算，在阻力计算中 $v<10$ km/h 时，均按 $v=10$ km/h 计算。

第 4 栏：车辆运行时的单位基本阻力 w_0''，按有关公式计算，货车为滚动轴承货车。

第 5 栏：列车运行时的基本阻力 $W_0=(P\cdot w_0'+G\cdot w_0'')\cdot g\times10^{-3}$

在合力表的阻力计算中，只计算基本阻力而不计算坡道和曲线的附加阻力，因为它们与速度无关。

第 6 栏：牵引运行时作用于列车上的合力 $C=F-W_0$

第 7 栏：牵引运行时作用于列车上的单位合力 $c=\dfrac{C\cdot10^3}{(P+G)\cdot g}$

(2)惰行工况

速度 v：在惰行工况和空气制动工况时，机车牵引特性曲线上的转折点处的速度不再计算，电阻制动时需要加入电阻制动时的转折点速度分别为 28.7 km/h、36.7 km/h、47km/h。

第 8 栏：惰行时作用于列车上的单位合力 $c=\dfrac{W_0\times10^3}{(P+G)\cdot g}$，由于惰行时的基本阻力与列车运行方向相反，故合力为负值，但在合力表中一般不标“−”号。

(3)制动工况

第 9 栏：换算摩擦系数 φ_h，采用高磷闸瓦，制动初速度按 $v_0=80$ km/h。

第 10 栏：列车单位制动力 $b=1\,000\vartheta_h\varphi_h$。在一般牵引计算时，列车换算制动率取通用值，货物列车列车管压力为 500 kPa 时，取 0.28。

第 11 栏：常用制动时的列车单位合力 $c=w_0+0.5b$。

第 12 栏：电阻制动力，可由各型机车计算数据表查出。

第 13 栏：在计算小半径曲线众多的长大下坡道区段的有关问题时，因为机车在小半径曲线上全力使用动力制动时容易产生滑行，为避免滑行，通常不能使用最大制动电流，在这种情

况下，建议取0.9的“使用系数”，比较符合实际。所以单位电阻制动力：

$$b_d = \frac{0.9 \times B_d \times 10^3}{(P+G) \cdot g}$$

第14栏：电阻制动时的列车单位合力 $c = w_0 + 0.9b_d$。

由上可知，不同工况下的列车单位合力是根据一定的机车类型、列车类型、牵引质量以及列车换算制动率等计算得到的，当这些计算条件之一发生变化时，合力表需要重新计算。

2. 绘制合力曲线

按一定比例将合力表中的机车不同工况下各速度的单位合力值，在直角坐标中分别标出，连成圆滑的曲线即可。

图中列车牵引运行合力曲线 $c = f - w_0 = f(v)$，根据合力计算表中第7栏各速度单位合力值绘制；列车惰力运行合力曲线 $c = -w_0 = f(v)$，根据合力计算表中第8栏各速度单位合力值绘制。列车常用制动合力曲线 $c = -w_0 - 0.5b = f(v)$ 和电阻制动合力曲线 $c = -w_0 - 0.9b_d = f(v)$ 根据表4-1中第11栏和第14栏各速度单位合力值绘制。牵引工况合力值为正值，其合力曲线在速度坐标轴上方；惰行和制动工况时，合力值为负值，其合力曲线在速度坐标轴下方。

六、质量评价标准

分值	行为表现描述	得分
15	能根据有关公式和计算列车在不同工况的合力数据，制作计算表格，圆满、高效、准确地绘制出各工况下的列车合力曲线并会应用合力曲线计算列车合力、判断列车运动趋势	
10	能绘制出列车合力曲线，但不能应用合力曲线正确判断列车运动趋势	
5	能完成绘制列车合力曲线的全部内容，但偶尔需要帮助和指导	
3	能完成绘制列车合力曲线的部分内容，但在现场的指导下，能完成此项技能的全部内容	

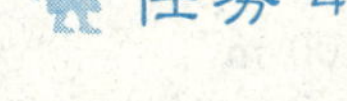

任务4 列车制动距离与制动限速计算

一、学习目标

能准确说出我国现阶段制动距离限值的有关规定，深刻理解制动距离限值的意义；会计算制动空走距离和有效制动距离，尤其要学会有效制动距离的一次简化计算方法，他是从事机务运用人员手工计算制动距离的快捷方法；能说出制动限速的意义和作用，熟练应用列车制动限速查表，正确规定、合理利用制动限速，提高铁路运输效率。

二、学习任务

1. 任务描述

简述制动距离的基本定义；分析制动距离的计算方法；查表确定不同列车制动距离的参考值；研究列车制动限速的由来与作用；查表确定紧急制动限速。

2. 任务流程图

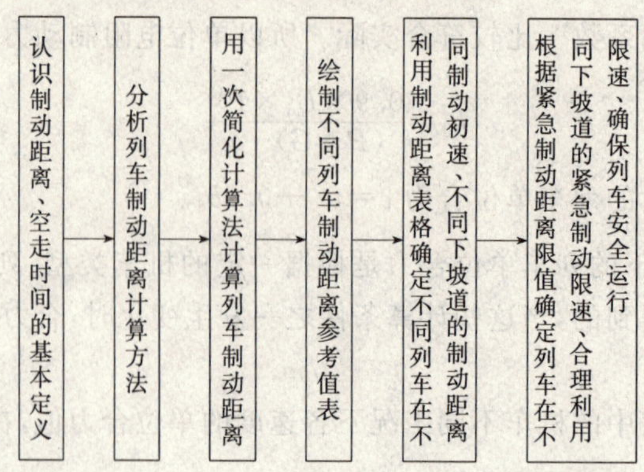

三、环境设备

计算器或普通配置计算机、《牵规》,多媒体教室。

四、背景知识

(一)列车制动距离与制动距离限值

列车制动问题解算的核心是制动距离计算。列车制动距离是指自制动开始(移动闸把或监控装置"放风")到停车(或缓解)列车所走过的距离。

制动距离是综合反映制动装置性能和实际制动效果的重要指标。为了保证行车安全,世界各国都根据自己的实际情况(如列车运行速度、牵引质量、制动技术水平和信号、闭塞制式等),规定本国紧急制动时所允许的最大制动距离。《技规》规定的制动距离又叫计算制动距离或制动距离限制。

我国第 10 版《技规》规定了列车在任何线路坡道上的紧急制动距离限值,见表 3-1。

紧急制动距离限值的主要用途有:一是用于信号机等固定设备的布置;二是据此规定线路封锁施工时移动防护信号的设置位置;三是据此规定不同等级列车的紧急制动限速;四是作为制定有关安全行车规章的依据。

《技规》还规定"为了利用货物列车动能闯坡,在接近上坡道以前提高列车运行速度,铁路局可根据线路状况,在容许速度范围内,适当延长制动距离,但最大不得超过 1 100 m"。

另外,2004 年第 5 版《铁路主要技术政策》规定,我国 250 km/h、300 km/h、350 km/h 高速旅客列车的紧急制动距离限值分别为 2 700 m、3 700 m、4 800 m。

表 3-1 列车的紧急制动距离限值表

列车种别	最高运行速度	紧急制动距离限值	制动装置形式
旅客列车(动车组)	120	800	踏面制动
	160	1 400	盘形制动
	200	2 000	空气制动
货物列车	90	800	踏面制动
	120	1 400	踏面制动
行包快运列车(短编组)	120	1 100	踏面制动

在制动计算中,制动距离 S_z 为制动空走距离 S_k 和有效制动距离 S_e 之和(空走距离和有

效制动距离的概念在后面章节介绍)，即：

$$S_z = S_k + S_e \quad (m)$$

决定空走距离 S_k 的两个因素是制动初速 v_0 和空走时间 t_k。而空走时间 t_k 与列车编组辆数和制动方式(紧急制动或常用制动，以及常用制动的减压量 r)有关。

(二)空走时间计算公式

(1)旅客列车

紧急制动时　　$t_k = 3.5 - 0.08 i_j$

常用制动时　　$t_k = (4.1 + 0.002 r \cdot n)(1 - 0.03 i_j)$

(2)货物列车

紧急制动时　　$t_k = (1.6 + 0.065 n)(1 - 0.028 i_j)$

常用制动时　　$t_k = (3.6 + 0.00176 r \cdot n)(1 - 0.032 i_j)$

式中　n——牵引辆数；

r——列车管减压量，kPa；

i_j——制动地段加算坡度千分数，上坡道取 $i_j = 0$。

(3)机车单机

不分类型，紧急制动空走时间均按 2.5 s 计算。

此外，电空制动的旅客列车空走时间可参考下面两式：

紧急制动时　　$t_k = 2.5 - 0.07 i_j \quad (s)$

常用制动时　　$t_k = (2.0 + 0.016 r)(1 - 0.03 i_j) \quad (s)$

根据中国铁道科学研究院《P65A 型行包快运棚车制动试验报告》，P65A 型棚车组成的行包开运列车，在平道上的紧急制动空走时间为

$$t_k = 4.2 + 0.035 n \quad (s)$$

据此，对于编组 22～24 辆的行包专列的紧急制动空走时间可采用

$$t_k = 5 - 0.08 i_j \quad (s)$$

(三)空走距离

在空走时间内，列车所走过的距离叫空走距离 S_k。空走距离按空走时间内列车作等速运行的条件来计算。

$$S_k = \frac{v_0 \cdot t_k}{3\,600} \cdot 1\,000 = \frac{v_0 \cdot t_k}{3.6} \approx 0.278 v_0 t_k \quad (m)$$

式中　v_0——制动初速，km/h；

t_k——空走时间，s。

(四)有效制动距离计算公式

用分析法计算有效制动距离的公式是各速度间隔的累加：

$$S_e = \sum \frac{4.17(v_1^2 - v_2^2)}{1\,000 \varphi_h \vartheta_h \beta_c + w_0 + i_j} \quad (m)$$

用上式计算有效制动距离时，要分成若干个速度间隔，通常每个速度间隔不超过 10 km/h，换算摩擦系数 φ_h 和单位基本阻力 w_0 均按速度间隔的平均速度对应取值。

(五)制动距离计算公式

采用分段累加计算法时，制动空走距离和制动有效距离分别按照上式确定之后代入下式即可得出制动距离的计算公式

$$S_Z = S_k + S_e = 0.278 v_0 t_k + \sum \frac{4.17(v_1^2 - v_2^2)}{1\,000 \varphi_h \vartheta_h \beta_c + w_0 + i_j} \quad (m)$$

（六）有效制动距离一次简化计算法公式

采用分段累加计算法时，速度间隔取得越小，计算就越费工费时。如果能加大速度间隔，就可以使计算简化，而当对整个制动过程取为一个速度间隔时，就变成了“一次计算”。得到了一个最简单的简化计算方法。这种方法就是不管制动初速和末速差多少，均按一个速度间隔计算，而换算摩擦系数 φ_h 和基本阻力 w_0 则按制动初速和末速的平均速度取值。这样，计算有效制动距离的公式就可简化成如下形式：

$$S_e = \frac{4.17(v_0^2 - v_m^2)}{1\,000 \varphi_h \vartheta_h \beta_c + w_0 + i_j}$$

显然，这种计算方法比分段累加计算简化得多了，计算一次就可以了，方便快捷。可以作为现场手工计算的一种快速实用计算法。

（七）列车制动限速计算及查表

在规定的距离内，列车能够紧急制动停车的最高速度，称为紧急制动限速。列车运行速度超过紧急制动限速时，施行紧急制动不能保证在规定的距离内停车。紧急制动限速和线路限速以及机车车辆限速同样重要，运行速度超过紧急制动限速也是超速。在部分机车运用干部和机车司机中，紧急制动限速的概念比较淡漠，并由此产生两种错误倾向：一是在下坡道上不顾紧急制动限速任意超速运行，给安全造成隐患；二是对长大下坡道没有根据地规定过低的限制速度，以致给列车制动机的再充风和司机操纵带来困难。为克服这些错误倾向，应当加强对关于紧急制动限速的知识的学习。

紧急制动限速的高低，与每百吨列车重量的换算闸瓦压力、下坡度千分数以及列车种别和编组辆数有关。

紧急制动限速的解算，实际上需要用计算紧急制动距离来试凑，这就相当复杂，但可以很方便地用电算方法完成。一般是用某种计算机语言编制计算程序包由计算机完成计算并以表格的方式输出，以方便有关人员的使用。《技规》相应条文中有此表格，可以查用在不同下坡道上不同列车的紧急制动限速数据。

五、实践指导

1. 求列车平均速度

根据给定列车的制动初速与制动末速，计算列车平均速度：

$$v_p = \frac{v_0 + v_m}{2}$$

2. 计算列车单位基本阻力

(1)以平均速度 v_p 代入机车单位基本阻力公式计算机车单位基本阻力

SS_1、SS_3 及 SS_4 型　　$w_0' = 2.25 + 0.019\,0v + 0.000\,320v^2$

SS_7 型　　$w_0' = 1.40 + 0.003\,8v + 0.000\,348v^2$

SS_8 型　　$w_0' = 1.02 + 0.003\,5v + 0.000\,426v^2$

6K 型　　$w_0' = 3.25 + 0.009\,2v + 0.000\,308v^2$

8G 型　　$w_0' = 2.55 + 0.008\,3v + 0.000\,212v^2$

(2)以平均速度 v_p 代入车辆单位基本阻力公式计算车辆单位基本阻力

21、22 型客车(v_{max}=120 km/h)

$$w_0''=1.66+0.0075v+0.000155v^2$$

25B、25G 型客车(v_{max}=140 km/h)

$$w_0''=1.82+0.0100v+0.000145v^2$$

快速单层客车(v_{max}=160 km/h)

$$w_0''=1.61+0.0040v+0.000187v^2$$

滚动轴承货车

$$w_0''=0.92+0.0048v+0.000125v^2$$

滑动轴承货车

$$w_0''=1.07+0.0011v+0.000236v^2$$

空货车(不分车型)

$$w_0''=2.23+0.0053v+0.000675v^2$$

(3)列车单位基本阻力计算

分别计算出机车、车辆单位基本阻力后,按照下式计算列车单位基本阻力为

$$w_0=\frac{W_0\times10^3}{(P+G)\cdot g}=\frac{(P\cdot w_0'+G\cdot w_0'')\cdot g}{(P+G)\cdot g}=\frac{P\cdot w_0'+G\cdot w_0''}{P+G}$$

(4)加算坡道坡度千分数 i_j 的计算

制动地段只有坡道时加算坡道坡度千分数 i_j 就等于该坡道坡度千分数 i,如果有曲线,则要按照曲线阻力公式计算与曲线阻力 w_r 相当的曲线折算坡度千分数 i_r,然后根据下面公式计算加算坡道坡度千分数 i_j

$$w_r=\frac{600}{R}\quad 或\quad w_r=10.5\frac{\alpha}{l_r}$$

$$i_r=\frac{600}{l_h}\sum\frac{l_r}{R}\quad 或\quad i_r=\frac{10.5\sum\alpha}{l_h}$$

$$i_j=i+i_r$$

3. 计算列车换算闸瓦摩擦系数

以平均速度 v_p 代入各种闸瓦换算摩擦系数公式求得 φ_h。

4. 计算列车单位制动力

根据具体编组列车的换算制动率 ϑ_h,常用制动减压量对应的常用制动系数 β_c(紧急制动为 1),按照公式计算列车单位制动力或直接代入一次简化计算法公式计算。

5. 计算制动距离

将上述计算结果代入一次简化计算公式计算制动距离 S_z

$$S_z=\frac{v_0t_k}{3.6}+\frac{4.17(v_0^2-v_m^2)}{1000\varphi_h\vartheta_h\beta_c+w_0+i_j}\quad (m)$$

六、质量评价标准

评价维度	分值	行为表现描述	得分
问题解决	6	对制动距离、制动距离限值、空走时间、空走距离的理解完全正确,能用制动距离一次简化计算法计算列车制动距离,利用制动距离表格查找确定不同列车在不同下坡道的制动距离,能由制动距离限值反求列车紧急制动限速,正确应用列车紧急制动限速表确定列车在不同下坡道的限速	

续上表

评价维度	分值	行为表现描述	得分
问题解决	3	对制动距离、制动距离限值、空走时间、空走距离的理解不完全正确，能用制动距离一次简化计算法计算列车制动距离，正确应用列车紧急制动限速表确定列车在不同下坡道的限速	
	0	对制动距离、制动距离限值、空走时间、空走距离的理解错误，由此导致制动距离计算错误	
获得答案	4	利用列车制动距离一次简化计算法正确给出不同列车制动距离并列出应用表格	
	2	列车制动距离部分答案不正确，但在计算过程中计算方法正确	
	1	公式或数据抄写错误，个别步骤计算错误，缺少最后结果	
	0	没有最后结果，或者解题过程错误导致答案错误	

任务5　牵引质量计算

一、学习目标

能说出铁路线路限制坡道(计算坡道和动力坡道)的基本特征及列车在限制坡道上的运行特征，会根据线路参数和机车牵引力计算在不同坡道上的牵引质量，会根据不同条件检查牵引质量并确定区段牵引定数。

二、学习任务

1. 任务描述

认识计算坡道和动能坡道的特征；分析列车在这些坡道上运行的特征；根据不同限制坡道计算牵引质量并能校验。

2. 任务流程图

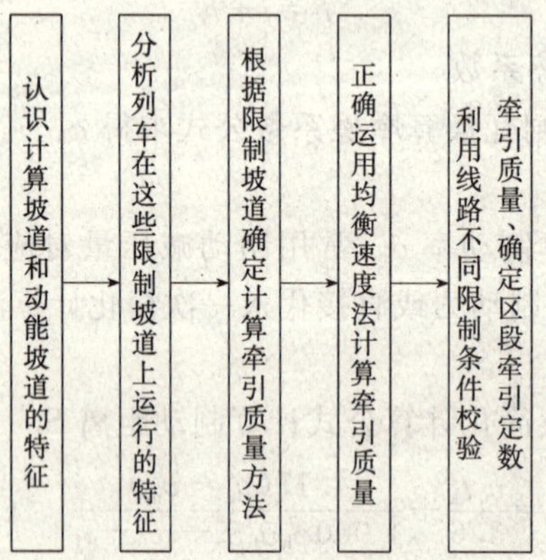

三、环境设备

计算器或普通配置计算机、《牵规》，建议在多媒体教室上课。

四、背景知识

(一)限值坡道类型

在牵引区段内使牵引质量受到限制的困难坡道称限制坡道。由于这些坡道所处的位置和

长度不同，限制坡道主要有两类。

(1)计算坡道：限制坡道陡而长，或虽不太长，但坡前线路纵断面困难，或靠近车站，或有限速地点时，列车不能依靠动能闯过坡道全长，最后以机车的计算速度等速运行通过坡道全长。究竟多长的限制坡道是计算坡道，要根据坡前线路纵断面配置情况，结合理论的和实践的经验来判断。一般最陡坡道长度在 5 km 以上的，可能是计算坡道；而在坡前线路纵断面很困难或有限速地点时，1～2 km 长的最陡坡道也可能是计算坡道。计算坡度的千分数用 i_x 表示。与之对应的牵引质量计算方法称均衡速度计算法。

(2)动能坡道(或称动力坡道)：限制坡道陡而短，坡前具有提高列车速度的有利条件，列车可以利用动能闯坡，以渐减速但最后以机车的计算速度或不低于机车计算速度通过坡道全长，不出现等速运行情况。如图 3-3 $v=f_3(S)$、$v=f_4(S)$曲线所示。在动力坡道上，列车不仅依靠牵引力，而且还依靠以前所储存的动能来克服阻力，在这种情况下牵引质量不能以等速的运行条件进行计算，只能用试凑法进行计算，称为动能闯坡试凑法。

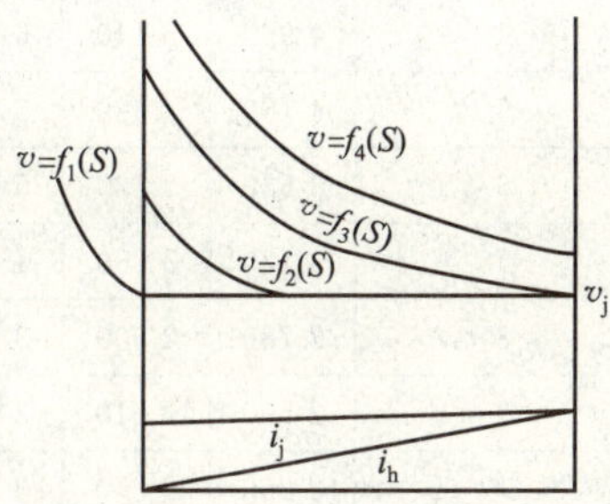

图 3-3 限制坡道上列车运行速度示意图

(二)牵引质量计算方法

1. 均衡速度计算法

适宜于列车在计算坡道上的牵引质量计算。

2. 列车在平直道上以最高速度运行仍有加速度的计算法

现代铁路发展趋势对列车运行速度的要求越来越高，是铁路运输发展追求的主要目标之一。为使列车能够达到和保持最高运行速度，要求在平直道上以最高速度运行时仍有一定的加速度，牵引重量因此受到限制，对应牵引质量的计算按《牵规》给定公式确定。

3. 动能闯坡试凑法

适宜于动能坡道上的牵引质量计算。

4. 各种限制条件下牵引质量的校验

由于影响牵引质量的因素很多，因此，无论哪种方法计算出的牵引质量，必须按照区段内限制牵引质量的其他条件逐一校验，并结合具体情况及运输需要来最后确定牵引质量。

(三)牵引质量计算公式

1. 计算坡道上牵引质量计算

列车在计算坡道上，以机车计算速度 v_j 作匀速运行的条件，就是作用在列车上的合力 $C=0$，即列车运行阻力恰好与机车计算牵引力 F_j 乘以牵引力使用系数 λ_y 相等。故有如下关系式：

$$G(w_0''+i_x)g\times10^{-3}+P(w_0'+i_x)g\times10^{-3}=F_j\lambda_y$$

因此，牵引质量 G 可按下式计算

$$G=\frac{F_j\cdot\lambda_y-P(w_0'+i_x)\cdot g\cdot10^{-3}}{(w_0''+i_x)\cdot g\cdot10^{-3}}\quad(\mathrm{t})$$

或对此式稍作变换可得

$$G=\frac{102F_j\cdot\lambda_y-P(w_0'+i_x)}{w_0''+i_x}\quad(\mathrm{t})$$

式中 F_j——机车计算牵引力，kN；

λ_y——机车牵引力使用系数，取 0.9；

P——机车计算质量，t；

w_0'、w_0''——机车计算速度下的机车、车辆单位基本阻力，N/kN；

i_x——限制坡道加算坡度的千分数。

按公式计算出的各型机车在不同计算坡度上的货物列车牵引质量(按滚动轴承货车)，见表 3-2。

表 3-2　电力机车在计算坡道上的货物列车牵引质量(t,取为 10 t 的整倍数)

机型 i_x	SS_1 $v_j=43$	SS_3、SS_{3B} $v_j=48$	SS_4 $v_j=51.5$	SS_{4B} $v_j=50$	SS_6 $v_j=48$	SS_{6B} $v_j=50$	SS_7 $v_j=48$	SS_{7B} $v_j=44$	6K $v_j=48$	8G $v_j=50$	8K $v_j=48$
4	4 960	5 140	6 930	7 280	5 720	5 450	5 800	6 400	5 860	7 380	7 940
5	4 160	4 320	5 840	6 120	4 810	4 590	4 870	5 370	4 930	6 210	6 710
6	3 570	3 720	5 030	5 280	4 140	3 960	4 200	4 620	4 250	5 350	5 810
7	3 130	3 260	4 420	4 630	3 640	3 470	3 690	4 050	3 730	4 700	5 120
8	2 780	2 900	3 930	4 120	3 240	3 090	3 280	3 600	3 320	4 180	4 578
9	2 500	2 610	3 540	3 710	2 910	2 780	2 950	3 240	2 980	3 760	4 140
10	2 260	2 370	3 220	3 370	2 640	2 530	2 680	2 940	2 710	3 420	3 770
11	2 070	2 170	2 940	3 090	2 420	2 310	2 450	2 690	2 480	3 130	3 470
12	1 900	2 000	2 710	2 840	2 230	2 130	2 260	2 480	2 290	2 880	3 210
13	1 760	1 850	2 510	2 630	2 070	1 970	2 090	2 300	2 120	2 670	2 990
14	1 640	1 720	2 340	2 450	1 920	1 840	1 950	2 140	1 970	2 490	2 800
15	1 530	1 610	2 180	2 290	1 800	1 720	1 820	2 000	1 840	2 320	2 630
16	1 430	1 510	2 050	2 150	1 690	1 610	1 710	1 870	1 730	2 180	2 470
17	1 350	1 420	1 930	2 020	1 590	1 510	1 610	1 760	1 630	2 050	2 340
18	1 270	1 340	1 820	1 910	1 500	1 430	1 520	1 660	1 540	1 940	2 220
19	1 200	1 260	1 720	1 810	1 420	1 350	1 440	1 570	1 450	1 830	2 110
20	1 140	1 200	1 630	1 710	1 340	1 280	1 360	1 500	1 380	1 740	2 010
22	1 030	1 080	1 480	1 550	1 220	1 160	1 240	1 350	1 250	1 580	1 840
24	940	990	1 350	1 410	1 110	1 060	1 130	1 230	1 140	1 440	1 690
26	860	900	1 240	1 300	1 020	970	1 030	1 130	1 050	1 320	1 570
28	790	830	1 140	1 200	940	900	950	1 050	970	1 220	1 460
30	730	770	1 050	1 110	870	830	880	970	900	1 130	1 370

注：1. 本表不包括小半径曲线黏降的影响。

2. SS_3、SS_{3B}型电力机车的计算牵引力相差甚微，牵引重量合并为一列。

如果是多机牵引或补机推送时，牵引质量的计算公式为：

$$G=\frac{102\cdot\lambda_y\cdot\sum F_j-\sum[P\cdot(i_x+w_0')]}{i_x+w_0''}$$

多机牵引或补机推送时，如机型不同，其计算速度也不同，但在进行牵引计算时，只能取一个计算速度。应以计算速度高的机型为准，其他机型取对应此速度时的牵引力作为计算牵引力。

2. 列车在平直道上以最高速度运行仍有加速度 a 时牵引质量的计算

为了适应铁路提速的需要，全面提高列车运行速度，《牵规》增加了列车在平直道上以最高速度运行时仍有加速度 a 时牵引质量计算的内容，这对旅客列车尤其重要。

牵引质量要按下式计算

$$G=\frac{F_g-P\cdot w_0'\cdot g\times10^{-3}-P(1+\gamma)\cdot a}{w_0''\cdot g\times10^{-3}+(1+\gamma)\cdot a}\quad (t)$$

式中　F_g——列车最高运行速度时的机车牵引力，kN；

w_0'、w_0''——列车最高运行速度时的机车、车辆单位基本阻力，N/kN；

γ——列车回转质量系数，$\gamma=0.06$；

a——列车在平直道上以最高速度运行时的保有加速度，m/s²；

旅客列车　$a=0.01\ m/s^2$，($v_{max}=120$ km/h)；

$a=0.015\ m/s^2$，($v_{max}=140$ km/h)；

$a=0.02\ m/s^2$，($v_{max}=160$ km/h)；

货物列车　$a=0.005\ m/s^2$。

以上加速度值比国外规定偏低。随着机车功率和列车速度的提高，保有加速度应取较大值，否则，列车达到最高速度的时间和走行距离过长，平均速度降低。对于 $v_{max}\geqslant200$ km/h 的高速列车，保有加速度 a 应取 0.03～0.05 m/s²，甚至更大。我国研制的 300 km/h 电动车组在 300 km/h 时的剩余加速度为 0.06 m/s²。

按上式计算出客货列车的牵引质量见表 3-3 及表 3-4。

表 3-3　旅客列车在平直道上以最高速度运行仍有加速度时的牵引质量(t，取为 10 t 的整倍数)

机　型	SS_8		SS_{7C}	SS_{7D}、SS_{7E}		SS_9		DF_{4D}(半悬挂)		DF_{4D}(全悬挂)		DF_{11}		DF_{11G}
v_{max}(km/h)	140	160	140	140	160	140	160	120	140	120	140	140	160	160
a(m/s²)	0.015	0.02	0.015	0.015	0.02	0.015	0.02	0.01	0.015	0.01	0.015	0.015	0.02	0.02
G(t)	1 080	680	930	1 420	950	1 410	930	910	500	1 050	630	880	560	1 170
相当辆数	20	12	17	26	17	26	17	16	9	19	11	16	10	21

表 3-4　货物列车在平直道上以最高速度运行仍有加速度时的牵引质量
(按 $a=0.005\ m/s^2$ 计算，t，取为 10 t 的整倍数)

电力机车		SS_3	SS_{3B}	SS_4	SS_{4B}	SS_{6B}	SS_7	6K	8G	8K
牵引质量	$v_{max}=80$	5 150	5 450	8 910	10 940	7 000	7 950	7 180	10 220	10 560
	$v_{max}=90$	3 660	3 880	6 100	7 634	4 950	6 370	4 860	7 220	7 630
内燃机车		DF_4	DF_{4B}	DF_{4C}	DF_{4D}	DF_8	DF_{8B}	DF_{8B}(交)	DF_{8B}(交)	ND_5
牵引质量	$v_{max}=80$	2 700	2 680	3 350	3 720	4 530	4 890	5 500	6 270	4 020

五、实践指导

1. 根据机型查表得到有关计算数据

查相关资料，取得机车质量 P，计算速度 v_j，计算牵引力 F_j 的数据。

2. 根据计算速度 v_j 值代入机车、车辆的单位基本阻力公式计算 w_0'、w_0''。

3. 根据下列公式计算牵引质量

单机牵引
$$G=\frac{102F_j\cdot\lambda_y-P(w_0'+i_x)}{w_0''+i_x}$$

多机牵引

$$G=\frac{102\cdot\lambda_y\cdot\sum F_j-\sum[P\cdot(i_x+w_0')]}{i_x+w_0''}$$

4. 货物列车牵引质量化整

根据《牵规》规定，货物列车牵引质量化整为10的整倍数，计算结果应该据此圆整。

5. 牵引质量检查

根据牵引区段的启动条件、站线有效长度等主要限制条件进行检查，检查通过即可确定区段牵引质量标准，即为牵引定数。

(1)按启动地段的坡度验算牵引质量

列车在停车地点安全启动的条件是机车启动牵引力大于启动时的列车阻力，以最不利情况考虑，机车启动牵引力与机车牵引力使用系数的乘积和列车启动阻力应相等。可以根据公式检查。

对于电力、内燃机车牵引的滚动轴承货物列车，可写成

$$G_q=\frac{102F_q\cdot\lambda_y-P(5+i_q)}{3.5+i_q}\quad(\mathrm{t})$$

如 $G_q\geqslant G$，则按限制坡道计算出来的牵引质量在车站能够可靠启动。

如 $G_q<G$，则牵引质量受到启动条件限制，区段内的牵引质量应按启动条件取值。

(2)按车站到发线有效长度验算牵引质量

列车运行图中货物列车长度按计长规定。列车计长即货车的总换算长度(不含机车)。换算长度简称换长，1个换长等于11 m。已知区段内最短到发线有效长 l_e，列车最大计长可按下式计算

$$l_{max}=(l_e-l_j-l_f)/11$$

式中 l_j——机车全长，m；

l_f——附加制动距离，m。

如果 $l_{max}\geqslant l_j+l_c$，则按限制条件计算出来的牵引质量不受到发线有效长度限制，l_c 为车辆换长。

$l_{max}<l_j+l_c$，则按限制条件计算出来的牵引质量要受到发线有效长度限制，应该降低牵引质量，按照 l_{max} 确定牵引质量。

6. 确定区段牵引定数

牵引定数是牵引区段内牵引质量标准。一般根据计算的牵引质量值，由以下几个方面确定牵引定数。

(1)结合运量大小、设备条件和运输市场需求等，统筹兼顾，合理安排。

(2)考虑列车类别、性质，区段站、编组站的编组能力，尽量减少直通货物列车在区段站、编组站的作业，以提高铁路运输能力，加速机车车辆周转。对一条或几条线路同方向的牵引定数应尽可能统一。

(3)考虑上下行列车数的平衡及空重车流的合理安排。

(4)因严寒或季节性大风列车运行阻力增大而影响运输秩序时，允许将牵引定数降低10%～20%，但是区间运行时间和机车用电和燃料等消耗量按原定指标不变。如果原牵引定数是在机车功率未完全发挥的条件下制定的，当遇严寒或季节性大风，机车能够发挥储备功率以克服增大的列车阻力时，可以不降低牵引定数，但机车能耗量则应按原计算值增加10%～20%。

跨铁路局的牵引定数由铁道部统一规定或经铁道部批准。

为了减少直通货物列车在区段站或编组站的作业，从而提高铁路输送能力并加速车辆周转，对一条线路或几条线路的同方向实行统一牵引定数非常重要。当区段的牵引定数不能满足统一牵引定数的要求时，可以采取以下措施：

(1)采用补机、双机或符合安全运行条件的多机牵引。

(2)配置大功率机车。

(3)改造线路，降低坡度，加大曲线半径，延长站线等。

(4)当牵引质量受站内启动坡度限制，或出站后是动能坡道且必须在该站通过以提高坡前速度才能顺利通过坡顶时，可以规定该站为必须通过站。

(5)进站信号机外停车启动困难的车站规定为不宜机外停车站。

(6)旅客列车的牵引定数按准高速、快速、特快、直快、普快，根据运输需要按辆数规定，机力不足时调整机型或采用补机、双机牵引。

六、质量评价标准

评价维度	分值	行为表现描述	得分
问题解决	6	对各种限制坡道的理解和认识完全正确，能根据限制坡道判断列车运行趋势并计算牵引质量，根据线路限制条件检查牵引质量，最后确定区段牵引定数	
	3	对限制坡道理解或认识有误，只能做部分限制坡道的牵引质量计算，不能全部检查牵引质量	
	0	对限制坡道你理解和判断错了，没能正确计算牵引质量	
获得答案	4	根据限制坡道特征，正确运用计算方法和检查方法，给出确定的区段牵引定数	
	2	坡道判断有误，计算结果不准确，但计算过程中的思维方法正确	
	1	计算公式或数据抄写错误，计算错误，缺少最后牵引定数	
	0	基本概念理解错误导致计算结果错误	

任务6 牵引电算技术训练

一、学习目标

通过上机训练，学会列车牵引计算软件的使用与操作；能利用软件完成列车牵引计算主要课题计算；学会用数据库软件处理工务线路数据的方法；能利用牵引计算软件的“机车、车辆数据文件”命令建立电力、内燃机车及客货车辆的有关数据。进一步掌握机车车辆的特性，正确合理操纵列车运行，绘制列车牵引操纵示意图并会利用操纵图指导、评价操纵过程。

二、学习任务

1. 任务描述

练习列车牵引计算软件的使用与操作方法；会用数据库软件处理工务线路数据库建立计算线路数据；能利用软件完成列车牵引计算主要课题计算；能绘制列车牵引操纵示意图并能读懂牵引操纵示意图。

2. 任务流程图

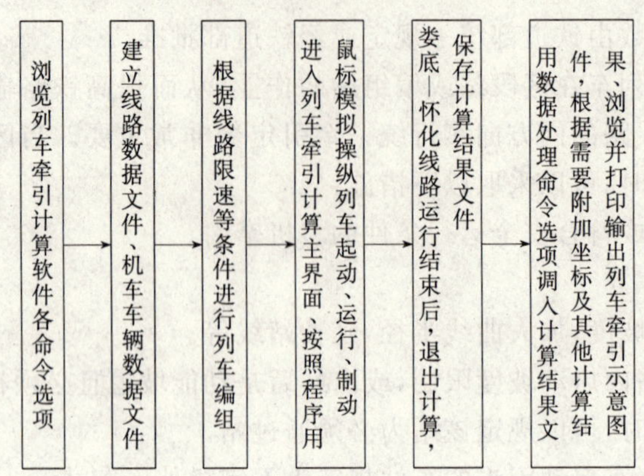

三、环境设备

通用配置计算机1台(QYJS运行环境为中文WIN95/98/XP)、打印机或绘图仪、牵引电算软件1套、《列车牵引计算规程》、必须在多媒体教室完成任务。

四、背景知识

列车牵引计算程序必须满足《牵规》所规定的各种计算要求，可以进行《牵规》要求的各种计算。目前，各类牵引计算软件比较多，以下就目前推出应用的电算软件作简要介绍。

(一)软件的种类

按软件的大小可分两类：一类是计算某个单一问题的小程序，如计算牵引质量，制动距离、制动限速等；另一类是计算列车运行速度和运行时、绘制列车运行速度时分曲线、牵引操纵图，并计算机车能耗量的大型软件，这类软件结构较复杂，功能多、篇幅长。我们常说的电算软件多指这一类软件。

按软件所用语言和运行环境也分两类。一类是早期的电算软件，多用BASIC、FORTURN等语言编写，在DOS环境下运行，对微机硬件要求不高。第二类是近几年来推出的采用面向对象的VisualC＋＋语言，运用可视化编程技术编制的软件，具有良好的用户界面，在WINDOWS环境下运行，计算速度快，一般对微机的硬件支持要求比较高，如中国铁道科学研究院机辆所和西南交通大学推出的牵引电算软件。这类软件因其具有良好的图形用户界面和完善的输入、输出功能，显得生动、直观。它的数学模型更加先进，具有广泛的应用前景。

(二)牵引计算软件需要的数据文件

建立列车牵引计算所需的机车、车辆计算参数、机车特性数据文件及列车运行线路数据文件，为列车牵引计算做好准备。

1. 机车数据文件

电算软件中所需要的各型机车的计算数据和特性数据表格与特性曲线图要编成数据文件供主程序调用，其内容包括各级位的牵引力、动力制动力、能耗量、机车基本阻力公式、计算质量等。如果采用详细编组的模式还需有制动机基础制动装置参数、闸瓦材质种别、摩擦系数、机车全长等。

2. 车辆数据文件

车辆数据包括《牵规》所提供的各种类型车辆的基本阻力公式，制动计算所需参数。如果采用详细编组的模式还需车种、车长、自重、载重、制动机基础制动装置参数、闸瓦材质种别、摩

擦系数等。

3. 线路数据文件

线路数据是软件运行的基础，线路数据文件为生成加算坡度提供坡度和曲线数据，为计算和绘图提供线路依据。线路数据文件包括线路纵断面（坡道）数据文件和曲线数据文件，初期的电算软件，线路数据文件要靠用户人工输入，不仅工作量大而且容易产生输入错误。随着全路工务部门数据库的统一和完善，现在 VisualC＋＋语言电算程序的数据处理与计算模块分离，具有良好的数据接口，可以借用工务部门的线路数据库文件，它是以工务段为单位存盘的数据，一般为 dBase(.dbf)格式。要把它转换生成电算软件所需要的数据文件，供电算程序调用，一般是用电算软件中自带的将工务数据读取并转换成电算程序所要求格式的功能。建议读者用数据库软件 Foxpro，Excel 等来处理工务数据，处理的速度和方便程度都要比牵引计算软件本身具有很大优势。处理线路数据文件的关键问题是线路里程中的“长短链”和不同线路的连接以及单线上下行数据的自动转换。

4. 线路设施和标志文件

电算软件中需要有车站名，车站、道岔、信号机、电分相标等设施的里程坐标及其标志，如果把电算结果作成列车操纵图，还需要有桥梁、隧道位置及长度、道口位置的数据及其标志。这些数据没有统一的现成资料可供借用，一般要从有关方面收集过来用人工输入，或部分地借用工务部门数据库，生成有关文件。

5. 线路限速文件

一个区段或一条线路可能有多种线路限速，在软件相应的对话框中可根据需要指定线路的限速区段编成有关限速文件，供程序调用。实际运营线路的限速文件要参考各个铁路局的列车运行图技术资料中线路允许速度、直向过岔速度表进行编写。

五、实践指导

1. 用软件自身功能制作线路数据文件

QYJS 的主菜单（如图 3-4）由“数据文件”、“牵引计算”、“数据处理”等菜单项组成。

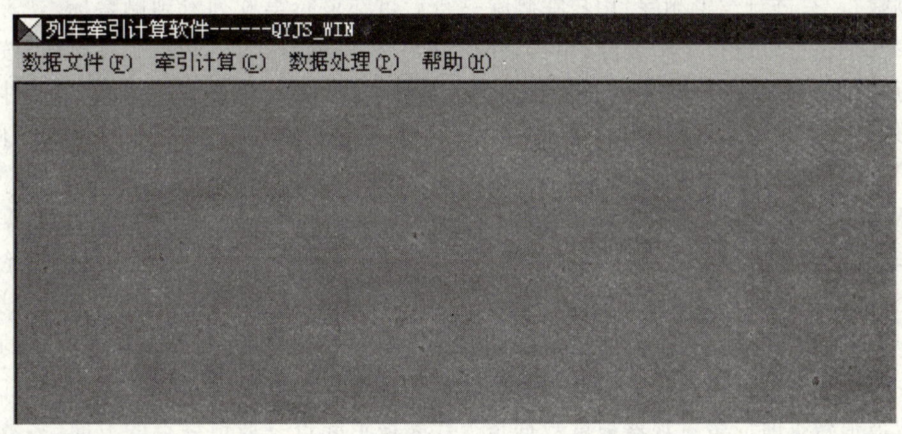

图 3-4　QYJS 主菜单

线路数据文件（＊.dat）是由坡道 dBASE 数据文件（＊.dbf）、曲线 dBASE 数据文件（＊.dbf）和线路设施数据文件（＊.ss）经转换而成的，具体步骤如下：

(1)选择“数据文件”菜单之“dBASE 数据文件”命令，进入“dBASE 文件”对话框，打开源

Dabse文件编辑 - 娄底_怀化坡道

线名	线编号	行别	起点里程	终点里程	坡度	坡长	长短链里程	长短链
湘黔	0076	单	121.05000	121.35000	2.40	300.00	0.000	0.00
湘黔	0076	单	121.35000	121.74000	6.70	390.00	0.000	0.00
湘黔	0076	单	121.74000	122.45000	2.20	710.00	0.000	0.00
湘黔	0076	单	122.45000	123.52500	1.90	1075.00	0.000	0.00
湘黔	0076	单	123.52500	123.97500	2.80	450.00	0.000	0.00
湘黔	0076	单	123.97500	124.25000	5.50	275.00	0.000	0.00
湘黔	0076	单	124.25000	124.71000	4.50	460.00	0.000	0.00
湘黔	0076	单	124.71000	125.15000	-5.60	440.00	0.000	0.00
湘黔	0076	单	125.15000	125.50000	-2.70	350.00	0.000	0.00
湘黔线	0076	单	125.50000	126.11500	3.00	615.00	0.000	0.00
湘黔线	0076	单	126.11500	127.11500	8.00	1000.00	0.000	0.00
湘黔线	0076	单	127.11500	127.61500	3.50	500.00	0.000	0.00
湘黔线	0076	单	127.61500	127.95000	9.40	335.00	0.000	0.00
湘黔线	0076	单	127.95000	128.25000	11.10	300.00	0.000	0.00
湘黔线	0076	单	128.25000	128.85000	11.90	600.00	0.000	0.00
湘黔线	0076	单	128.85000	129.20000	11.60	350.00	0.000	0.00
湘黔线	0076	单	129.20000	129.82000	2.20	620.00	0.000	0.00
湘黔线	0076	单	129.82000	130.37500	1.70	555.00	0.000	0.00
湘黔线	0076	单	130.37500	130.72500	3.50	350.00	0.000	0.00
湘黔线	0076	单	130.72500	131.02500	6.80	300.00	0.000	0.00
湘黔线	0076	单	131.02500	131.27500	3.80	250.00	0.000	0.00

行 1 列 1 添加行 删除行 压缩 打开.. 保存.. 截取.. 检查错误 关闭

图 3-5　线路数据文件的 dBASE 数据文件

自铁路工务部门的线路坡道 dBASE 数据文件，截取需要的数据另行保存，如图 3-5 所示。再打开线路曲线 dBASE 数据文件，截取对应相应坡道范围的曲线数据另行保存。截取的坡道和曲线数据范围应当比实际运行线路范围略宽，即截取的线路起点和线路终点间的范围应当比实际运行线路的起点和终点间的范围略宽，且曲线数据的公里标范围应当处在坡道数据的公里标范围内。

操作提示：首先用【打开】按钮打开一个 dBASE 数据文件，数据显示完毕后，【添加行】、【删除行】、【压缩】按钮才有效。用鼠标单击单元格后可修改数据，数据长度按 dBASE 文件规定，对话框左下角的“行”、“列”文本框显示该单元格的行、列数。为和 dBASE 数据文件保持一致，“删除行”只进行逻辑删除，用户在删除一行后可在该行第 0 列看到删除标志“＊”；用鼠标单击第 0 列也可以进行逻辑删除；单击删除行第 0 列则恢复该行的数据。【压缩】按钮对逻辑删除行进行物理删除，删除后数据不能恢复。【截取】按钮可截取当前 dBASE 文件的部分数据，使用时会弹出一对话框，用户可在“起始行”、“终止行”中输入欲截取数据的区间，并在[存入文件名]中输入(或选择)保存截取数据的文件名。

注意事项：截取 dBASE 数据时，“起始行”的缺省值为 1，“终止行”的缺省值为数据文件的总行数，输入值必须介于二者之间，且“起始行”必须小于等于“终止行”。应牢记：不论上行或下行线路，依据工务部门 dBASE 数据库的定义，坡道(曲线)起点里程始终应该小于坡道(曲线)终点里程，即线路断面数据始终按照公里标递增方向进行排列，而不是按照列车的运行方向排列。否则线路坡度与曲线方向经线路数据文件转换后恰好与列车实际运行方向相反。编辑或截取坡道数据时应留意观察坡度数据是否代表坡道起点→坡道终点的方向(多数用户可能在此问题上犯错误)。

等同操作方法：可利用 dBASE、FoxPro 等数据库处理命令完成线路坡道、曲线、车站数据的排列或截取工作，也可以利用电子表格工具 Excel 对已有的 dBASE 数据文件进行排列或截取。上述软件的编辑功能都比本软件的编辑功能好，便于提高工作效率。但是一定要保证：

①截取所得的 dBASE 文件必须保留该文件原有的全部项目字段(线路名、线编号、行别、起点里程、终点里程);②使用 Excel 编辑后进行保存时,必须选择文件的保存格式为 DBF 3(dBASE Ⅲ)或 DBF 4(dBASE Ⅳ)。

(2)选择"数据文件"菜单之"线路设施数据文件"命令,进入[设施文件]对话框,如图 3-6 所示。

限速文件 - 娄底_怀化

起始公里标	结束公里标	限速
122.310	123.400	95
123.400	123.59	85
126.98	127.44	95
127.44	128.030	90
131.000	137.760	90
137.760	138.150	80
138.150	142.1	90
142.1	142.62	80
142.62	159.710	90
159.710	160.670	85
160.670	178.110	90
178.110	179.550	85
179.550	196.110	90
196.110	196.340	85
196.340	201.440	90
201.440	201.960	80
201.960	205.460	90
205.460	205.960	75
205.960	245.000	90
247.080	258.010	95

最高允许速度 100

添加行
插入行
删除行
新建
打开...
保存...
另存为...
检查错误
关闭

图 3-6 线路设施数据文件的生成

若已取得工务部门的车站 dBASE 数据文件则选择[取车站数据…]按钮打开车站 dBASE 数据文件(也可事先编辑或截取车站 dBASE 数据文件),取得相应范围的车站数据,然后在此基础上插入或增添其他线路设施数据并保存,也可完全由手工输入建立线路设施数据文件。

操作提示:用鼠标单击单元格各项,单元格中出现插入符(或组合框),此时可输入(或选择)对应数据(或字符)。按回车键(Enter)则跳到下一单元格。

注意事项:输入线路设施数据时,表格中间和表尾不能有全空行,否则会影响数据转换。公里标必须按由小到大的顺序排列(为了与工务 dBASE 数据格式保持一致),各种线路设施应当按照相应的里程按从小到大的顺序排列。当列车按照公里标递减方向运行时,进站信号、道岔和出站信号、道岔的排列顺序与列车按照公里标递增方向运行时不同。

列车按照公里标递增方向运行时线路设施的排列顺序为:区间信号、进站信号、进站道岔、车站、停车标、出站信号、出站道岔、区间信号。

列车按照公里标递减方向运行时线路设施的排列顺序为上述情况的相反序列:区间信号、出站道岔、出站信号、停车标、车站、进站道岔、进站信号、区间信号。

(3)选择"数据文件"菜单之"线路数据转换"命令,进入"线路文件数据转换"对话框

用户在此对话框中可将无公里标跳变路段的坡道数据 dBASE 文件、曲线数据 dBASE 文件和线路设施数据,文件转换成牵引计算和绘制操纵示意图用的线路数据文件(*.dat),如图 3-7 所示。

选择要进行数据转换之线路的(截取后的)坡道文件(*.dbf)、曲线文件(*.dbf)、线路设施数据文件(*.ss),在保存文件编辑框内输入将要生成的线路数据文件的文件名(*.dat),由于工务部门提供的 dBASE 数据是按照公里标递增方式排列的,因此要在[转换规则]中确

线路文件数据转换

运行区间 娄底----怀化

起点里程 0　终点里程 0

线路数据转换规则

公里标 递增

坡道文件 娄底_怀化坡道.dbf

曲线文件 娄底_怀化曲线.dbf

设施文件 娄底_怀化.ss

保存文件 娄底_怀化.dat

转换

关闭

图 3-7　线路数据文件的转换

认:列车运行方向该段线路的公里标是递增还是递减,最后单击【转换】按钮。若转换成功,程序会将转换后的起点里程和终点里程填入"起点里程"和"终点里程"文本框,在运行区间编辑框内填入区间名称(设施文件中的始末车站名),线路数据转换工作即告完成。

注意事项:以上线路数据转换工作是针对公里标无跳变的连续路段进行的,实际运行线路常常会有公里标跳变的情况,特别是在枢纽站附近有许多连接主干线的连接线,将不同的主干线连接起来。此时应对每一公里标连续区段分别进行如上所述的线路数据转换(截取每一段的坡道、曲线 dBASE 文件,建立每一段的线路设施数据文件,再进行数据转换),形成对应各区段的线路数据文件(* 1. dat、* n. dat),然后进行"线路链接"。

(4)多区段(支线)线路数据文件链接

当运行线路由多段线路组成(公里标有跳变)时(图 3-8),该线路数据文件的建立要比生成单一区段公里标连续线路的线路数据文件复杂一些。

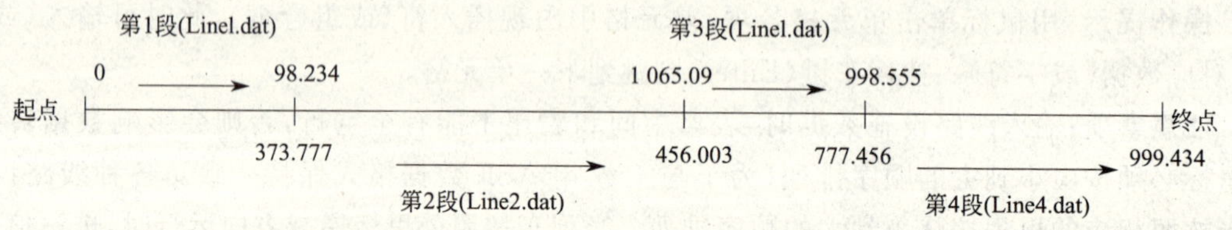

图 3-8　多区段(支线)线路数据文件链接示意图

首先要将该线路分成若干公里标连续的区段,将每一区段分别按照以上所述的方法进行线路数据转换(例如分别得到:Line1. dat、Line2. dat、Line3. dat 和 Line4. dat)。然后选择"数据文件"菜单之"线路链接"命令将各组成区段按顺序衔接起来即生成了多区段线路的线路数据文件。

操作步骤:用鼠标左键双击[线路链接]对话框左边"缺省目录下的线路数据文件"列表中(或其他目录下的线路文件)的某一线路数据文件,对话框右边的"链接线路数据文件"列表中将按鼠标选择的顺序出现链接线路的各个组成段的线路数据文件(如:Line1. dat、Line2. dat、Line3. dat 和 Line4. dat),表示新链接生成的线路数据文件将由"链接线路数据文件"列表中的各区段线路数据文件按顺序链接而成。输入链接生成文件名,最后选择【链接】按钮就完成了线路链接,从而建立了多区段线路数据文件。

注意事项:必须有两个或两个以上的被链接线路数据文件,且输入(或选择)了链接生成文

件名，[链接]按钮方有效；链接生成的线路文件名不得与"链接线路数据文件"列表中的线路文件名相同，即链接生成文件不能是被链接的文件。若错选了被链接的文件，只需在"链接线路数据文件"列表中用鼠标双击错选的文件即可去掉。

2. 用数据库软件生成线路数据文件

在实际使用过程中，我们发现，用牵引计算软件本身的 dBASE 数据处理功能来截取一段坡道或曲线线路，速度非常慢。我们可以先借助于一些数据库软件对坡道、曲线数据进行系列处理，整理出一条完整线路的坡道和曲线、设施文件，然后再用牵引计算软件本身的数据转换功能来处理，生成一条完整的线路数据文件（*.dat）。即使对数据库不熟悉的人，通过下面的介绍也可以很快掌握这个方法。

工务部门提供的铁路工务数据库中，我们要用到坡道数据（PDD. Dbf）、曲线数据（QX*. Dbf）、线路设施数据中的车站数据（CZ*. Dbf）。这些文件中线路数据编排顺序是按照工务段所管辖线路范围编排的，而我们所需要的是按线路名称编排的数据，例如列车从郑州到武昌运行，需要给出京广线下行的线路数据才能模拟操纵列车运行，进行牵引计算。所以，需要我们利用一些软件快速准确地从工务数据库中把牵引计算所需的一系列数据筛选出来，供牵引计算软件调用。下面以筛选出京广线下行线线路数据来说明处理过程。

①首先进入 Foxpro 环境中。由文件菜单中的打开文件选项打开工务数据库。例如打开坡道数据 pddl. Dbf，然后用显示菜单中的浏览选项可以查看整个文件内容，其中有分局、工务段、起点里程、终点里程、线名、行别、中心里程等字段名。

②在命令窗口中键入：sort to pdjgx. Dbf on 起点里程 for 线名　="京广" and 行别　="下"，接着回车即可得到京广下行坡道数据文件 pdjgx. Dbf。

③在当前目录下找到坡道文件 pdjgx，打开—显示—浏览就可看到完整的京广线下行坡道数据。如果想使得生成的坡道文件直接存在牵引计算目录下，在②中键入命令改为：sort to c:\牵引计算\pdjgx. Dbf on 起点里程 for 线名　="京广" and 行别　="下"。

④用同样的方法打开曲线库 qxd. Dbf 文件，得到京广下行曲线数据文件 qxjgx. Dbf。

⑤用同样的方法打开车站库 czd. dbf 文件，得到京广线下行车站数据文件 czjg. Dbf。注意，车站效据不分上下行。排序按车站中心里程关键字，所以命令行就变为：Sort to czjg. Dbf on 中心里程 for 线名　="京广"。

⑥将得到的 pdjgx. Dbf、qxjgx. Dbf、Czjg. Dbf 等线路文件 Copy 到"牵引计算"目录下。

⑦用牵引计算软件数据处理菜单中"线路数据转换"命令对 pdjgx. dbf、qxjgx. dbf、czjg. dbf 等文件进行转换，最终生成京广下行线路数据文件 jgx. dat。

3. 用 Microsoft Excel 软件处理线路数据

用 Excel 软件处理坡道、曲线、车站数据等工务数据库来得方便快捷，无需安装其他数据库软件，直接利用 Office 组件就可以完成任务。提取京广线下行线路数据的方法步骤。

(1)准备工作

从工务数据库中，找出京广线的坡道，曲线，线路设施 dBASE 数据文件。按照前述制作线路文件的要求分别用牵引计算软件和其他数据处理软件建立京广线上、下行的数据文件 jgx. dat、jgs. dat。

(2)操作程序

①进入 Excel 编辑环境，打开坡道数据文件 pdd. dbf，会显示出该文件的全部记录内容；

②在 Excel 数据命令菜单下选择"自动筛选"选项，会看到在数据文件的顶端每个字段名

右边出现了黑色箭头，这时单击“线名”字段下的箭头，选择“京广”，箭头变成蓝色，再单击“行别”字段下的箭头，选择“下”，箭头变蓝，表明筛选成功。最后在数据命令菜单下选“排序”选项，弹出一个对话框，在对话框关键字中找到“起点里程”关键字确定。这样就把京广线下行线路的坡道数据筛选做好了。

③在“编辑”命令菜单中“全选”当前工作表，表格变黑，点击“复制”按钮进入工作表复制状态。

④在“文件”命令菜单中选“新建”选项，弹出对话框确定，出现一个新工作表，这是点击“粘贴”按钮，就把前面作好的内容复制到新工作表中了。

⑤在“文件”命令菜单中选“另存为”选项，在弹出对话框中选择保存文件类型，这时应选择dBASE 格式，另起文件名如“pdjgx”保存目前工作表成为 dBASE 数据库格式文件（*. dbF)。用同样的方法可以处理曲线、线路设施、车站等数据文件。

⑥按照以上步骤处理，得到一条线路的坡道（pdjgx. dbf）、曲线（qxjgx. dbf）、车站(czjg. dbf)等数据文件后，再利用牵引计算软件的数据转换功能把它们转换成一条完整的线路数据文件(jgx. dat)供软件在计算时调用。这样就获得京广线上、下行的线路数据文件。

⑦在牵引计算软件数据处理菜单中打开转换链接好的线路数据文件 jgx. dat，会在屏幕上看到牵引电算软件已把京广下行线路数据文件转换成线路纵断面图。观察线路纵断面图，看是否有异常情况，如有重叠站等情况应重新进行线路数据文件生成，直到没有问题为止。

4. 建立机车、车辆数据文件的建立

(1)准备工作

选自己熟悉的一种电力或内燃机车和车辆类型。收集该车型的相关技术参数和数据，利用牵引电算软件的机车车辆数据文件操作平台，建立机车、车辆的数据文件。

(2)操作程序

①根据《牵规》或收集的有关机车车辆原始技术数据。按照软件操作步骤的要求，在内燃机车、电力机车及客货参数输入对话框中把机车、车辆的技术数据输入指定位置。机车数据输入前应在[调速方式]一栏中选择“有级”、“无级”与“恒速”方式等后输入数据。使输入机车参数的[调速方式]与机车特性数据给出的级位方式保持一致。

②数据输入完毕后，要与原始资料核对修改。对机车的数据还要通过观察机车的牵引特性、电阻制动特性曲线，看是否与《牵规》提供的曲线保持一致，如有问题要进行修改。

③检查输入数据确认无误后，可以存盘，注意要保存的数据文件的扩展名。电力机车数据为“. ldl”，内燃机车为“. lnr”，客车车辆为“. Ckc”，货车车辆为“. Cpc”。

(4)数据文件建好后，最好保存（转移）到牵引计算目录下，供牵引计算软件直接调用，如图 3-9 所示。

5. 进入列车牵引计算

利用牵引计算的速度时分计算功能，调入已建立好的机车车辆线路数据文件进行模拟操纵计算，正确编组列车，点击确定，进入列车牵引计算画面，操纵列车运行，得出列车运行的速度时分曲线和其他相关计算结果。

“牵引计算”菜单包含有“速度时分计算（详细编组）”、“速度时分计算（简单编组）”、“牵引质量计算”、“空气制动计算(一)”和“空气制动计算(二)”五项命令。“速度时分计算（详细编组)”与“速度时分计算（简单编组）”的主要区别在于列车编组方式不同，详细编组允许对列车按车辆类型进行详细编组，可实现特定的编组方案，列车换算制动率由列车编组计算得到；

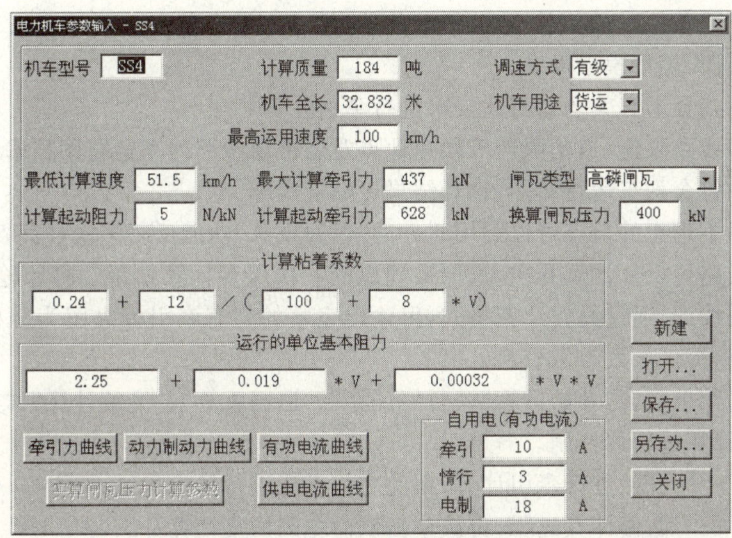

图 3-9　建立机车车辆的数据文件

简单编组则采用笼统的编组方法，列车换算制动率由用户输入，简单快捷。两种方案可满足不同用户、不同场合的需要，如图 3-10 所示。

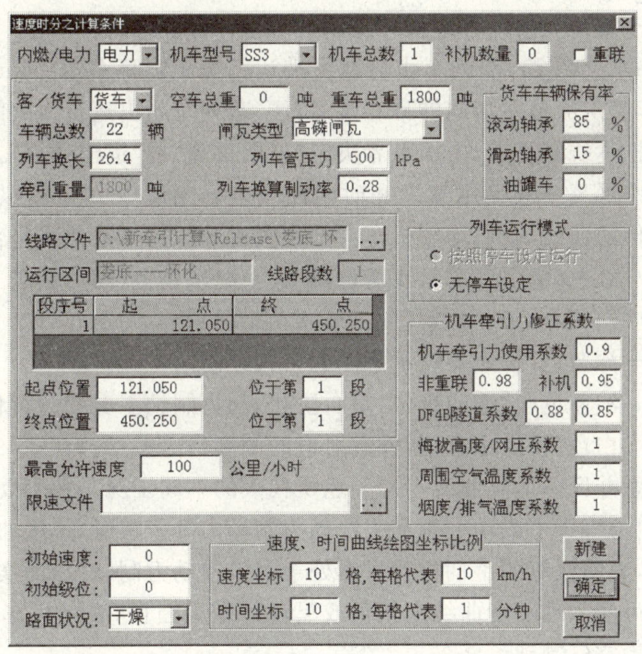

图 3-10　速度时分计算编组列车示意图

6. 绘制列车运行速度、时分曲线图

(1)要求：按照列车运行操作规程要求，利用电算软件功能，用键盘、鼠标模拟操纵列车运行。获得列车运行过程中的有关数据，输出列车运行速度时分曲线或计算结果。

(2)操作程序

①在速度时分计算(简单编组)命令对话框中确定列车编组、列车运行的初始条件、附加条件。

②确定好上述条件后，调入线路数据限速数据文件(没有编制的不用调入)。点击“确定”按钮进入计算画面，等待模拟操纵。

③按照实训指导书有关章节所述要求进行牵引计算。

④操纵中的线路限速、道岔限速等限速地点及要求要参照列车运行图技术资料进行限速，使操纵过程更加符合列车运行实际，计算结果更贴近实际。

⑤对于操纵不理想的地点可以利用软件的“退回重算”功能反复多次计算，直到满意为止。

⑥对一条线路可反复计算几次，选取最理想的一次保存计算结果。打印输出计算结果数据或速度时分曲线图，通过设置绘图格式，可输出完整的列车牵引操纵图为分析操纵过程、计算结果、指导操纵提供有效参考资料。

“计算控制”菜单包含“开始计算”、“暂停计算”、“退回重算”、“继续计算”、“退出计算”等命令，用于实现对计算过程的控制。

“开始计算”——开始进行牵引计算，在此之前不能进行模拟操纵；

“暂停计算”——暂停计算过程，再次单击该命令则恢复计算；

“退回重算”——在当前的计算结果不理想时，选择退回地点，并可改变工况，然后选择“继续计算”，程序将从退回地点接续计算，自动保留退回地点以前的计算结果并与后续计算平滑衔接；

“继续计算”——确定退回重算地点和工况后接续计算；

“退出计算”——结束当前计算过程并提示是否保存计算结果。

屏幕显示 8 km 长的线路，当列车由屏幕左端运行至距屏幕右端 1 km 处时，程序自动刷新线路和曲线，列车又从屏幕左端向屏幕右端运行。若列车超出运行线路的终点里程，计算机提示用户列车已经抵达线路终点，由操纵者决定“退回重算”或“退出计算”。

牵引计算过程中屏幕中间显示速度和时间曲线坐标刻度(v-t)。模拟运行窗口将显现 4 条随列车运动而延伸的曲线，它们均与机车头部位置对齐。这 4 条曲线是：

运行速度线——红色(牵引工况)、浅蓝色(惰行工况)、黄色(动力制动工况)、白色(空气制动工况)、黑色(空电联合制动工况)、紫色(负载制动工况)；

运行时间线——深蓝色(按照操纵示意图的格式绘制)；

手柄级位线——浅蓝色(转速或级位，呈台阶状，动力制动工况变为黄色)；

列车管压力——白色(仅供示意用，没有对应的刻度)；

操纵者应当熟悉并区分速度曲线不同颜色所代表的不同工况。特别要注意手柄级位保持不变，牵引工况牵引力等于零或动力制动工况动力制动力等于零时，速度曲线的颜色将由红色或黄色变为浅蓝色，表明机车的手柄位置虽然处于牵引或动力制动位，而实际运行工况已经转变为惰行；同理，也可能出现速度曲线由紫色或黑色转变为白色，表示机车运行工况由负载制动或联合制动转变为空气制动。

执行“退出计算”该命令后，程序将提示用户是否保存计算结果，随后退出速度时分计算，返回主菜单。计算结果数据文件名由用户确定，其扩展名默认为“. vtm”，如图 3-11 所示。

7. 生成列车牵引操纵图

在“数据处理”菜单包含“曲线与表格”命令，它能针对某一计算结果绘制速度曲线图也可专门绘制无速度、时间曲线的“空”操纵示意图，它能将速度曲线的有关数据转换成区间运行速度时间表，也可以输出计算过程的详细数据表。

选择“数据处理”菜单之“曲线与表格”命令屏幕将弹出一[打开文件]对话框，通过选择文件

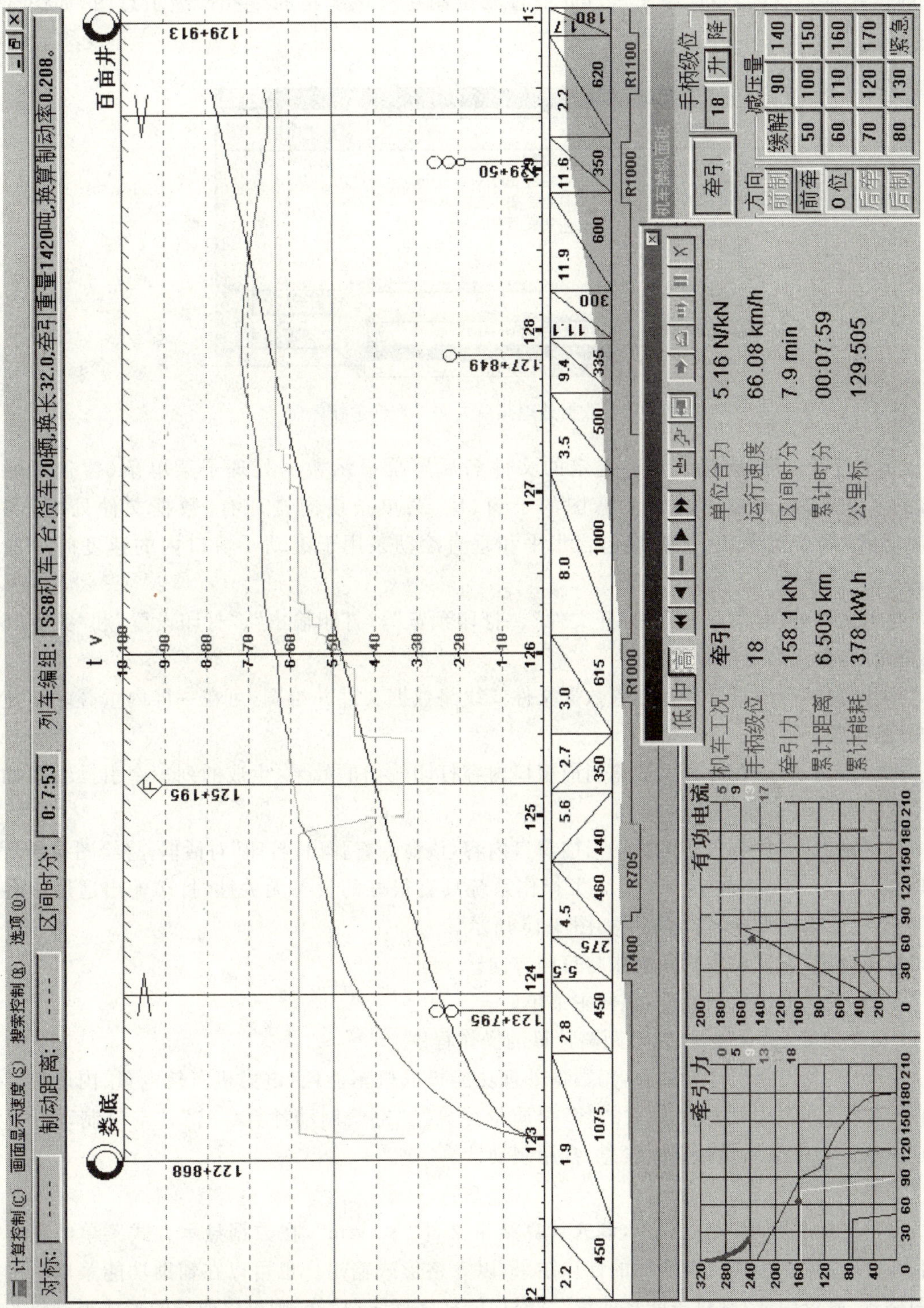

计算控制(C) 画面显示速度(S) 搜索控制(R) 选项(O)

对标: ---- 制动距离: ---- 区间时分: 0: 7:53 列车编组: SS8机车1台,货车20辆,换长32.0,牵引重量1420吨,换算制动率0.208。

机车工况	牵引	单位合力	5.16 N/kN
手柄级位	18	运行速度	66.08 km/h
牵引力	158.1 kN	区间时分	7.9 min
累计距离	6.505 km	累计时分	00:07:59
累计能耗	378 kW.h	公里标	129.505

图 3-11 进入列车运行速度、时分计算的界面图

类型列表＜文件类型(T):＞的内容用户可确定文件列表＜文件名(N):＞中的文件是计算结果数据文件(＊.vtm)还是线路数据文件(＊.dat),若是选择了＊.vtm文件则绘制有计算结果的操纵示意图,若是选择了＊.dat文件则绘制对应该线路的"空"操纵示意图,如图3-12所示。

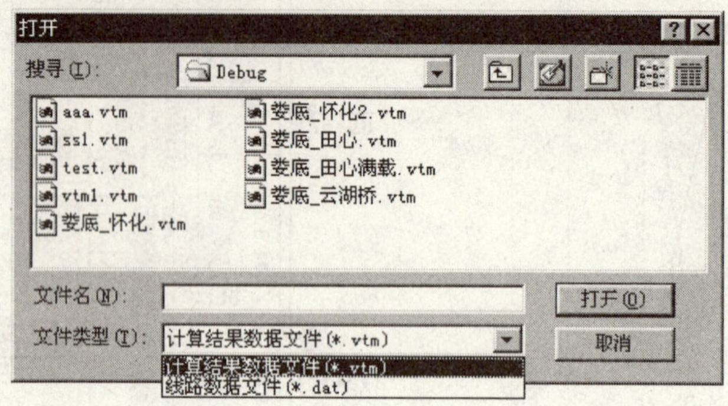

图3-12 数据处理菜单之文件类型选择界面

选择【打开(O)】按钮或双击选定的文件名后屏幕显示数据处理子菜单条(覆盖了原来的主菜单条)和绘制了操纵示意图的子窗口。菜单条横向排列有"数据文件处理"和"附加功能"两个菜单项,子窗口包含水平和垂直滚动条用于滚动子窗口内的速度时分曲线图。

"数据文件处理"菜单包含"打开文件"、"打印预览","打印输出"、"打印设置"和"关闭"5项菜单命令,各项命令的作用是:

"打开文件"——打开计算结果数据文件或线路数据文件并绘图,可在一屏内重叠多幅速度时分曲线图;

"打印预览"——在屏幕上预览当前窗口内容打印输出的效果,生成的列车牵引操纵图如图3-13所示;

"打印输出"——从打印机输出当前窗口内容,该命令将弹出"打印"对话框,将绘图结果从打印机输出,由于Windows 95/98/NT操作系统具有很好的设备无关性,打印输出适用于各种打印与绘图输出设备,输出结果如图3-13所示。

"打印设置"——设置打印纸张与打印方向;

"关闭"——退出数据处理,返回主菜单。

8. 机车能耗、牵引质量、制动距离计算的操作程序

(1)要求:利用牵引计算结果,用数据处理功能提取机车能耗(电力机车耗电量、内燃机车耗油量)数据,在牵引计算菜单下的"牵引质量计算"、"空气制动计算(一)"、"空气制动计算(二)"命令进行牵引质量计算。紧急、常用制动计算。

(2)操作程序

①打开"数据处理"功能菜单,调入计算结果文件"＊.vtm",在数据显示方式菜单的计算明细表选项中可以得到机车能耗的计算结果,以表格形式输出。也可以在辅助功能菜单中的"绘图格式"命令中选"画机车能耗曲线","附加能耗坐标线"功能,则可以曲线的形式得到机车能耗计算结果。

②利用牵引计算菜单下的"牵引质量"计算命令,选定机车类型,客、货车类型,输入不同的

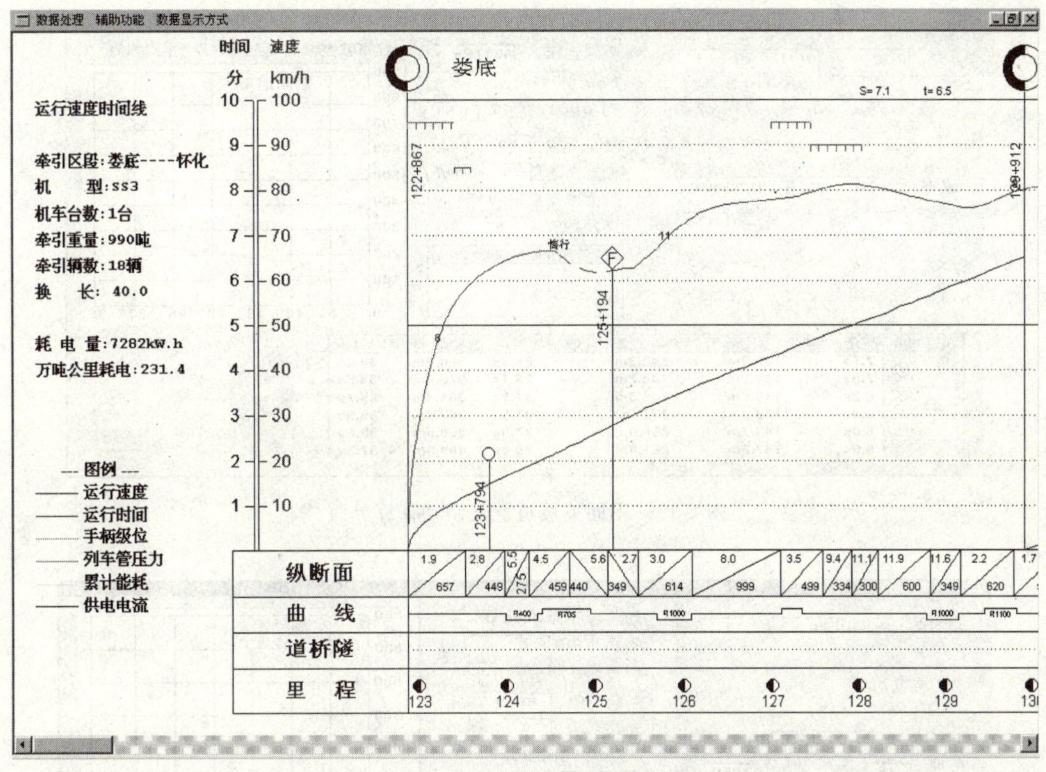

图 3-13　绘制的牵引操纵图图例

计算坡度千分数,点击计算,列表按钮就可以得到 0～35‰坡道上的计算牵引质量 G_j 和启动牵引质量 G_q 列表和牵引质量与限制坡度千分数关系曲线图,如图 3-14 所示。在屏幕右上角输入列车的最高运行速度,经计算可以得到列车在平直道上以最高速度运行仍有加速度的牵引质量结果。

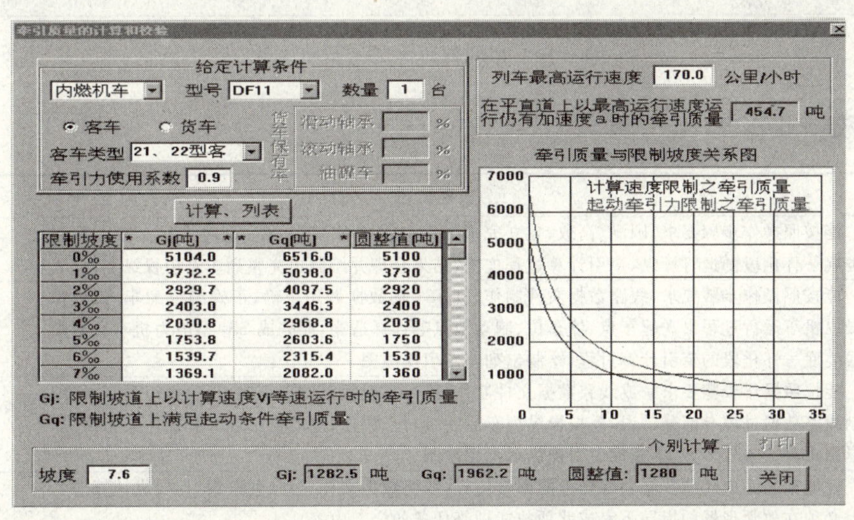

图 3-14　机车牵引质量计算界面

③利用"空气制动计算(一)"、"空气制动计算(二)"两个命令选项,按照命令对话框要求输入初始数据,可以得到列车在各种坡道上的常用、紧急制动距离,如图 3-15,图 3-16 所示。

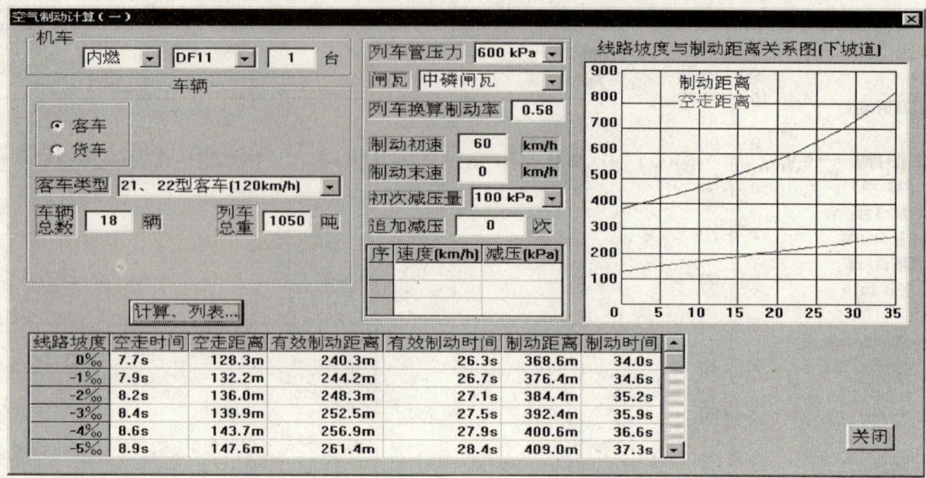

线路坡度	空走时间	空走距离	有效制动距离	有效制动时间	制动距离	制动时间
0‰	7.7s	128.3m	240.3m	26.3s	368.6m	34.0s
-1‰	7.9s	132.2m	244.2m	26.7s	376.4m	34.6s
-2‰	8.2s	136.0m	248.3m	27.1s	384.4m	35.2s
-3‰	8.4s	139.9m	252.5m	27.5s	392.4m	35.9s
-4‰	8.6s	143.7m	256.9m	27.9s	400.6m	36.6s
-5‰	8.9s	147.6m	261.4m	28.4s	409.0m	37.3s

图 3-15　不同下坡道空气制动计算界面

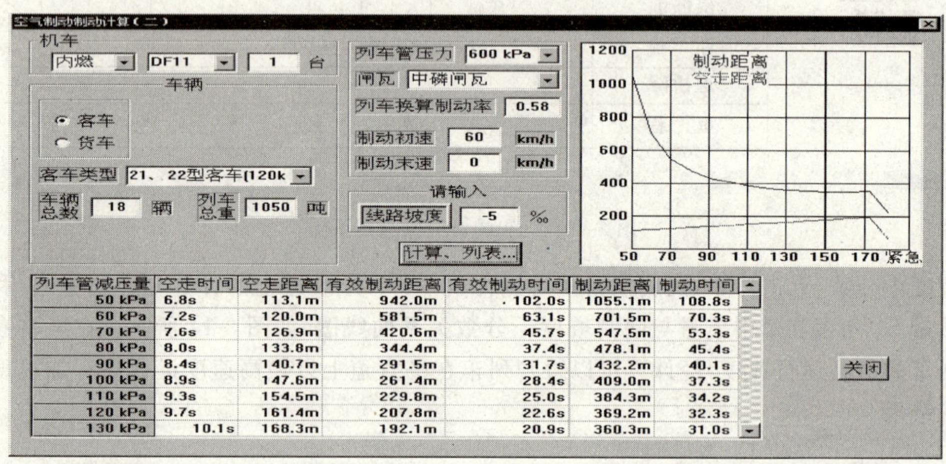

列车管减压量	空走时间	空走距离	有效制动距离	有效制动时间	制动距离	制动时间
50 kPa	6.8s	113.1m	942.0m	102.0s	1055.1m	108.8s
60 kPa	7.2s	120.0m	581.5m	63.1s	701.5m	70.3s
70 kPa	7.6s	126.9m	420.6m	45.7s	547.5m	53.3s
80 kPa	8.0s	133.8m	344.4m	37.4s	478.1m	45.4s
90 kPa	8.4s	140.7m	291.5m	31.7s	432.2m	40.1s
100 kPa	8.9s	147.6m	261.4m	28.4s	409.0m	37.3s
110 kPa	9.3s	154.5m	229.8m	25.0s	384.3m	34.2s
120 kPa	9.7s	161.4m	207.8m	22.6s	369.2m	32.3s
130 kPa	10.1s	168.3m	192.1m	20.9s	360.3m	31.0s

图 3-16　不同减压量空气制动计算

六、质量评价标准

分值	行为表现描述	得分
10	能按照操作步骤要求，圆满、高效、独立完成线路数据文件制作、SS_3 型电力机车在湘黔线娄底—怀化段的运行操纵，牵引计算过程连贯、结果合理并绘制出完整列车牵引操纵图	
8	能按照操作步骤要求，线路数据文件制作、机车车辆数据调用正确、正确编组列车，仅模拟操纵机车运行过程出现起车点、停车位、制动地点等选择适当，能完成 SS_3 型电力机车在湘黔线娄底—怀化段的牵引计算过程，绘制出列车牵引操纵图	
6	能按照操作步骤要求完成线路数据文件制作、机车车辆数据调用正确、正确编组列车，但编制线路数据过程有部分错误，模拟操纵列车启动、运行、调速、制动等出现部分操作失当情况，退回重算次数较多，基本完成牵引操纵示意图绘制	
3	仅能独立完成此项技能训练任务的部分内容（线路数据文件建立、列车编组、操纵计算等），但必须在教师现场的指导下完成此项技能训练任务的全部内容	

项目二　识读列车运行图及编制机车周转图

一、学习目标

通过本项目的学习，能识读出列车运行图的类型、列车的种类以及列车运行线的表示，能编制简单的机车周转图，并会依据机车周转图计算主要的机车运用指标。

二、项目任务

本项目的任务是学习列车运行图的作用、分类、列车的分类和列车车次的规定以及列车运行线的表示方法，学习机车交路、机车运转制、机车乘务制和乘务方式的基本知识，学习编制简单的机车周转图，并学习计算机车周转图主要的运用指标。

任务1　列车运行图识读。

任务2　编制机车周转图并计算机车运用指标。

三、质量评价标准

序号	项目	考核内容及评分标准	分值	扣分	得分	备注
1	叙述	根据叙述内容是否全面酌情扣分	30			
2	识别	根据识别是否全面酌情扣分	40			
3	操作	根据操作的过程和结果酌情扣分	30			
合　计						
评 价 者 签 名： 年　月　日						

四、项目链接

1. 胡思继．列车运行图编制理论[M]. 北京：中国铁道出版社，2007.

2. 郭进龙．内燃机车运用与规章[M]. 北京：中国铁道出版社，2008.

3. 铁道部．列车运行图编制管理规则[M]. 北京：中国铁道出版社，2008.

4. 铁道部．铁路机车运用管理规程[M]. 北京：中国铁道出版社，2000.

任务1　列车运行图识读

一、学习目标

能描述列车运行图的作用、分类及列车和车次的分类，能描述列车运行图的要素，能识读列车运行图。

二、学习任务

1. 任务描述

学习列车运行图的作用、分类，学习列车和车次的分类，学习列车运行图的要素及列车运行线的表示方法，识读列车运行图。

2. 任务流程

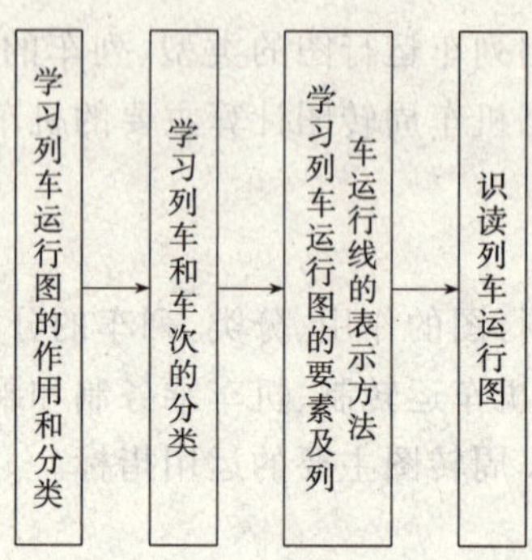

三、环境设备

设备、工具：列车运行图。

四、背景知识

(一)列车运行图的作用

列车运行图是铁路行车组织工作的基础，也是铁路运输工作的综合计划。列车运行图规定了各种列车占用区间的秩序，列车由每一个车站出发、通过、到达和交会的时刻；列车在各区间的运行时分；以及列车在车站的停留时间标准等。这样的列车运行图不仅规定了列车的运行，而且也规定了铁路技术设备(线路、站场、机车、车辆等)的运用。同时，还规定了与列车运行有关的保证部门(如车站、车务段、客运段、机务段、工务段、电务段、供电段、列车检修所、车辆段等)的工作。所有与列车运行有关的铁路各部门，都必须按列车运行图的要求，组织本部门的工作，以保证列车按列车运行图运行。

列车运行图的主要作用是：将所有与列车运行有关的铁路部门(如机务、车务、列车车辆、工务、电务、水电等单位)的工作人员同铁路的运输生产活动统一组织起来，并按照规定的程序协调一致地工作，保证列车按运行图运行。列车运行图应表明如下内容：

1. 根据客、货运量确定列车对数和列车车次；

2. 规定各次列车占用区间的秩序；

3. 列车出发、到达和通过各分界点的时刻；

4. 列车在区间内的运行时分和站停时间标准；

5. 列车运行速度、牵引重量和长度标准。

(二)列车运行图的分类

1. 基本分类

在我国列车运行图是根据国家运输计划编制的，这种根据基本运量进行编制的列车运行

图是基本运行图。基本运行图规定的行车量能满足一定时期内的最大客、货运输任务。然而，由于客货运输量在一年之中难以保持稳定。为了适应这种变化，必须在基本运行图的基础上，根据各种行车方案再编制几个运输方案的运行图，这种列车运行图称为分号运行图。例如：某列车运行图用30对列车编制，而行车密度最高达34对列车，最低只有26对列车，则可在26～34对列车之间，按每相差一对列车再编制8个方案，或按每相差两对列车再编制4个方案，在这里称以30对列车编制的运行图为基本运行图，其他8个（或4个）运行图为分号运行图。

分号运行图又可分为独立和综合分号运行图。独立分号运行图是根据实际的车流情况确定行车量并结合编制分号运行图的特殊要求，像编制基本列车运行图那样，重新定点、定车次的列车运行图，它主要用在单线区段。综合分号运行图是包括几个方案的运行图，是利用基本运行图抽减运行线，不单独定点、定车次而制定的列车运行图，综合分号运行图原则上在复线区段上使用。

有了基本运行图和分号运行图，运输部门就可随着运量的变化，特殊运输的需要及工程施工等情况，选用相应的分号运行图。最后应当指出，列车运行图不是固定不变的，必须根据铁路客货运量的不断增长，铁路技术设备的更新、运输组织工作的改善，牵引定数和旅行速度的提高，经过一定时期重新编定。基本图的变更通过编制或调整来实现。编制需重新确定各项技术作业标准、重新构建旅客列车运行框架、重新铺画全部客货列车运行线、在全路范围同时实行。调整则是在各项技术作业标准和旅客列车运行框架不做大的变动的基础上，对基本图做的局部变更。全路基本图原则上每两年编制一次，宜在春季或秋季实行。

列车运行图编制实行两级管理，跨局列车由铁道部组织铁路局编制，局管内列车由铁路局负责编制。

2. 按时间划分的不同分类

(1)一分格运行图，如图3-17所示。它的横轴以1 min为单位用细竖线加以划分，10 min格和小时格用较粗的竖线表示。

(2)二分格运行图，如图3-18所示。它的横轴以2 min为单位用细竖线加以划分。一分格和二分格运行图主要在编制新列车运行图时使用。

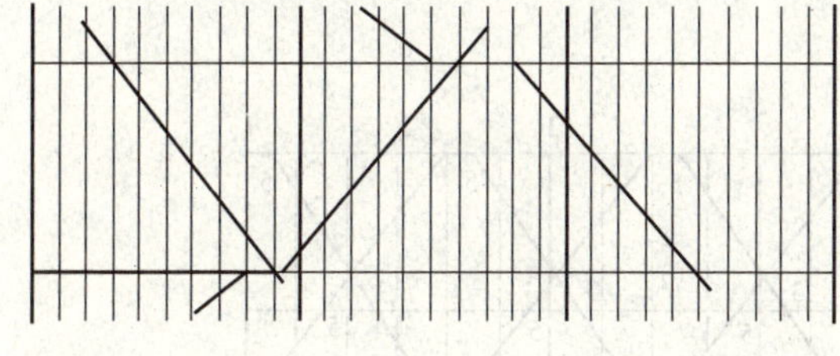

图3-17　一分格运行图

图3-18　二分格运行图

(3)十分格运行图，如图3-19所示。它的横轴以10 min为单位用细竖线加以划分，半小时格用虚线表示，小时格用较粗的竖线表示。十分格运行图常用于铁路运输企业，主要供调度员在日常指挥工作中绘制实际运行图时使用。

(4)小时格运用图，如图3-20所示。它的横轴以1 h为单位用竖线加以划分，小时格运行图主要用于编制旅客列车方案图和机车周转图时使用。

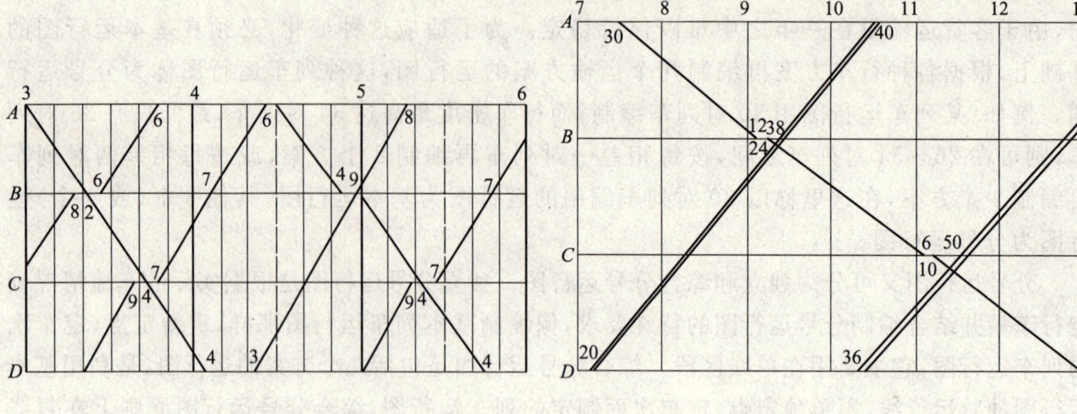

图 3-19 十分格运行图　　　　图 3-20 小时格运行图

3. 按区间正线数分类

(1)单线列车运行图,如图 3-21 所示。在单线区段,上下行方向列车都在同一正线上运行,因此,两个方向列车必须在车站上进行交会。

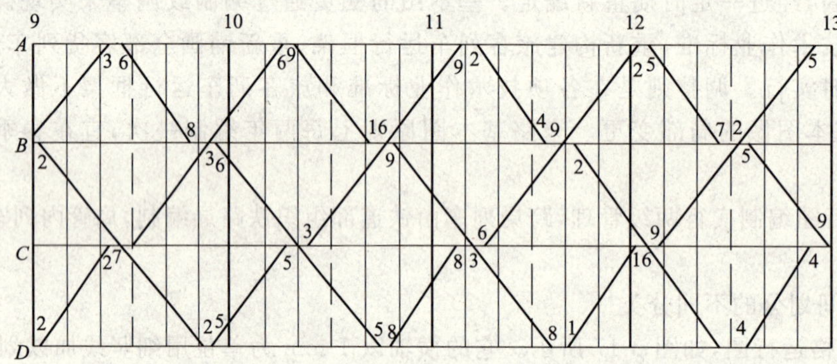

图 3-21 单线成对平行列车运行图

(2)双线列车运行图,如图 3-22 所示。在双线区段,上下行方向列车在各自的正线上运行,因此,上下行方向列车的运行互不干扰,可以在区间内或车站上交会。但列车的越行必须在车站上进行。

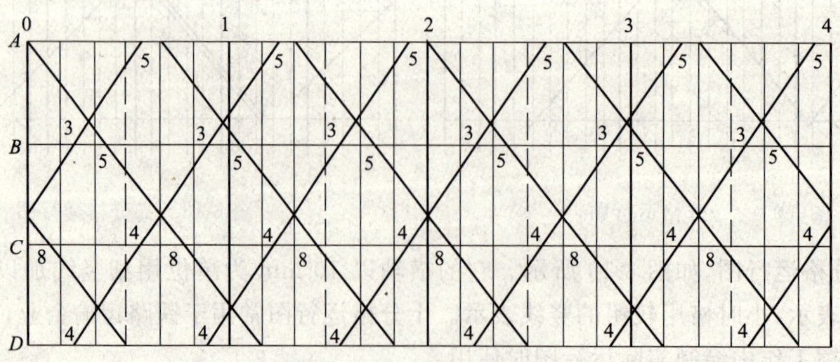

图 3-22 双线成对平行列车运行图

(3)单双线列车运行图,如图 3-23 所示。在有部分双线的区段,单线区间和双线区间各按

单线列车运行图和双线列车运行图的特点铺画运行图。

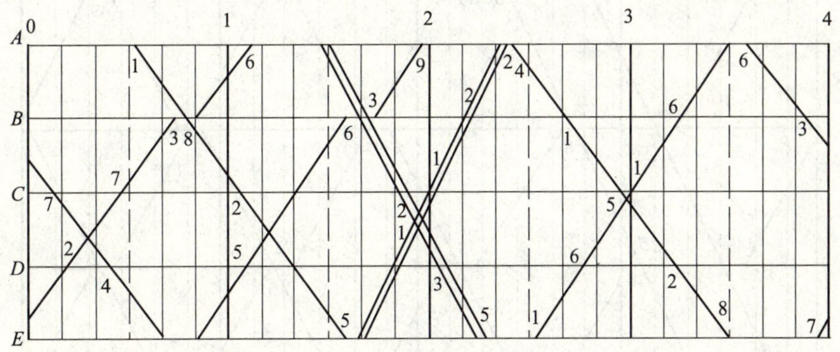

图 3-23　单双线列车运行图

4. 按列车运行速度分类

(1)平行列车运行图,如图 3-21 和图 3-22 所示。在同一区间内,同一方向列车的运行速度相同,且列车在区间两端站的到、发或通过的方式也相同,因而列车运行线相互平行。

(2)非平行列车运行图,如图 3-24 所示。在列车运行图上铺画有各种不同速度的列车,且列车在区间两端站的到、发或通过的运行方式不同,因而列车运行线不相平行。

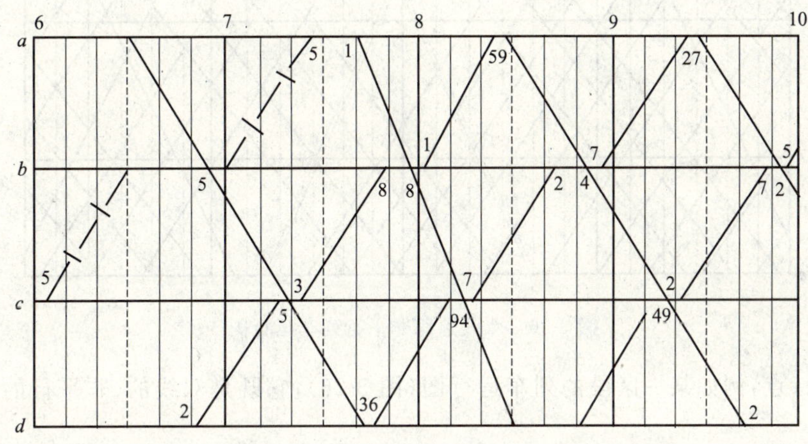

图 3-24　单线非平行列车运行图

5. 按上下行方向列车数分类

(1)成对列车运行图,如图 3-21 和图 3-22 所示。这是上下行方向列车数相等的列车运行图。

(2)不成对列车运行图,如图 3-25 所示。这是上下行方向列车数不相等的列车运行图。

6. 按同方向列车运行方式分类

(1)连发列车运行图,如图 3-25 所示。在这种列车运行图上,同方向列车的运行以站间区间为间隔。单线区段采用这种列车运行图时,在连发的一组列车之间不能铺画对向列车。

(2)追踪列车运行图,如图 3-26 所示。在这种列车运行图上,同方向列车的运行以闭塞分区为间隔,在装有自动闭塞的单线或双线区段上采用。

上述分类都是针对列车运行图的某一特点而加以区别的。实际上,每张列车运行图都具

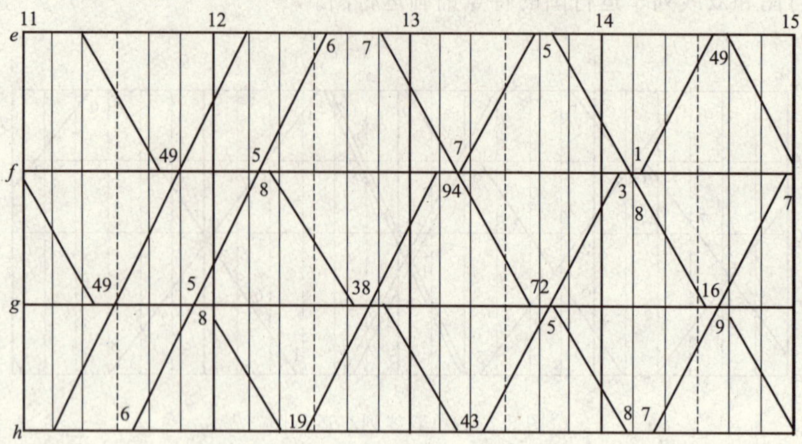

图 3-25　单线不成对列车运行图

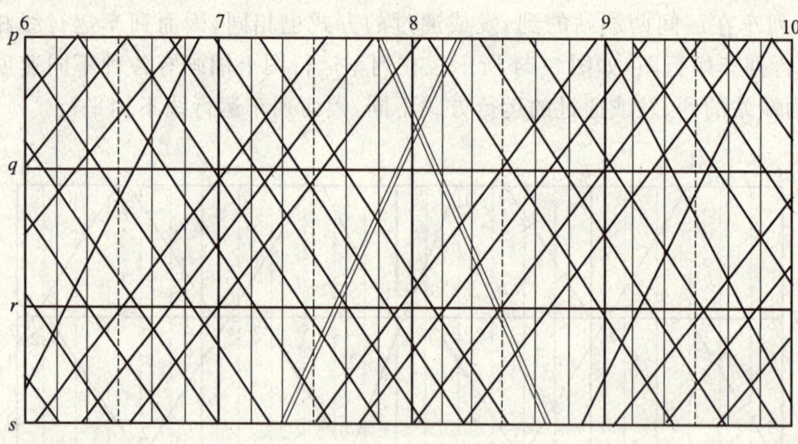

图 3-26　双线追踪非平行列车运行图

有多方面的特点，例如某一区段的列车运行图（图 3-26），它既是双线的、非平行的，又是追踪的。

（三）列车分类和列车车次规定

1. 旅客列车

(1)高速动车组旅客列车　G1～G9998　“G”读“高”

其中：跨局　G1～G5998

管内　G6001～G9998

(2)城际动车组旅客列车　C1～C9998　“C”读“城”

其中：跨局　C1～C1998

管内　C2001～C9998

(3)动车组旅客列车　D1～D9998　“D”读“动”

其中：跨局　D1～D3998

管内　D4001～D9998

(4)直达特快旅客列车　Z1～Z9998　“Z”读“直”

(5)特快旅客列车	T1～T9998	“T”读“特”
其中:跨局	T1～T4998	
管内	T5001～T9998	
(6)快速旅客列车	K1～K9998	“K”读“快”
其中:跨局	K1～K6998	
管内	K7001～K9998	
(7)普通旅客列车	1001～7598	
①普通旅客快车	1001～5998	
其中:跨三局及其以上	1001～1998	
跨两局	2001～3998	
管内	4001～5998	
②普通旅客慢车	6001～7598	
其中:跨局	6001～6198	
管内	6201～7598	
(8)通勤列车	7601～8998	
(9)临时旅客列车	L1～L9998	“L”读“临”
其中:跨局	L1～L6998	
管内	L7001～L9998	
(10)旅游列车	Y1～Y998	“Y”读“游”
其中:跨局	Y1～Y498	
管内	Y501～Y998	
(11)动车组检测车	DJ5501～DJ5598	“DJ”读“动检”
(12)回送出入厂客车底列车	001～00298	
(13)回送图定客车底	在车次前冠以“0”	
(14)因故折返旅客列车	原车次前冠以“F”读“返”	
2. 行包专列		
(1)行邮特快专列	X1～X198	“X”读“行”
(2)行包快运专列	X201～X998	
3. 货物列车		
(1)直达货物列车	80001～87998	
	10001～19998	
其中:		
货运五定班列	80001～81748	
快运货物列车	81751～81998	
煤炭直达列车	82001～84998	
石油直达列车	85001～85998	
始发直达列车	86001～86998	
空车直达列车	87001～87998	
技术直达列车	10001～19998	
(2)直通货物列车	20001～29998	

(3)区段货物列车　　30001～39998
(4)摘挂列车　　40001～44998
(5)小运转列车　　45001～49998
(6)超限货物列车　　70001～70998
(7)万吨货物列车　　71001～72998
(8)冷藏列车　　73001～74998
(9)军用列车　　90001～91998
(10)自备车列车　　60001～69998
(11)抢险救灾列车　　95001～97998

4. 单机和路用列车

(1)单机　　50001～52998
其中:客车单机　　50001～50998
货车单机　　51001～51998
小运转单机　　52001～52998
(2)补机　　53001～54998
(3)试运转列车　　55001～55998
(4)轻油动车、轨道车　　56001～56998
(5)路用列车　　57001～57998
(6)救援列车　　58101～58998

列车运行方向,原则上以开往北京方向为上行,反之为下行方向。枢纽地区的列车运行方向,由铁路局规定。列车需按规定编定车次,上行列车编为双数,下行列车编为单数。

五、操作指导

1. 识别列车运行图说明

列车运行图是运用坐标原理来表示列车在区间运行,在车站到、发、通过时刻和停车时分的一种图解形式,如图 3-27 所示。

在列车运行图中,采用站名线、时分线和运行线三线表示法。在列车运行坐标图上,横坐标表示时间(t),纵坐标表示距离(L),斜线表示列车运行线。斜线的斜度表示列车的运行速度,斜度越大,则列车运行速度越高。

2. 列车运行图的识别

图 3-27 中列车运行图时间坐标等分成 24 格,代表一昼夜 24 h。铁路系统以每日 18 点正至次日 18 点正为"一昼夜"时间范围。垂直线为时间线,较粗的线表示小时,细线表示若干分钟,虚线表示 0.5 h。纵坐标按照一个区段内各个站间距离的比例划分成若干水平线即为各站分界点的中心线,大站用粗线表示,小站用细线表示。水平线与水平线间隔表示站间距离。斜线与水平线的交点表示列车在每个车站的出发、通过或到达的时刻。

在列车运行图中,由于铺画了许多不同种类的列车运行线,为了便于识别,对不同的列车种类要采用不同的列车运行线来表示,常见的列车运行线如图 3-28 所示。

列车运行线向上代表上行列车,向下代表下行列车。上行列车的车次为双数,下行列车的车次为单数。我国铁路规定,向首都运行的方向为上行方向,反之为下行方向。

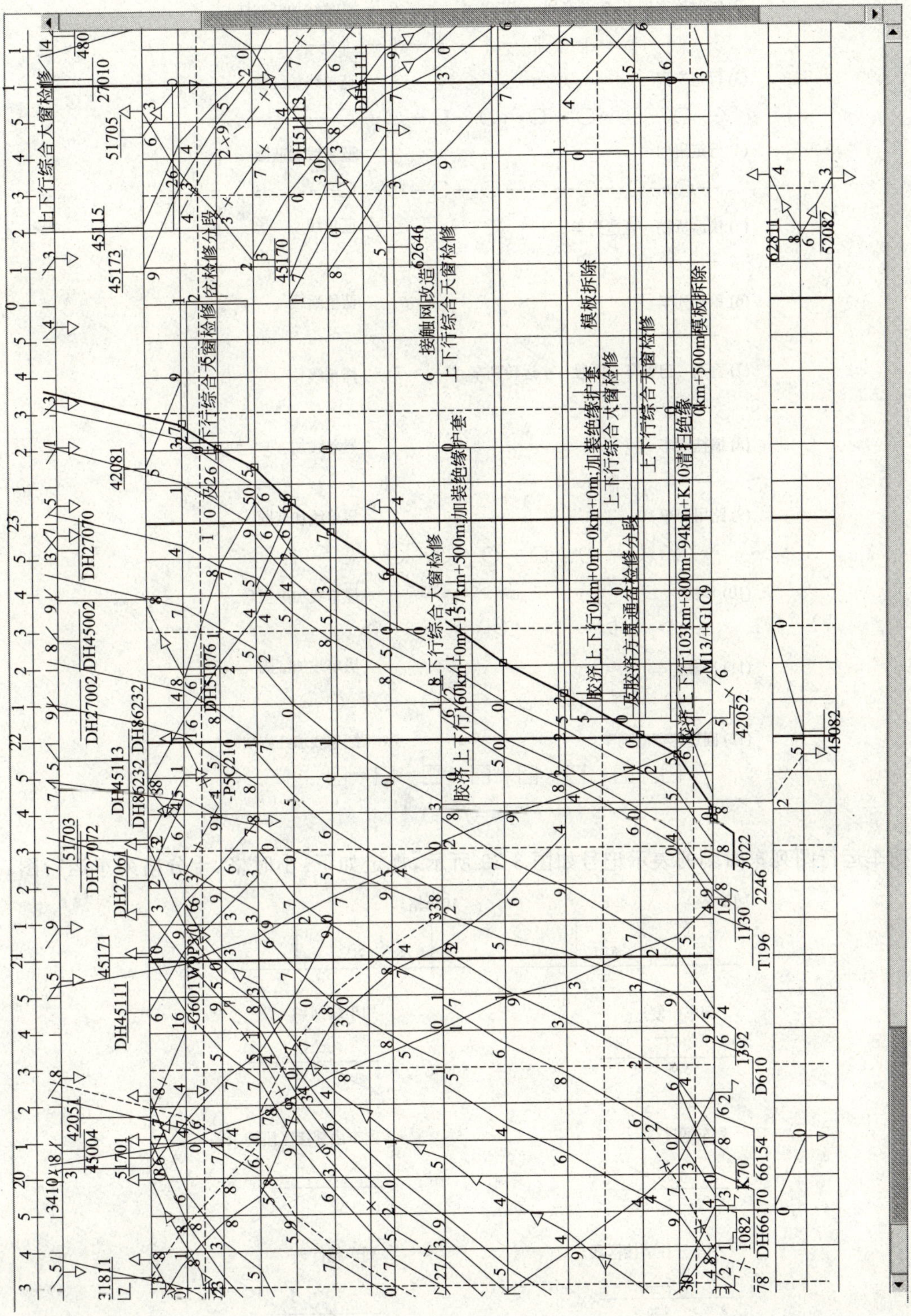

图 3-27　列车运行图

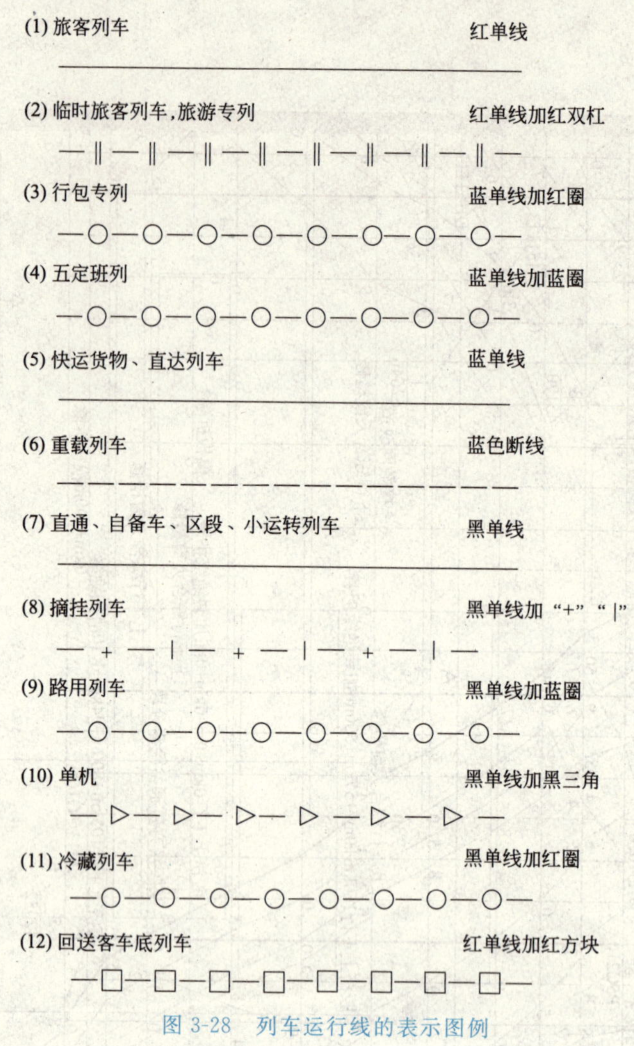

图 3-28　列车运行线的表示图例

列车运行图列车时刻的表示记号如图 3-29 所示，规定如下：小时格、十分格列车运行图，

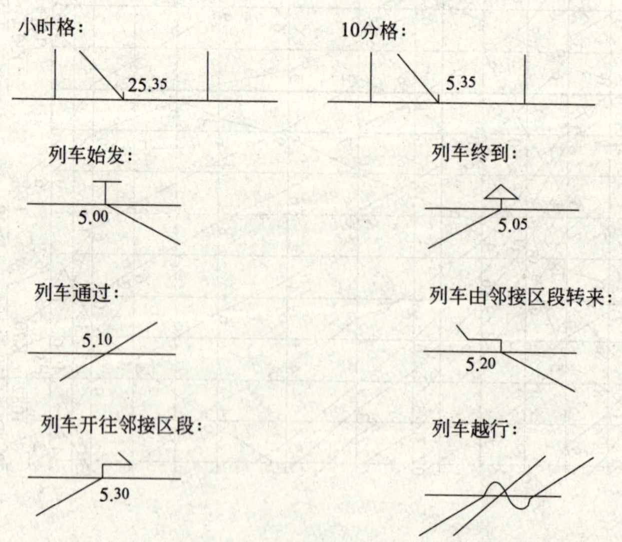

图 3-29　列车运行图列车时刻的表示记号

列车时刻的分秒均用阿拉伯数字表示，秒的字号要小于分的字号。列车始发、到达时刻填写在列车运行线与车站中心线相交的钝角内，列车通过车站的时刻填写在列车运行线与车站中心线相交出站一端的钝角内。

任务 2 编制机车周转图并计算机车运用指标

一、学习目标

能编制简单的机车周转图，并会依据机车周转图计算主要的机车运用指标。

二、学习任务

1. 任务描述

学习机车交路、机车运转制、机车乘务制和乘务方式的基本知识，学习编制简单的机车周转图，并学习计算机车周转图主要的运用指标。

2. 任务流程

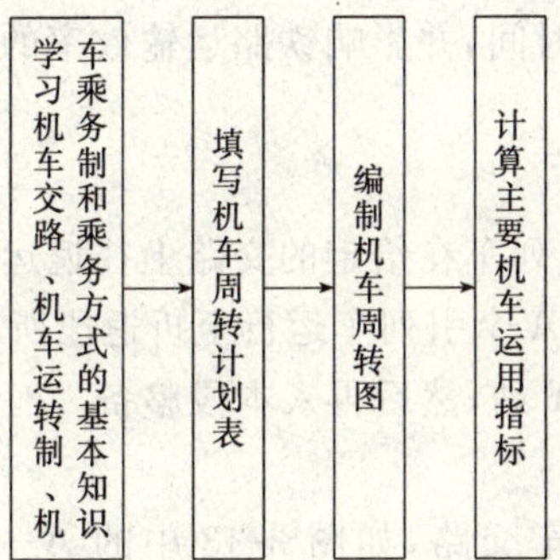

三、环境设备

设备、工具：行车时刻表、机车周转计划表、机车周转图、三角板、直尺。

四、背景知识

(一)机车交路

铁路机车牵引列车基本上是按区段接续进行的。机车固定担当运输任务的周转(往返)区段称机车交路，又称机车牵引区段。

如图 3-30 所示为机车交路示意图。从机务段到折返段间的距离 L_1、L_2、L_3 即为交路长度。图中 A、D 为机务段所在站，B、C 为折返段所在站。

一个机务段担当机车交路的数量，根据机务段在路网中的位置及运输任务可为一个或几个。在图 3-30 中，B、C 为机务段 A 的折返段，所以说 A 机务段担当两个机车交路。

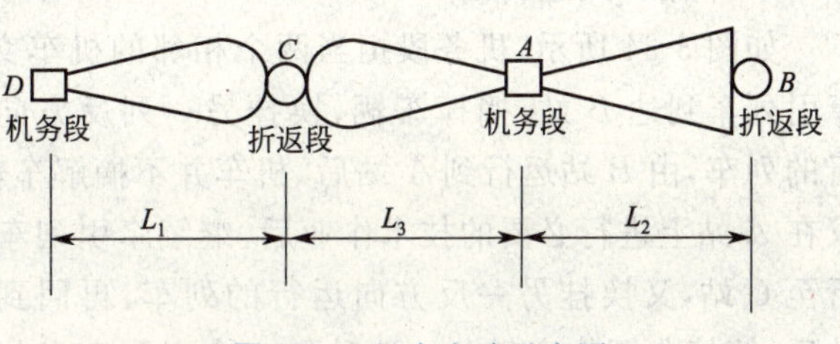

图 3-30 机车交路示意图

机车交路按用途分为客运机车交路

和货运机车交路；按区段长度不同分为一般机车交路和长交路；按机车运转制分为循环运转制、半循环运转制、肩回式和环形小运转制交路等。根据铁路技术政策，内燃、电力机车尽量采用长交路。图 3-31 是机车交路的图例说明。

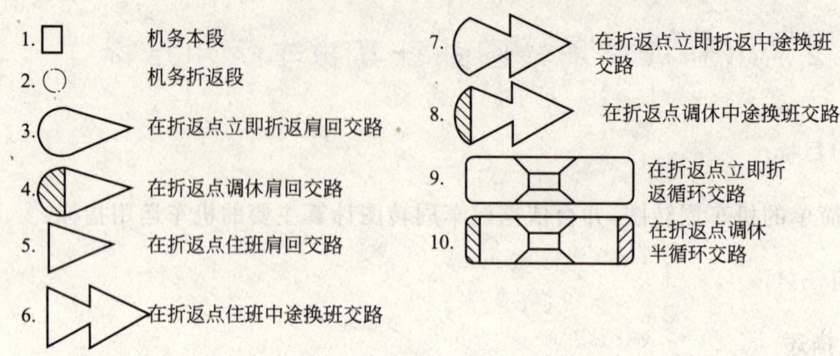

图 3-31 机车交路图例

(二)机车运转制

机车在交路上从事列车牵引作业的方式称为机车运转制。它是组织机车运用，确定机车整备设备的布局，决定机车周转时间，并影响铁路运输效率的重要因素之一。

机车运转制可分为下列 5 种：

1. 单回式运转制

单回式运转制是指机车牵引列车在给定的交路上往返运转，也称为单肩回式运转制，如图 3-32 所示，即由机务本段所在站 A 牵引列车运行至折返段所在站 B，入段整备之后，再牵引反方向运行的列车由 B 站运行至 A 站，然后再入本段整备。

2. 肩回式运转制

机务段担当两个相邻的机车交路，如图 3-33 中的 A—B、A—C。机车出段后，由 A 站牵引列车到达折返段所在站 B，整备之后，牵引反方向运行的列车回到机务段所在站 A，进入机务段进行整备作业之后，再由 A 站牵引列车运行至 C，整备之后，由 C 站牵引列车运行至 A 站，这种机车在两个相邻的交路上交替运行，在其中的每一个交路上进行一次往返牵引作业后，即入本段进行整备作业的方式，称为肩回式运转制，也称为双肩回式运转制。

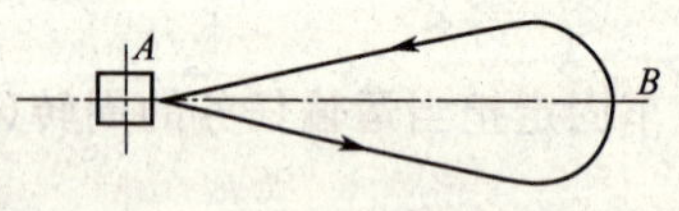

图 3-32 单回式运转制

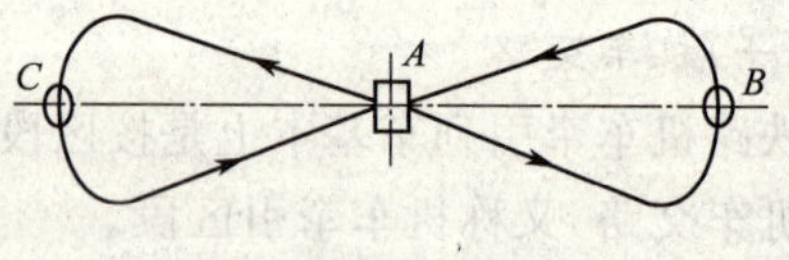

图 3-33 肩回式运转制

3. 半循环式运转制

如图 3-34 所示，机务段担当两个相邻的机车交路 A—B、A—C，机车由机务段所在站 A，牵引列车到达 B 站，摘掉车辆，换挂另一列反方向运行的列车，由 B 站运行到 A 站后，机车并不摘解车辆，仅在 A 站上进行必要的技术作业后，继续牵引列车运行至 C 站，又换挂另一反方向运行的列车，再回到 A 站后，摘掉车辆入库整备。这种机车牵引列车在相邻

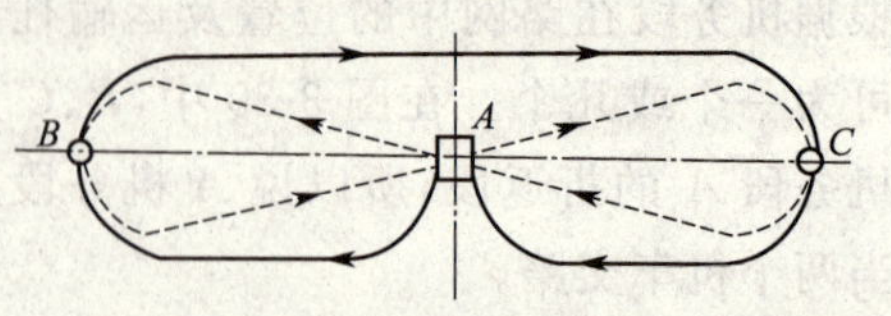

图 3-34 半循环式运转制

的两个交路上运行，到达本段所在站时，只在一个运行方向上入段，而在另一运行方向上则不入段，这种运转方式称为半循环式运转制。

半循环式运转制与肩回式运转制相比较，减少了机车出入库的次数（仅为肩回式运转制入库次数的一半），也减少了列车在机务本段所在站 A 的停留时间，对加速机车车辆周转，提高机车运用效率比较有利。同时机车在两个相邻交路上完成一个循环作业之后，可以入段整备作业，与肩回式运转制相比较，对机车的保养质量也不会带来明显影响。半循环式运转制多用在一个方向直通列车较多，而另一方向上必须中途进行列车编组的区段。

4. 循环式运转制

如图 3-35 所示，机务段担当两个相邻的机车牵引交路 *A*—*B*、*A*—*C*。机车由机务本段所在站 *A* 牵引列车出发在相邻的 *A*－*B* 和 *A*—*C* 两个交路上循环运行，每次途经本段所在站 *A* 时也不回本段整备（中检或进入修程时例外），仅在 *A* 站进行必要的作业后，仍牵引本次列车继续向前运行。机车每次在 *A* 站的停留仅是为了进行列车的技术作业、乘务组的换班作业以及对机车的部分整备作业。这种机车牵引列车在相邻的两个交路内交替地连续运行的运转方式叫做循环式运转制。

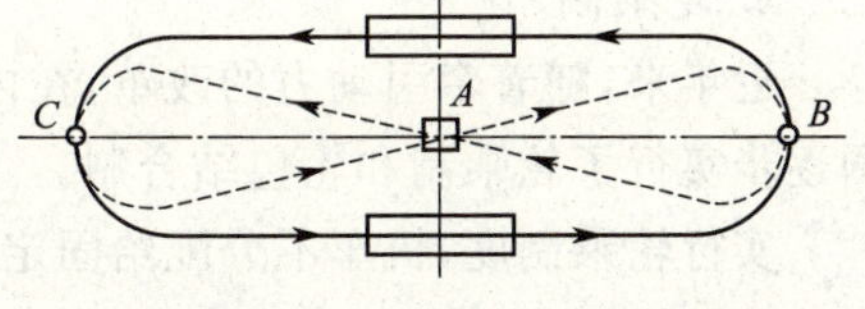

图 3-35　循环式运转制

与其他运转制相比，循环式运转制有如下优点：

（1）减少了机车出入段次数，减轻了出入段咽喉道岔的负担，同时缩短了机车周转时间，提高了机车运用效率；

（2）机车乘务员每次出乘和退勤辅助工作时间减少，可以相应地延长机车交路；

（3）直通列车省掉摘挂机车的时间，可以加速车辆的周转，提高运输效率。

但是，实行了循环式运转制之后，机车没有入段保养的时间，故对机车的质量提出了较高的要求，必须保证机车能在一个中间技术检查期之内不发生入段临修事故。这样，机务段所在的车站上还要设置部分整备设备，使站场布置复杂化。要实现循环式运转制，还必须有稳定的车流，能够实现两个折返段 *B*—*C* 之间的直达列车，这样，循环式运转制才会有实际意义。

5. 环形运转制

如图 3-36 所示，机车由本段所在站 *A* 牵引列车出发，运行至 *B* 站，摘掉车辆，然后立即牵引反方向运行的列车返回 *A* 站。这时乘务员不退勤，机车不入库，再次牵引另一次列车重新开往 *B* 站，之后又牵引反方向运行的列车回到 *A* 站，如此往复几次之后，机车才入库整备，这种机车牵引列车在一个交路上连续运行几个往返后，才入段进行整备作业的运转制称环形运转制。

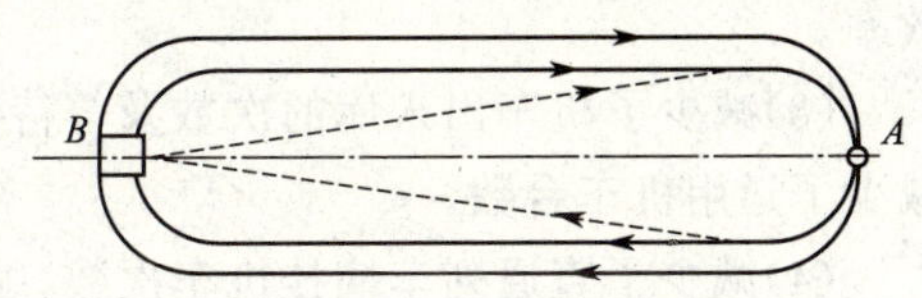

图 3-36　环形运转制

环形运转制，仅适合交路比较短、车流密度大的区段，常用于小运转列车、市郊列车等。

不同的运转制，机车的运用效率往往不同，对机车整备作业的地点、内容、要求也不尽相同，因而对机车整备设备的能力与布置的要求亦不相同。选择机车运转制时应进行全面分析比较，在保证机车乘务员正常休息的条件下，尽量发挥机车的牵引能力，提高机车运用效率，同时也要注意到机务段设备的配置、车流组织的特点，以及建设投资等各个方面。

(三)机车乘务制

机车乘务员使用机车的方式称为机车乘务制。分为包乘制、轮乘制和轮包结合制。

1. 包乘制

实行包乘制时,将一台机车分配给固定的几个机车乘务组,这几个机车乘务组称为机车的包乘组。班制配置一般为三班制、三班半制和四班制3种形式。实行包乘制的机车,每台机车设司机长1人。机车包乘组在司机长领导下,负责所包机车的运用、安全、保养、节约、整备、验收、保管、交接等工作,以保证质量良好地完成运输生产任务。也就是说机车包乘组负有对所包机车的包用、包养、包管全部责任。包乘制中还有跨段对包的形式,机车采用长交路,两个段的乘务组对包机车。

2. 轮乘制

近年来,随着牵引动力的改革,在内燃、电力机车整备作业量少,运行距离长的条件下,我国逐步实行了轮乘制和轮包结合制。

实行轮乘制度,机车不分配给固定的机车乘务组,而是将机务段全体机车乘务员和全部机车统一组织,集中使用,按照歇人不歇车的循环轮乘管理体制,由许多机车乘务组轮流使用全部机车。由于机车和乘务组之间没有固定关系,机车工作时间的利用不受机车乘务组的牵制,所以能更为合理和高效地使用人力和机车。

实行轮包结合乘务制度是轮乘制的另一种形式,它综合了包乘制和轮乘制的优点,更有利于发挥长交路的优势,弥补轮乘制保养工作不易落实、机车技术状态较差的缺陷。采用轮包结合乘务制度的方法一般是本段出发为包乘机班,外段折返为轮乘机班。

我国电力机车的机车乘务制度大多采用轮乘制。在轮乘制中由于实行中途轮班,循环轮乘,歇人不歇车的接力运转方式和机车乘务组采取顺序出乘,便于适当安排其休息时间。所以,机车运用效率大大提高。调查资料表明,实行轮乘制较包乘制可节约机车1/7左右,并使乘务员的劳动生产率提高25%～30%。因此,如果和电力机车适于长交路运行的特点结合起来看,轮乘制便是一种优越的、技术指标高、经济效果明显的,有发展前途的机车乘务制度。

轮乘制同包乘制比较有突出的优越性,具体表现为:

(1)便于合理掌握机车乘务员的作息时间,实行长交路运行,提高乘务员的劳动生产率。

(2)机车运用不受机车乘务组作息时间的限制,可以缩短非生产停留时间,提高机车运用效率。

(3)减少了机车出入库的次数及等待列车的时间,缩短了途中停留时间,加快了机车周转,减少了运用机车台数。

(4)减少了直通列车摘挂机车次数,缩短了中途站停时间,提高了旅行速度,加快了车辆周转,提高了线路通过能力。

(5)减少了沿线机务设备及区段站的设置,可以少占农田,节省基本建设投资。

(6)有利于实行专业化集中修,提高机车检修质量,降低检修成本。

(四)乘务方式

机车乘务组如何换班出乘,担当机车作业的方法称为乘务组的出乘方式,又称机车乘务组的乘务方式。乘务方式根据交路长度和乘务组连续工作时间标准,一般分为6种。

1. 驻班制

采用驻班制乘务方式时,在折返段预先派驻若干个机车乘务组,当本段机车乘务组执乘牵

引列车到达折返段休息时，由折返段驻班机车乘务组接车，牵引列车返回本段。如此轮流执乘，轮流在折返段休息。

驻班制乘务方式适用于行车密度大的长交路上，可以提高机车运用效率。但是乘务员经常在外段驻班，生活和学习条件不够正常。驻班制如图 3-37 所示。

图 3-37　驻班制示意图　　图 3-38　调休制示意图

2. 调休制

一个机车乘务组由机务段出乘，担当机车作业到达折返段后不换班，由于乘务组往返执乘连续工作时间超过规定时间，乘务员需要在折返段公寓调休 4～6 h(不包括退勤时间)，机车也随之在折返段停留等待，然后原班原车返回机务段，如图 3-38 所示。

该乘务方式适用于行车密度小的较长交路。其主要缺点是机车运用效率低，乘务员有一部分时间在外段休息。

3. 立即折返制

一个机车乘务组由机务段出乘担当机车作业，到达折返段不需要换班，而接运最早的列车返回机务段，再退勤休息。这种乘务方式称为立即折返制，如图 3-39 所示。

这种乘务方式适用于行车密度大的短交路上，其优点是乘务员在家中休息的时间较长，有利于参加段内的组织活动和业务学习，便于机务段对乘务员的组织管理工作，机车运用效率也比较高。

4. 中途驻班制

一个机车乘务组由机务段出乘，担当机车作业到达中途整备点后退勤休息，由预先派驻在中途整备点的机车乘务组接乘到达折返段后，原班原车牵引其他列车立即折返回中途整备点退勤休息，而后再由中途整备点已经休息的机车乘务组执乘返回机务段，如图 3-40 所示。

图 3-39　立即折返制示意图　　图 3-40　中途驻班制

中途驻班制的优点是机车交路长，一般相当于一个长交路与一个短交路距离之和，机车运用效率高。但驻班在中途整备点的乘务员长期离开机务段，因此需在中途换班地设置乘务员公寓或家属宿舍。

5. 两处驻班制

采用两处驻班制时，机务段预先在中途整备点和折返段均派驻若干个机车乘务组。一个机车乘务组由机务段出乘，担当机车作业到达中途整备点后退勤休息，由驻班机车乘务组接乘担当机车作业继续运行到折返段，也退勤休息。然后折返段驻班机车乘务组担当机车作业，牵引列车返回中途整备点退勤休息，再由中途整备点驻班机车乘务组接乘返回机务段。该乘务方式一般适用于超长交路，相当于两个长交路距离之和，机车运用效率高，如图 3 41 所示。

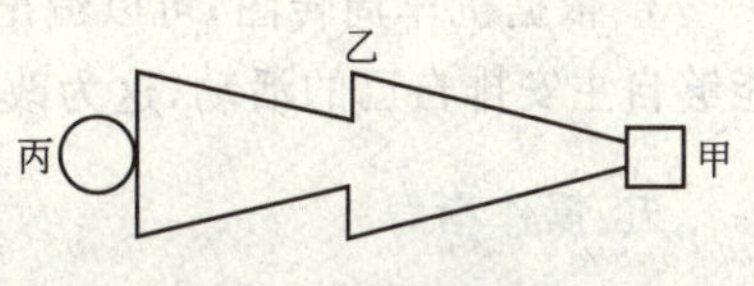

图 3-41　两处驻班制

6. 随乘制

采用随乘制时，机车后面挂一辆宿营车，机车乘务组均随机车出乘。先由一班机车乘务组担当机车作业，其余机车乘务组在宿营车上休息。经过一定时间后，在适当的停车站换班执乘。

随乘制机车运用效率很高，工作比较灵活，机车交路可以延伸很长，但是乘务员休息条件最差。该乘务方式一般适用于流动性和临时性运转制。

前述的机车交路类型，机车运转制和机车乘务组乘务方式，三者是互相配合并有固定关系的。概括地说，机车交路类型为机车牵引区段距离，机车运转制为机车从事列车牵引作业的方式，机车乘务组乘务方式即机车乘务组固定的换班处所。

(五)机车乘务员的劳动和休息时间标准

为了保证机车乘务员在工作时精力充沛，注意力集中，从而更有效地完成运输生产任务，各级领导应关心机车乘务员的实际工作条件，保证乘务员能充分地休息。为此，铁道部制定的《铁路机车运用管理规程》中，规定了乘务员的劳动和休息时间标准。

1. 机车乘务员劳动时间

一次连续工作时间标准(包括出、退勤工作时间，以下同)，客运列车不得超过 8 h，货运列车不得超过 10 h。机车乘务员的便乘时间，不计入连续工作时间内(随货运列车或无卧铺客运列车便乘时除外)。

2. 机车乘务员休息时间

机车乘务员的经常居住地点应在机务段所在地。

在本段休息时间不应少于 16 h。

外段调休时间不得少于 5 h(其时间的计算为到达公寓签到休息至叫班时止，以下同)；在外段驻班休息时间不得少于 10 h；轮乘制外段换班继乘休息时间不得少于 6 h。

严格防止机车乘务员超劳。在编制列车运行图时不准出现超劳。各级行车调度、机车调度要根据列车实际运行情况，准确掌握叫班时间。密切注意列车运行情况，遇特殊情况超劳时，要尽快采取措施。

实行轮乘制的机车乘务员每月应有 1～2 次 48～72 h 的大休班时间。

(六)机车周转图

机车周转图是根据列车运行图编制的机车从事牵引列车工作的计划，也是机车乘务员和机车整备(地勤检查)人员的工作计划，它是根据列车运行图、机车交路及所采用的乘务制度进行编制的。其作用有以下 3 个方面：

1. 机车周转图是机务部门组织运输工作的基础。它具体规定了机车从事列车牵引作业的计划和乘务组的工作计划，而且机车的运转整备作业和机车的检修工作也要按照机车周转图的规定有序地进行；

2. 机车周转图受列车运行图影响，关系密切，这就使机务工作必须同行车组织工作密切协调，这将对合理组织列车运行、改善运输秩序、提高运输效率有很大作用；

3. 依据机车周转图，可以编出乘务组的工作计划表，使机车乘务组工作有充分的预见性，能够自主安排自己的活动，这为改进行车工作，保证行车安全创造了有利条件。

五、操作指导

(一)铺划机车周转图的说明

机车周转图一般采用小时格的运行图图表进行铺划。在表示区段距离的纵坐标上，不像

列车运行图那样要划出每个区间站的分界水平线，而只是划出列车始发站、中间换班站、大站及到达站的分界水平线，并在周转图的左侧写上站名，标明区段长度。同时在机车周转图最上方要写明机车的周转区段，周转图实行日期，机车使用效率等参数。另外，在机车周转图的上方和下方，用不重叠的横线（库停线）表示机车在本段和折返段库内的停留时间范围。机车周转图中的列车运行线与列车运行图中的表示方法一样，但单线机车周转图中的列车运行线在区段内可以交叉。图 3-42 为机车周转图略图。

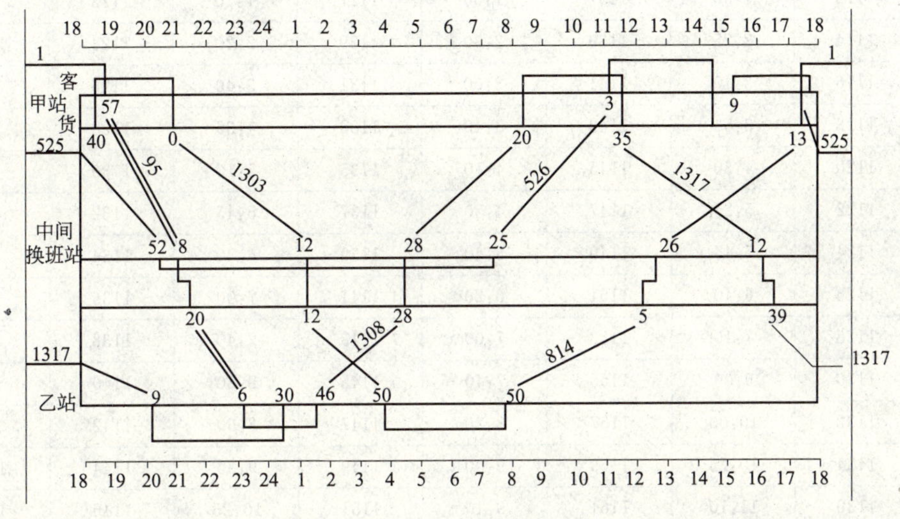

图 3-42　机车周转图略图

机车周转图对应于列车运行图也有基本机车周转图和分号机车周转图，并对应于相应的列车运行图同时实施。

编制合理的机车周转图，关键在于处理好机车周转与列车运行的关系。在编制列车运行图时，就应该充分考虑机车的周转方案，而机车周转图是建立在列车运行图基础之上的，在运量大的区段上，车流密度大，二者协调起来比较容易，但在运量小的区段上协调就比较困难。所以机车周转图与列车运行图最好同时编制，争取两者之间的最好协调，以保证机车有较高的运用效率。

（二）编制机车周转图的方法

机车周转图的编制工作，包括编制机车周转计划表、绘制机车周转图，编制机车乘务组工作计划表及计算机车主要运用技术指标等一整套工作。现将机车周转计划图的编制方法作如下说明。

1. 已知条件

DF_4 型货运机车；机车交路长度为 150 km；运输量为每昼夜 33 对列车；速度系数为 $\alpha=0.85$；机车运转制为单回式；机车乘务制为轮乘制；乘务组出乘方式为外段驻班制；机车在本段整备及所在站停留时间标准为 150 min；机车在折返段整备及所在站停留时间标准为 60 min；机车中间技术检查（中检）停留时间标准为 4 h；机车中检公里标准为10 000 km；机车小（辅）修间库停时间标准 24 h；机车小（辅）修走行公里数 20 000 km；列车运行时刻表见表 3-5。

2. 编制机车周转计划表

根据 $A-B$ 交路上的列车运行时刻表编制机车周转计划表。机车周转计划表的形式见表 3-6。

表 3-5　*A*—*B* 段行车时刻表

顺序号	机务段所在站(*A*)				折返段所在站(*B*)			
	到　达		发　车		到　达		发　车	
	车　次	时　间	车　次	时　间	车　次	时　间	车　次	时　间
1	1108	0:30	1133	0:40	1123	0:10	1118	0:20
2	1110	0:50	1135	1:10	1125	0:45	1120	1:10
3	1112	1:50	1137	1:50	1127	1:10	1122	1:40
4	1114	2:25	1139	2:30	1129	2:20	1124	2:10
5	1116	3:10	1141	3:00	1131	3:40	1126	3:10
6	1118	3:50	1143	3:40	1133	4:35	1128	3:30
7	1120	4:30	1145	4:10	1135	5:10	1130	4:40
8	1122	5:25	1147	4:50	1137	5:45	1132	6:20
9	1124	5:45	1149	5:40	1139	6:30	1134	6:40
10	1126	6:40	1151	6:20	1141	7:00	1136	7:40
11	1128	7:10	1153	7:00	1143	7:40	1138	8:30
12	1130	9:00	1155	7:40	1145	8:20	1140	9:00
13	1132	10:00	1157	8:20	1147	8:50	1142	9:40
14	1134	10:25	1159	9:00	1149	9:35	1144	10:20
15	1136	11:10	1161	9:40	1151	10:25	1146	11:00
16	1138	12:00	1163	10:10	1153	11:00	1148	11:30
17	1140	12:30	1165	12:00	1150	11:45	1150	12:00
18	1142	13:10	1101	12:30	1157	12:20	1152	12:30
19	1144	13:50	1103	13:05	1159	12:50	1154	13:10
20	1146	14:30	1105	13:35	1161	13:40	1156	13:40
21	1148	15:10	1107	14:10	1163	14:10	1158	14:10
22	1150	15:30	1109	15:00	1165	15:50	1160	15:40
23	1152	16:00	1111	15:10	1101	16:20	1162	16:30
24	1154	16:40	1113	16:50	1103	17:00	1164	17:10
25	1156	17:10	1115	17:30	1105	17:40	1166	17:40
26	1158	17:50	1117	18:00	1107	18:15	1102	18:30
27	1160	19:00	1119	18:50	1109	19:00	1104	19:00
28	1162	20:00	1121	19:30	1111	19:40	1106	19:40
29	1164	20:50	1123	20:10	1113	20:50	1108	21:00
30	1166	21:20	1125	20:40	1115	21:30	1110	21:20
31	1102	22:00	1127	21:15	1117	22:20	1112	22:20
32	1104	22:30	1129	22:20	1119	22:50	1114	22:50
33	1106	23:10	1131	23:40	1121	23:25	1116	23:40

(1)将行车时刻表中所列的上、下行列车车次，*A* 站和 *B* 站列车到达和发车时刻分别填入机车周转计划表中的第 2、3、5、6、9、11、12 和 15、16 栏中。

表 3-6　机车周转计划表

牵引列车作业顺序	上行列车车次	列车到达 A 站时刻	列车在本段所在站 A 的周转方案	下行列车车次	列车自 A 站发车时刻	列车在 A 站停留时间	A 站至 B 站运行时间	列车到达 B 站时刻	机车在折返段所在站 B 的周转方案	上行列车车次	列车自 B 站发车时刻	列车在 B 站停留时间	B 站至 A 站运行时间	列车到达 A 站时刻	上行列车车次
1	2	3	4	5	6	7	8	9	10	11	12	13	14	15	16
23	1108	0:30		1133	0:40	4:40	3:55	4:35		1118	0:20	1:30	3:30	3:50	1118
3	1110	0:50		1135	1:10	4:20	4:00	5:10		1120	1:10	1:45	3:20	4:30	1120
14	1112	1:50		1137	1:50	4:30	3:55	5:45		1122	1:40	1:30	3:45	5:25	1122
25	1114	2:25		1139	2:30	4:30	4:00	6:30		1124	2:10	1:25	3:25	5:45	1124
5	1116	3:10		1141	3:00	4:30	4:00	7:00		1126	3:10	2:00	3:30	6:40	1126
16	1118	3:50		1143	3:40	4:30	4:00	7:40		1128	3:30	1:10	3:40	7:10	1128
27	1120	4:30		1145	4:10	3:40	4:10	8:20		1130	4:40	1:00	4:20	9:00	1130
7	1122	5:25		1147	4:50	4:00	4:00	8:50		1132	6:20	1:45	3:40	10:00	1132
18	1124	5:45		1149	5:40	3:50	3:55	9:35		1134	6:40	1:30	3:45	10:25	1134
29	1126	6:40		1151	6:20	3:55	4:05	10:25		1136	7:40	1:55	3:30	11:10	1136
9	1128	7:10		1153	7:00	3:50	4:00	11:00		1138	8:30	2:00	3:30	12:00	1138
31	1130	9:00		1155	7:40	3:50	4:05	11:45		1140	9:00	2:00	3:30	12:30	1140
20	1132	10:00		1157	8:20	3:50	4:00	12:20		1142	9:40	2:00	3:30	13:10	1142
33	1134	10:25		1159	9:00	3:35	3:50	12:50		1144	10:20	2:00	3:30	13:55	1144
11	1136	11:10		1161	9:40	3:50	4:00	13:40		1146	11:00	2:10	3:30	14:30	1146
22	1138	12:00		1163	10:10	3:30	4:00	14:10		1148	11:30	1:55	3:40	15:10	1148
2	1140	12:30		1165	12:00	3:00	3:50	15:50		1150	12:00	1:35	3:30	15:30	1150
13	1142	13:00		1101	12:30	5:20	3:50	16:20		1152	12:30	1:30	3:30	16:00	1152
24	1144	13:50		1103	13:05	3:05	3:55	17:00		1154	13:10	1:25	3:30	16:40	1154
4	1146	14:30		1105	13:35	3:10	4:05	17:40		1156	13:40	1:20	3:30	17:10	1156
15	1148	15:10		1107	14:10	3:00	4:05	18:15		1158	14:10	1:20	3:40	17:50	1158
26	1150	15:30		1109	15:00	3:00	4:00	19:00		1160	15:40	1:30	3:20	19:00	1160
6	1152	16:00		1111	15:10	2:40	4:30	19:40		1162	16:30	2:50	3:30	20:00	1162
17	1154	16:40		1113	16:50	3:40	4:00	20:50		1164	17:10	1:20	3:40	20:50	1164
28	1156	17:10		1115	17:30	3:40	4:00	21:30		1166	17:40	1:20	3:40	21:20	1166
8	1158	17:50		1117	18:00	3:30	4:20	22:20		1102	18:30	1:30	3:30	22:00	1102
30	1160	19:00		1119	18:50	3:40	4:00	22:50		1104	19:00	1:20	3:30	22:30	1104
19	1162	20:00		1121	19:30	4:00	3:55	23:25		1106	19:40	1:25	3:30	23:10	1106
32	1164	20:50		1123	20:10	4:10	4:00	0:10		1108	21:00	2:00	3:30	0:30	1108
10	1166	21:20		1125	20:40	4:00	4:05	0:45		1110	21:20	1:40	3:30	0:50	1110
21	1102	22:00		1127	21:15	4:05	3:55	1:10		1112	22:20	1:30	3:30	1:50	1112
1	1104	22:30		1129	22:20	4:30	4:00	2:20		1114	22:50	1:20	3:35	2:25	1114
12	1106	23:10		1131	23:40	4:40	4:00	3:40		1116	23:40	1:20	3:30	3:10	1116
						128:05	132:25					53:50	117:40		

注：$\sum T = 128{:}05 + 132{:}25 + 53{:}50 + 117{:}40 = 432\ (\mathrm{h})$

(2)根据机车在机务段及所在站 A 和折返段及所在站 B 的停留时间标准,选定机车周转作业的具体方案,铺划衔接线,安排机车牵引列车的具体顺序。

按照机车牵引列车的具体衔接,将一个方向上的列车到达时刻和另一方向上列车发车时刻之差计算出来,确定机车在 A 站和 B 站的停留时间,当该时间满足机车在 A 站和 B 站及段内整备的技术作业时间时,将其对应填入表 3-6 中第 7、13 栏中。

(3)列车在 A 站和 B 站之间的往返运行时间,按机车牵引列车的衔接方案,将一个方向上的到达时间与同一个方向上的发车时刻相减,求出列车在 A—B 区间的运行时分,并分别填入第 8、14 栏中。

(4)机车在本段所在站 A 和折返段所在站 B 的周转方案,用斜线在第 4、10 栏中用带箭头的直线衔接起来(方向向上时用折线)。衔接线划好后,在本表第一栏中填入牵引顺序的数字。假如某台机车牵引 1104 次列车回到 A 站,经过入库整备后,由甲班乘务员值乘,牵引 1141 次列车开始工作,到达折返段所在站 B 之后,由乙班乘务员(驻班)换班,接运 1140 次列车返回机务段所在站 A,入段整备之后该台机车由丙班值乘,牵引 1111 次列车从 A 站到达 B 站,再将机车交由甲班乘务员(这时为驻班)值乘,牵引 1110 次列车由 B 站返回 A 站;之后由丁班乘务员值乘,牵引 1147 次列车,开始第三轮牵引作业,依此类推,一直把周转图内所有的列车全部牵引完毕为止。

在第 4、10 栏中,用衔接线画出 A、B 站的周转方案之后,计算并审查机车在 A、B 站的停留时间,当符合 A、B 站机车技术作业时间要求之后,填入周转计划表第 7、13 栏内。

(5)填完全部机车周转计划表以后,将第 7、8、13、14 栏数据逐项加起来,每项的总计数字填入各栏的下面。这些数字的总和就是用一台机车牵引完全部列车所需要的时间,即从牵引第一对列车开始,一直到牵引完第 33 对列车,将重新牵引 1141 次列车开始第二轮时为止。即

$$\sum T = 128\ \text{h}\ 05\ \text{min} + 132\ \text{h}\ 25\ \text{min} + 53\ \text{h}\ 50\ \text{min} + 117\ \text{h}\ 40\ \text{min} = 432\quad (\text{h})$$

计算中,应注意小时与分钟的换算关系是 60 进位制。如果机车周转计划表的编制和各项计算进行的准确无误,那么上述小时数的总和 $\sum T$ 用 24 h(即一昼夜小时数)去除,一定得到一个整数。这一数值与完成该周转表的全部列车牵引任务每昼夜所必需的机车台数相同。

例题中,牵引全部列车需要的机车工作时间为 432 h,则运用机车台数为:

$$N_{运} = \frac{\sum T}{24} = \frac{432}{24} = 18\quad (台)$$

3. 铺划机车周转图

铺划机车周转图的依据是机车周转计划表,将表 3-6 按照机车周转图的铺划方法绘制,即得到图 3-43。注意在机车周转图的上方和下方,要用不重叠的横线(库停线)将衔接的车次连接起来。表示机车在本段和折返段库内的停留时间范围。

运用机车台数除了用上面的公式计算得到以外,还可以用图解法得到。在图 3-43 中 18 点的位置画一条竖线与库停线和列车运行线相交,可以得到 18 个交点,也就是说在某一时刻需要有 18 台机车处于运用状态。

(三)计算机车周转图的主要运用指标

按照机车周转图确定了机车工作台数以后,就可以计算机车的主要运用指标。

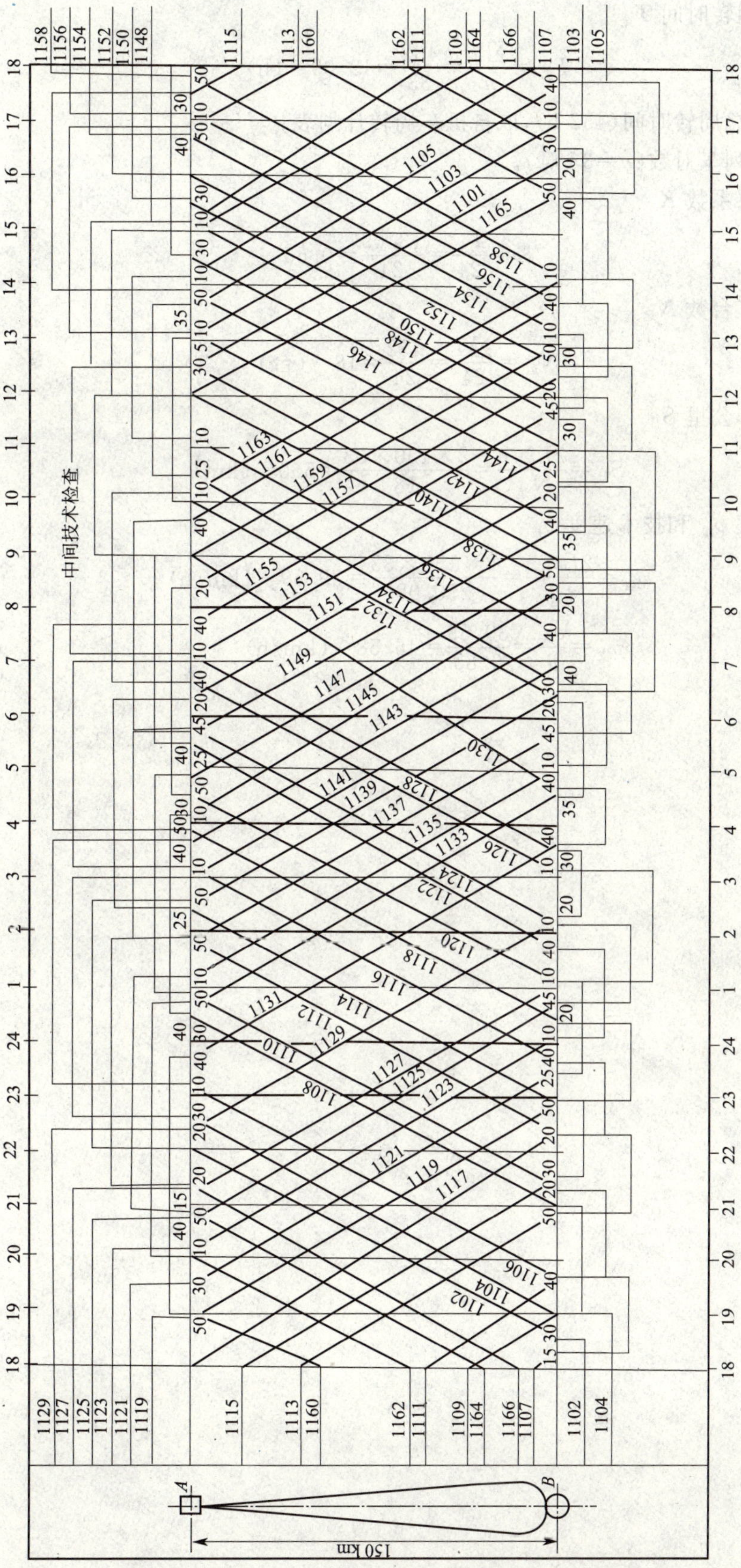

图 3-43　机车周转图

1. 机车全周转时间 $T_{全}$

$$T_{全}=\frac{\sum T}{n}=\frac{432}{33}=13.09\quad (\text{h})$$

式中 $\sum T$——总周转时间(432 h),取自机车周转计划表;

n——列车对数(n=33 对)。

2. 机车需要系数 K

$$K=\frac{T_{全}}{24}=\frac{13.09}{24}=0.55$$

3. 运用机车台数 $N_{运}$

$$N_{运}=\frac{\sum T}{24}=\frac{432}{24}=18\quad (台)$$

4. 机车日车公里 $S_{日}$

$$S_{日}=\frac{2L\times n}{N_{运}}=\frac{2\times 150\times 33}{18}=550\quad (\text{km})$$

5. 旅行速度 $v_{旅}$ 和技术速度 $v_{技}$

$$v_{旅}=\frac{2L\times n}{t_{运}}=\frac{2\times 150\times 33}{250.08}=39.59\quad (\text{km/h})$$

$$v_{技}=\frac{v_{旅}}{\alpha}=\frac{39.59}{0.85}=46.58\quad (\text{km/h})$$

项目三 识别铁路行车信号

一、学习目标

通过本项目的学习，应能识别出固定信号、移动信号、手信号、信号表示器及听觉信号的类型、显示，并能描述信号显示的含义。

二、项目任务

本项目的任务是学习铁路行车信号的作用、意义、分类、设置，识别不同信号的显示，正确执行信号显示的要求，保证行车安全。

任务 1　识别固定信号。

任务 2　识别移动信号及手信号。

任务 3　识别信号表示器及听觉信号。

三、质量评价标准

序号	项目	考核内容及评分标准	分值	扣分	得分	备注
1	信号的类型	正确识别信号的类型，酌情扣分	20			
2	信号的作用	正确描述信号的作用，酌情扣分	20			
3	信号的设置	正确说明信号的设置，酌情扣分	20			
4	信号的含义	正确描述信号的含义和要求，酌情扣分。如根据所描述去执行，可能导致事故的，失格	40			
合　计						
评价者签名：　　　　年　月　日						

四、项目链接

铁道部．铁路技术管理规程[M]．北京：中国铁道出版社，2006．

任务 1　识别固定信号

一、学习目标

能识别出固定信号的类型、显示，并能描述该信号的作用、设置及其显示的含义，正确执行信号显示的要求。

二、学习任务

1. 任务描述

学习铁路行车信号的作用和意义,学习铁路行车信号的分类,学习固定信号的作用、设置及显示,识别固定信号。

2. 任务流程

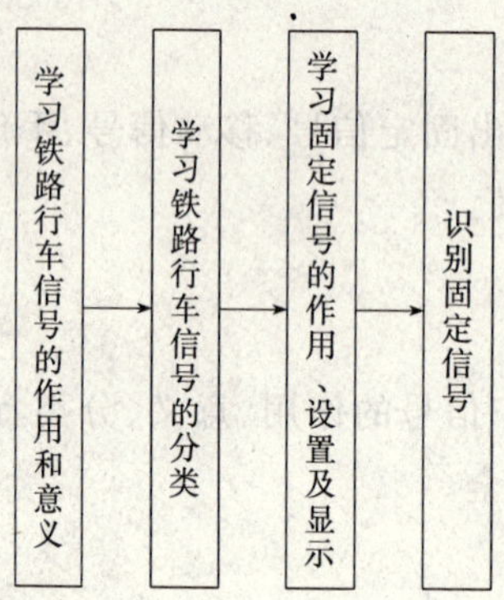

三、环境设备

建议在模拟仿真驾驶装置或者铁路行车现场实地学习。

四、背景知识

(一)铁路信号的作用和意义

铁路信号是保证行车安全、提高运输效率、改善行车人员劳动强度及准确组织列车运行和调车工作的重要技术设备。在铁路运输工作中,为了指挥列车运行及调车作业,表示有关设备的位置和状态,铁路必须设置铁路信号。

铁路信号是指示列车运行及调车作业的命令,有关行车人员必须严格执行。铁路信号通过一定的音响、颜色、形状、位置、灯光等来表示。它必须正确显示,有足够的显示距离,不与其他物体混淆,必须满足故障—安全原则。为了确保行车安全和正常的运输秩序,有关行车人员必须掌握信号显示的规定,并在确认其显示状态下按信号显示要求执行。信号显示方式及使用方法,应按《技规》规定执行,《技规》以外的信号显示方式需经铁道部批准方可采用;各种信号机和表示器的灯光排列、颜色和外形尺寸,必须符合铁道部规定的标准。地区性联系用的手信号,由铁路局批准。

(二)铁路信号的分类

铁路信号分为视觉信号和听觉信号两大类。如用信号机、信号旗、信号灯、信号牌、信号表示器、信号标志及火炬等显示的信号,都属视觉信号。如用号角、口笛、机车和轨道车的鸣笛及响墩等发出的信号,都属听觉信号。

1. 视觉信号

(1)按使用时间分为昼间信号、夜间信号及昼夜通用信号。在昼间遇降雾、暴风雨雪及其他情况,致使停车信号显示距离不足 1 000 m,注意或减速信号显示距离不足 400 m,调车信号及调车手信号显示距离不足 200 m 时,应使用夜间信号。隧道内只采用夜间或昼夜通用信号。

(2)按使用形式分为固定信号、移动信号、手信号、信号表示器及信号标志。

(3)按装置分为信号机和信号表示器两类。信号机按类型分为色灯信号机、臂板信号机和机车信号机。信号机按用途分为进站、出站、通过、进路、预告、接近、遮断、驼峰、驼峰辅助、复示及调车信号机。信号表示器分为道岔、脱轨、进路、发车、发车线路、调车及车挡表示器。

2. 听觉信号

听觉信号分为号角、口笛、响墩发出的音响和机车、轨道车的鸣笛声。

(三)视觉信号的颜色及意义

1. 基本颜色：根据光学原理和长期实践经验，我国铁路视觉信号采用红、黄、绿三色作为铁路信号的基本颜色。其表示意义是：

(1)红色——停车；

(2)黄色——注意或减低速度；

(3)绿色——按规定速度运行。

2. 辅助颜色：为满足各种信号显示需要及区分不同信号而采用的颜色。其颜色及用途如下：

(1)月白色——用于引导信号及调车信号；

(2)蓝色——用于容许信号及调车信号；

(3)紫色——用于道岔表示器；

(4)白色——用于表示器、手信号及列车标志。

3. 铁路信号灯光图例如图 3-44 所示。

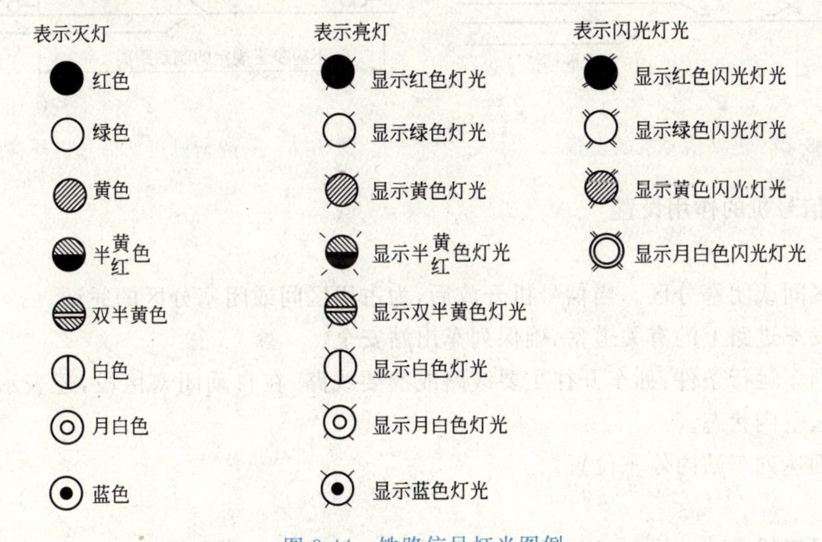

图 3-44　铁路信号灯光图例

(四)信号机及表示器的显示距离

1. 进站、通过、接近、遮断信号机，不得小于 1 000 m；

2. 高柱出站、高柱进路信号机不得小于 800 m；

3. 预告、驼峰、驼峰辅助信号机，不得小于 400 m；

4. 调车、矮型出站、矮型进路、复示信号机，容许、引导信号及各种表示器，不得小于 200 m。

在地形、地物影响视线的地方，进站、通过、接近、预告、遮断信号机的显示距离，在最坏的

条件下，不得小于 200 m。

（五）信号机的作用及设置

信号机应设在列车运行方向的左侧或其所属线路的中心线上空。特殊地段因条件限制，需设于右侧时，需经铁路局批准。

信号机设置的地点，由电务部门会同运输、机务及工务等有关部门共同研究确定。

1. 进站信号机的作用及设置

(1)作用

所有车站入口均必须装设进站信号机，用以指示列车能否进站及进站的运行条件。

①防护车站。在进站信号机未开放前，列车不得进入站内。

②指示列车进站的运行条件。列车经道岔的直向位置还是侧向位置进站，正线通过或准备停车等。

③锁闭接车进路上有关道岔及敌对信号。当进路有关道岔开通位置不对或敌对进路信号未关闭时，信号机不能开放；信号开放后进路道岔锁闭，敌对信号不能开放。

(2)设置

进站信号机应设在距进站最外方道岔尖轨尖端（顺向为警冲标）不小于 50 m 的地点，如图 3-45 所示；如因调车作业或制动距离的需要，一般不超过 400 m，如图 3-46 所示。

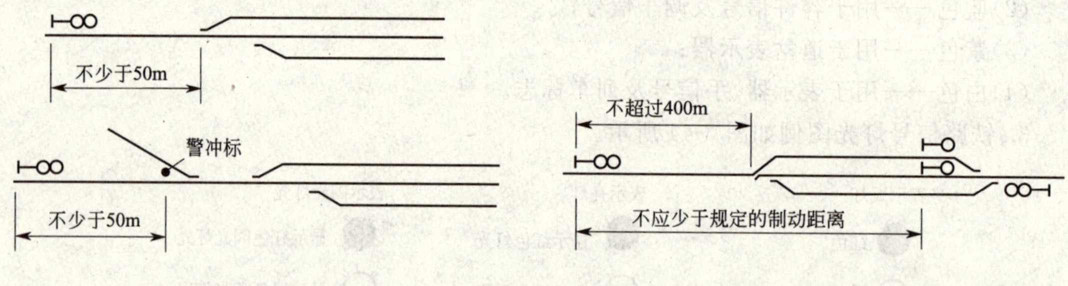

图 3-45　进站信号机的设置　　　图 3-46　一般地段进站信号机外移的限制

2. 出站信号机的作用设置

(1)作用

①防护区间或闭塞分区。当信号机开放后，为占用区间或闭塞分区的凭证。

②锁闭发车进路上的有关道岔，确保列车出站安全。

③指示列车运行条件：列车开往主要线路或次要线路；在自动闭塞区段，还表示列车运行前方闭塞分区空闲状态。

④指示到达列车站内停车位置。

(2)设置

在车站的正线和到发线上，应装设出站信号机。出站信号机应设在每一发车线的警冲标内方（对向道岔为尖轨尖端外方）适当地点，如图 3-47 所示。

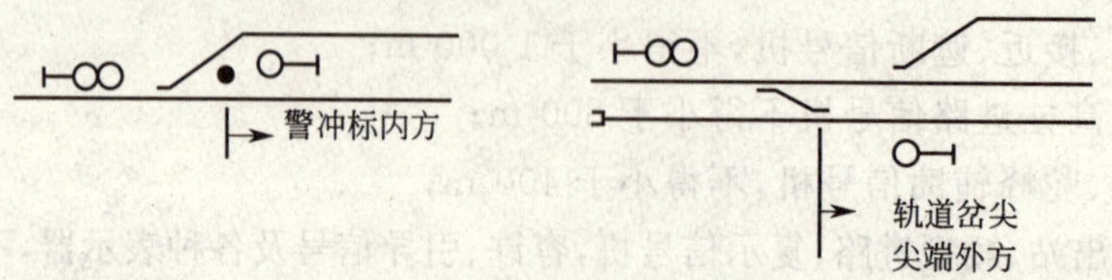

图 3-47　出站信号机设置

3. 进路信号机的作用及设置

(1)作用

在有几个车场的车站,为了防护车场之间的进路,并指示列车由一个车场开往另一个车场,车场之间应设进路色灯信号机。按用途分为:

①接车进路信号机——是对到达列车指示运行条件的;

②发车进路信号机——是对出发列车指示运行条件的。

(2)设置

接车进路信号机设在进站信号机与接车线之间,发车进路信号机设在发车线与出站信号机之间。进路信号机均应设在其后方第一个道岔尖端前方(顺向为警冲标内方)的适当地点,如图 3-48 所示。进站信号机与进路、出站信号机的距离,原则上均不少于 800 m。

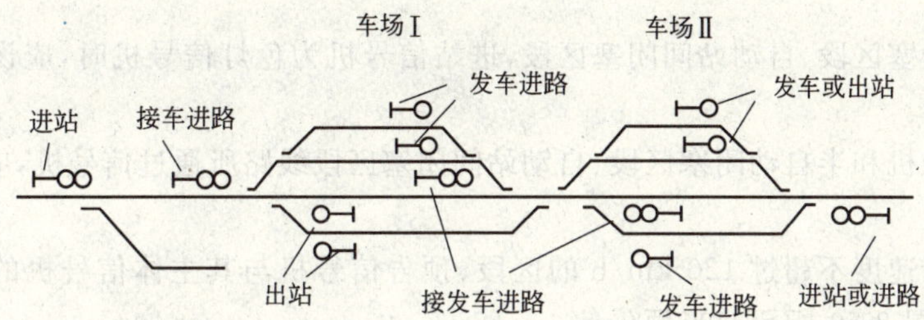

图 3-48　进路信号机的设置

4. 通过信号机的作用及设置

(1)作用

①列车进入闭塞分区或所间区间的凭证。

②自动闭塞通过色灯信号机是其后方信号机的预告信号机,可不间断向司机预告下一闭塞分区的空闲情况及进站信号机是否开放。

(2)设置

通过信号机应设在闭塞分区或所间区间的分界处。自动闭塞区段的通过信号机,不应设在停车后可能脱钩、牵引供电分相的处所,也不宜设在启动困难的地点。自动闭塞区段信号机设置位置关系应根据列车牵引计算确定,并应满足列车运行速度规定的制动距离和线路通过能力的要求。

5. 容许信号机的作用及设置

(1)作用

避免自动闭塞区段内在通过色灯信号机显示停车信号时造成某些货物列车坡停。

(2)设置

在自动闭塞区段内,当货物列车在设于上坡道上的通过信号机前停车后启动困难时,在该信号机上应装设容许信号。在进站信号机前方第一架通过色灯信号机上,不得装设容许信号。

6. 遮断信号机的作用及设置

(1)作用

在发生危及行车安全的情况下,遮断信号机能及时向列车发出停车信号,使列车在危险地点前停下。

(2)设置

在有人看守道口应装设遮断信号机;有人看守的桥隧建筑物及可能危及行车安全的坍方

落石地点，根据需要装设遮断信号机，该信号机距防护地点不得小于 50 m，如图 3-49 所示。

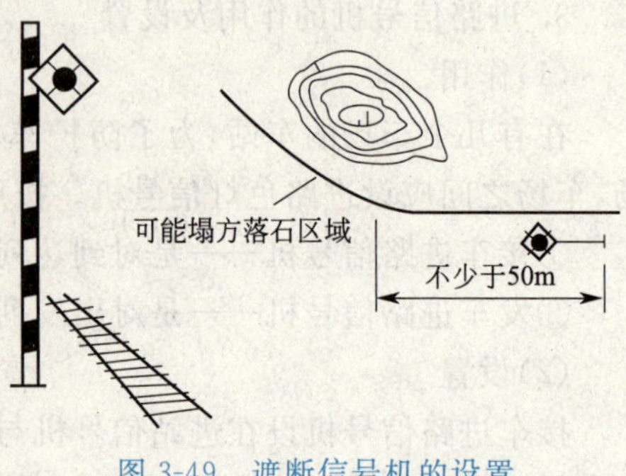

图 3-49 遮断信号机的设置

遮断信号机及其预告信号机采用方形背板，并在机柱上涂有黑白相间的斜线，以区别于一般信号机。

7. 预告信号机及接近信号机的作用及设置

(1)作用

预告信号机及接近信号机可以使列车司机提前了解进站信号机或线路所通过信号机、遮断信号机的开放或关闭状态，从而保证行车安全和提高行车效率，并改善乘务人员的劳动条件。

(2)设置

①半自动闭塞区段、自动站间闭塞区段，进站信号机为色灯信号机时，应设色灯预告信号机或接近信号机。

②遮断信号机和半自动闭塞区段、自动站间闭塞区段线路所通过信号机，应装设预告信号机。

③列车运行速度不超过 120 km/h 的区段，预告信号机与其主体信号机的安装距离不得小于 800 m，如图 3-50 所示。当预告信号机的显示距离不足 400 m 时，其安装距离不得小于1 000 m。

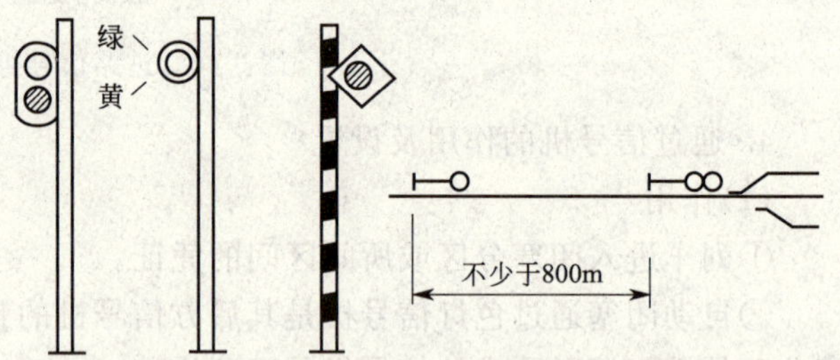

图 3-50 预告信号机的设置

④列车运行速度超过 120 km/h 的区段，应设置两段接近区段，在第一接近区段和第二接近区段的分界处，设接近信号机，在第一接近区段入口 100 m 处，设置机车信号接通标。

自动闭塞区段的通过色灯信号机对后一架信号机起预告作用，因此不设预告信号机。

8. 调车信号机的作用及设置

(1)作用

在调车作业中指示机车车辆可否越过该信号机进行调车作业。

(2)设置

为满足调车作业需要，应装设调车色灯信号机，其设置地点应根据车站调车工作的特点及需要确定。

9. 驼峰信号机的作用及设置

(1)作用

指示调车机车车辆进行驼峰调车作业。

(2)设置

驼峰应装设驼峰色灯信号机，设置在驼峰峰顶，如图 3-51 所示。驼峰色灯信号机可装设驼峰色灯辅助信号机。驼峰色灯信号机或辅助信号机的显示距离不能满足推峰作业要求时，根据需要可再装设驼峰色灯复示信号机，如图 3-52 所示。

驼峰色灯辅助信号机，可兼作出站或发车进路信号机，并根据需要装设进路表示器。

10. 色灯复示信号机的作用及设置

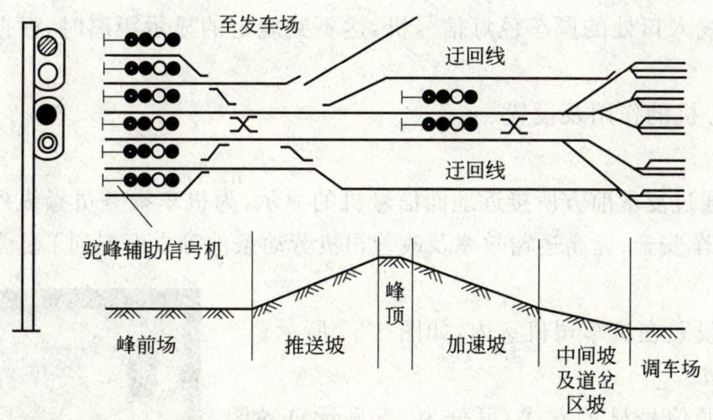

图 3-51　驼峰色灯信号机的设置

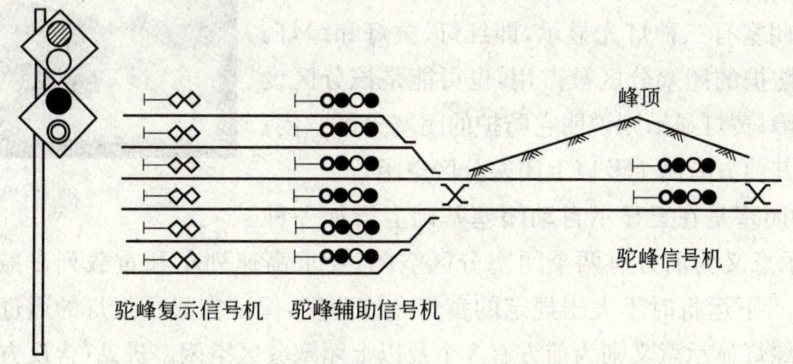

图 3-52　驼峰色灯复示信号机的设置

(1)作用

色灯复示信号机用以表示其主体信号机的显示状态。

(2)设置

进站、出站、进路信号机及线路所通过信号机，因受地形、地物影响，达不到规定的显示距离时，应装设复示信号机，如图 3-53 和图 3-54 所示。

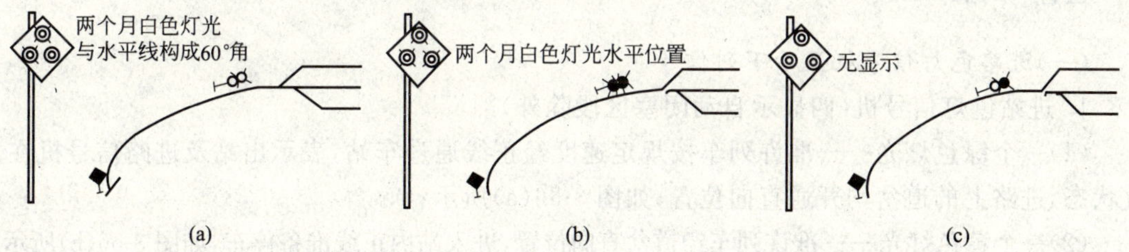

图 3-53　进站色灯复示信号机的设置

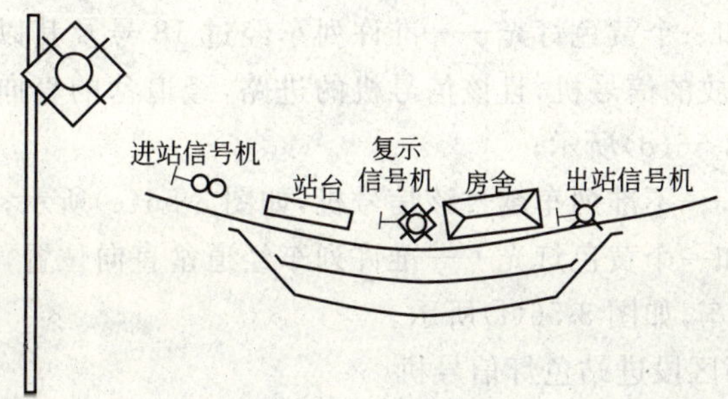

图 3-54　出站或进路色灯复示信号机的设置

设在车站岔线入口处的调车色灯信号机，达不到规定的显示距离时，根据需要可装设调车复示信号机。

11. 机车信号机的作用及设置

(1)作用

机车信号机通过复示前方所接近地面信号机的显示，为机车乘务员操纵列车提供可靠的运行指示，在确保行车安全、提高运输效率及改善司机劳动条件等方面起到了非常重要的作用。

(2)设置

机车信号机设置在机车司机室内，如图 3-55 所示。

图 3-55　机车信号机的设置

(六)自动闭塞

自动闭塞按照信号显示方式，可分为：三显示自动闭塞和四显示自动闭塞。

三显示自动闭塞有三种灯光显示，即红灯、黄灯和绿灯。红灯显示说明其防护的闭塞分区被占用，也可能是该分区设备或线路发生故障；黄灯显示则说明它防护的闭塞分区空闲；绿灯显示则说明其前方有两个及以上闭塞分区空闲。

四显示自动闭塞是在三显示自动闭塞基础上增加一种绿黄显示，它显示意义为前方有两个闭塞分区空闲，要求高速列车和重载列车减速运行，以使列车在抵达黄灯显示下运行时不大于规定的黄灯允许速度，保证在显示红灯的通过信号机前安全停车。而四显示的绿灯显示意义则为前方有 3 个及以上闭塞分区空闲。进站(含反方向进站)、接车进路信号机还能显示两个黄色灯光。

每一自动闭塞分区的长度，三显示自动闭塞一般为 1 200～3 000 m；四显示自动闭塞一般为 600～1 000 m。通过色灯信号机经常显示绿色灯光，随着列车驶入和驶出闭塞分区而自动转换。但进出站信号机的显示一般仍由车站实行人工控制，只有当连续放行通过列车时，才改由列车运行控制。

五、操作指导

(一)进路色灯信号机显示下列信号

1. 进站色灯信号机(四显示自动闭塞区段除外)

(1)一个绿色灯光——准许列车按规定速度经正线通过车站，表示出站及进路信号机在开放状态，进路上的道岔均开通直向位置，如图 3-56(a)所示；

(2)一个黄色灯光——准许列车经道岔直向位置，进入站内正线准备停车，如图 3-56(b)所示；

(3)两个黄色灯光——准许列车经道岔侧向位置，进入站内准备停车，如图 3-56(c)所示；

(4)一个黄色闪光和一个黄色灯光——准许列车经过 18 号及其以上道岔侧向位置，进入站内越过次一架已经开放的信号机，且该信号机的进路，经道岔的直向位置或 18 号及其以上道岔的侧向位置，如图 3-56(d)所示；

(5)一个红色灯光——不准列车越过该信号机，如图 3-56(e)所示；

(6)一个绿色灯光和一个黄色灯光——准许列车经道岔直向位置，进入站内越过次一架已经开放的信号机准备停车，如图 3-56(f)所示。

2. 四显示自动闭塞区段进站色灯信号机

(1)一个绿色灯光——准许列车按规定速度经道岔直向位置进入或通过车站，表示运行前

方至少有三个闭塞分区空闲，如图 3-56(a)所示；

(2)一个黄色灯光——准许列车按限速要求越过该信号机，经道岔直向位置进入站内正线准备停车，如图 3-56(b)所示；

(3)两个黄色灯光——准许列车按限速要求越过该信号机，经道岔侧向位置进入站内准备停车，如图 3-56(c)所示；

(4)一个黄色闪光和一个黄色灯光——准许列车经过 18 号及其以上道岔侧向位置，进入站内越过次一架已经开放的信号机，且该信号机的进路，经道岔的直向位置或 18 号及其以上道岔的侧向位置，如图 3-56(d)所示；

(5)一个红色灯光——不准列车越过该信号机，如图 3-56(e)所示；

(6)一个绿色灯光和一个黄色灯光——准许列车按规定速度越过该信号机，经道岔直向位置进入站内，表示次一架信号机开放一个黄灯，如图 3-56(f)所示。

3. 进站及接车进路色灯信号机的引导信号显示一个红色灯光及一个月白色灯光——准许列车在该信号机前方不停车，以不超过 20 km/h 速度进站或通过接车进路，并需准备随时停车，如图 3-56(g)所示。

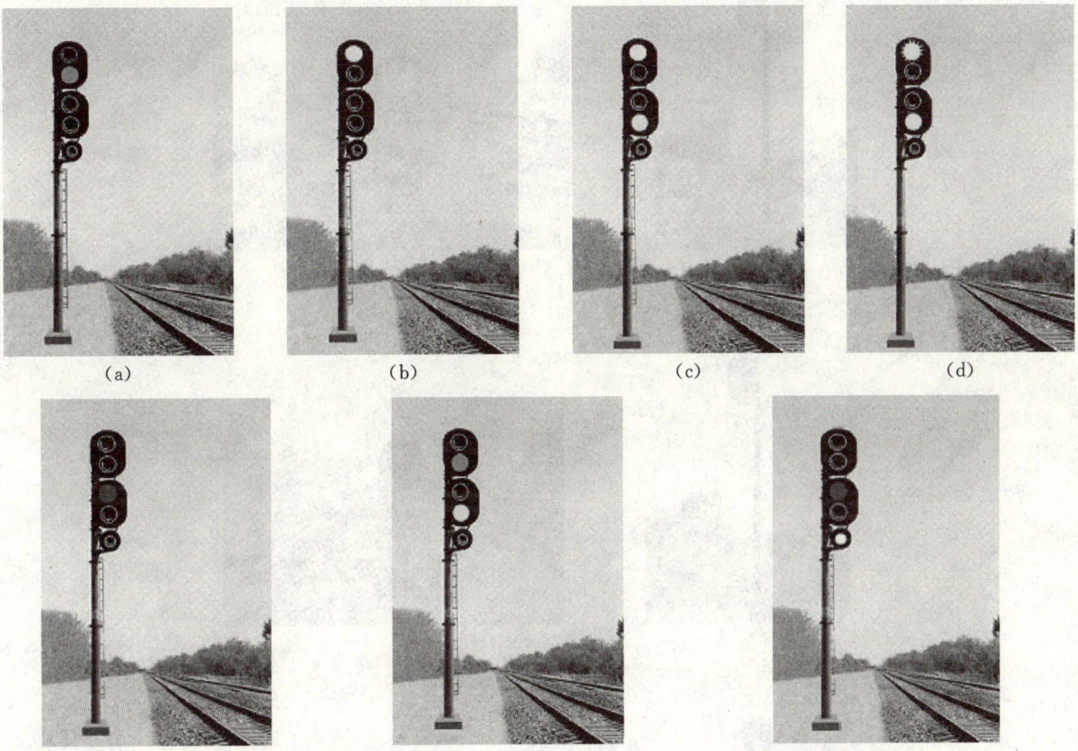

(a) (b) (c) (d)

(e) (f) (g)

图 3-56 进站色灯信号机显示信号图例

(二)出站色灯信号机显示下列信号

1. 三显示自动闭塞区段

(1)一个绿色灯光——准许列车由车站出发，表示运行前方至少有两个闭塞分区空闲，如图 3-57(a)所示；

(2)一个黄色灯光——准许列车由车站出发，表示运行前方有一个闭塞分区空闲，如图 3-57(b)所示；

(3)一个红色灯光——不准列车越过该信号机,如图 3-57(c)所示;

(4)两个绿色灯光——准许列车由车站出发,开往半自动闭塞区间,如图 3-57(d)所示;

(5)在兼作调车信号机时,一个月白灯光——准许越过该信号机调车,如图 3-57(e)所示。

(a)

(b)

(c)

(d)

图 3-57

(e)

图 3-57　三显示自动闭塞区段出站色灯信号机显示信号图例

2. 四显示自动闭塞区段

(1)一个绿色灯光——准许列车由车站出发，表示运行前方至少有三个闭塞分区空闲，如图 3-58(a)所示；

(2)一个绿色灯光和一个黄色灯光——准许列车由车站出发，表示运行前方有两个闭塞分区空闲，如图 3-58(b)所示；

(3)一个黄色灯光——准许列车由车站出发，表示运行前方有一个闭塞分区空闲，如图 3-58(c)所示；

(4)一个红色灯光——不准列车越过该信号机，如图 3-58(d)所示；

(5)两个绿色灯光——准许列车由车站出发，开往半自动闭塞区间，如图 3-58(e)所示；

(6)在兼作调车信号机时，一个月白色灯光——准许越过该信号机调车，如图 3-58(f)所示。

3. 半自动闭塞区段

(1)一个绿色灯光——准许列车由车站出发，如图 3-59(a)所示；

(a)

(b)

图　3-58

(c)

(d)

(e)

(f)

图 3-58　四显示自动闭塞区段出站色灯信号机显示信号图例

(2)一个红色灯光——不准列车越过该信号机,如图 3-59(b)所示;

(3)两个绿色灯光——准许列车由车站出发,开往次要线路,如图 3-59(c)所示;

(a)

图　3-59

(b)

(c)

(d)

图 3-59 出站色灯信号机显示半自动闭塞区段信号图例

(4)在兼作调车信号机时，1个月白色灯光——准许越过该信号机调车，如图 3-59(d)所示。

(三)进路色灯信号机的显示

1. 接车进路色灯信号机的显示与进站色灯信号机相同

2. 发车进路色灯信号机显示下列信号(四显示自动闭塞区段除外)

(1)一个绿色灯光——准许列车由车站经正线出发，表示出站和进路信号机均在开放状态，如图 3-60(a)所示；

(2)一个黄色灯光——准许列车运行到次一色灯信号机之前准备停车，如图 3-60(b)所示；

(3)一个绿色灯光和一个黄色灯光——准许列车按规定速度越过该信号机，表示该信号机列车运行前方至少有一架进路信号机在开放状态，如图 3-60(c)所示；

(4)一个红色灯光——不准列车越过该信号机，如图 3-60(d)所示。

3. 四显示自动闭塞区段发车进路色灯信号机显示信号

(1)一个绿色灯光——表示该信号机列车运行前方至少有两架信号机经道岔直向位置在开放状态，如图 3-60(a)所示；

(2)一个黄色灯光——准许列车运行到次一色灯信号机之前准备停车,如图 3-60(b)所示;

(3)一个绿色灯光和一个黄色灯光——表示该信号机列车运行前方至少有一架信号机经道岔直向位置在开放状态,如图 3-60(c)所示;

(a)

(b)

(c)

(d)

图 3-60

(e)

图 3-60　进路色灯信号机显示图例

(4)一个红色灯光——不准列车越过该信号机,如图 3-60(d)所示。

4. 接车或发车进路色灯信号机兼作调车信号机时,一个月白色灯光——准许越过该信号机调车,如图 3-60(e)所示。

5. 同时具有接车和发车进路功能的接发车进路色灯信号机的显示与接车、发车进路色灯信号机相同。

(四)通过色灯信号机显示下列信号

1. 三显示自动闭塞区段

(1)一个绿色灯光——准许列车按规定速度运行,表示运行前方至少有两个闭塞分区空闲,如图 3-61(a)所示;

(2)一个黄色灯光——要求列车注意运行,表示运行前方有一个闭塞分区空闲,如图 3-62(b)所示;

(a)　(b)　(c)

(d)　(e)　(f)　(g)

图 3-61　通过色灯信号机显示图例

(3)一个红色灯光——列车应在该信号机前停车,如图 3-61(c)所示。

2. 四显示自动闭塞区段

(1)一个绿色灯光——准许列车按规定速度运行,表示运行前方至少有三个闭塞分区空闲,如图 3-61(d)所示;

(2)一个绿色灯光和一个黄色灯光——准许列车按规定速度运行,要求注意准备减速,表示运行前方有两个闭塞分区空闲,如图 3-61(e)所示;

(3)一个黄色灯光——要求列车减速运行,按规定限速要求越过该信号机,表示运行前方有一个闭塞分区空闲,如图 3-61(f)所示;

(4)一个红色灯光——列车应在该信号机前停车,如图 3-61(g)所示。

3. 半自动闭塞区段

(1)一个绿色灯光——准许列车按规定速度运行[显示方式参见图 3-61(a),但机构为二显示];

(2)一个红色灯光——不准列车越过该信号机[显示方式参见图 3-61(c),但机构为二显示]。

(五)设有分歧道岔的线路所,当列车经过分歧道岔侧向运行时,色灯信号机应显示两个黄色灯光[同图 3-56(c)];当分歧道岔为 18 号及以上道岔时,显示一个黄色闪光和一个黄色灯光[同图 3-56(d)]。

自动闭塞区段防护分歧道岔的线路所通过信号机,其机构外形和显示方式,应与进站信号机相同,引导灯光应予封闭。该信号机显示红色灯光时,不准列车越过该信号机。

(六)容许信号显示一个蓝色灯光——准许列车在通过色灯信号机显示红色灯光的情况下不停车,以不超过 20 km/h 的速度通过,运行到次一通过色灯信号机,并随时准备停车[如图 3-62 所示]。

(七)遮断色灯信号机显示一个红色灯光——不准列车越过该信号机;不着灯时,不起信号作用,如图 3-63 所示。

图 3-62　容许信号机显示图例

图 3-63　遮断色灯信号机显示图例

(八)预告色灯信号机显示信号

1. 一个绿色灯光——表示主体信号机在开放状态,如图 3-64(a)所示;

2. 一个黄色灯光——表示主体信号机在关闭状态,如图 3-64(b)所示。

遮断信号机的预告信号机显示一个黄色灯光——表示遮断信号机显示红色灯光;不着灯时,不起信号作用,如图 3-64(c)所示。

(九)接近色灯信号机显示下列信号

1. 一个绿色灯光——表示进站信号机开放一个绿色灯光,如图 3-65(a)所示;

(a)

(b)

(c)

图 3-64　预告色灯信号鸡显示图例

2. 一个绿色灯光和一个黄色灯光——表示进站信号机开放一个黄色灯光或一个黄色灯闪光和一个黄色灯光,如图 3-65(b)所示;

3. 一个黄色灯光——表示进站信号机在关闭状态或显示两个黄色灯光,如图 3-65(c)所示。

(十)遮断及其预告信号机采用方形背板,并在机柱上涂有黑白相间的斜线,以区别于一般信号机[参见图 3-63 和图 3-64(c)]。

(a)

(b)

(c)

图 3-65　接近色灯信号机显示图例

(十一)调车色灯信号机显示信号

1. 一个月白色灯光——准许越过该信号机调车,如图 3-66(a)所示;

(a)

(b)

图　3-66

(c) (d) (e)

图 3-66　调车色灯信号机显示图例

2. 一个月白色闪光灯光——装有平面溜放调车区集中联锁设备时,准许溜放调车,如图 3-66(b)所示;

3. 一个蓝色灯光——不准越过该信号机调车,如图 3-66(c)所示。

不办理闭塞的站内岔线,在岔线入口处设置的调车信号机,可用红色灯光代替蓝色灯光,如图 3-66(d)所示。

在尽头式到发线上,设置的起阻挡列车运行作用的调车信号机,应采用矮型三显示机构,用红色灯光代替蓝色灯光,如图 3-66(e)所示。当该信号机的红色灯光熄灭、显示不明或显示不正确时,应视为列车的停车信号。

(十二)驼峰色灯信号机显示下列信号

1. 一个绿色灯光——准许机车车辆按规定速度向驼峰推进,如图 3-67(a)所示;

2. 一个绿色闪光灯光——指示机车车辆加速向驼峰推进,如图 3-67(b)所示;

(a)

(b)

(c)

(d)

图　3-67

(e)

(f)

(g)

图 3-67 驼峰色灯信号机显示图例

3. 一个黄色闪光灯光——指示机车车辆减速向驼峰推进，如图 3-67(c)所示；

4. 一个红色灯光——不准机车车辆越过该信号机或指示机车车辆停止作业，如图 3-67(d)所示；

5. 一个红色闪光灯光——指示机车车辆自驼峰退回，如图 3-67(e)所示；

6. 一个月白色灯光——指示机车到峰下，如图 3-67(f)所示；

7. 一个月白色闪光灯光——指示机车车辆去禁溜线，如图 3-67(g)所示。

(十三)驼峰色灯辅助信号机及驼峰色灯复示信号机显示下列信号

一个黄色灯光——指示机车车辆向驼峰预先推送[三显示区段如图 3-68(a)所示、四显示区段如图 3-68(b)所示]。

(a)

(b)

(c)

图 3-68 驼峰色灯辅助信号机及驼峰色灯复示信号机

当办理驼峰推送进路后，其灯光显示与驼峰色灯信号机显示相同。

到达场的驼峰色灯辅助信号机平时显示红色灯光，对到达列车起停车信号作用。

驼峰色灯复示信号机，采用透镜式色灯两个双机构的高柱信号机[如图 3-68(c)所示]，灯光排列三显示区段为黄、绿、红、白，四显示区段为绿、红、黄、白，平时无显示，当办理驼峰推送进路后，其显示方式与驼峰信号机或驼峰色灯辅助信号机相同，当办理驼峰预先推送进路后，其显示方式与驼峰色灯辅助信号机相同。

(十四)色灯复示信号机分类

1. 进站色灯复示信号机采用灯列式机构，显示下列信号

(1)两个月白色灯光与水平线构成 60°角显示——表示进站信号机显示列车经道岔直向

位置向正线接车信号，如图 3-69(a)所示；

(2)2 个月白色灯光水平位置显示——表示进站信号机显示列车经道岔侧向位置接车信号，如图 3-69(b)所示；

(3)无显示——表示进站信号机在关闭状态，如图 3-69(c)所示。

2. 出站及进路色灯复示信号机显示信号

(1)1 个绿色灯光——表示出站或进路信号机在开放状态，如图 3-69(d)所示；

(2)无显示——表示出站或进路信号机在关闭状态。

3. 调车色灯复示信号机显示信号

(1)1 个月白色灯光——表示调车信号机在开放状态，如图 3-69(e)所示；

(2)无显示——表示调车信号机在关闭状态。

4. 驼峰色灯复示信号机显示信号

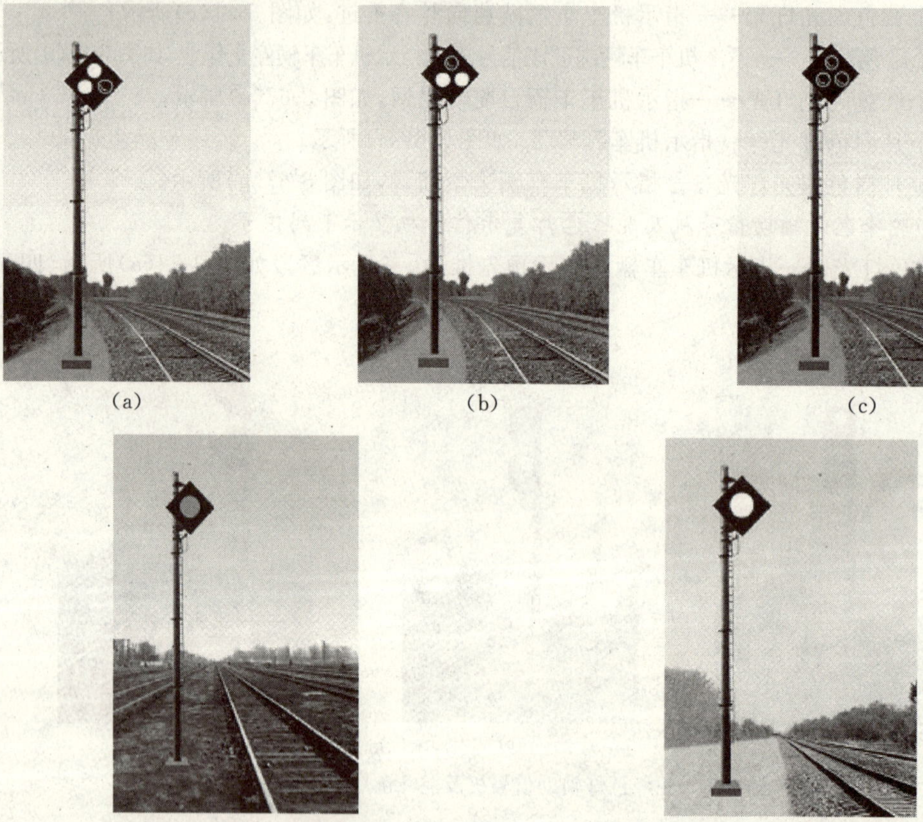

(a) (b) (c)

(d) (e)

图 3-69 色灯复示信号机图例

进站、出站、进路及驼峰调车色灯复示信号机均采用方形背板，以区别于一般信号机。

(十五)机车信号机显示信号

1. 三显示自动闭塞区段的连续式机车信号机

(1)一个绿色灯光——准许列车按规定速度运行，表示列车接近的地面信号机显示绿色灯光，如图 3-70(a)所示；

(2)一个半绿半黄色灯光——准许列车按规定速度注意运行，表示列车接近的地面信号机显示一个绿色灯光和一个黄色灯光，如图 3-70(b)所示；

(3)一个黄色灯光——要求列车注意运行,表示列车接近的地面信号机显示一个黄色灯光或相应的其他显示,如图 3-70(c)所示;

(4)一个带“2”字的黄色闪光——要求列车注意运行,表示接近的地面信号机显示一个黄色灯光,预告次一架地面信号机开放经 18 号及以上道岔侧向位置进路,显示一个黄色闪光和一个黄色灯光,如图 3-70(d)所示;

(5)一个带“2”字的黄色灯光——要求列车注意运行,表示接近的地面信号机显示一个黄色灯光,预告次一架地面信号机开放经道岔侧向位置的信号显示,如图 3-70(e)所示;

(6)一个双半黄色闪光——要求列车限速运行,表示列车接近的地面信号机开放经 18 号及以上道岔侧向位置进路,且次一架信号机开放经道岔直向或 18 号及以上道岔侧向位置进路,或表示列车接近设有分歧道岔线路所的地面信号机开放经 18 号及以上道岔侧向位置进路,显示一个黄色闪光和一个黄色灯光,或其他相应显示,如图 3-70(f)所示;

(7)一个双半黄色灯光——要求列车限速运行,表示列车接近的地面信号机开放经道岔侧向位置的进路,显示两个黄色灯光,或其他相应显示,如图 3-70(g)所示;

(8)一个半黄半红色闪光——表示列车接近的进站或接车进路信号机开放引导信号或通过信号机显示容许信号,如图 3-70(h)所示;

(9)一个半黄半红色灯光——要求及时采取停车措施,表示列车接近的地面信号机显示红色灯光,如图 3-70(i)所示;

(10)一个红色灯光——表示列车已越过地面上显示红色灯光的信号机,如图 3-70(j)所示;

(11)一个白色灯光——不复示地面上的信号显示,机车乘务人员应按地面信号机的显示运行,如图 3-70(k)所示。

无显示时,表示机车信号机在停止工作状态。

(a)　(b)　(c)

(d)　(e)

图　3-70

(f)

(g)

(h)

(i)

(j)

(k)

图 3-70　三显示自动闭塞区段的连续式机车信号机显示图例

2. 四显示自动闭塞区段连续式机车信号机

(1)一个绿色灯光——同三显示，如图 3-71(a)所示；

(2)一个半绿半黄色灯光——同三显示，如图 3-71(b)所示；

(3)一个黄色灯光——要求列车减速到规定的速度等级越过接近的显示一个黄色灯光的地面信号机，或其他相应显示，如图 3-71(c)所示；

(4)一个带“2”字的黄色闪光——要求列车减速到规定的速度等级越过接近的显示一个黄色灯光的地面信号机，并预告次一架地面信号机显示一个黄色闪光和一个黄色灯光，如图3-71(d)所示；

(5)一个带“2”字的黄色灯光——要求列车减速到规定的速度等级越过接近的显示一个黄色灯光的地面信号机，并预告次一架地面信号机开放经道岔侧向位置的信号显示，如图 3-71(e)所示；

(6)一个双半黄色闪光——同三显示，如图 3-71(f)所示；

(7)一个双半黄色灯光——同三显示，如图 3-71(g)所示；

(8)一个半黄半红色闪光——同三显示，如图 3-71(h)所示；

(9)一个半黄半红色灯光——同三显示，如图 3-71(i)所示；

(10)一个红色灯光——同三显示，如图 3-71(j)所示；

(11)一个白色灯光——同三显示，如图 3-71(k)所示。

无显示时，表示机车信号机在停止工作状态。

(a)　(b)　(c)　(d)　(e)　(f)

图　3-71

(g)

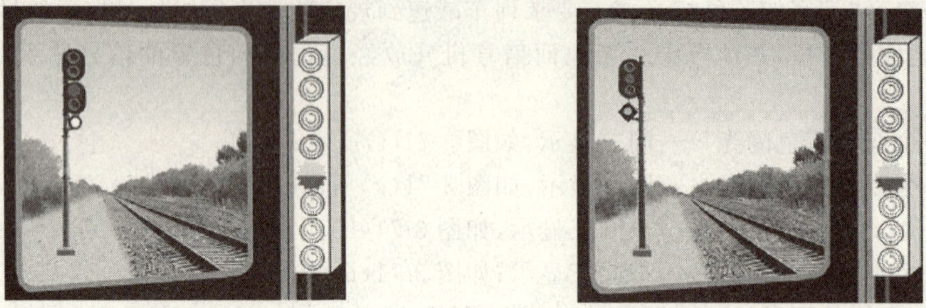

(h)

(i)

(j)

(k)

图 3-71　四显示自动闭塞区段连续式机车信号机显示图例

任务 2　识别移动信号及手信号

一、学习目标

能识别出移动信号及手信号的类型、显示，并能描述该信号的作用、设置及其显示的含义，正确执行信号显示的要求。

二、学习任务

1. 任务描述

学习移动信号及手信号的作用和意义，学习移动信号及手信号的分类，学习移动信号及手信号的作用、设置及显示，识别移动信号及手信号。

2. 任务流程

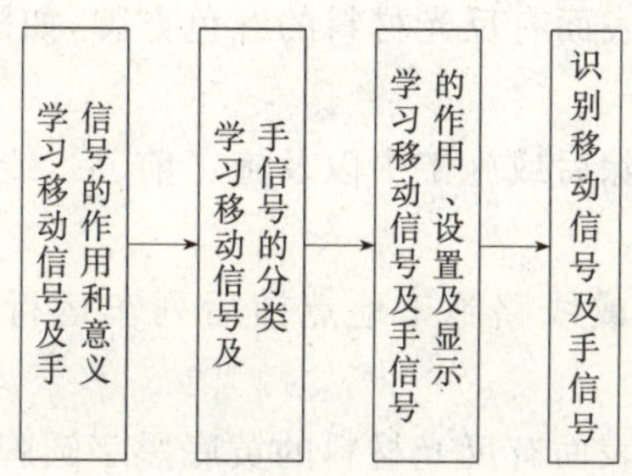

三、环境设备

建议在模拟驾驶装置或者铁路行车现场实地学习，备有信号旗、信号灯、响墩、火炬。

四、背景知识

(一)移动信号的种类及用途

移动信号有三类：一类是用于线路故障或施工及站内进行列车检查或车辆修理时，临时性禁止列车驶入或要求慢行的地段而设置的信号，包括停车信号、减速信号、减速防护地段终端信号、带有脱轨器的防护信号；另一类是用于防护线路(包括桥梁、隧道)遇到灾害、发生故障或列车在区间发生事故、被迫停车等情况时，为防止前方或后方开来的列车发生冲突或脱轨事故而临时设置的紧急停车信号，包括响墩信号及火炬信号；还有一类是用于调车作业指令传输的无线调车灯显信号，可以有效地解决调车作业中手信号确认困难及联系不彻底的问题。

(二)手信号的作用、种类及要求

手信号是铁路行车有关人员在作业中，进行指挥、联系等工作广泛采用的一种视觉信号，来源于生活当中的打手势，而它远胜于打手势。手信号结合了铁路生产的需要，不仅根据作业丰富了内容，而且增加了信号工具。根据行车的需要，可以机动地指挥列车运行和调车作业，也可作为联系和传达行车有关事项的旗(灯)语。

手信号是以手持规定的信号用具：昼间以红、黄、绿色信号旗(或以徒手)；夜间以红、黄、绿、白色灯光的信号灯，按规定的方式(动作)所显示的信号。

手信号按用途可分为：指示列车运行条件的手信号、调车手信号、联系用的手信号、列车制动机试验手信号及指示电力机车司机临时升降弓的手信号5类。

在显示手信号时，必须严肃、认真，应做到“横平、竖直、灯正、圈圆”。

手信号显示指示列车运行条件的停车，减速、通过、引导信号，与固定信号机显示的相应信号具有同等的作用，行车有关人员必须认真按其显示执行。

凡昼间持有信号旗的人员，应将信号旗拢起，左手持红旗，右手持绿旗(扳道员右手持黄旗)，不持信号旗的人员徒手按规定方式显示信号。

五、操作指导

(一) 移动信号

1. 停车信号

(1)作用:用于线路故障或区间施工时临时禁止列车驶入地段的防护。

(2)设置:设置在线路故障或线路施工地点前后,距防护地段不少于 20 m 处。

(3)显示:昼间与夜间均为表面有反光材料的红色方牌,如图3-72所示。

2. 减速信号

(1)作用:用于线路故障排除后或施工中以及施工前、后,线路质量低于正常运行速度要求的临时性慢行地段。

(2)设置:设置在线路故障或线路施工地点前后列车运行方向左侧,距减速地段不少于 800 m 处。

(3)显示:昼间与夜间均为表面有反光材料的黄底黑字圆牌,标明列车限制速度,如图3-73所示。

图 3-72　停车信号图例

图 3-73　减速信号图例

施工及其限速区段,按不同速度等级列车(最高运行速度大于 120 km/h 的旅客列车、行邮列车及最高运行速度为 120 km/h 的货物列车、行包列车)的紧急制动距离,在原减速信号牌外方增设特殊减速信号牌,昼间与夜间均为表面有反光材料的黄底黑 T 字圆牌,如图 3-74 所示。

图 3-74　特殊减速信号牌

图 3-75　减速防护地段终端信号

3. 减速防护地段终端信号

(1)作用:告知司机列车尾部已越过减速地段,指示列车可恢复正常运行速度。

(2)设置:双线区间为减速地点标的同侧;单线区间为列车前进方向的右侧。

(3)显示:昼间与夜间均为表面有反光材料的绿色圆牌,如图 3-75 所示。在单线区段,司机应看线路右侧减速信号牌背面的绿色圆牌。

4. 带有脱轨器的防护信号

(1)作用:保证站内线路上检查、修理、整备的车辆及人员的安全。

(2)设置:在站内线路上检查、修理、整备车辆时,应在列车两端来车方向的左侧钢轨上,设置带有脱轨器的固定或移动信号牌(灯)进行防护,前后两端的防护距离均应不少于 20 m;不足 20 m 时,应将道岔锁闭在不能通往该线的位置。

(3)显示:昼间——红色方牌;夜间——柱上红色灯光,如图 3-76 所示。

图 3-76　带有脱轨器的信号

旅客列车在到发线上进行技术检查时,用停车信号防护,可不设脱轨器。

(二)响墩及火炬信号

1. 作用

用于线路(包括桥梁隧道)遇到灾害、发生故障或列车在区间内发生事故以及其他原因被迫停车时,防止前方或后方开来的列车发生列车冲突或脱轨而设置的临时紧急停车信号。

2. 设置

(1)响墩:3 个响墩为一组,按来车方向"左 2 右 1"卡放在轨面上,每个响墩的间隔距离为 20 m,距防护点(指停车列车、妨碍行车地点等)最近的一枚响墩必须满足防护距离的要求。安放时应尽量避免放于道岔、钢轨接头、平交道口、无砟桥、隧道内、积雪及浸水地点,并应避免列车停车后停在桥梁上或隧道内。

凡使用响墩时,均应有手持停车手信号的防护人员看守。防护人员应站在距防护对象最近的一个响墩的内方 20 m 处,如图 3-77 所示。

图 3-77　响墩使用图例

图 3-78　火炬的安放

(2)火炬：点燃火炬时，取掉火炬上擦火帽，再用擦火帽擦燃发火药头(如擦火帽失效，可直接在钢轨上用力划擦)，点燃火炬时应顺风，以免烧伤，点燃后顺风向以 45°斜角插入道心，如图 3-78 所示。火炬没有安放距离要求，但要保证足够的瞭望距离。

3. 显示要求：响墩爆炸声及火炬信号的火光，如图 3-77、图 3-78 所示，均要求紧急停车。停车后如无防护人员，机车乘务人员应立即检查前方线路，如无异状，列车以在瞭望距离内能随时停车的速度继续运行，但最高不得超过 20 km/h。在自动闭塞区间，运行至前方第一个通过信号机前，如无异状，即可按该信号机显示的要求执行；在半自动闭塞区间，经过 1 km 后，如无异状，可恢复正常速度运行。

(三)无线调车灯显信号

1. 作用：无线调车灯显信号设备具有调车作业指令传输及语言传输功能，以及数据采集和记录系统等，在有效地解决调车作业中手信号确认困难及联系不彻底上起到了明显效果，使调车作业安全可靠性及效率大大提高，同时改善了作业人员的劳动条件。

2. 设置：无线调车灯显信号设置在机车司机室内。

3. 显示：使用无线调车灯显制式(如图 3-79 所示)的信号显示方式如下：

(1)一个红灯——停车信号。

(2)一个绿灯——推进信号。

(3)绿灯闪数次后熄灭——启动信号。

(4)绿、红灯交替后绿灯长亮——连接信号。

(5)绿、黄灯交替后绿灯长亮——溜放信号。

(6)黄灯闪后绿灯长亮——减速信号。

(7)黄灯长亮——十、五、三车距离信号。

①十车距离信号(加辅助语音提示)；

②五车距离信号(加辅助语音提示)；

③三车距离信号(加辅助语音提示)。

(8)两个红灯——紧急停车信号。

(9)先两个红灯后熄灭一个红灯——解锁信号。

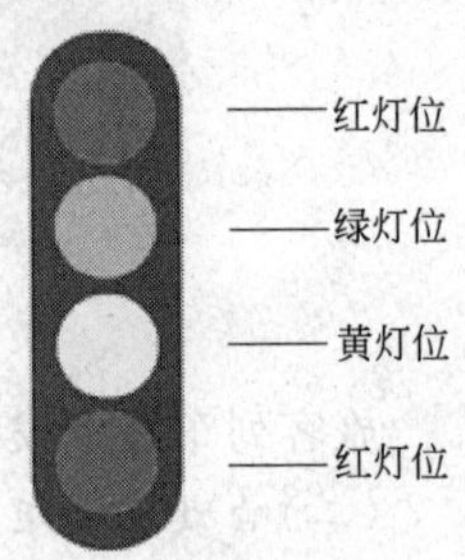

图 3-79 无线调车灯

(四)指示列车运行条件的手信号

1. 停车信号：要求列车停车。

昼间——展开的红色信号旗，如图 3-80(a)所示；夜间——红色灯光，如图 3-80(b)所示。

昼间无红色信号旗时，两臂高举头上向两侧急剧摇动，如图 3-80(c)所示；夜间无红色灯光时，用白色灯光上下急剧摇动，如图 3-80(d)所示。

2. 减速信号：要求列车降低到要求的速度。

昼间——展开的黄色信号旗，如图 3-81(a)所示；夜间——黄色灯光，如图 3-81(b)所示。

昼间无黄色信号旗时，用绿色信号旗下压数次，如图 3-81(c)所示；夜间无黄色灯光时，用白色或绿色灯光下压数次，如图 3-81(d)所示。

3. 发车指示手信号：要求运转车长显示发车信号。

昼间——高举展开的绿色信号旗靠列车方面上下缓动；夜间——高举绿色灯光上下缓动，如图 3-82 所示。

(a)

(b)

(c)

(d)

图 3-80　停车手信号图例

(a)

(b)

(c)

(d)

图 3-81　减速手信号图例

图 3-82　发车指示手信号图例

4. 发车手信号:要求司机发车。

昼间——展开的绿色信号旗上弧线向列车方面作圆形转动;夜间——绿色灯光上弧线向列车方面作圆形转动,如图 3-83 所示。

图 3-83　发车信号图例

在设有发车表示器的车站,按发车表示器显示发车。

5. 通过手信号:准许列车由车站(场)通过。

昼间——展开的绿色信号旗;夜间——绿色灯光,如图 3-84 所示。

图 3-84　通过手信号图例

6. 引导手信号:准许列车进入车场或车站。

昼间——展开的黄色信号旗高举头上左右摇动；夜间——黄色灯光高举头上左右摇动，如图 3-85 所示。

图 3-85　引导手信号图例

7. 特定引导手信号：准许列车按特定引导规定进入车场或车站。

昼间——展开绿色信号旗高举头上左右摇动，夜间——绿色灯光高举头上左右摇动，如图 3-86 所示。

图 3-86　特定引导手信号图例

（五）调车手信号

1. 停车信号：要求列车停车。

昼间——展开的红色信号旗，如图 3-80(a)所示；夜间——红色灯光，如图 3-80(b)所示。

2. 减速信号

昼间——展开的绿色信号旗下压数次，如图 3-81(c)所示；夜间——绿色灯光下压数次，如图 3-81(d)所示。

3. 指挥机车向显示人方向来的信号

昼间——展开的绿色信号旗在下部左右摇动，如图 3-87(a)所示；夜间——绿色灯光在下部左右摇动，如图 3-87(b)所示。

4. 指挥机车向显示人方向稍行移动的信号

昼间——拢起的红色信号旗直立平举，再用展开的绿色信号旗左右小动，如图 3-88(a)所示；夜间——绿色灯光下压数次后，再左右小动，如图 3-88(b)所示。

(a)

(b)

图 3-87　指挥机车向显示人来的手信号图例

(a)

(b)

图 3-88　指挥机车向显示人方向稍行移动的手信号图例

5. 指挥机车向显示人反方向去的信号

昼间——展开的绿色信号旗上下摇动，如图 3-89(a)所示；夜间——绿色灯光上下摇动，如图 3-89(b)所示。

(a)

(b)

图 3-89　指挥机车向显示人反方向去的手信号图例

6. 指挥机车向显示人反方向稍行移动的信号

昼间——拢起的红色信号旗直立平举，再用展开的绿色旗上下小动，如图 3-90(a)所示；夜间——绿色灯光上下小动，如图 3-90(b)所示。

(a)

(b)

图 3-90　指挥机车向显示人反方向稍行移动的手信号图例

对显示上述调车手信号第 2、3、4、5、6 项中转信号时，昼间可用单臂，夜间可用白色灯光依式中转。

(六)联系用手信号

1. 过标信号：列车整列进入警冲标内方，运转车长与接车人员显示的信号。

昼间——拢起的手信号旗作圆形转动，如图 3-91(a)所示；夜间——白色灯光作圆形转动，如图 3-91(b)所示。

(a)

(b)

图 3-91　过标手信号图例

2. 互检信号：运转车长与接发车人员、巡道人员，或在双线区段列车交会时，与邻线的运转车长显示的互检信号，以示列车安全运行。

昼间——拢起的手信号旗高举，如图 3-92(a)所示；夜间——白色灯光高举，如图 3-92(b)所示。

(a)

(b)

图 3-92　互检手信号图例

3. 道岔开通信号：表示进路道岔准备妥当。

昼间——拢起的黄色信号旗高举头上左右摇动，如图 3-93(a)所示；夜间——白色灯光高举头上，如图 3-93(b)所示。

机车出入段进路道岔准备妥当后，显示如下道岔开通信号：

昼间——展开的黄色信号旗高举头上左右摇动，如图 3-93(c)所示；夜间——黄色灯光高举头上左右摇动，如图 3-93(d)所示。

(a)

(b)

(c)

(d)

图 3-93　道岔开通手信号图例

4. 股道号码信号：要道或回示股道开通号码。

一道：昼间——两臂左右平伸，如图 3-94(a)所示；夜间——白色灯光左右摇动，如图3-94

(b)所示。

(a)

(b)

图 3-94　一道手信号图例

二道：昼间——右臂向上直伸，左臂下垂，如图 3-95(a)所示；夜间——白色灯光左右摇动后，从左下方向右上方高举，如图 3-95(b)所示。

(a)

(b)

图 3-95　二道手信号图例

三道：昼间——两臂向上直伸，如图 3-96(a)所示；夜间——白色灯光上下摇动，如图3-96(b)所示。

(a)

(b)

图 3-96　三道手信号图例

四道：昼间——右臂向右上方，左臂向左下方各斜伸 45°角，如图 3-97(a)所示；夜间——

白色灯光高举头上左右小动，如图 3-97(b)所示。

(a)

(b)

图 3-97　四道手信号图例

五道：昼间——两臂交叉于头上，如图 3-98(a)所示；夜间——白色灯光作圆形转动，如图 3-98(b)所示。

(a)

(b)

图 3-98　五道手信号图例

六道：昼间——左臂向左下方，右臂向右下方各斜伸 45°角，如图 3-99(a)所示；夜间——白色灯光作圆形转动后，再左右摇动，如图 3-99(b)所示。

(a)

(b)

图 3-99　六道手信号图例

七道：昼间——右臂向上直伸，左臂向左平伸，如图 3-100(a)所示；夜间——白色灯光作圆形转动后，左右摇动，然后再从左下方向右上方高举，如图 3-100(b)所示。

(a)

(b)

图 3-100 七道手信号图例

八道：昼间——右臂向右平伸，左臂下垂，如图 3-101(a)所示；夜间——白色灯光作圆形转动后，再上下摇动，如图 3-101(b)所示。

(a)

(b)

图 3-101 八道手信号图例

九道：昼间——右臂向右平伸，左臂向右下斜 45°，如图 3-102(a)所示；夜间——白色灯光作圆形转动后，再高举头上左右小动，如图 3-102(b)所示。

(a)

(b)

图 3-102 九道手信号图例

十道：昼间——左臂向左上方，右臂向右上方各斜伸 45°，如图 3-103(a)所示；夜间——白色灯光左右摇动后，再上下摇动作成十字形，如图 3-103(b)所示。

十一至十九道，需先显示十道股道号码，再显示所要股道号码的个位数信号。

(a)

(b)

图 3-103　十道手信号图例

二十道及其以上的股道号码，各站根据需要自行规定，并纳入《站细》。

5. 连结信号：表示连挂作业。

昼间——两臂高举头上，使拢起的手信号旗杆成水平末端相接，如图 3-104(a)所示；夜间——红、绿色灯光（无绿色灯光的人员，用白色灯光）交互显示数次，如图 3-104(b)所示。

(a)

(b)

图 3-104　连结信号图例

6. 溜放信号：表示溜放作业。

昼间——拢起的手信号旗两臂高举头上交叉后，急向左右摇动数次，如图 3-105(a)所示；夜间——红色灯光作圆形转动，如图 3-105(b)所示。

(a)

(b)

图 3-105　溜放信号图例

7. 停留车位置信号：表示车辆停留地点。

夜间——白色灯光左右小摇动，如图 3-106 所示。

图 3-106　停留车位置信号图例

8. 十、五、三车距离信号：表示推进车辆的前端距被连挂车辆的距离。

昼间——展开的绿色信号旗单臂平伸；夜间——绿色灯光。在距离停留车十车(约110 m)时连续下压三次，五车(约55 m)时连续下压两次，三车(约 33 m)时下压一次，如图3-107所示。

图 3-107　十、五、三车距离信号图例

9. 取消信号：通知将前发信号取消。

昼间——拢起的手信号旗，两臂于前下方交叉后，急向左右摇动数次，如图 3-108(a)所示；夜间——红色灯光作圆形转动后，上下摇动，如图 3-108(b)所示。

(a)

(b)
图 3-108　取消信号图例

10. 要求再度显示信号：前发信号不明，要求重新显示。

昼间——拢起的手信号旗右臂向右方上下摇动，如图 3-109(a)所示；夜间——红色灯光上下摇动，如图 3-109(b)所示。

11. 告知显示错误的信号：告知对方信号显示错误。

昼间——拢起的手信号旗两臂左右平伸同时上下摇动数次，如图 3-110(a)所示；夜间——红色灯光左右摇动，如图 3-110(b)所示。

（七）试验列车自动制动机的手信号

1. 制动：要求司机按规定对列车进行制动。

(a)

(b)

图 3-109　要求再度显示信号图例

(a)

(b)

图 3-110　告知显示错误信号图例

昼间——用检查锤高举头上，如图 3-111(a)所示；夜间——白色灯光高举，如图 3-111(b)所示。

(a)

(b)

图 3-111　要求对列车进行制动的手信号图例

2. 缓解：要求司机按规定对列车进行缓解。

昼间——用检查锤在下部左右摇动，如图 3-112(a)所示；夜间——白色灯光在下部左右摇动，如图 3-112(b)所示。

3. 试验完了：表示列车自动制动机试验完成。

昼间——用检查锤作圆形转动[如图 3-113(a)所示]；夜间——白色灯光作圆形转动，如图 3-113(b)所示。

(a)

(b)

图 3-112　要求对列车进行缓解的手信号图例

(a)

(b)

图 3-113　自动制动机试验完毕手信号图例

(a)

(b)

(c)

(d)

图 3-114　升、降弓手信号图例

车站值班员或运转车长，显示上述信号时，昼间可用拢起的信号旗代替。司机应注意瞭望试验信号，并按规定鸣笛回答。

如列车制动主管未达到规定压力，试验人员要求司机继续充风时，按照缓解的信号同样显示。

(八)指示电力机车司机临时升降弓的手信号

突然发现接触网故障，需要机车临时降弓通过时，发现的人员应在规定地点显示下列手信号：

1. 降弓手信号

昼间——左臂垂直高举，右臂前伸并左右水平重复摇动，如图 3-114(a)所示；夜间——白色灯光上下左右重复摇动，如图 3-114(b)所示。

2. 升弓手信号

昼间——左臂垂直高举，右臂前伸并上下重复摇动，如图 3-114(c)所示；夜间——白色灯光作圆形转动，如图 3-114(d)所示。

任务3　识别信号表示器及听觉信号

一、学习目标

能识别出信号表示器及听觉信号的类型、显示，并能描述该信号的作用、设置及其显示的含义，正确执行信号显示的要求。

二、学习任务

1. 任务描述

学习信号表示器及听觉信号的意义，学习信号表示器及听觉信号的分类，学习信号表示器及听觉信号的作用、设置及显示，识别信号表示器及听觉信号。

2. 任务流程

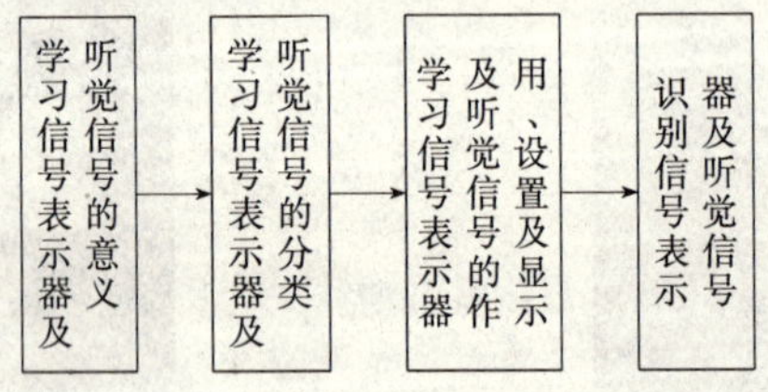

三、环境设备

建议在模拟驾驶装置或者铁路行车现场实地学习。

四、背景知识

1. 信号表示器

信号表示器与信号机不同，信号机是用来防护进路、防护区间、防护危险地点的；信号表示器则没有防护意义，它是附设在信号机机柱上或特设在个别处所，仅用来表示行车人员的意图、行车设备的位置和状态及信号机显示的附加意义等。通过它的表示对列车运行或调车工作发出指示。信号表示器分为道岔、脱轨、进路、发车、发车线路、调车及车挡表示器。

2. 听觉信号

听觉信号是以不同的音响符号，通过口笛、号角、机车及轨道车的鸣笛等发出的音响而表示的一种信号。由于铁路行车工作是由各工种联合劳动而进行的，彼此间有大量的工作需要联系，而许多工作又不能用口头、通信设备及视觉信号完全代替，所以规定了统一的听觉信号，以便于共同执行。

司机鸣示听觉信号时，应严格按照音节长短及间隔的规定标准进行，以防发生混淆。听觉信号的长声为 3 s，短声为 1 s，音响间隔为 1 s。重复鸣示时，需间隔 5 s 以上。

五、操作指导

（一）道岔表示器

1. 作用：道岔表示器设在所属道岔的旁侧，用于表示所属道岔位置即开通方向（直向或侧向），以便有关行车人员能随时确认行车进路。

2. 设置：非集中操纵的接发车进路上的道岔应装设道岔表示器，集中操纵的道岔、调车场及峰下咽喉的道岔不装设道岔表示器；其他道岔根据需要装设道岔表示器。

3. 显示：

（1）昼间无显示，如图 3-115（a）所示；夜间为紫色灯光——表示道岔位置开通直向，如图 3-115（b）所示。

(a) (b) (c) (d) (e) (f)

图 3-115 岔道表示器图例

(2)昼间为中央划有1条鱼尾形黑线的黄色鱼尾形牌,如图 3-115(c)所示;夜间为黄色灯光——表示道岔位置开通侧向,如图 3-115(d)所示。

(3)在调车区为集中联锁时,进行连续溜放作业的分歧道岔应有道岔表示器,平时无显示,当进行溜放作业时,其显示方式如下:

①紫色灯光——表示道岔开通直向,如图 3-115(e)所示;

②黄色灯光——表示道岔开通侧向,如图 3-115(f)所示。

(二)脱轨表示器

1. 作用:用来表示线路的开通或遮断。当线路在遮断状态时,列车或机车车辆应在其前方停车。

2. 设置:集中联锁以外的脱轨器及引向安全线或避难线的道岔,应装设脱轨表示器。

3. 显示

(1)昼间为带白边的红色长方牌,如图 3-116(a)所示;夜间为红色灯光——表示线路在遮断状态,如图 3-116(b)所示。

(2)昼间为带白边的绿色圆牌,如图 3-116(c)所示;夜间为月白色灯光——表示线路在开通状态,如图 3-116(d)所示。

图 3-116 脱轨表示器信号图例

(三)进路表示器

1. 作用:出站信号机有两个及其以上的运行方向,而信号显示不能分别表示进路方向时,应在信号机上装设进路表示器,以区分进路开通方向。

发车进路兼出站信号机,根据需要可装设进路表示器,区分进路方向。

双线自动闭塞区段,有反方向运行条件时,出站信号机应装设进路表示器。

驼峰色灯辅助信号机,可兼作出站或发车进路信号机,并根据需要装设进路表示器。

2. 设置:进路表示器附设于主体信号机机柱上。

3. 显示:进路表示器仅在其主体信号机开放后,才能着灯,用于区别进路开通方向或双线区段反方向发车,不能独立构成信号显示。

(1)两个发车方向,当信号机在开放的条件下,分别按左、右两个白色灯光,区别进路开通方向。

(2)三个发车方向,其显示方式如下:

①信号机在开放状态及机柱左方显示一个白色灯光——表示进路开通,准许列车向左侧线路发车,如图 3-117(a)所示;

②信号机在开放状态及机柱中间显示一个白色灯光——表示进路开通,准许列车向中间线路发车,如图 3-117(b)所示;

③信号机在开放状态及机柱右方显示一个白色灯光——表示进路开通,准许列车向右侧线路发车,如图 3-117(c)所示。

(3)四个及以上发车方向,进路表示器按灯光排列表示。

四个发车方向(A、B、C、D 方向)显示方式如下:

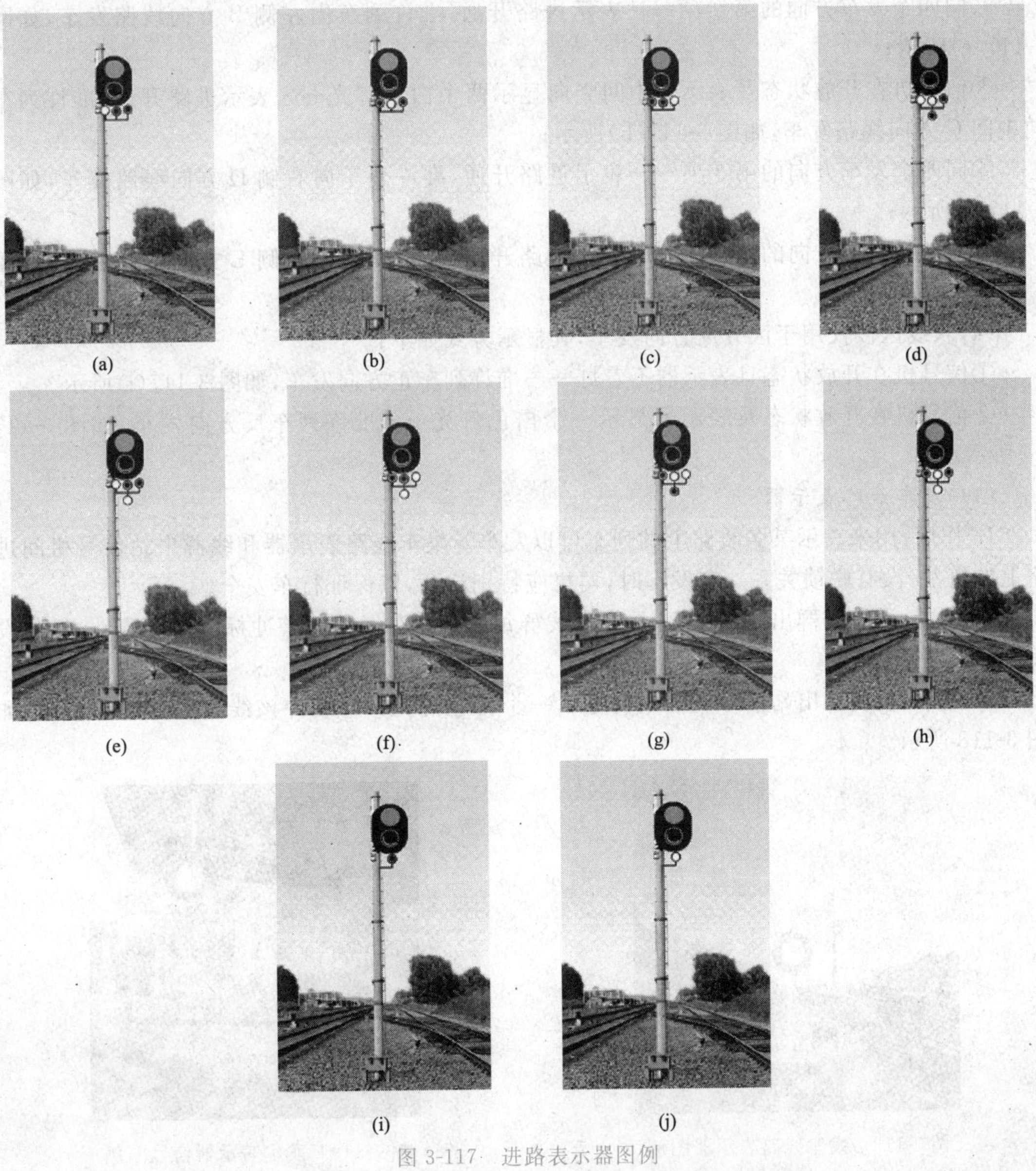

(a)　(b)　(c)　(d)

(e)　(f)　(g)　(h)

(i)　(j)

图 3-117　进路表示器图例

①信号机在开放状态及表示器左方横向显示两个白色灯光——表示进路开通，准许列车向左侧A方向线路发车，如图3-117(d)所示；

②信号机在开放状态及表示器左方斜向显示两个白色灯光——表示进路开通，准许列车向左侧B方向线路发车，如图3-117(e)所示；

③信号机在开放状态及表示器右方斜向显示两个白色灯光——表示进路开通，准许列车向右侧C方向线路发车，如图3-117(f)所示；

④信号机在开放状态及表示器右方横向显示两个白色灯光——表示进路开通，准许列车向右侧D方向线路发车，如图3-117(g)所示。

五个发车方向(A、B、C、D、E方向)显示方式如下：

①同四个发车方向的第①项——表示进路开通，准许列车向左侧A方向线路发车，如图3-117(d)所示；

②同四个发车方向的第②项——表示进路开通，准许列车向左侧B方向线路发车，如图3-117(e)所示；

③信号机在开放状态及表示器中间竖向显示两个白色灯光——表示进路开通，准许列车向中间C方向线路发车，如图3-117(h)所示；

④同四个发车方向的第③项——表示进路开通，准许列车向右侧D方向线路发车，如图3-117(f)所示；

⑤同四个发车方向的第④项——表示进路开通，准许列车向右侧E方向线路发车，如图3-117(g)所示。

(4)双线区段仅用于区分反方向发车，其显示方式如下：

①信号机在开放状态且表示器不着灯——准许列车正方向发车，如图3-117(i)所示。

②信号机在开放状态及表示器显示一个白色灯光——准许列车反方向发车，如图3-117(j)所示。

(四)发车线路表示器

1. 作用：用来表示某条线路上的列车可以发车。发车线路表示器和线群出站信号机间进路上的道岔，没有联锁关系。在发车时，司机应特别注意，以保证行车安全。

2. 设置：设有线群出站信号机时，应在线群每一条发车线路的警冲标内方适当地点，装设发车线路表示器。

3. 显示：在线群出站信号机开放后显示一个白色灯光——准许该线路上的列车发车，如图3-118所示。

图3-118 发车线路表示器图例

图3-119 发生表示器信号图例

不许发车的线路，所属该线路的发车线路表示器不能着灯。

发车线路表示器可用于驼峰调车场，作为调车线路表示器，显示一个白色灯光——准许调车。

(五)发车表示器

1. 作用：对于发车指示信号或发车信号辨认困难而中转信号又延长站停时间的车站，应在便于司机瞭望的地点装设发车表示器用以代替发车手信号，以免耽误列车出发。

2. 设置：设在风雨棚下面。

3. 显示：发车表示器经常不着灯；显示一个白色灯光——表示运转车长准许发车(如图3-119所示)。

(六)调车表示器

1. 作用：在作业繁忙的调车场上，因受地形、地物影响，调车机车司机看不清调车指挥人的手信号时，调车表示器用来代替或辅助调车指挥人员手信号的显示。

2. 设置：设在调车区与牵出线之间适当的地点，如图3-120所示。调车表示器向前后两个方向均能单独显示，一方向着调车区，一方向着牵出线。

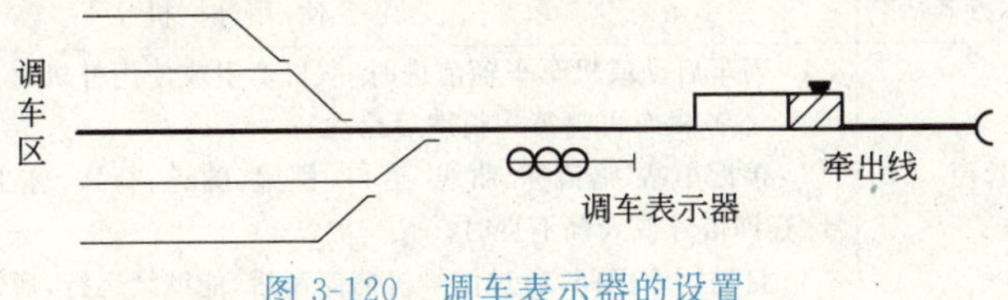

图3-120　调车表示器的设置

3. 显示

(1)向调车区方向显示一个白色灯光——准许机车车辆自调车区向牵出线运行，如图3-121(a)所示；

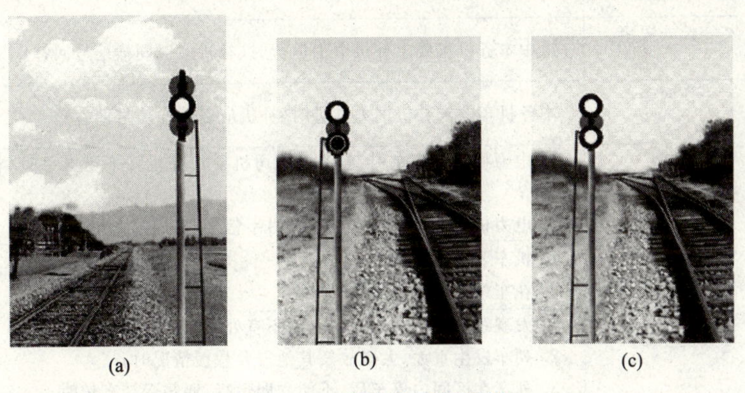

图3-121　调车表示器图例

(2)向牵出线方向显示一个白色灯光——准许机车车辆自牵出线向调车区运行，如图3-121(b)所示；

(3)向牵出线方向显示两个白色灯光——准许机车车辆自牵出线向调车区溜放，如图3-121(c)所示。

(七)车挡表示器

1. 作用：用以表示线路的终端，提醒司机注意防止列车或机车车辆与车挡相撞，以免造成脱轨事故。

2. 设置：车挡表示器设置在线路终端的车挡上，安全线及避难线可不设置车挡表示器。

3. 显示：昼间一个红色方牌；夜间显示一个红色灯光，如图3-122所示。

图 3-122　车挡表示器图例

（八）听觉信号

机车、轨道车鸣笛鸣示方式见表 3-7。

表 3-7　机车、轨道车鸣笛鸣示方式表

名　称	鸣示方式	使用时机
启动注意信号	一长声 —	1. 列车启动或机车车辆前进时（双机牵引或使用补机时，本务机车鸣笛后，补机应回答，本务机车再鸣笛一长声后启动）； 2. 接近车站、鸣笛标、曲线、道口、桥梁、隧道、行人、施工地点、黄色信号、引导信号、容许信号或天气不良时； 3. 自动闭塞区间，通过信号机前停车后，能继续运行，通知运转车长时； 4. 电力机车在检修及整备中，准备降下或升起受电弓时
退行信号	二长声 — —	列车、机车车辆、单机开始退行时
召集信号	三长声 — — —	要求防护人员撤回时
牵引信号	一长一短声 — ·	途中本务机车要求补机牵引运行时（补机应以同样信号回答）
惰行信号	一长两短声 — · ·	本务机车要求补机惰力推进时（补机应以同样信号回答）
途中降弓信号	一短一长声 · — —	1. 电力机车双机牵引，本务机车司机要求补机降下受电弓时（补机应以同样信号回答）； 2. 电力机车司机在途中发现降弓手信号时，应鸣此信号回示
呼唤信号	二短一长声 · · —	1. 机车要求出入段时； 2. 在车站要求显示信号时
警报信号	一长三短声 —· · ·	1. 发现线路有危及行车安全的不良处所时； 2. 列车发生重大、大事故及其他需要救援情况时； 3. 列车在区间内停车后，不能立即运行，通知运转车长时
试验自动制动机及复示信号	一短声 ·	1. 试验制动机开始减压时； 2. 接到试验制动结束的手信号，回答试风人员时； 3. 调车作业中，表示已接受调车长所发出的手信号时
缓解及溜放信号	二短声 · ·	1. 试验制动机缓解时； 2. 要求列车乘务组缓解人力制动机时； 3. 复示溜放调车信号时
拧紧人力制动机信号	三短声 · · ·	1. 要求列车乘务组拧紧人力制动机时； 2. 要求就地制动时
紧急停车信号	连续短声 · · · · · · · ·	司机发现（或接到通知）邻线发生障碍，向邻线上运行的列车发出紧急停车信号时。邻线列车司机听到此种信号后，应紧急停车

项目四　电力机车检查与保养

一、学习目标

通过本项目的学习，应能对电力机车进行静止检查，能按程序及要求进行自检自修，能说出主要部件的保养方法，能按要求进行给油。

二、项目任务

任务 1　电力机车静止检查。
任务 2　电力机车乘务员的自检自修。
任务 3　电力机车的保养。
任务 4　电力机车的给油。

三、质量评价标准

序号	项目	考核内容及评分标准	分值	扣分	得分	备注
1	叙述	叙述内容不全面的，酌情扣分。根据叙述内容去操作会导致事故的，失格	30			
2	操作	操作步骤要正确，不能简化，酌情扣分	30			
3	安全	根据违章行为酌情扣分。发生事故的，失格	40			
合 计						
评价者签名： 年　月　日						

四、项目链接

1. 铁道部．铁路机车运用管理规程[M]．北京：中国铁道出版社，2000.
2. 铁道部．机车操作规程[M]．北京：中国铁道出版社，2000.
3. 曾青中．电力机车检查与保养[M]．北京：中国铁道出版社，2008.

任务 1　电力机车静止检查

一、学习目标

能说出电力机车的检查方法，会使用各种检查工具，能按要求对电力机车进行静止检查，并保证作业安全。

二、学习任务

1. 任务描述

学习电力机车检查的基本方法；学习各种检查工具的使用方法；按要求对电力机车进行静止检查。

2. 任务流程图

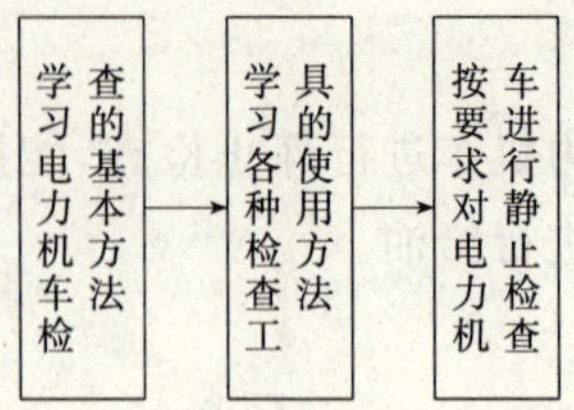

三、环境设备

建议在机务段现场学习，备有电力机车、检车锤、手电筒、短接线等工具。

四、背景知识

(一)电力机车检查的分类

一般电力机车的检查按时间可分为日常检查和定期检查；按检查形式又分为静止检查和动态检查。

1. 日常检查：即机车每完成一个交路或一次循环后入段进行整备作业中的检查或在中间站换班、外段(折返段)整备由乘务员或检查司机进行的检查。

2. 定期检查：即机车每运用一段时间或完成一定的走行公里后对机车进行较大范围的检查。

3. 静止检查：即机车在无动力电源时对机车进行的检查。

4. 动态检查：即机车在牵引列车的运行中对机车的巡视检查或停车后立即对有关发热部件的检测。高、低压试验对控制电路来讲是动态试验，对主电路来讲是动态下的空载试验。

(二)电力机车检查方法和工具使用

机车检查的基本方法一般有目视法、锤检法、手检法、测量法和耳听、鼻嗅法等。

1. 目视法

主要检查各种仪表的显示、铅封、漆封；各类扳钮、刀开关、塞门位置；各部件有无断裂、变形、丢失、歪斜、折损、擦伤、剥离、泄漏、脱落、卡滞、缺油、拉伤、发热、烧损、变色及油、砂贮备量；各类电器的导线连接、绝缘状态、触点接触状态等。目视检查贯穿在各种检查方法之中，是最基本的检查方法。

2. 锤检法

包括了锤击、锤触、锤撬3种方法。

(1)锤击：适用于检查各部件的紧固螺栓、螺钉。敲击螺栓或螺钉时，应向紧固方向轻轻敲击，以免把紧固的螺栓或螺钉敲松。锤击检查法主要是靠锤击的音响、锤柄对力的传递和用另一只手直接接触敲击处的感觉，判断螺栓(螺母)的紧固程度。

(2)锤触：对一些直径较小的管路和卡子，以及不宜锤击的螺钉或脆弱部件，可用检查锤轻轻触动，视其是否泄漏或松动。

(3)锤撬：用锤柄或锤尖撬动部件，用以检查部件的横向、径向活动量及间隙等。

3. 手检法

(1)手动检查法:对锤击容易损坏的部件,应用手动检查法,手动检查包括:晃、拍、握、拧。对较小的螺钉、管接头,用手旋拧视其是否松动或泄漏。对电器部件的安装、接线及绝缘板上的螺栓(螺钉)等,用手扳动视其牢固程度。对排水阀及其他把手、手轮、开关及玻璃塑料部件等应用手扳动,切勿锤击,以防损坏。

(2)手触检查法:适用于检查容易发热的各轴箱、轴承等部件,用手掌或手指触及发热处所,以感觉其温度,手触检查应在停车或关机后立即进行。手触时,应先用手指感觉温度,再用手背判断温度。手背触及部件表面的持续时间与相应的温度见表3-8。

表3-8　手触检查及判别方法

热　别	相应的温度(℃)	判断方法
平热	40上下	能长时间手触
微热	70上下	手触能持续3 s
强热	90上下	不能手触
激热	150上下	变色
烧热	150以上	生烟

4. 万用表、兆欧表、试灯检查法

适用于检查电器部件线路接地、虚接、短路,继电器、接触器接触状态及电气线路故障等。

5. 量具检查法

适用于检查有关部件的间隙、开距、超行程、限度、高度等限度数据的测量。

6. 耳听、鼻嗅法

凭听觉或借助锤柄、听棒等判断运转机件有无异常;用鼻嗅感觉判断部件及电气装置有无发热、烧损现象。

7. 诊断技术检查法

这是一种新型微机智能检查方法,既能检查出故障缺陷程度,又能大约判断出继续使用的寿命,从而根据检查的状态参数确定修理方法和修理时间。如机车电器自动检测,检查机车各种接触器、继电器触头的接触状态。在整备场所的入库线地面设有专用插销,机车入库时一度停车,将专用插销插在机车加装的专用插座上,便可自动检查出有关触头接触状态。

五、操作指导

每种机车的静止检查顺序、内容和要求不尽相同,但大同小异,详见各自相应的检查顺序、内容及要求。

(一)电力机车检查的基本要求

1. 司机负责机车内部、顶部的检查和高、低压试验,对机车发生的故障进行判断,指导学习司机正确、可行地处理好故障,维持列车运行。

2. 学习司机负责机车下部的检查和机车的全面给油工作,协助司机做好高、低压试验;并在司机的指导下,及时正确地处理好机车故障,保证行车安全。

3. 检查顺序熟练不乱,名称、术语、技术参数正确无误,不漏检、不错检。

4. 步伐、锤击、动作、顺序协调一致，做到由上而下，由里往外，由左到右，以检、听、嗅、摸、测、撬、晃等方法进行。

5. 一般检查时，左手拿电筒、右手握锤。电筒、手锤不能倒手，不能触地。放置电筒、手锤要有固定位置，做到光照、目视、锤击一致，动作协调。

6. 检查低矮零件时，做到一腿半曲，一腿稍弓，斜身向着检查部件。

7. 检查内侧部件时，做到两脚叉开，上身前探。

8. 检查部件底部时，对较高的部件直身仰视检查；对较低的部件采用下蹲仰视。

9. 使用仪器测量时，必须按其使用规定进行。

(二)电力机车检查注意事项

1. 车顶检查作业必须在安全作业区内，办理停电手续、挂好接地线后进行。接触网没停电，不论何种原因，绝对禁止登上电力机车车顶。上车顶必须由车顶门登上，严禁从其他部位爬上车顶。在检查中，注意防止跌落和摔伤，确保人身安全。

2. 当机车受电弓升起时，禁止进入高压室、变压器室和开启防护高压用的护板、外罩及电机整流子孔盖，以及检查与修理电力机车车体下面的电气设备。

3. 机车检查前必须遵守“先联系、后检查”的原则，并通过有关作业人员在操纵的手柄开关处，挂好禁动标志。检查带电部件和转动部件时，禁止手触，以防触电和挤伤。

4. 检查机车时，应做到：顺序检查、不错不漏、姿势正确、步伐不乱、锤分轻重、目标准确、眼看耳听、仔细周到、鼻嗅手触、灵活熟练、消除隐患、保证质量。

5. 检查压力容器和带有压力的管、细小管接头螺母及M14以下的螺母时，对光洁度高或有镀层的零件表面，禁止用锤击法检查。

6. 用手晃动、拍击、拧动零件时，用力要适当，防止损伤部件，尤其检查线接头与紧固件松紧时，要顺时针推动。

7. 对加封的零部件(如铅封、漆封)严禁随意破封，各种保护装置及测量、计量仪器，不得任意变更其动作值及参数。

8. 机车检查时要注意安全，严禁跳越地沟。

9. 司机升弓做高压试验前，必须确认各高压室和地沟无人，并厉行呼唤应答和鸣笛，以确保安全。

10. 各部件、塞门、开关检查完后，必须恢复定位。

任务2　电力机车乘务员的自检自修

一、学习目标

能说出常见的自检自修范围，能说出自检自修的工作程序，并能按程序及要求进行自检自修。

二、学习任务

1. 任务描述

认识常见的自检自修范围，学习各种自检自修的工作程序，按程序及要求进行自检自修。

2. 任务流程图

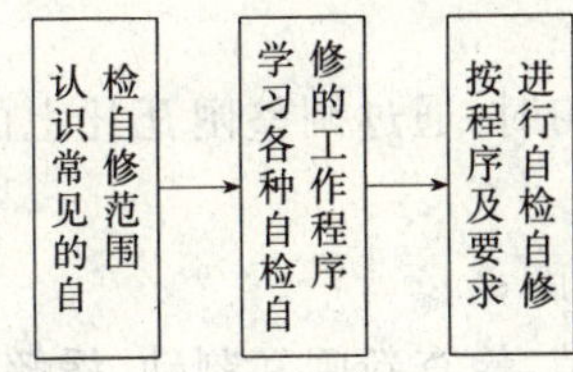

三、环境设备

建议在机务段现场学习，备有电力机车及相应的工具和配件。

四、背景知识

电力机车乘务员在机车运用中，除要熟悉机车各部件的作用原理及结构外，还应具有一定的自检自修能力，以便在运用过程中，及时、正确地判断、处理好各种随机发生的故障，维持机车的正常运行。因此，机车乘务员应刻苦钻研技术，熟练掌握，不断提高自检自修能力和故障判断及应急处理水平。

对整备作业中的乘务员自检自修范围，应按照从简、易行的原则制定。常见的自检自修能力要求如下：

1. 更换机车闸瓦，调整闸瓦间隙。
2. 拆装车钩钩舌及钩舌销。
3. 更换不良制动软管。
4. 紧固或更换一般螺母、螺栓。
5. 清扫撒砂通路及调整机车撒砂量。
6. 更换不良熔断器及电炉丝。
7. 更换头灯灯泡、调整头灯焦距及更换其他照明灯泡。
8. 更换不良电空阀。
9. 甩故障的蓄电池单节。
10. 调压阀的调整。
11. 吹扫各电机和打磨整流子。
12. 接触器、继电器触头的清扫与打磨。
13. 擦拭车顶瓷瓶。
14. 更换风笛膜片，调整其音量。

五、操作指导

(一)更换机车闸瓦，调整闸瓦间隙

1. 工具及材料

小撬棍、小活动扳手、新闸瓦。

2. 工作程序及注意事项

(1)机车缓解后，关闭需更换闸瓦的转向架闸缸塞门，重新施行机车制动，制动阀手柄和主手柄处挂好禁动牌；

(2)推或拉箱体上脱钩杆，逆时针旋转手轮，使闸瓦与车轮踏面间隙最大(需减小闸瓦间隙时，不必推或拉脱钩杆，顺时针旋转手轮即可)；

(3)取下闸瓦钎挡销、闸瓦钎、闸瓦，换上新闸瓦，装好闸瓦钎及挡销，顺时针旋动手轮，调整闸瓦间隙为4～8 mm；

(4)如上下闸瓦端部间隙不均匀时，通过调整闸瓦托上的调整螺栓，实现闸瓦与车轮踏面间隙均匀；

(5)开放制动缸塞门，取下禁动牌；

(6)注意检查是否穿好闸瓦穿销，检查新闸瓦制动、缓解状态是否正常。

(二)拆装车钩钩舌及钩舌销

1. 工具及材料

克丝钳、300 mm小撬棍、手锤、钢板尺、丁字尺、新钩舌及钩舌销。

2. 工作程序及注意事项

(1)机车停于安全的地面上，前后挂上禁动牌；

(2)拆卸不良钩舌：将车钩置于锁闭位，用克丝钳将钩舌销下方开口销合并，然后用小撬棍及手锤将其打出，手提车钩提杆，让车钩置于开放位，抽出钩舌销，双手抱住钩舌，贴身抱稳放在地上；

(3)装新钩舌：双手抬紧将新钩舌放在钩头上，左手托住钩舌，右手提起下作用销使下作用销及钩锁铁上移，左手随即将钩舌推至闭锁位；

(4)穿入新的钩舌销，将开口销装上并用克丝钳将其开度扳为60°；

(5)检查车钩开锁、闭锁状态，动作是否灵活可靠，用钢板尺测量车钩开度，开启位220～250 mm，关闭位110～130 mm，用丁字尺测量车钩中心线距轨面高度815～890 mm。

(三)更换不良制动软管

1. 工具及材料

55 mm开口扳手或管钳、同型号制动软管、胶带。

2. 工作程序及注意事项

(1)拆旧软管：确认折角塞门关闭后，打开防尘堵，用55 mm扳手或管钳卸下制动软管，检查折角塞门接口螺纹是否良好；

(2)装新软管：确认新管水压试验日期及螺纹符合要求后，在螺纹上绕上胶带，将新管拧上，斜度为45°，接口应向内垂直，装好防尘堵，开放折角塞门，试验有无漏泄；

(3)安装制动软管时，不得紧过头再回扣；不要用力过猛，防止拧崩；以不松、不漏、角度符合要求为宜。

(四)紧固或更换一般螺母、螺栓

1. 工具及材料

手锤、固定开口扳手(根据实际规格选用)、螺丝刀、活扳手、新螺栓。

2. 工作程序及注意事项

(1)工作前，对所需紧固或拆卸的螺栓、螺母擦拭干净。紧固24 mm以下螺母，禁止加套管；

(2)扳手开口应与所紧固螺母尺寸相符；

(3)紧固或拆卸时不可用力过猛，防止打滑和损坏部件；

(4)紧固双螺母时，先将基本螺母紧固，再紧固防缓螺母，以防损坏螺纹。松开时与上述方法相反；

(5)双螺母紧固时，两螺母对方应错开；

(6)拆卸死螺母,先涂防锈油(或柴油),稍停后再拧,若松不动,可用手锤往松的方向轻轻敲击后拧动。

(五)清扫撒砂通路及调整机车撒砂量

1. 工具及材料

扳手、管钳、铁丝、手锤。

2. 工作程序及注意事项

(1)清扫风路:司机协助踩撒砂器,如风量小,应调整风量;如无风,则卸下风路清扫堵,用铁丝疏通,使其风路畅通;

(2)清扫砂管:先用手锤轻轻敲击砂管,然后用粗铁丝由喷嘴将砂管内部疏通,再轻轻敲击砂管,这样反复几次即可将堵塞的冰块、冻泥等物排出;

(3)清扫撒砂器:可先将大螺塞卸下,用粗铁丝分别疏通撒砂器进砂及出砂口,再将小螺塞卸下,用细铁丝疏通吹砂的通路,清扫后将大小螺塞分别装好;

(4)清扫砂箱:如较大的石块堵塞或砂子过分潮湿结块,则应用扳手将放砂堵卸掉,待砂子漏完后,装好排砂堵,重新装入质量良好的砂子;

(5)机车撒砂量的调整是靠改变调整螺栓的位置,即改变进风量大小来实现的。调整时,可用扳手先将调整螺栓的防缓螺母拧松,再拧动调整螺栓,拧到进风量适当的位置后,将防缓螺母拧紧。撒砂量调整到 2～3 kg/min 为宜。

(六)更换不良熔断器及电炉丝

1. 工具及材料

螺丝刀、克丝钳、绝缘手套、同牌号熔断器、标定电压及功率相同的电炉丝。

2. 工作程序及注意事项

(1)更换不良熔断器时,应在该电路断电后进行。如果必须带电进行时,应戴绝缘手套并握熔断器的绝缘部分将其卸下,根据其容量,换上同容量的熔断器。装熔断器时一定要迅速;

(2)更换电炉丝时要断电进行,将新电炉丝适当拉伸,注意电炉丝不要凸出电炉盘,电炉丝与接线柱间的绝缘瓷管要装好,防止使用中出现短路或接地。

(七)更换头灯灯泡、调整头灯焦距及更换其他照明灯泡

1. 工具及材料

小活动扳手、螺丝刀、同号灯泡。

2. 工作程序及注意事项

(1)断开头灯开关;

(2)松开卡子,打开头灯检查盖,松开头灯安装螺母取下旧灯泡,装上新灯泡,然后拧紧螺母;

(3)闭合头灯开关,检查点燃状态,如照射距离或聚焦不理想时,应进行调整;

(4)调整照射距离和焦距,通过调整头灯后部的 3 个调整钮,调整好焦距使头灯聚焦成点,通过调整反光镜下部的调整钮,改变头灯射程,达到理想状态;

(5)试验头灯点燃时,要将检查盖盖好,防止灯光刺眼及灯泡爆炸伤人;

(6)更换其他照明灯泡时需注意新灯泡应与原灯泡功率一致,以防因功率增加而造成导线发热,烧损保险,产生电路断路。

(八)更换不良电空阀

1. 工具及材料

小活动扳手、垫圈、同型号电空阀。

2. 工作程序及注意事项

(1)将电源断开,关闭风路塞门。

(2)用小活动扳手松下接线螺丝和安装座螺丝,取下电空阀。

(3)检查垫圈有无破损,若垫圈破损应更换新垫圈。

(4)将新电空阀装上,注意垫圈良好。先紧固安装座螺丝,再将接线紧固。

(5)开放风路塞门,闭合电源开关,试验电磁阀不漏泄,不卡滞,作用良好。

(九)甩故障的蓄电池单节

1. 工具及材料

17～19 mm 开口扳手、300 mm 长中手指粗的连接导线。

2. 工作程序及注意事项

(1)断开主断器,降下受电弓,断开蓄电池闸刀。

(2)个别蓄电池单节故障需要甩掉时,可将故障单节的连板用扳手松下(带手套操作),将备用铜线两端绝缘胶皮去掉,裸露铜线分别拧成环状,将欲甩掉的故障单节另一极柱与相邻单节已拆连板的极柱用螺栓拧紧,检查裸露铜线不得与电池箱或其他金属相碰。

(3)合上闸刀检查蓄电池电压应显示正常。

(4)严禁将扳手等金属物品放置在蓄电池上以防止短路。

(5)采用代用连接导线时,必须注意线径容量。

(十)调压阀的调整

1. 工具及材料

小活动扳手、17 mm 开口扳手。

2. 工作程序及注意事项

(1)压力空气为额定值。

(2)用扳手松开防缓螺母,然后用手拧调整手轮,顺时针压力上升,反时针则压力下降。

(3)调整符合规定值后,紧固防缓螺母。

(4)调整 53 或 54 号阀时,用小闸制动、缓解来判别调整。

(十一)吹扫各电机和打磨整流子

1. 工具及材料

0 号砂纸、长度与整流子面宽度相等的平整木块、钢锯条、350 kPa 压力空气及风管。

2. 工作程序及注意事项

(1)机车停于有地沟并安全的地段上,降下受电弓;

(2)按规定着装,带好防护眼镜及口罩;

(3)打开电机检查孔盖,用风管将干燥清洁的压缩空气吹扫整流子及电机内部;

(4)若整流子发黑打磨时,应将砂纸包住木块,用手压木块在整流子面上进行打磨,当磨光一面再用其他动力使电机转动,直到打磨光洁,打磨后及时更换电刷;

(5)用锯条将云母沟的碳化物刮出,再用干燥清洁的压缩空气吹扫,直至把打磨出的铜粉及碳粉吹掉;

(6)吹扫干净后,检查电机各部状态良好后盖好电机盖。

(十二)接触器、继电器触头的清扫与打磨

1. 工具及材料

0 号砂纸、螺丝刀、细锉刀、干布、酒精。

2. 工作程序及注意事项

(1)断开打磨电器触头的电路电源。

(2)电空接触器、电磁接触器的主触头有轻微烧伤时,可拆下灭弧罩,用 0 号砂纸打磨消除伤痕。如烧伤严重时,可用细锉刀先将麻点轻磨平,再用 0 号砂纸打磨后,用酒精擦拭干净。

(3)中间继电器触头有黑氧化时,禁止用砂纸和锉刀打磨,可用干布沾酒精擦拭消除。

(4)整扫后的电器触头应进行试验,作用良好,不卡滞。

(十三)擦拭车顶瓷瓶

1. 工具及材料

干净毛巾、洁瓷精。

2. 工作程序及注意事项

(1)机车停于安全区,断开主断路器,降下受电弓;

(2)司机办理隔离开关手续并分闸,挂好接地线;

(3)上车顶检查瓷瓶有无裂纹、烧伤或松动,用毛巾沾洁瓷精擦拭瓷瓶,直至干净光泽;

(4)按规定着装,穿好劳保鞋,禁止穿钉子鞋或塑料底鞋;雷雨天气禁止上车顶作业。

(十四)更换风笛膜片,调整其音量

1. 工具及材料

小活动扳手、螺丝刀、清扫针、同号的新膜片。

2. 工作程序及注意事项

(1)机车停于安全无电区,上、下车顶联系好再作业;

(2)关闭风笛塞门,用扳手松开管接头,松下风笛支架螺栓取下风笛;

(3)用扳手卸下风笛后盖螺栓,用清扫针清扫盖板中心通气孔;

(4)取出膜片,用棉丝将空腔内擦拭干净;

(5)放入新膜片,盖上后盖板并对准螺孔,放上螺栓并用扳手对角分别均匀紧固;

(6)将风笛安装在支架上,连上风笛风管接头,适当紧固,开通风源;

(7)调整音量时,学习司机在司机室按风笛按钮,司机在车顶调整,调紧螺栓则音高,松则音低。

任务 3 电力机车的保养

一、学习目标

能说出电力机车保养工作的意义和一般要求,能说出主要部件的保养方法。

二、学习任务

1. 任务描述

学习电力机车保养工作的意义和一般要求,学习主要部件的保养方法。

2. 任务流程图

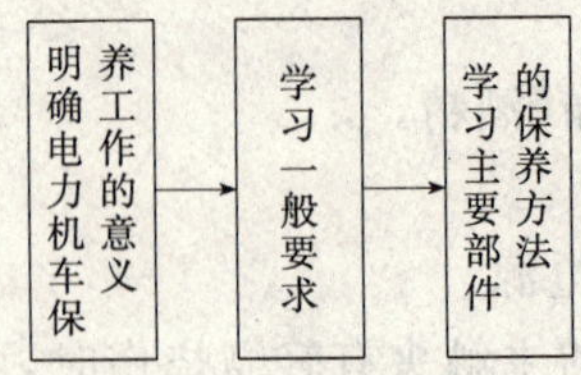

三、环境设备

建议在机务段现场学习，备有相应的保养工具。

四、背景知识

电力机车保养与使用是不可分割的统一体，保养是为了更好地使用，使用必须注意保养。这样才能减少或避免机破、临修。同时机车保养的好坏，关系着机车性能的发挥和可靠性，并直接影响铁路运输行车安全。因此，为了提高机车运用效率和延长机车使用寿命，除检修人员提高维修工艺水平和检修质量外，机车乘务员应认真落实岗位责任制，本着"修养并重、预防为主"的方针，以极端负责和对技术精益求精的态度，掌握规律，积累运用保养经验，提高机车质量，为铁路运输安全正点、当好先行，提供可靠稳定的牵引动力。

五、操作指导

(一)机车保养工作的一般要求

1. 认真做好机车交接班和运行中的检查，及时处理并消除机车上的常见故障，防止机车带病运行。

2. 经常清扫机车，保持良好的清洁状态，要特别注意裸露的导电体及绝缘体的清洁，及时消除隐患。

3. 临时断开的导线接头，要包上良好的绝缘并固定，导线绝缘包皮不能与车体相摩擦。

4. 禁止使用不合规格的熔断器。

5. 机车上的灭火器具要配备齐全，定期检查，保证作用良好，并熟练掌握其使用方法。

6. 机车上除司机室外严禁吸烟。

7. 易燃物品要放在固定安全的地点，禁止在任何一端的取暖电炉上烤棉丝等物；司机室无人时严禁开启取暖设备。

8. 电器设备着火时，可使用1211(二氟一氯一溴甲烷)型灭火器或干砂灭火，灭火时，要断开电源，打开门窗。

9. 寒冷地区，应根据气候特点制订有效的机车防寒措施，加强防寒工作的检查，保养好机车，消灭冬季的机车风路冻结，换向器结霜等冻害。

(二)牵引电动机的保养

1. 打开检查孔盖检查电机内部，如电机内部有碳刷到限、断线、变色、烧损、松动、裂纹、开焊、甩油及整流子严重发黑或损伤等现象时，要立即与有关人员联系，判明原因并采取相应的处理措施。

2. 列车启动时不超过最大牵引电流，运行中调速时，要注意牵引电流不发生大的波动，在长大坡道上爬坡时，要防止电机超载运行。高速通过振动较大的区段和道岔群时，应适当减

速，以防电机产生大的火花甚至环火，列车启动和运行中都要注意避免发生连续空转，有空转倾向时要及时撒砂。

3. 在任何情况下严禁“逆电”操作。双机重联运行时，重联机车的反向手柄必须和机车运行方向一致。在机车未停稳时，不许换向。夏季牵引电动机在大电流工作的情况下，牵引手柄退到“0”位后，不要立即关闭牵引通风机。

4. 冬季机车进入暖车库时，要在牵引电动机热态下进入。在库外停留时间长（如段备）时，要在制动的情况下，给牵引电机加小电流通电适当时间，保持牵引电动机内部的温度。

5. 牵引电动机的通风筒应良好，牵引风机的风道应盖严密封。切除牵引通风机后应切除相应的牵引电动机。

（三）辅助机组的保养

1. 闭合主断路器和启动劈相机时，要注意有无单相启动现象和异音，禁止在辅助机组启动过程中断开电源；禁止同时按下各辅助机组启动扳钮，以防造成启动过载，不利于电机保养。

2. 辅助机组启动时，应注意观看辅助电路电压表的波动情况，并注意监听启动运行声音和观察信号灯的显示是否正常，发现异状立即停机检查。

3. 各辅助机组应转动灵活，无异音，运用中注意检查各辅助机组运转时的温升（允许温升不超过 55℃）。

4. 对直流辅助电机，要注意整流子的良好状态和碳刷有无断裂、到限，运行中注意观察火花情况。

5. 经常检查压缩机的油压，缺油时要及时补油。

（四）主变压器的保养

1. 主变压器工作时，要注意油泵运转是否正常，油箱、油泵、散热器及油循环管路接头不得漏油。

2. 主变压器在运用中，油位要在规定范围内，以保证良好的冷却作用和绝缘性能。

3. 机车运行中，学习司机要加强走廊巡视，注意观察变压器油的温度是否正常；观察吸湿器中的干燥剂是否变色。干燥剂由蓝色变成粉红色超过 2/3 时，应更换新干燥剂或进行烘干处理。

4. 经常清扫积尘、油垢，保持各部件和绝缘瓷瓶清洁，各接线不松动。瓷瓶碰伤、灼伤面积超过 3 cm^2 以上时，必须更换新瓷瓶；若面积不足 3 cm^2 可涂绝缘漆处理。

（五）电器的保养

1. 检查和保养电器时要切断电源。机车辅修时，用压力为 300～350 kPa 的压缩空气吹扫电器，用棉布、毛刷等擦拭电器，保持清洁、干燥，无油垢，保证机械部分动作灵活；清扫两位置转换开关主触头，电空接触器联锁触指，各操纵开关及按钮，司机控制器各触头，并按规定涂以工业凡士林。

2. 电器装置各触头、触指、接点的工作表面有氧化层或接触不良时，要及时用棉布沾酒精或汽油擦洗，或用 0 号砂布打磨，烧痕严重的要用细锉刀仔细修整。银质接点禁止用砂布或锉刀打磨。各触头、触指、接点的接触压力、开距、超行程不良时要及时调整。触头焊片开焊、脱落、灭弧罩断裂破损的要及时更换或修理。

3. 电器线路各连接处要牢固无松动，有导电不良、虚接、断路、短路或接地现象时要立即消除。电器试验时动作要正确，有卡滞者要及时处理。

4. 电路中必须使用符合规定的熔断器，严禁以大代小，或用其他金属丝代替。

5. 在机车运用中严禁改变电器的整定值，严禁更改电器的接线或结构。

6. 电器上的各风管及接头、电空阀及阀座不漏风，传动风缸不漏风、不窜风。

7. 电器柜、电子控制柜的门和盖在运行中应关牢盖严。

(六)蓄电池的保养

1. 经常检查、清扫蓄电池，保持整洁、干燥无异物，每节电池注液孔盖上的排气塞要作用良好，电池不漏液、不溢液，连接片及导线无松动，绝缘无破损。发现过热、放电时，要及时切除，维持运行，回段处理。

2. 检查、清扫蓄电池时，要断开蓄电池闸刀及其他输出线路，严禁吸烟、明火及将金属工具和异物放于跨线上造成短路。

3. 机车降弓停留时，禁止长时间使用前大灯和车内照明设备。

(七)受电弓的保养

1. 受电弓滑板松动、到限、偏磨、断裂、脱落时，要及时紧固、更换。局部出现深沟或缺块时，应用锉刀打成大于120°的斜坡口。

2. 要保持框架各杆件活节处油堵齐全，油润良好，升、降弓不阻滞。

3. 滑板、框架有变形、烧损时，要查明原因，及时处理。

4. 车顶各高压瓷瓶要经常保持清洁、牢固，发现有裂纹应及时更换；有闪络或爬电痕迹时，应及时刷绝缘漆处理。但瓷瓶烧损面积或缺损面积超过 3 cm^2 以上时，必须更换新瓷瓶。

5. 运行中发现接触网晃动、跳动大，拉弧大时，多为碳滑板有缺陷，要及时换弓运行。

(八)轮对、车轴轴箱及抱轴承的保养

1. 机车运行中要经常进行小闸瞬间缓解，以防止机车自然制动；实行制动时要防止滑行擦伤轮箍，机车停站时应检查轮箍有无过热、弛缓现象。

2. 机车运用中，必须保证轮缘喷油器作用良好，运行中不准随意关机停用，同时应经常清扫轮对踏面油垢，保证踏面干燥、清洁。

3. 接班乘务员应认真检查手制动机的状态，确认其缓解后才能出段，以免造成轮箍热弛缓。

4. 段内接班后，应仔细检查轴箱端盖、轴箱拉杆和电机悬挂装置是否良好。可用检查锤顺时针方向敲击各紧固螺丝，听其声音判断紧固状态。

5. 机车运用中，机车乘务员和地勤检查人员应经常检查轴箱盖下方有无漏油现象，发现漏油或其他异状应及时处理。

6. 机车运行中在站停车后，机车乘务员应下车检查轴箱温度。如发现温度过高或局部温度过高时，应打开轴箱端盖检查，并根据情况处理。

7. 抱轴承要使用规定的润滑油，油位要在油尺的上下刻度之间，要防止油位过高，导致向牵引齿轮箱窜油。

8. 运行中，抱轴瓦温度不应超过70℃，遇温度太高或冒烟时，禁止用油、水等人工强迫降温，以防轴颈产生裂纹，要使机车在线路上慢慢移动，待温度降到70℃以下时再处理，以防车轴弯曲。

9. 齿轮箱油位要符合标准，运用中要经常检查牵引齿轮的润滑情况，避免因缺油或油脂变质而使牵引齿轮加速磨损或拉伤。冬季要注意因低温所引起的油润性能变化。

任务4　电力机车的给油

一、学习目标

能说出电力机车给油的基本方法和要求，能说出电力机车整备给油处所和要求，并能按要

求进行给油。

二、学习任务

1. 任务描述

学习电力机车给油的基本方法和要求，学习电力机车整备给油处所和要求，按要求进行给油。

2. 任务流程图

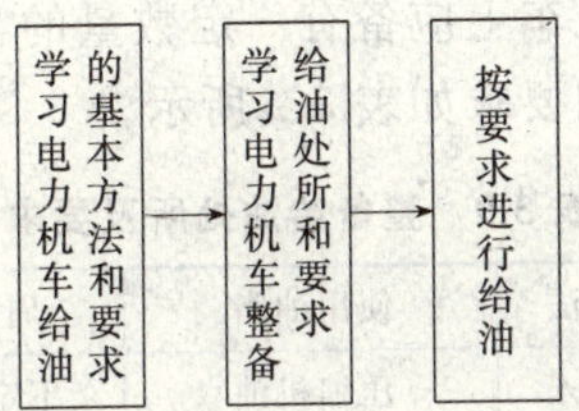

三、环境设备

建议在机务段现场学习，备有压油机、油壶、油枪及相应的润滑油脂。

四、背景知识

（一）对机车给油的目的

机车高速运行中，会产生机车各运动部件的摩擦，摩擦所产生的摩擦力增加了机车的运行阻力，并且使相关部件的非正常磨耗加剧，增大了润滑间隙，造成高速摩擦部件间的发热，甚至使部件烧损、熔化，影响机车的正常运用。

按规定对机车进行给油，可以使机车各摩擦部位保持油液摩擦，不但降低了摩擦阻力，减少磨耗，还可以防止摩擦部件的发热、烧损，延长机件使用寿命，提高机车运用效率。因此，按规定给油对机车运用保养具有非常重要的意义。

（二）机车给油的基本方法及要求

1. 压油机压入式

(1)使用软油脂润滑的销与销套：在压油时，一般应压油至销套间隙中间，油挤出即可。压油过少，使摩擦表面润滑不良，产生干摩擦及半干摩擦，造成抗劲和部件的非正常磨损；压油过多，浪费油脂，也易使尘土杂物附着在销套表面，影响清洁，同样会产生非正常磨损，缩短部件的使用寿命。

(2)各轴承的给油，由于部件在组装过程中，轴承空腔内部已预加油脂，机车运用中需在小修、辅修时定期补油，轴承内存油量不应多于轴承空腔容积的2/3。油量过多，使轴承空腔内充满油脂，散热不良，影响油封的密封作用；油量过少，会使轴承产生非正常磨损，导致发热烧损。

2. 注入式：适用于各油箱、油盒日常补油。运用中应根据机车各部件对润滑的不同要求，正确使用油脂，避免造成混油，同时应使油位保持在最低油位线以上。

3. 油枪给油方式

(1)点式：适用于直径较小的穿销及摩擦接触面较小的部位。

(2)弧形：采用点式给油不能满足其润滑要求的穿销及销套。

(3)线式：适用于摩擦接触面较大的部位。

以上 3 种给油方式所使用的工具为反射油枪，同时应使各销处于自由状态，托起穿销，将油给至穿销颈部及销套间隙内。

4. 抹入式：适用于软油脂润滑所保护的摩擦面、电路连接板等。

五、操作指导

乘务员应经常对机车各给油装置进行检查，保证不低于规定的油位。机车给油要及时地、不错不漏地进行，做到部位准确、油量适当，既能满足润滑要求，又能节约油料，平时要保持给油器具、给油处所及油料的清洁，机车上应备有一定数量的常用润滑油脂，不同种类的油脂不得混用。电力机车整备给油处所和要求如表 3-9 所示。

表 3-9　整备给油处所及要求

序号	给油处所	方法	使用油脂	周期	备注
1	空气压缩机	注入	压缩机油	不定期	油位保持在油表上下两刻线间
2	牵引电机抱轴承	注入	轴油	不定期	油位保持在油表上下两刻线间
3	齿轮箱	注入	齿轮油	不定期	油位保持在油表上下两刻线间
4	钩舌销	弧形	轴油	每次	润滑良好
5	轮缘喷油器油箱	注入	双曲线齿轮油	每次	油箱加满
6	钩体与托板磨动部	线式	轴油	每次	润滑良好
7	钩舌与锁铁磨动部	线式	轴油	每次	润滑良好
8	钩尾与托板磨动部	反射	轴油	每次	润滑良好
9	从板与弹簧箱、导框磨动部	反射	轴油	每次	润滑良好
10	钩提杆座磨动部	点式	轴油	每次	润滑良好
11	钩提杆肘销	点式	轴油	每次	润滑良好
12	制动器肘销	点式	轴油	每次	润滑良好
13	制动器各外露销套	点式	轴油	每次	润滑良好
14	手制动机传动装置	点式	轴油	每次	润滑良好
15	两位置转换开关	涂抹	工业凡士林	不定期	抹前将旧凡士林擦干净
16	隔离开关静触头	涂抹	工业凡士林	不定期	上、下均匀涂抹

项目五　电力机车乘务员一次乘务作业过程

一、学习目标

通过本项目的学习，应能说出电力机车乘务员库内接车作业、途中作业、终点站与退勤作业等一次乘务作业过程的内容和要求，能按一次乘务作业过程的内容和要求进行作业，能说出列车运行监控记录装置的作用、组成，并会进行基本的操作。

二、项目任务

本项目的任务是学习电力机车乘务员库内接车作业、途中作业、终点站与退勤作业等一次乘务作业过程的内容和要求，实际进行一次乘务作业过程作业，学习列车运行监控记录装置的作用、组成，对其进行基本的操作。

任务 1　库内接车作业。

任务 2　途中作业。

任务 3　终点站与退勤作业。

任务 4　列车运行监控记录装置的操作使用。

三、背景知识

列车的安全正点运行，是铁路运输一切工作的基础。只有在这个基础上，才能实现多拉快跑和增收节资。为了保证列车安全正点运行，机车乘务员除不断地提高操纵技术外，还要加强安全生产知识和规章制度的学习，乘务工作中严格执行《技规》和《机车操作规程》(以下简称《操规》)等有关的规章命令；熟悉乘务工作规律，熟悉线路特点和气候情况，根据线路的纵断面，结合季节气候特点，按要求正确操纵机车。

机车乘务员是铁路运输的主要技术工种，运输任务完成的质量好坏，与机车乘务员技术水平的高低、乘务作业过程的规范化关系很大。机车乘务员的基本任务是：正确操作，爱护机车，合理运用机车功率，安全正点，多快好省地完成客货运输及站段调车任务。

机车乘务员一次乘务作业过程标准化，是机务部门确保铁路运输安全正点，优质服务的一项重要措施。历史的经验和血的教训证明：只有一丝不苟地执行一次乘务作业过程标准化程序，才能消灭行车事故，确保工作时的人身安全，才能有力地保证实现安全、正点、优质、低耗。为使机车乘务员操纵列车规范化、标准化，铁道部特制定了《操规》，该规程是机车乘务员乘务作业的标准，是机车乘务员正确驾驶、精心保养机车和平稳操纵列车的依据。因此，机车乘务员和各级机车运用干部必须认真学习和严格执行本规程的规定，树立良好的职业道德，做到“遵章守纪、爱护机车、平稳操纵、安全正点”。

四、质量评价标准

序号	项目	考核内容及评分标准	分值	扣分	得分	备注
1	叙述	叙述内容不全面的，酌情扣分。根据叙述内容去操作会导致事故的，失格	30			
2	操作	操作步骤要正确，不能简化，酌情扣分	30			
3	安全	根据违章行为酌情扣分。发生事故的，失格	40			
合 计						
评 价 者 签 名： 年 月 日						

五、项目链接

1. 铁道部．机车操作规程[M]．北京：中国铁道出版社，2000.
2. 铁道部．列车运行监控装置(LKJ)运用维护规则[M]．北京：中国铁道出版社，2000.
3. 郑州铁路局．LKJ2000 型列车运行监控装置操作手册[M]．北京：中国铁道出版社，2009.

 任务 1　库内接车作业

一、学习目标

能说出库内接车作业的内容及要求，并按其内容和要求进行操作，保证行车安全。

二、学习任务

1. 任务描述

学习库内接车作业的内容及要求，按其内容和要求进行操作。

2. 任务流程

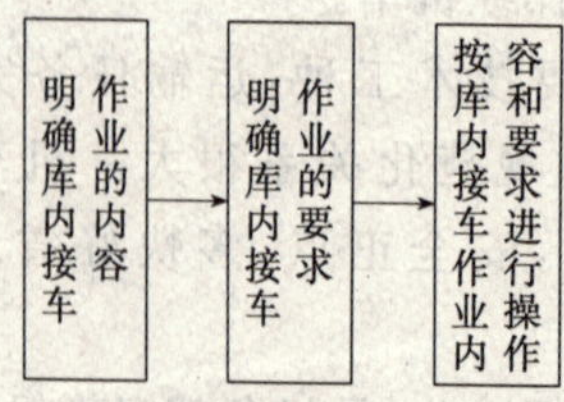

三、环境设备

建议在模拟驾驶装置或者铁路行车现场实地学习。

四、操作指导

(一)出　　勤

1. 出乘前严禁饮酒，必须充分睡眠，准时出勤。

2. 认真抄阅运行揭示，根据担当列车种类、天气等情况，制订运行安全注意事项，并摘录于司机手册。

3. 出勤时，应按规定整洁着装，携带工作证、驾驶证，到机车调度员处报到，认真听取指导，领取司机报单及列车时刻表，将IC卡、司机手册交机车调度员审核并签认。

（二）接　车

1. 交接机车时，认真了解机车运用、检修情况，办理燃料、耗电交接，领取工具、备品。

2. 检查机车时，应对走行部、基础制动装置、牵引装置、制动机、电气控制系统、机车行车安全装备和主变压器、受电弓等进行重点检查试验。

（三）出段与挂车

1. 机车整备完毕机班全员上车后，将机车移动至接近警冲标处停车，要道准备出段。

(1)确认出段信号或股道号码信号、道岔开通信号、道岔标志的显示正确，厉行呼唤应答，鸣笛动车出段。

(2)移动机车前，应注意邻线机车、车辆的移动情况；段内走行严守速度规定。电力机车在段内走行及挂车时，应使用辅助司机控制器操纵。

(3)机车到达站、段分界点停车，签认出段时分，了解挂车股道和经路，按信号显示出段。

2. 挂车时应做到

(1)进入挂车线后，应严格控制速度，确认脱轨器、防护信号及停留车位置。

(2)距脱轨器、防护信号、车列前 10 m 左右必须停车。

(3)确认脱轨器、防护信号撤除后，显示连挂信号，以不超过 5 km/h 的速度平稳连挂。

(4)连挂时，根据需要适量撒砂，连挂后要试拉。

3. 挂车后应做到

(1)挂车后，单阀(DK-1 型制动机为空气制动阀，以下同)制动，司机确认机车与第一辆车的车钩、制动软管连接和折角塞门状态。

(2)正确输入列车运行监控记录装置(以下简称监控装置)有关数据。向运转车长或车站值班员(助理值班员)了解编组情况、途中甩挂计划及其他有关事项。

(3)货物列车应在列车充风或列车制动机试验时，按压列车尾部安全防护装置(简称列尾装置)司机控制盒的黑色按键 3 s 以上，检查本机车与列尾装置主机是否已形成“一对一”关系和列尾装置作用是否良好。货运票据需由机车乘务组携带时，应按规定办理交接，并妥善保管。

(4)列车管达到定压后，司机按本《操规》规定及检车人员的要求进行列车制动机试验。

(5)发现排风有异状或列车管漏泄，其压力下降每分钟超过 20 kPa 时，通知检车员及时检查处理。

(6)制动关门车辆数超过规定时，发车前应持有制动效能证明书。

(7)列车制动机进行持续一定时间的保压试验，应在试验完毕后，接受制动效能证明书。

(8)司机接到制动效能证明书后，应校核每百吨列车重量换算闸瓦压力，不符合《技规》及本区段的规定时，应要求车站值班员(助理值班员)进行处理或由列车调度员发给限速运行命令。

4. 列车制动机试验

(1)全部试验

列检所无列车制动机的地面试验设备或该设备发生故障时，机车对列车充满风后，司机应根据检车员的要求进行试验：

①自阀减压 50 kPa(编组 60 辆及以上时为 70 kPa)并保压 1 min，对列车制动机进行感度试验，全列车必须发生制动作用，并不得发生自然缓解；手柄移至运转位后，全列车须在 1 min 内缓解完毕。

②自阀施行最大有效减压(列车管定压 500 kPa 时为 140 kPa，定压 600 kPa 时为 170 kPa)，对列车制动机进行安定试验，以便检车员检查列车制动机，要求不发生紧急制动，并检查制动缸活塞行程是否符合规定。司机检查列车管漏泄量，其压力下降每分钟不得超过 20 kPa。

(2)简略试验

列车管达到规定压力后，自阀施行最大有效减压并保压 1 min，测定列车管贯通状态，检车员、运转车长、车站值班员或有关人员检查确认列车最后一辆车发生制动作用；司机检查列车管漏泄量，其压力下降每分钟不得超过 20 kPa。

(3)持续一定时间的保压试验

在长大坡道前方的列检所需进行持续一定时间的保压试验时，应在列车制动机按全部试验方法试验后，自阀减压 100 kPa 并保压 3 min，列车不得发生自然缓解。

(4)列车制动机试验时，司机应注意充、排风时间，按压列尾装置司机控制盒绿色键，检查列车管压力的变化情况，并作为本次列车操纵和制动机使用的参考依据。

(四)发车准备与发车

1. 司机做好发车时间预报，督促做好发车准备工作。

货物列车启动困难时，可适当压缩车钩，但不应超过总辆数的 2/3。压缩车钩后，在机车加载前，不得缓解机车制动。

2. 启动列车前，必须 2 人及其以上确认行车凭证、发车信号显示正确，厉行呼唤应答，鸣笛启动列车。

(1)启动列车前再次按压列尾装置司机控制盒绿色键，检查尾部列车管压力是否与机车列车管压力基本一致。

(2)列车启动时，应检查自阀(DK-1 型制动机为电空制动器，以下同)、单阀手柄是否在正常位置及各仪表的显示状态，做到起车稳、加速快、防止空转。

(3)电力机车进级时，应使牵引电流稳定上升。当列车不能启动或启动过程中空转不能消除时，应迅速将主手柄回“0”位，重新启动列车。

任务 2　途中作业

一、学习目标

能说出途中作业的内容及要求，并按其内容和要求进行操作，保证行车安全。

二、学习任务

1. 任务描述

学习途中作业的内容及要求，按其内容和要求进行操作。

2. 任务流程

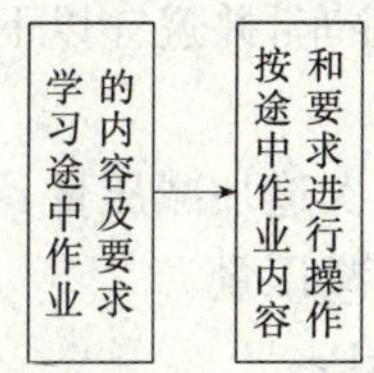

三、环境设备

建议在模拟驾驶装置或者铁路行车现场实地学习。

四、操作指导

(一)列车操纵与安全注意事项

1. 机车司机在运行中应依照列车操纵示意图操纵列车，并执行呼唤应答和车机联控制度。

2. 严格遵守每百吨列车重量换算闸瓦压力限制速度，列车限制速度，线路、桥隧、信号容许速度，机车车辆最高运行速度、道岔、曲线和慢行地段等限制速度以及列车运行监控记录装置速度控制模式设定的限制速度的规定。

列车运行中，当列尾装置主机发出电池欠压报警时，司机应及时通知就近车站值班员或列车调度员，并按其指示妥善处理。

3. 设有前后司机室的机车，司机必须在运行方向前端司机室操纵(调车作业推进运行时除外)。在正常情况下，非操纵端控制电路的各开关均应置于断开位并锁闭，取出自、单阀手柄；列车无线调度电话和列尾装置司机控制盒置于关闭位。

4. 操纵机车时，未缓解机车制动不得加负荷(特殊情况除外)；运行中或未停稳前，严禁换向操纵。设有速度工况转换装置的机车，车未停稳，不准进行速度工况转换。

(二)电力机车运行中应注意以下事项

1. 根据列车速度，选择适当的手柄位置。牵引电动机电压、电流不得超过额定值。

2. 解除机车牵引力时，牵引手柄要在接近“0”位前稍作停留再退回“0”位。

3. 使用磁场削弱时，要在牵引电机端电压接近或达到额定值，电流还有相当余量时，逐级进行。

4. 通过分相绝缘器时严禁升起前后两受电弓，一般不应在牵引电动机带负荷的情况下断开主断路器。按“断”、“合”电标，断开、闭合主断路器(装有自动过分相装置除外)。货物列车若通过分相绝缘器前，列车速度低于 20 km/h 时，允许快速退回牵引手柄或低负荷断开主断路器。

5. 遇接触网故障，降、升受电弓标或临时降、升弓手信号时，及时降下或升起受电弓。

6. 接触网临时停电时，要迅速断开主断路器、降下受电弓就地停车。

7. 当发现接触网异常，除采取上述措施外，应立即报告电力调度员和列车调度员。

8. 装有 DK-1 型制动机的机车，每运行 2～3 个区间，应使用检查按钮，检查列车管贯通状态。

货物列车开车后、进站前，应使用列尾装置对列车管的压力变化情况进行检查。

9. 施行常用制动时，应考虑列车速度、线路情况、牵引辆数和吨数、车辆种类以及闸瓦压力等条件，准确掌握制动时机和减压量，保持列车均匀减速。进入停车线停车时，应做到一次停妥。牵引列车时，不应使用单阀制动停车，并遵守以下规定：

(1)初次减压量，不得少于 50 kPa。

(2)追加减压一般不应超过两次；一次追加减压量，不得超过初次减压量。

(3)累计减压量，不应超过最大有效减压量。

(4)单阀缓解量，每次不得超过 30 kPa。

(5)减压时，自阀排风未止不应追加、停车或缓解列车制动。

(6)牵引货物列车运行中，自阀减压排风未止，不得缓解机车制动；自阀减压后至缓解、停车前，机车制动缸压力，不得少于 50 kPa。

(7)禁止在制动保压后，将自阀手柄由中立位推向缓解、运转、保持位后，又移回中立位(牵引采用阶段缓解装置的列车除外)。

(8)货物列车速度在 15 km/h 以下时，不应缓解列车制动。长大下坡道区段因受制动周期等因素限制，最低缓解速度不应低于 10 km/h。重载货物列车速度在 30 km/h 以下不应缓解列车制动。

(9)少量减压停车后，应追加减压至 100 kPa。

(10)站停超过 20 min 时，开车前后应进行列车制动机简略试验。

10. 施行紧急制动时，迅速将自阀手柄推向紧急制动位，并解除机车牵引力。车未停稳，严禁移动单、自阀手柄。无自动撒砂装置或自动撒砂装置失效时，停车前应适当撒砂。

11. 列车运行中，发现列车管压力表表针急剧下降、摆动，以及空气压缩机长时间泵风不止，或列尾装置发出列车管压力不正常报警时，应迅速停止向列车管充风，解除机车牵引力，及时采取停车措施；若确认列车折角塞门被关闭后，应按压列尾装置司机控制盒红色按键，采用列尾装置主机排风制动措施，停车前适当撒砂。停车后，查明原因并妥善处理；开车前，司机确认列车管通风状态良好后，方可重新启动。

12. 装有动力制动装置的机车运行中调速时，应首先使用动力制动，当动力制动不能控制列车速度时，及时配合使用空气制动。并应做到：

(1)电力机车给定制动励磁电流时，电流的升、降要做到平稳。

(2)制动电流不得超过额定值。

(3)当动力制动与空气制动配合使用时，应将机车制动缸压力及时缓解为 0(设有自动控制装置的机车除外)。

(4)需要缓解时，应先缓解空气制动，再解除动力制动。

(5)多机牵引使用动力制动时，前部机车使用后，再通知后部机车依次使用；需要解除动力制动时，根据前部机车的通知，后部机车先解除，前部机车后解除。

13. 中间站停留时，不准停止柴油机、劈相机及空气压缩机的工作，并保持机车制动。

(1)进站停车时，应注意车站接车人员的移动手信号。

(2)货物列车应保压停车，直至发车前或接到车站准备开车的通知后，方能缓解列车制动。

(3)夜间等会列车时，应将机车头灯灯光减弱或熄灭。

(4)中间站停车，有条件时应对机车主要部件进行检查；及时打开空气系统的总风缸、远心集尘器、油水分离器的排水阀排水。

(5)乘务员必须坚守岗位，不得擅自离开机车。

(6)开车前，应使用列尾装置司机控制盒，检查确认尾部列车管压力。

14. 电力机车在附挂运行中，换向器的方向应与列车运行方向相同，主接触器在断开位。严禁进行电气动作试验。

15. 机车各安全保护装置和监督、计量器具不得盲目切（拆）除及任意调整其动作参数。内燃、电力机车各保护电器（油压、水温、接地、过流、柴油机超速、超压等保护装置）动作后，在未判明原因前，严禁盲目强迫启动柴油机及切除各保护装置。机车保护装置切除后，应密切注视机车各仪表的显示，加强机械间的巡视，防止因处理不当而扩大或加重机车的故障损失。

16. 运行中，应随时注意机车各仪表的显示。发现机车故障处所和非正常情况，要迅速判明原因及时处理，并将故障现象及处理情况填记"机车运行日志"或"交接班记录本"。

牵引双管供风的客运列车时，运行中应注意确认列车总风管压力表的显示情况，当列车总风管压力低于 550 kPa 时，应及时通知车辆乘务员，按其要求运行或维持到前方车站停车处理。

17. 遇天气不良时，应加强瞭望和鸣笛，并及时与车站联系。其具体行车办法，由铁路局制定。

（三）运行中的安全注意事项

1. 不得超越机车限界进行作业，电气化区段严禁攀登机车、车辆顶部。

2. 电力机车乘务员需要登机车顶部处理故障时，应断开主断路器，降下受电弓，按牵引供电调度的命令办妥停电手续，验电接地后方准作业。

3. 严格遵守防火的有关规定，严禁向机车外部抛撒火种，机械间严禁吸烟。

4. 运行中因机车故障或其他原因被迫停车后，司机应立即使用列车无线调度电话向就近车站或后续列车报告列车的停车位置及原因，要求后续列车注意运行；如需请求救援时，要向车站值班员报告列车前后部准确的停车位置，并按规定设置防护（自闭区段仅对列车前部设防护）。

5. 救援单机进入救援区间后，如在自动闭塞区间正方向运行，要严格按分区通过信号机的显示要求行车；如反方向进入救援区间时，应按压监控装置的调车键，严格控制运行速度。

（四）多机牵引与补机推进应遵守下列规定

1. 机车重联后连接状态的检查：第一位机车与第二位机车之间，由第一位机车乘务员负责；第二位机车与第三位机车之间，由第二位机车乘务员负责，其后依此类推。机车与车辆之间，由连挂车辆的机车乘务员负责。

2. 机车操纵应由行进方向的前部机车负责。重联机车必须服从前部机车的指挥，并认真执行《技规》规定的鸣笛及回示制度。

3. 设有重联装置的机车，该装置作用必须良好，重联时应接通重联线。其他各有关装置及制动机手柄的位置按规定执行。

4. 电力机车重联运行中，前部机车应按规定鸣示降、升弓信号，后部机车必须按前部机车的指示，立即降下或升起受电弓（降、升弓信号按《技规》途中降弓、启动注意信号执行）。

5. 列车使用中间或后部机车推进时，前、后机车必须有良好的通话设备，其具体联系及推进办法由铁路局规定。

（五）旅客列车操纵

1. 牵引旅客列车在确保安全正点的同时，应做到运行平稳、停车准确。

(1)起车时，要全列车启动后再加速。

(2)进站停车时按机车停车位置标停车，做到一次稳、准停妥。

(3)采用缓解停车时,停稳后再施行列车制动,待开车时再缓解。

2. 列车运行中施行制动调速时,应遵守以下规定(内、电动车组除外):

(1)机车呈牵引状态,电力机车的牵引电流控制在 200 A 以下。

(2)自阀减压前,装有 DK-1 型空气制动机的机车将空气制动阀置于缓解位,使列车制动时机车呈缓解状态。

(3)制动时,追加减压量累计不应超过初次减压量。

(4)停车制动,自阀减压时,在列车产生制动作用并稳定降速(时间原则上应控制在 5 s 以上)后,再解除机车牵引力。

3. 列车在起伏坡道区段或较小的下坡道运行时,应采用低手柄位或低转速的牵引,尽量避免惰力运行。

4. 列车在长大下坡道运行中,应采用动力制动为主,空气制动为辅的操纵方法,做到:

(1)列车全部进入下坡道后,立即将动力制动手柄提至"1"位(制动电流控制在 100 A 以下),待列车继续增速的同时,再逐步增加制动电流。

(2)当动力制动不能满足控制列车运行速度的要求时,采用空气制动调整列车运行速度。

(3)缓解列车制动时,应在缓解空气制动后,再逐步解除动力制动。

(六)各种坡道上、隧道、严寒地区的操纵

1. 在较平坦的线路上,列车启动后应强迫加速,达到运行时分所需速度时,适当调整机车牵引力,保证列车以均衡速度运行。

2. 在起伏坡道上,应充分利用线路纵断面的有利地形,提早加速,以较高的速度通过坡顶。

3. 在长大上坡道上,应采用"先闯后爬,闯爬结合"的操纵方法,坡前应提早增大机车牵引力,储足动能;爬坡时应施行预防性撒砂,防止空转,并注意牵引电流不得超过持续电流。

4. 在隧道地区牵引运行时,接近隧道前,提早增大机车牵引力,提高列车速度。

5. 在防寒过冬期间,段内接班后,除认真执行段内接车作业的规定外,还应注意检查机车有无冻结处所,各暖气阀是否按规定开放,各防寒罩是否齐全。机车检查、保养以及操作的具体注意事项,由铁路局制定。

(七)机械间巡视

电力机车对机械间及走廊巡视检查,由学习司机负责,在列车出站后、进站前进行。

1. 巡视检查时机

①通过分相绝缘器后;②始发列车出站后;③发生异音、异状时。

快速旅客列车巡视时机由铁路局制定。

2. 巡视检查项目:各辅助机组运转是否正常;各部件有无异音、异状;有无放电和电气绝缘烧损的气味;主变压器油温、油位是否正常,各保护继电器和指示灯、指示件有无异状或动作显示。

(八)调车作业

1. 调车机车乘务员要熟悉《车站行车工作细则》(以下简称《站细》)及有关规定,熟记站内线路(包括专用线)、信号以及各种标志等站场情况。

2. 采用无线电平面灯显调车指挥系统进行调车时,应使监控装置处于调车状态,根据信号显示和语言提示的要求进行作业。

3. 中间站利用本务机车调车时,对附有示意图的调车作业通知单的内容和注意事项必须

清楚。作业前，应使监控装置处于调车状态；作业中严格执行《技规》调车工作的规定。

4. 在车站交接班时，接班乘务员应认真对机车走行部、基础制动装置、牵引装置、制动机性能进行重点检查；检查调整制动缸活塞行程或闸瓦与轮箍踏面的缓解间隙。

作业间歇时应对其他部件进行检查。停留较长时间后再次作业前，应对单阀机能进行试验。

5. 调车作业中，应认真瞭望，确认信号，正确执行信号显示的要求和呼唤应答制度，没有信号不准动车，信号中断或不清立即停车。

连挂车辆时，严格按“十、五、三”车距离和信号要求控制速度，接近被连挂车辆时，速度不得超过 5 km/h。

转场作业，按《站细》规定连结制动软管后，动车前应进行制动机简略试验。

单机连挂车辆时，应注意确认车辆的停留位置。

6. 当调车指挥人显示溜放信号时，司机应“强迫加速”满足作业要求；显示减速或停车信号时，应迅速解除机车牵引力，立即制动。

7. 认真执行驼峰调车作业的规定，连挂车列后试拉时，注意不得越过信号机或警冲标。推峰时要严格按信号的要求控制速度。

8. 电力机车调车时，应开启通风机；机车距接触网终端标应有 10 m 的安全距离，防止进入无电区。

（九）机车行车安全装备

1. 列车运行监控记录装置、自动停车装置是机车行车安全装备。机车出段前，必须确认机车行车安全装备、列尾装置司机控制盒以及列车无线调度电话、机车信号的作用及状态良好，设备检测合格证签发符合规定。出段必须开机，按规定正确操作使用，严禁擅自关机。

不得使用列车无线调度电话进行与行车无关的通话，并应遵守保密的规定。

2. 列车在中间站加挂补机、更换机车或运行途中机车发生临时故障不能继续运行时，请求救援后，司机应在停车后并列车管减压的情况下，同时按压列尾装置司机控制盒的黑、绿色按键，解除列尾装置主机记忆的本机车的号码；救援机车连挂车列后，按规定重新输入本机车的号码。

任务 3　终点站与退勤作业

一、学习目标

能说出终点站与退勤作业的内容及要求，并按其内容和要求进行操作，保证行车安全。

二、学习任务

1. 任务描述

学习终点站与退勤作业的内容及要求，按其内容和要求进行操作。

2. 任务流程

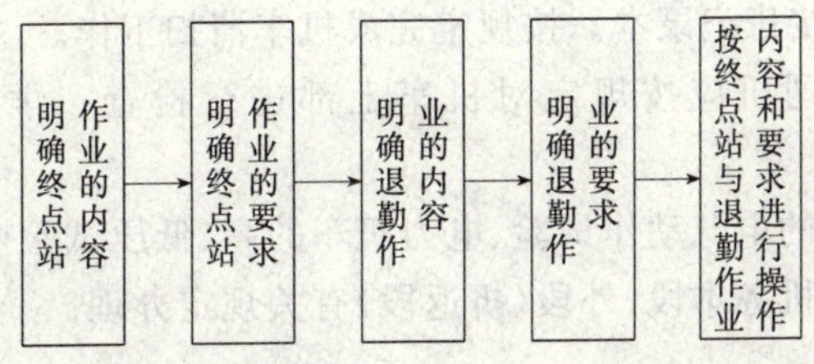

三、环境设备

建议在模拟驾驶装置或者铁路行车现场实地学习。

四、操作指导

(一)终点站作业

1. 到达终点站后,不得缓解列车制动。若地面无列车制动机试验设备或该设备临时发生故障时,司机应根据检车员的要求,试验列车制动机。

2. 机车不能及时入段时,将机车移动至脱轨器外方、信号机前或警冲标内方停车,学习司机应及时检测轴温。

3. 机车到达站、段分界点处应停车,签认入段时分,了解段内走行经路。

4. 确认入段信号、股道号码信号、道岔开通信号、道岔标志,厉行呼唤应答,鸣笛动车入段。

(二)入段作业

1. 入段走行应执行《操规》出段时的要求。

电力机车进整备线,在隔离开关前停车,确认隔离开关在闭合位置后再动车。

2. 在转盘及整备线停留时,机车必须制动。上、下转盘时,确认开通位置,严守速度规定。转盘转动时,司机不得离座,不得换端及做其他工作。并需做到:断开主断路器,降下受电弓,牵引手柄置于"0"位。

3. 入段机车检查和整备:机务段应根据使用机型、乘务方式和段内技术作业时间,制定机车检查、给油、清扫等工作范围和标准。

(1)检查机车时,发现故障处所及时处理或报修。

(2)两班不能直接交接时,交班司机应将机车运用状态、检修情况等作出记录,告知接班司机;做好防溜,与外勤值班人员办理交接。

(3)轮乘制司机应向机车检查组的接车人员详细介绍机车运用状态、运行日志记录等情况,与有关人员办理燃油、耗电、工具备品以及机车行车安全装备的交接。

(三)中途站换班

出勤时,按段内机车出勤作业的规定执行。出勤后按时到达指定地点接班。中间站换班应实行对口交接。

1. 司机交接燃料、耗电、机车运用状态等。

2. 学习司机检查机车行车安全装备,办理工具备品等交接。

3. 接班后,电力机车按规定分别检查机车。

(四)外段(折返段)作业

1. 电力机车交班机班应按规定对机车下部进行检查、补油。处理机车运行中发现的不良处所,填写运行日志和交接班记录本。按规定完成机车清扫工作。

2. 电力机车的接班司机应按规定对机车上部进行检查。学习司机对机车下部进行复检。

3. 制动机、内燃机车的电气动作试验、电力机车的高、低压试验按规定执行。

4. 其他未尽事宜,按机务本段、外段(折返段)有关规定办理。

（五）退勤作业

1. 退勤前，司机应复核司机报单填记是否正确，对本次列车的早、晚点情况进行分析并作出记录。

2. 退勤时，向机车调度员汇报本次列车安全及运行情况，对监控装置检索分析的问题及超劳、运缓等情况做出说明，交回列车时刻表、司机报单和司机手册后，办理退勤手续。

任务 4　列车运行监控记录装置的操作使用

一、学习目标

能说出 LKJ2000 型列车运行监控记录装置的作用、组成，能说出 LKJ2000 型列车运行监控记录装置显示界面的意义及按键的作用，能说出常见的操作方法，会对运记进行基本的操作。

二、学习任务

1. 任务描述

学习 LKJ2000 型列车运行监控记录装置的作用、组成，学习 LKJ2000 型列车运行监控记录装置显示界面的意义及按键的作用，学习常见的操作方法，对运记进行基本的操作。

2. 任务流程

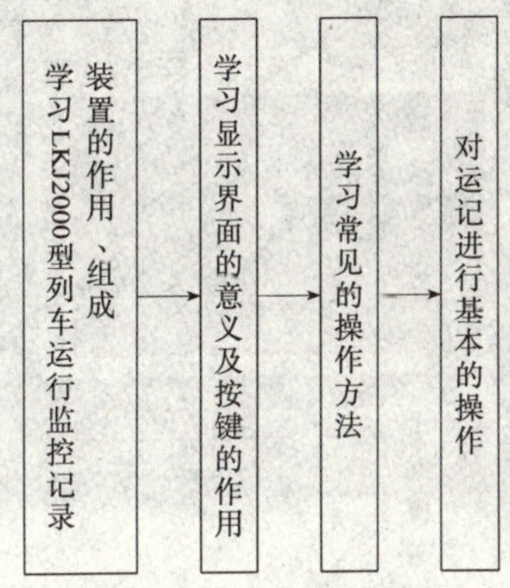

三、环境设备

建议在配有列车运行监控记录装置的模拟驾驶装置或者铁路行车现场实地学习。

四、背景知识

LKJ 列车运行监控记录装置是中国列车运行控制系统体系的组成部分，是用于防止列车冒进信号、运行超速事故和辅助机车司机（含动车组司机，下同）提高操纵能力的重要行车设备。目前普遍采用的 LKJ2000 型列车运行监控记录装置车上设备主要由 1 个主机箱、2 个屏幕显示器、压力传感器、速度传感器、常用制动装置、紧急放风阀等组成。

（一）主　　机

主机内部由 A、B 两组完全相同的控制单元（分别称为 A 机、B 机），每组有 8 个插件位置。主机前面板布局如图 3-123 所示。

A机								B机							
电源A	数字入出A	数字输入A	CAN通讯A	模拟入出A	通信A	信息处理A	监控记录A	监控记录B	信息处理B	通信B	模拟入出B	CAN通讯B	数字输入B	数字入出B	电源B

图 3-123　主机前面板布局图

后背板上有电缆连接插件和电源开关。

(二)屏幕显示器

1. 显示界面

屏幕显示器由显示屏、21 个薄膜按键和大容量 IC 卡读卡器组成。

屏幕显示器为 10 英寸 TFT 高亮度彩色液晶显示屏，采用图形、汉字显示相关信息，除了显示时间、公里标、信号机类别、机车信号状态、实际速度、限制速度、客货状态、设备状态等信息外，还提供前方 4 km 的线路纵断面，如桥梁、隧道、坡度、曲线等信息以及限制速度曲线、标准操纵的运行速度曲线等。

显示界面如图 3-124 所示。

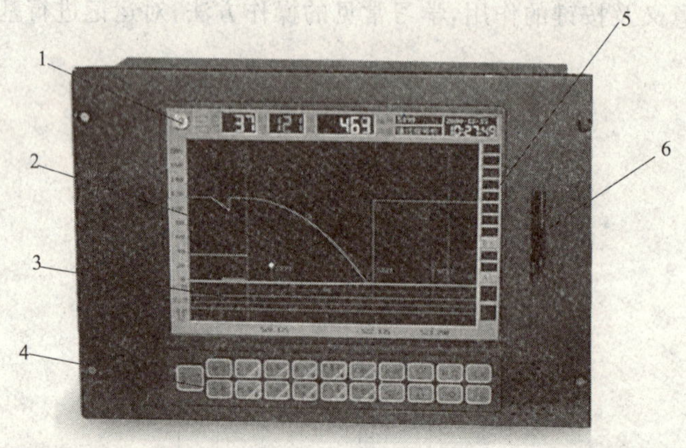

图 3-124　显示器显示界面

1—机车信号；2—图形显示区；3—线路纵断面；4—按键；
5—状态指示；6—IC 卡插槽

(1)屏幕最上方的数据窗口依次为：机车信号、速度等级、速度、限速、距前方信号机距离、当前信号机编号、当前信号机类型、日期和时间。

①信号灯状态显示窗口：显示机车当前的信号状态，有绿灯、绿黄灯、黄灯、红灯、红/黄灯、双黄灯、黄 2 灯、白灯。

②速度等级显示窗口：从上至下有 LC、SD3、SD2、SD1 四种速度等级，亮的部分表示当前所处的速度等级状态。其中 LC 表示绿灯信号状态下的最高速度等级。SD1、SD2、SD3 分别表示速度等级 1、速度等级 2、速度等级 3。

③运行速度窗口：显示机车当前的实际运行速度(蓝色数字)。

④限制速度窗口：显示机车当前的最大允许运行速度(红色数字)。

⑤距前方信号机距离窗口：显示距离前方信号机的距离(黄色数字)。

⑥信号机编号窗口：显示前方信号机的编号和公里标。

⑦信号机类型窗口：显示前方信号机的种类。

⑧日期和时间窗口：显示当前的系统日期及时间。

(2)屏幕右边为系统状态指示，自上到下依次显示如下。

①[故障]：系统与所有单元通讯中断时，此灯点亮。

②[降级]：装置处于降级工作状态时，此灯点亮。

③[紧急]：装置施行紧急制动时，此灯点亮；停车后灯灭。

④[常用]：装置施行常用制动时，此灯点亮；缓解操作后灯灭。

⑤[卸载]：装置施行卸载动作时，此灯点亮；满足加载条件后灯灭。

⑥[解锁]：解锁成功后，此灯点亮，4 s后自动熄灭。

⑦[开车]：参数有效设定完毕灯亮，按压[开车]键，响应后灯灭。

⑧[调车]：处于"调车"状态时灯亮，退出"调车"状态时灯灭。

⑨[有权]：显示"有权"时本端显示器有操作权；显示"无权"时本端显示器无操作权。

⑩[客货/巡检]：设定完毕后显示当前的客货状态，

客本——客车本务状态；货本——货车本务状态；

客补——客车补机状态；货补——货车补机状态。

在按巡检按钮后[巡检]亮 4 s。

⑪[IC 卡]：正确插入 IC 卡后，此灯点亮，无卡时灯灭。

⑫[A 机/B 机]：显示"A 机"表示 A 机为当前工作机，显示"B 机"表示 B 机为当前工作机。

⑬[侧线]：当允许侧线输入时亮，输入完毕后显示输入的股道号码。

⑭[支线]：当允许支线输入时亮，输入完毕后显示输入的支线号。

⑮[出段]：有效按压[出/入库]键，此灯点亮，再次按压[出/入库]键灯灭。

(3)屏幕中间的窗口为实际速度、限速曲线窗口，同时在背景显示线路上的信号机、道岔、站中心及站名等。

①实际速度：以(绿色)曲线方式显示当前的机车运行速度和刚走行的速度曲线情况。

②限制速度：以(红色)曲线方式显示当前区段的限制速度和前方 4 km 以内的线路限速情况。

③信号机位置、编号、信号机的状态：以坐标的方式显示前方 4 km 以内的信号机位置，信号机的编号，前方一架信号机的信号显示状态。

④站中心及站名：以坐标(垂直线)的方式显示前方 4 km 以内所有站的站中心位置，并用汉字标注对应车站的名称。

⑤机车位置：在整个曲线显示的约 1/5 处有 1 条垂直分隔线(黄色线)，表示此处为当前机车位置，同时在速度窗口显示 1 个(蓝色)列车图标，图标的长度与输入的列车计长成正比。

⑥道岔：以坐标(垂直线加进、出标记)形式显示进、出站的道岔位置。

⑦线路纵断面、线路曲线、道桥隧：在整个屏幕的下方 3 个小窗口显示前方线路纵断面、线路曲线、道口、桥梁、隧道的情况，指导乘务员操纵。

⑧公里标：在屏幕的最下方显示公里标的变化及走行情况。

⑨优化操纵曲线的显示：预留有优化曲线的显示功能，指导乘务员操纵机车。

2. 按键

(1)按键的布置。按键布局示意如图 3-125 所示。

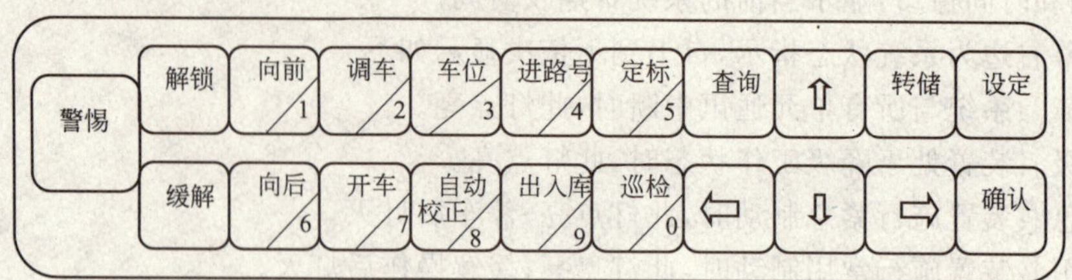

图 3-125 按键布局示意图

按键为带背光薄膜按键，在光线变暗时，按键上的字可自动透光，使夜晚或过隧道时，乘务人员能清晰地识别按键上的字。

按键共有 21 个，0～9 共 10 个键为复合键，其他为单功能键，由于 LKJ2000 型屏幕显示器为菜单操作方式，故比 LKJ-93 型数码显示器新增上、下、左、右 4 个方向键，用于菜单选择和光标移动。

(2)按键的功能

1)双重键定义

键上带有数字的键，在监控状态下作功能键使用，在参数修改状态下作数字键使用。

①[巡检/0]：按该键执行学习司机机械间巡视记录操作。

②[向前/1]：按该键调整滞后误差。

③[向后/6]：按该键调整超前误差。

④[自动校正/8]：按该键自动调整滞后或超前误差。

⑤[调车/2]：按该键进入或退出“调车”工作状态。

⑥[车位/3]：配合[向前/1]键或[向后/6]键进行记录误差调整。

⑦[进路号/4]：当支线号或侧线号允许输入时，按该键进入“支线号”或“侧线股道号”输入操作状态。

⑧[开车/7]：按该键执行对标开车操作。

⑨[出入库/9]：按该键作机车出入库时间记录用。

⑩[定标/5]：线路坐标打点记录；确认信号。

2)功能键定义

①[设定]：进入或退出参数设定操作。

②[转储]：进入文件转储操作状态；运行中按压该键＋数字键解除临时限速控制。

③[警惕]：降级 ZTL 状态下短时间解除报警用；解除防溜报警等。

④[缓解]：常用制动后的缓解操作。

⑤[查询]：进入信息查询操作状态。

⑥[确认]：参数设定或修改有效，保存退出。

⑦[→][←][↑][↓]：在参数设定状态或查询状态，按压这些键，可以改变光标的位置，在输入数字时，[←]键作退格键用。

五、操作指导

(一)按键操作说明

1. 按压 LKJ2000 型屏幕显示器面板上的按键，可进行相应参数设定操作及各种查询操作。

2. 在输入数据等操作中，可以使用[↑][↓][→][←]4 个方向键将光标移动到所需位置，然后用 0～9 数字键输入数据，如果输入错误，用向左键[←]删除前一个字符，最后按压[确认]键确认输入。

3. 在输入“客货车”等有下拉菜单的项目时，按压[↓]向下键为展开该项目的选单，然后用[↑][↓]键上下移动光标到所要输入的类型，按压[确认]键选定。

(二)开　　机

打开主机电源开关(在主机后背板上)，主机进行自检、显示器启动(显示器没有电源开关，它的开关状态受主机控制)。自检完毕后显示器进入降级显示状态，显示状态如图 3-126 所示。

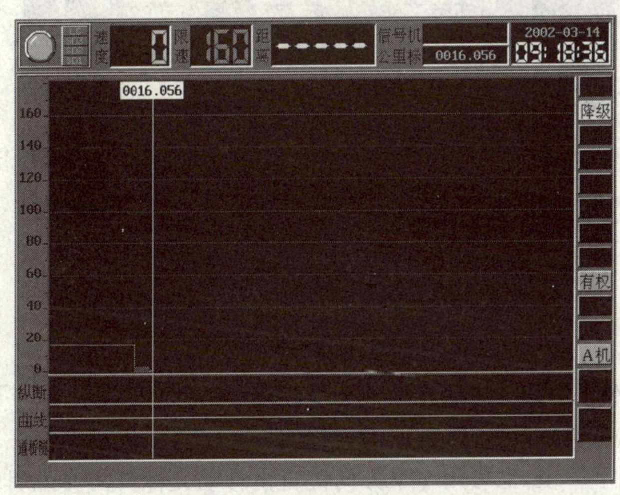

图 3-126　降级显示状态

①信号灯状态窗口：显示机车当前的信号。

②运行速度窗口：显示机车当前的运行速度值。

③限制速度窗口：显示机车当前的限速值。

④日期和时间窗口：显示当前的系统日期及时间。

⑤系统状态：[降级]或[调车]亮，[A 机]或[B 机]亮。

(三)选择/确认操作权

装置开机后，显示器进入主界面显示状态，在此状态下两端显示器操作均有效。先进入“监控”状态端有操作权，其标志为显示器操作权显示窗口显示为“有权”。

在操作端可进行正常按键操作，而在非操作端只能进行一些“查询”功能的操作。

(四)换　　室

监控状态下，需要到另一端操纵时，要执行“换室”操作，切换显示器的操作权。

操作方法为：停车后，在有权端按压[调车]键使装置进入“调车”状态，然后在需要有操纵权的显示器上按压[调车]键退出“调车”状态。

(五)屏幕亮度调整

在正常监控状态下,可以用[↑]、[↓]方向键调整屏幕亮度。按压[↑]键增加亮度,按压[↓]键减小亮度,共有5级亮度调整。

(六)参数设定

机车担当列车牵引前,必须正确设置司机号、学习司机号、区段号(交路号)、客货车次,以及总重、辆数、换长等列车编组数据。

设定操作分为手动按键输入或IC卡输入两种。

1. 手动按键输入的方法

按压[设定]键,进入参数设定状态。屏幕显示如图3-127所示。

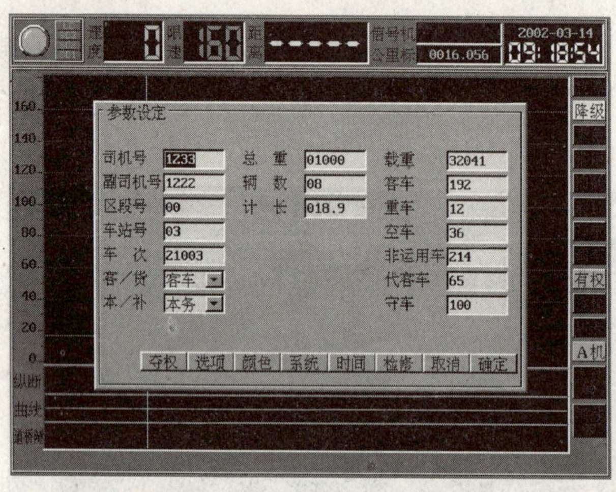

图3-127 参数设定状态

通过[→][←][↑][↓]键,移动光标到相应位置,然后通过按数字[0]~[9],改变对具体项的设置。如果输入错误,可用[←]键取消光标前一个字符。修改完任一项设置,要按压一次[确认]键使光标移到下一项,也可用4个方向键自由移动光标。需要说明的是:

(1)设定(修改)司机号、区段号、客货车次数据时,若机车信号为进行信号必须速度小于60 km/h才能设定;若机车信号为停车信号必须停车设定。

(2)在输入“计长”时,只需连续输入数字即可,装置自动将最后一位数定为小数位。如输入“435”装置默认为“43.5”。

(3)在输入“车次类别”等有下拉式菜单的项目时,[↓]键为展开菜单,然后按压[↑]或[↓]键选择所要的项目,按压[确认]键选定。

(4)所有参数修改完毕,使光标移到“确定”按钮,按压[确认]键或直接按压[设定]键退出参数设置状态。

(5)有效输入完成后,[开车]指示亮,并在屏幕的左上角显示始发站的名称。

2. IC卡输入的方法

装置开机后,将写有司机号、学习司机号、区段号、车站号、车次以及运行揭示等信息的IC卡正确插入屏幕显示器IC卡座内,显示屏右边状态窗口的“IC卡”指示灯点亮。如果“IC卡”指示灯不亮,需检查IC卡是否正确插入。

在速度为0的情况下按压[设定]键,装置就会将卡内的乘务信息和揭示信息读出,并弹出

参数设定对话框,其中的参数为IC卡中预先写入的参数。确认无误后,再次按压[设定]键退出参数设定窗口。此时显示器弹出“发送揭示成功”对话框。按压[确认]键退出。

如果卡内乘务信息与实际不符,可按照手动输入方法修改不正确项,修改后按压[设定]键退出参数设定状态。

输入完成后的显示及查询方法与手动按键输入相同。

注意:使用IC卡输入后,装置将刷新存储的揭示信息。因此,必须确认所使用的IC卡是最新的、揭示信息是有效的。不得使用内容空白的卡(按照规定清除过期的揭示信息除外)。

(七)查　　询

按压[查询]键,显示器弹出“查询选择”对话框。如图3-128所示。

将光标移到相应查询项目上按压[确认]键或直接按压查询项序号对应的数字键,显示相关信息数据。查询相关信息数据后,按[确认]键可关闭查询窗口。各查询项具体操作及显示如下:

1. 查询当前揭示

操作目的:显示机车前方2 km内的揭示。

操作方法:在“查询选择”窗口,利用光标移动键将光标移到“当前揭示”按钮,然后按压[确认]键,或直接按压数字键[1]。屏幕弹出“揭示信息查询”窗口,当没有揭示信息时,显示“禁止查询”。

屏幕上的揭示显示,底色为白色的是正常的揭示,底色为绿色的是已经越过的揭示,底色为红色的是已经解锁的揭示。

2. 查询全部揭示

操作目的:查询显示本车次(本交路)的全部揭示。

操作方法:按压[查询]键进入查询显示状态,将光标移到“揭示信息”按钮,然后按压[确认]键,或直接按压数字键[3],屏幕弹出“揭示信息查询”窗口。窗口显示全部揭示信息,当没有揭示信息时,提示“禁止查询”。

3. 工况查询

操作目的:查询柴油机转速,列车管、均衡风缸、闸缸压力,公里标等数据。

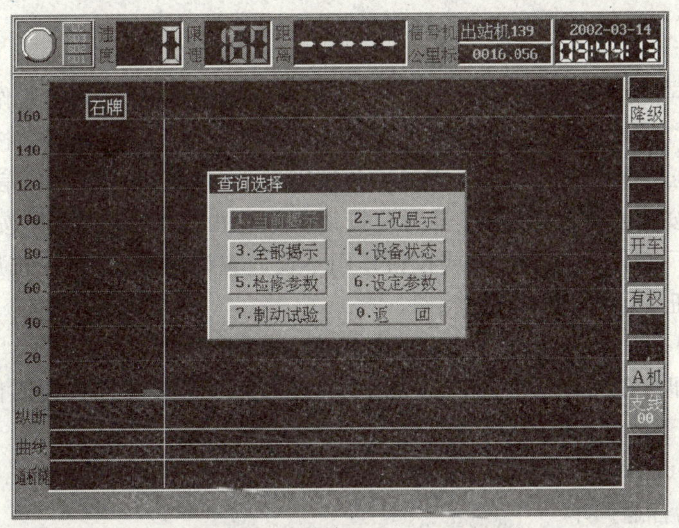

图3-128　查询选择状态

操作方法：在“查询选择”窗口，利用光标移动键将光标移到“工况显示”按钮，然后按压[确认]键或直接按压数字键[2]。此时在屏幕右上角弹出“工况信息”窗口。这个显示窗口将一直存在，直到再次按压[确认]键才消失。

4. 设备状态

操作目的：查看设备的工作状况。

操作方法：在“查询选择”窗口，利用光标移动键将光标移到“设备状态”按钮，然后按压[确认]键，或直接按压数字键[4]，屏幕弹出系统当前各模块工作状态和故障状态指示。查询结束后，按压[确认]键返回。

5. 检修参数

操作目的：查看机车号、柴油机脉冲、双针表量程等是否正确。

操作方法：在“查询选择”窗口，利用光标移动键将光标移到“检修参数”按钮，然后按压[确认]键，或直接按压数字键[5]，屏幕弹出系统当前检修参数。内容包括装置号、机车型号、柴油机脉冲、轮径、制动机、最大总重、最大辆数、最大计长、双针表量程等。查询结束后，按压[确认]键返回。

6. 设定参数

操作目的：查看设定参数。

操作方法：在“查询选择”窗口，利用光标移动键将光标移到“设定参数”按钮，然后按压[确认]键，或直接按压数字键[6]，屏幕弹出系统当前设定参数。内容包括司机号、学习司机号、区段号、车站号、车次、总重、计长、辆数以及编组信息等。

7. 制动试验

操作目的：机车出库前或入库后，地面检测人员执行此操作检查制动设备状况。此操作包括对A机和B机常用制动和紧急制动试验。

操作方法：调车状态下，速度为0时，按压一次[查询]键，进入“查询选择”对话框。按压数字键[7]，弹出“检查”对话框，同时屏幕右上角自动弹出“工况显示”窗口，以便监视压力变化。

此时，直接按压相应的数字键进行制动试验，试验结束后，按压[0]键退出。

进行常用制动试验时，列车管减压量为110 kPa(误差不超过10 kPa)。按钮上的A和B表示A机和B机。

8. 键盘检测

操作目的：检查显示面板上各按键及学习司机解锁按钮、信号确认按钮作用是否良好。

操作方法：在“查询选择”窗口，利用光标移动键将光标移到“键盘检测”按钮，然后按压[确认]键，或直接按压数字键[8]，屏幕下方弹出各按键及学习司机解锁按钮、信号确认按钮的图形。按压相应的按键或按钮，显示屏幕对应按键的颜色由浅变深，表示该按键或按钮作用正常。若按键颜色不变，则说明该按键或按钮作用不良。查询结束后，再次按压[确认]键，将光标移至“确定”按钮后，再次按压[确认]键。

(八)出 入 库

机车出、入库时，在“调车”状态下，按压一次[出入库]键，装置以按键时间作为机车出、入库的时间(仅仅用于记录)。

(九)进入/退出调车

1. 进入/退出普通调车

(1)进入：在监控或降级状态，机车停车时，按压一次[调车]键，进入调车状态，[调车]状态

指示灯点亮。

(2)退出:在调车状态下,不论有无速度,按压一次[调车]键,[调车]状态指示灯灭,返回进入“调车”状态之间的状态(监控或降级状态)。如有摘挂车辆还需修改“总重”和“换长/辆数”。

2. 进入/退出专用调车状态

(1)进入:机车停车时,输入规定的专用调车车次范围内的车次时,装置自动进入“专用调车”状态。

(2)退出:输入规定的专用调车车次范围以外的车次时,装置自动退出“专用调车”状态,返回进入之前的状态。

(十)IC卡转储数据

根据转储的范围或多少可以分为选择转储、全部转储、转储所有未转文件3种情况。

1.“选择转储”操作方法

(1)在速度为0的情况下按压[转储]键后屏幕弹出“文件转储”窗口,光标默认“选择文件”状态,如图3-129所示。

文件转储

选择文件
选择未转
全部选择
撤销选择
开始转储
返回

文件	车次	司机	大小	生成日期
000	11111	1001	400	03-14 10:17
001	21003	1233	23808	03-12 17:32
002	21003	1233	13072	03-12 16:34
003	21003	1233	560	03-12 16:32
004	21003	1233	2448	03-12 16:19
005	34463	1233	2624	03-12 15:56
006	17681	1233	12432	03-12 11:10
007	21233	1111	15552	03-11 14:57
008	21233	0002	608	03-11 14:52
009	25236	2006	6016	02-05 15:23
010	11626	2006	992	02-05 15:22
011	15626	2006	3584	02-05 15:12
012	00090	2006	944	00-00 14:48
013	25626	2006	3936	02-05 14:05
014	56938	9806	42688	02-03 08:04

文件	车次	司机	大小	生成日期

图3-129 文件转储状态

(2)按压[确认]键后,用[↑]、[↓]方向键移动光标到欲转储文件,按压[确认]键选中这个文件。选中后光标条自动移到下一个文件,同时选中的文件变成蓝色。如果想取消已经选中的文件,只需将光标条移到所选文件,再次按压[确认]键即可取消对这个文件的选择。

(3)文件选择完毕,按压[←]方向键,光标自动移至“开始转储”按钮,按压[确认]键,进行文件转储操作,弹出“正在转储”对话窗,如图3-130所示。

显示文件转储进度,转储完毕后弹出“注意”提示窗口提示“转储成功”,按压[确认]键,光标自动移至“卡上文件”,按压[确认]键显示卡上已转储的列表文件信息,内容包括“文件序号、车次、司机、大小、生成日期”,移动光标至“返回”,按压[确认]键退出“文件转储”窗口。

2.“全部转储”操作方法

(1)在速度为0的情况下按压[转储]键后屏幕弹出“文件转储”窗口,光标默认“选择文件”状态。

(2)用[↑]、[↓]方向键移动光标到“选择全部”按钮,按压[确认]键,所有文件目录变成蓝色。

(3)文件选择完毕,光标自动移至“开始转储”按钮,按压[确认]键,进行文件转储操作,弹出“正在转储”对话窗，显示文件转储进度，转储完毕后弹出“注意”提示窗口提示“转储成功”，按压[确认]键，光标自动移至“卡上文件”，按压[确认]键显示卡上已转储的列表文件信息，内容包括“文件序号、车次、司机、大小、生成日期”，移动光标至“返回”，按压[确认]键退出“文件转储”窗口。

3. 转储未转文件操作方法：进入转储界面后，再次按压[转储]键，将直接转储没有被转储过的文件，也可以按照下面的方法分部转储。

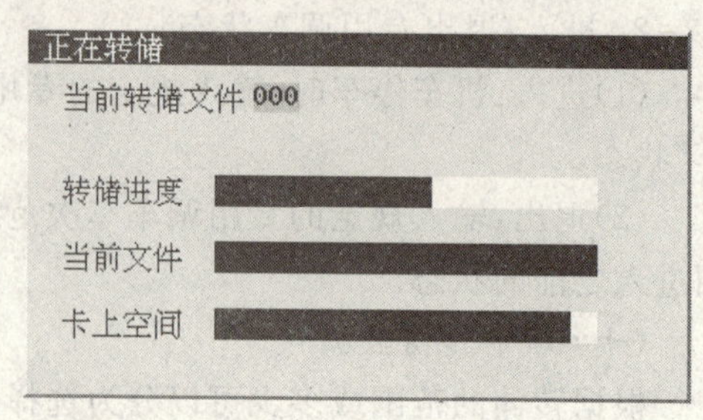

图 3-130 “正在转储”对话窗

(1)在速度为 0 的情况下按压[转储]键后屏幕弹出“文件转储”窗口，光标默认“选择文件”状态。

(2)光标移至“选择未转”按压[确认]键，所有未转文件被选中并显示为蓝色。

(3)文件选择完毕，光标自动移至“开始转储”按钮，按压[确认]键，进行文件转储操作，弹出“正在转储”对话窗，显示文件转储进度，转储完毕后弹出“注意”提示窗口提示“转储成功”，按压[确认]键，光标自动移至“卡上文件”，按压[确认]键显示卡上已转储的列表文件信息，内容包括“文件序号、车次、司机、大小、生成日期”，移动光标至“返回”，按压[确认]键退出“文件转储”窗口。

转储操作要注意：

①文件选中后可以将光标移至“撤销选择”按压[确认]键，所有已选中的文件被撤销，可将光标移至“选择文件”重新选择。

②转储结束后，如果转储不成功，自动弹出一窗口，提示“写卡失败”，按压[确认]键后可重新选择文件进行转储，若提示“卡已满”可以换卡重新进行转储操作。

③在停车且监控状态下运行揭示正在控制时，不可进行转储操作。

(十一)开　车

当机车经过规定的对标开车基准点时，按[开车]键完成“开车”操作，装置调出前方信号机数据，进入“监控”状态。此时显示屏上方数据窗口将会显示出实际速度、限制速度、前方信号机种类、距离等相应的数据。屏幕显示如图 3-131 所示。

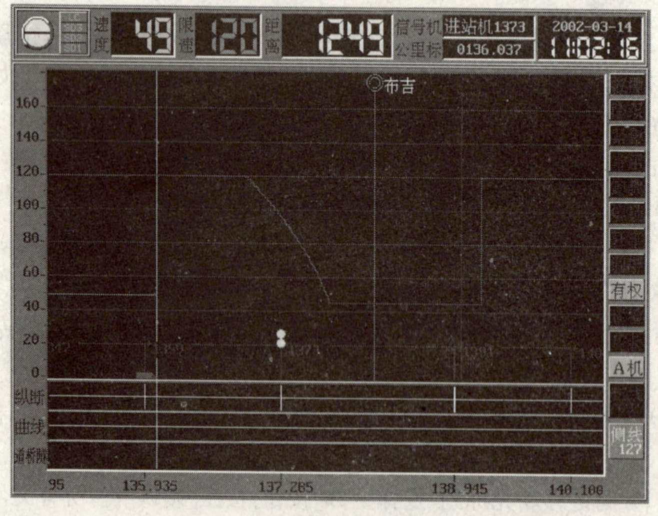

图 3-131 监控状态显示

当处于降级报警状态时应首先按[警惕]键暂停降级报警然后再按[开车]键完成“开车”操作。

按[开车]键时必须是降级状态，调车状态下无效。

（十二）车位调整

1. 人工自动校正

误差在 300 m 内，以前方信号机为基准（半自动闭塞区段预告分区调整基准在绝缘节处），至机车头部与信号机平齐时按压[自动校正]键，无论超前或滞后均可自动调整。

2. 滞后误差调整

当机车运行到信号机处，监控装置距离显示仍为剩余距离时，先按压[车位]键，至机车头部与信号机平齐时按压[向前]键。

3. 超前误差调整

当机车未运行到信号机处，监控装置距离已提前走完（误差距离在 300 m 内），并调出下一信号机距离时，先按压[车位]键，至机车头部与信号机平齐时按压[向后]键。

4. 监控装置按停车模式控制时，车位调整无效。

（十三）巡检操作

运行途中，学习司机执行动力室巡检时，在操纵端按压[巡检]键 1 次，巡检到非操纵端后，在非操纵端按压[巡检]键 1 次，待返回操纵端后，再按压 1 次[巡检]键，完成巡检操作。

巡检操作必须在出站信号机之后，进站信号机之前完成。当按压[巡检]键有效时，[巡检]指示灯点亮，4 s 后自动熄灭。

（十四）[警惕]键操作

降级状态下监控装置周期报警，司机 7 s 内周期按压[警惕]键解除报警；防溜报警时司机 10 s 内按压[警惕]键解除报警；监控装置发生防溜动作紧急制动停车后，需缓解时，司机按压[警惕]键缓解。

（十五）调车操作

当机车速度为 0 时，在有权端按压[调车]键进入调车状态，进入调车状态后两端均有操作权。调车结束后，在操纵端按压[调车]键退出调车状态。

（十六）解锁操作

乘务员根据相关解锁规定，允许解锁时，单独按压[解锁]键或者配合其他键进行解锁操作。

（十七）定标操作

在机车运行中按压[定标]键，装置记录此刻的公里标及时间，作为运行数据处理时查找的标记。

操作方法：机车运行中，在需要打点的地点，一次按压[定标]键。

（十八）常用制动缓解操作

当常用制动动作后，列车运行速度下降到一定值时，监控装置语音提示“允许缓解”，此时乘务员按压[缓解]键即可缓解常用制动，监控装置语音提示“缓解成功”。在语音提示“允许缓解”前，按压[缓解]键无效。

项目六　非正常情况下行车作业

一、学习目标

通过本项目的学习，应能描述非正常情况下行车的作业办法，使用相关凭证，处理非正常情况下的行车作业，保证行车安全。

二、项目任务

本项目的任务是学习非正常情况下行车的作业方法，学习相关凭证的使用方法，学习处理非正常情况下的行车作业。

任务1　发布、接收调度命令。

任务2　使用路票（附件1）行车。

任务3　使用绿色许可证（附件2）行车。

任务4　使用红色许可证（附件3）行车。

任务5　列车在区间被迫停车后的处理。

任务6　自动闭塞区间通过信号机显示停车信号时行车。

三、质量评价标准

序号	项目	考核内容及评分标准	分值	扣分	得分	备注
1	叙述	叙述内容不全面的，酌情扣分。根据叙述内容去操作会导致事故的，失格	30			
2	操作	操作步骤要正确，不能简化，酌情扣分	30			
3	安全	根据违章行为酌情扣分。发生事故的，失格	40			
合　计						
评价者签名： 年　　月　　日						

四、项目链接

1. 铁道部. 铁路技术管理规程[M]. 北京：中国铁道出版社，2006.
2. 铁道部. 铁路运输调度规则[M]. 北京：中国铁道出版社，2008.

任务1　发布、接收调度命令

一、学习目标

能描述需发布调度命令的情况，能看懂调度命令，会发布、接收调度命令。

二、学习任务

1. 任务描述

认识需发布调度命令的各种情况，学习调度命令和调度命令登记簿的格式，学习发布并接收调度命令。

2. 任务流程图

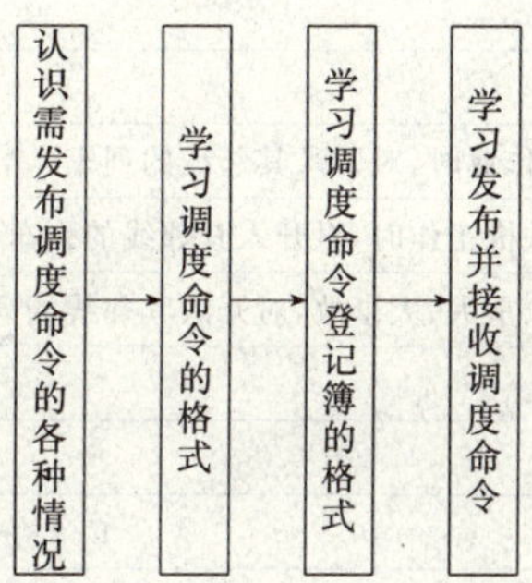

三、环境设备

建议在机务段机车调度室现场学习，备有调度命令接收系统、传真电话、《铁路技术管理规程》、调度命令、调度命令登记簿。

四、背景知识

指挥列车运行的命令和口头指示，只能由列车调度员发布。列车调度员在发布命令之前，应详细了解现场情况，并听取有关人员意见。

遇到表 3-10 所列情况，需发布调度命令。

表 3-10　行车调度命令基本内容表

顺序	命令项目	受令者		
		司机	运转车长	车站值班员
1	封锁、开通区间			○
2	向封锁区间开行救援列车、路用列车	○		○
3	临时变更或恢复原行车闭塞法	○	○	○
4	双线反方向行车及由双线改为单线或恢复双线行车	○	○	○
5	变更列车径路	○	○	○
6	列车在区间内停车或返回	○	○	○
7	去区间内岔线的列车	○	○	○
8	临时由区间内返回后部补机的列车	○	○	○
9	发生行车设备故障、灾害或封锁施工后，以及列车中挂有限速的机车、车辆等，需要使列车临时减速运行、一停再开或特别注意运行	○	○	○
10	半自动闭塞区间使用故障按钮、自动闭塞区间使用总辅助按钮			○
11	超长、欠轴列车或列车挂有装载超限货物的车辆	○		○
12	旅客列车加挂货车	○	○	○
13	单机附挂车辆	○		○

续上表

顺序	命　令　项　目	受令者		
		司机	运转车长	车站值班员
14	半自动闭塞区间，超长列车头部越过出站信号机（未压上出站方面的轨道电路）发车	○		○
15	在非到发线上接发列车	○		○
16	临时加开或停运列车	○	○	○
17	货物列车违反列车编组计划			○
18	双线区间在区间内进行跨线装卸作业时，对开入其邻线的列车	○	○	○
19	双线区间在区间内有除雪机、起重机工作时，对开入其邻线的列车	○	○	○
20	双线区间在区间内发生特别重大、重大、大事故，对开入其邻线的列车	○	○	○
21	临时利用本务机车调车作业	○		○
22	利用天窗施工、维修			○
23	利用施工特定行车办法行车	○		○
24	较规定时间提前或延迟施工	○	○	○
25	电气化区段正线、到发线接触网停电或送电	○	○	○
26	列车调度员认为有必要记录的上述以外的命令	有关人员		

注：画○者为受令人员。

上述调度命令，如涉及其他单位和人员时，应同时发给。

五、操作指导

（一）调度命令（附件4）和调度命令登记簿如图3-132、图3-133所示。

附件4　调度命令

调　度　命　令

20……年……月……日……时……分　第……号

受令处所		调度员姓名	
内　容			

（规格110mm×160mm）　　受令车站…………车站值班员…………

图3-132　调度命令

附件7　调度命令登记簿

调度命令登记簿

月　日	发出时刻	命　令			复诵人姓名	接受命令人姓名	调度员姓名	阅读时刻（签名）
		号码	受令及抄知处所	内容				

（规格190mm×265mm）

图3-133　调度命令登记簿

(二)发布调度命令的基本规定

1. 调度命令发布前,应详细了解现场情况,听取有关人员的意见,书写命令内容、受令处所必须正确、完整、清晰。

2. 采用计算机发布调度命令时,必须严格遵守"一拟、二审核(按规定需监控人审核的)、三签(按规定需领导、值班主任签发的)、四发布、五确认签收"的发布程序。受令人必须认真核对命令内容并及时签收。

3. 采用电话发布调度命令时,必须严格遵守"一拟、二审核(按规定需监控人审核的)、三签(按规定需领导、值班主任签发的)、四发布、五复诵核对、六下达命令号码和时间"的发布程序办理。发布、接收调度命令时,应填记《调度命令登记簿》,并记明发收人员姓名及时刻。

4. 采用常用行车调度命令用语拟写的命令,计算机编辑时"用语"中未用到的字句删除,书面拟写时"用语"中未用到的字句圈掉。

5. 调度命令书写不正确时,应重新书写。

6. 已发布的调度命令,遇有错、漏或变化时,必须取消前发命令,重新发布全部内容的调度命令。

7. 使用调度命令无线传送系统、计算机或传真机发布行车调度命令,必须认真执行确认和回执制度。

8. 发布运行揭示调度命令,不准夹带与受令处所无关的内容和命令。

9. 发布有关线路、道岔限速的调度命令,必须注明具体地点(包括站内线别、道岔号码)、起止里程及时间。发布事故救援命令有关线路、道岔必须注明里程。

10. 指定时间段内的维修作业,车站值班员在维修作业完毕销记后应立即报告列车调度员,列车调度员不再发布维修作业结束恢复行车的命令。如需延长作业时间需列车调度员发布调度命令批准。

(三)发布行车调度命令的规定

1. 指挥列车运行的命令和口头指示,只能由列车调度员发布。

2. 铁路局列车调度员发布行车调度命令,要一事一令,不得发布无关内容。一事一令是指对一个独立事件发布一个命令,该独立事件包括单因素事件和多因素事件两类。单因素事件是指不与其他工作发生关联的简单事件;多因素事件是指涉及两项及其以上工作内容,且因此及彼、因果相关、时间相连的复杂事件,可发布一个调度命令。

3. 设有双线双向闭塞设备且作用良好的区间,需要连续反方向行车时,可发布一个调度命令。

4. 交付调度命令的规定:

(1)具备调度命令无线传送系统的,应使用调度命令无线传送系统向值乘司机发布调度命令;受令人涉及运转车长的,由司机向运转车长转达。

(2)在具备良好转接设备和通信记录装置的条件下,符合使用列车调度电话发布、转达调度命令内容的,列车调度员(车站值班员)可使用列车调度电话向列车司机发布(转达)调度命令。

(3)不具备上述条件时,本区段有停车站,列车调度员指定车站值班员在进入关系地点前的停车站交付调度命令;本区段无停车站或来不及时,在进入关系地点前的车站停车交付调度命令。

5. 交付和核对限速调度命令的规定。

(1)限速调度命令，需在进入限速地点前发布(转达)、复诵完毕，如来不及，必需在进入限速地点前的车站停车转达调度命令。

(2)具备使用调度命令无线传输系统或提前在停车站交付调度命令条件的需传输(交付)书面调度命令。

(3)不具备使用调度命令无线传输系统或提前在停车站传输(交付)书面调度命令，需使用列车调度电话发布(转达)调度命令时，列车调度员除发给限速地点关系站(限速地点在区间内，关系站为区间的两端站；限速地点在车站站内或站内跨区间，关系站为限速地点车站和相邻车站)外，还应发给转达调度命令车站和进入限速地点前的第二个车站，转达调度命令车站应在列车进入限速地点前的第二个车站以前传达、复诵完毕。

(4)对限速的调度命令，列车进入限速地点前的第一个车站值班员逐列与司机核对限速内容。

(5)限速地点在车站站内，限速车站的车站值班员在列车进入车站前要与司机核对限速内容。

(6)使用列车调度电话发布、转达限速调度命令时，进入限速地点前的第二个车站需与司机核对限速内容。

(7)核对不一致时，司机应在进入限速地点前的车站停车并向车站值班员报告，车站值班员立即向列车调度员报告，列车调度员核实后，发布正确的限速调度命令。

6. 对跨铁路局的列车，接车铁路局列车调度员可委托发车铁路局列车调度员发布调度命令，委托铁路局要将需转发调度命令号码、内容和具体车次发给受委托铁路局，受委托铁路局在时间允许情况下，不得拒绝委托。

7. 使用“常用行车调度命令用语”发布行车调度命令时，涉及限速内容需一并下达(司机事先已有限速调度命令除外)。

(四)调度命令示例

1. 封锁区间

____站至____站间____行线因____，自接令时(____次列车到____站)起(至____时____分止)，区间封锁。

2. 开通封锁区间

根据____站报告，____站至____站间____行线____完毕，区间已空闲，自接令时起区间开通。

3. 救援列车(救援队)出动

因____站至____站间____行线(____站)发生事故，____救援列车(救援队)立即出动。

4. 救援列车开行

____站至____站间加开____次列车，____站____时____分开，按现时分办理。

5. 向封锁区间开行救援列车

准许____站开____次列车，进入____站至____站间____行线封锁区间____km____m处进行事故救援，将____次列车推进(返回开____次列车)至____站(按事故救援指挥人的指挥办理)。

6. 停用基本闭塞法，改用电话闭塞法

因____，自接令时(____次列车到____站)起，____站至____站间____行线停用基本闭塞法，改用电话闭塞法行车。

7. 线路临时限速

自接令时(____时____分,____次列车到达____站)起至另有命令时(____时____分)止,____站至____站间____行线____km____m至____km____m处限速____km/h。

____次列车运行至____站至____站间____行线____km____m至____km____m处限速____km/h。

(五)转达、接收调度命令

列车调度员向司机、运转车长发布调度命令时,应发给有关站段(所、室),由受令站段(所、室)负责转达。当乘务人员已出乘时,应发给列车始发站或进入关系区间前的停车站由其交付,如来不及而必须在进入关系区间前交付时,通过列车应停车交付。

对跨局的列车,接车铁路局列车调度员可委托发车铁路局列车调度员发布调度命令。更换机车或变更限速条件时,应由有关铁路局列车调度员重新发给机车所担当全区段的调度命令。途中乘务人员换班时,应将调度命令内容交接清楚。

发收调度命令时,应填记《调度命令登记簿》(附件7),指定受令人员中一人复诵,并记明发收人员姓名及时刻。使用计算机、传真机、无线传送系统发布调度命令时,命令接受人员确认无误后应及时反馈回执。在具备良好转接设备或通信记录装置的条件下,可根据铁道部有关规定,使用列车无线调度通信设备向司机、运转车长发布、转达调度命令或口头指示。

任务2 使用路票(附件1)行车

一、学习目标

能描述需使用路票行车的情况,能看懂路票,会接收并使用路票行车。

二、学习任务

1. 任务描述

学习使用路票行车的情况;认识路票及其要素;描述路票的接收和使用要求。

2. 任务流程图

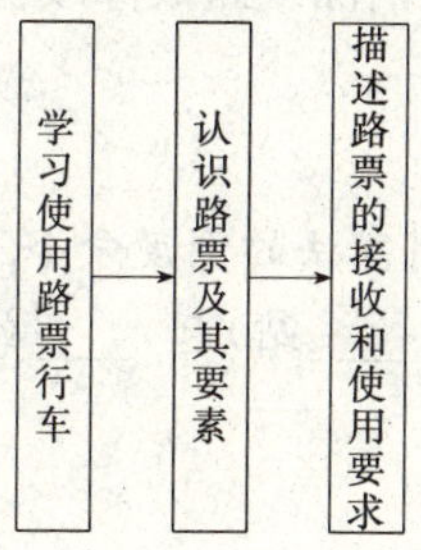

三、环境设备

建议在车站现场学习,备有《铁路技术管理规程》、路票、行车日志。

四、背景知识

路票,是当铁路行车基本闭塞设备不能使用,根据列车调度员的命令(遇调度电话不通时,由两端车站值班员直接办理)改用电话闭塞法行车时,列车占用区间所使用的书面行车凭证,如图 3-134 所示。

附件 1　路　票

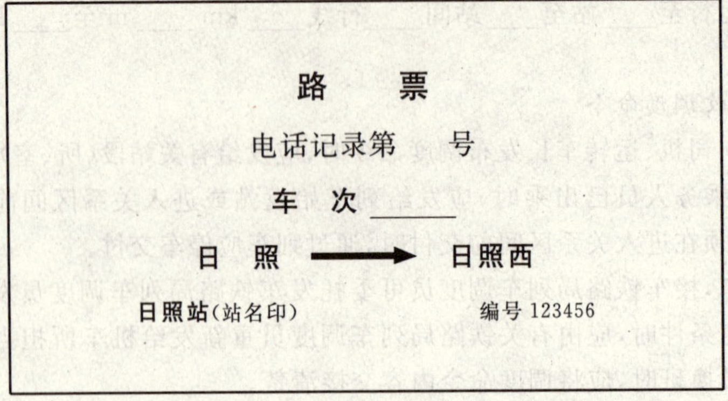
路　票

电话记录第　　号

车　次______

日　照 ⟶ 日照西

日照站(站名印)　　　编号 123456

注:1. 路票为预先印好区间(即站名)和编号的硬卡片;　(规格 75 mm×88 mm)

2. 加盖㊢字戳记者,为路票副页。

图 3-134　路票样张

当基本闭塞设备不能使用时,应根据列车调度员的命令采用电话闭塞法行车。遇列车调度电话不通时,闭塞法的变更或恢复,应由该区间两端站的车站值班员确认区间空闲后,直接以电话记录办理。列车调度电话恢复正常时,两端站车站值班员应及时向列车调度员报告。

遇下列情况,应停止使用基本闭塞法,改用电话闭塞法行车:

1. 基本闭塞设备发生故障(包括自动闭塞区间内两架及以上通过信号机故障或灯光熄灭)时;

2. 发出挂有由区间返回后部补机的列车时,或自动闭塞区间发出由区间返回的列车时;

3. 无双向闭塞设备的双线区间反方向发车或改按单线行车时;

4. 半自动闭塞区间,发出需由区间返回的列车,由未设出站信号机的线路上发车,或超长列车头部越过出站信号机并压上出站方面轨道电路发车时;

5. 在夜间或遇降雾、暴风雨雪,为消除线路故障或执行特殊任务,开行轻型车辆时。

五、操作指导

(一)停用基本闭塞法,改用电话闭塞法的调度命令

因____,自接令时(____次列车到____站)起,____站至____站间____行线停用基本闭塞法,改用电话闭塞法行车。

(二)司机接收路票

路票应由车站值班员或指定的助理值班员填写。对于填写的路票,车站值班员应根据《行车日志》的记录,进行认真检查,确认无误,并加盖站名印后,方可送交司机。

司机接收时要注意确认路票上应填记清电话记录号码、列车车次、加盖专用站(场)名戳,字迹要清楚,不得涂改,路票内容如未按规定填写或有涂改时,均应作废,另行填写,如图 3-135 所示。双线反方向行车使用路票时,应在路票上加盖“反方向行车”章,如图 3-136 所示;两线、多线区间使用路票时,应在路票上加盖“××线行车”章,如图 3-137 所示。

路　票

电话记录第 *8* 号

车　次 *22117*

南　昌 ——→ 南昌南

南昌站(站名印)　　　　编号 123456

注:1. 路票为预先印好区间(即站名)和编号的硬卡片；　(规格 75 mm×88 mm)

2. 加盖(副)字戳记者,为路票副页。

图 3-135　单线及双线正方向路票样张

路　票

反方向行车

电话记录第 *10* 号

车　次 *30051*

武　昌 ——→ 余家湾

武昌站(站名印)　　　　编号 123456

注:1. 路票为预先印好区间(即站名)和编号的硬卡片；　(规格 75 mm×88 mm)

2. 加盖(副)字戳记者,为路票副页。

图 3-136　双线反方向行车路票样张

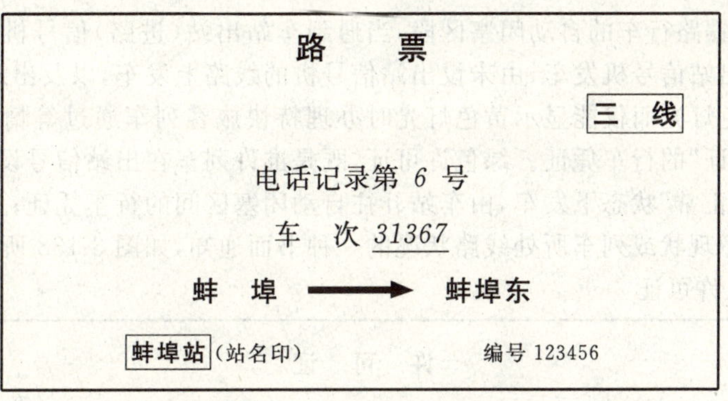

路　票

三　线

电话记录第 *6* 号

车　次 *31367*

蚌　埠 ——→ 蚌埠东

蚌埠站(站名印)　　　　编号 123456

(规格 75 mm×88 mm)

注:1. 路票为预先印好区间(即站名)和编号的硬卡片；

2. 加盖(副)字戳记者,为路票副页。

图 3-137　两线或多线区间路票样张

(三)路票的使用

使用电话闭塞法行车时,列车占用区间的行车凭证为路票。当挂有由区间返回的后部补机时,另发给补机司机路票副页。司机凭路票占用区间运行,当列车运行至前方站,司机应将路票交给接车人员,不得将废止路票带过站。

任务3　使用绿色许可证(附件2)行车

一、学习目标

能描述需使用绿色许可证行车的情况，能看懂绿色许可证，会接收并使用绿色许可证行车。

二、学习任务

1. 任务描述

学习使用绿色许可证行车的情况；认识绿色许可证及其要素；描述绿色许可证的接收和使用要求。

2. 任务流程图

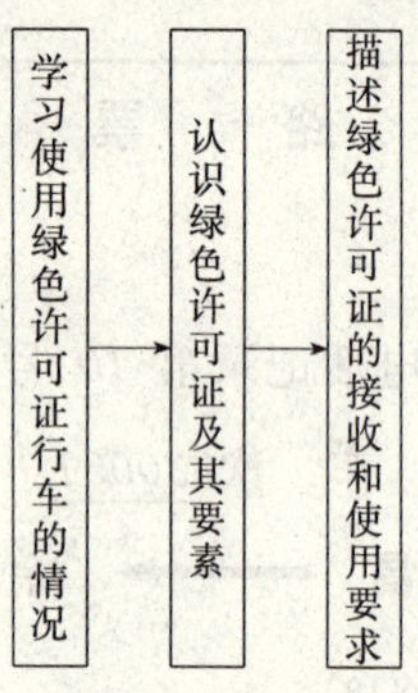

三、环境设备

建议在车站现场学习，备有《铁路技术管理规程》，绿色许可证。

四、背景知识

目前，在我国铁路行车的自动闭塞区段，当遇到车站出站(进路)信号机发生故障发车、超长列车头部越过出站信号机发车、由未设出站信号机的线路上发车，以及出站信号机不能显示绿色灯光或绿黄色灯光而仅能显示黄色灯光时办理特快旅客列车通过等情况时，需要使用一种称为“绿色许可证”的行车凭证。绿色许可证，既是准许列车在出站信号设备故障、停用或在非到发线上等“非正常”状态下发车，由车站开往自动闭塞区间的行车凭证；又作为对本次列车司机有关信号故障现状或列车所处线路状况的一种书面通知，如图3-138所示。

附件2　绿色许可证

许　可　证

第________号

1. 在出站(进路)信号机故障、未设出站信号机、列车头部越过出站(进路)信号机的情况下，准许第________次列车由________线上发车。

2. 在出站信号机显示黄色灯光的状态下，准许第____次列车由____线上通过。

站(站名印)车站值班员(签名)

年　　月　　日填发

注：1. 绿色纸，复写一式两份，司机一份，存根一份；　　(规格90 mm×130 mm)

2. 不用的字句抹消。

图3-138　绿色许可证样张

使用自动闭塞法行车时，列车进入闭塞分区的行车凭证为出站或通过信号机的黄色灯光、绿黄色灯光或绿色灯光。特快旅客列车由车站通过时，为出站信号机的绿黄色灯光或绿色灯光，遇站间未设通过信号机时，发出列车的行车凭证由铁路局规定。

自动闭塞区段遇下列情况发车的行车凭证，在三显示区段规定见表 3-11；在四显示区段规定见表 3-12。

表 3-11　自动闭塞区段(三显示)特殊情况行车凭证表

列车出发情况	行车凭证	发给行车凭证的依据	附带条件
1. 出站信号机不能显示绿色灯光，仅能显示黄色灯光时，办理特快旅客列车通过	出站信号机的黄色灯光，发给司机绿色许可证(附件 2)	监督器表示两个闭塞分区空闲，不表示时为接到列车到达邻站的通知或前次列车发出后不少于 10 min 的时间	
2. 出站信号机故障时发出列车	绿色许可证(附件 2)	1. 监督器表示两个或第一个闭塞分区空闲(办理特快旅客列车通过必须两个闭塞分区空闲)，不表示时为接到列车到达邻站的通知或前次列车发出后不少于 10 min 的时间； 2. 确认道岔位置正确及进路空闲； 3. 单线需取得对方站确认区间内无迎面列车的电话记录	从监督器上不能确认第一个闭塞分区空闲时，发车人员需书面通知司机，以在瞭望距离内能随时停车的速度，最高不超过 20 km/h，运行到第一架通过信号机，按其显示的要求执行
3. 由未设出站信号机的线路上发车			
4. 超长列车头部越过出站信号机发车			
5. 发车进路信号机发生故障时发出列车			
6. 超长列车头部越过发车进路信号机发车		确认道岔位置正确及进路空闲	列车到达次一信号机按其显示的要求执行
7. 自动闭塞作用良好，监督器故障时发出列车	出站信号机的绿色或黄色灯光		与邻站车站值班员及本站信号员联系
8. 双线双向闭塞设备的车站，反方向发出列车	出站信号机的绿色灯光	1. 区间占用表示灯表示区间空闲； 2. 双线反方向行车的调度命令	反方向发车进路表示器显示 1 个白色灯光

表 3-12　自动闭塞区段(四显示)特殊情况行车凭证表

列车出发情况	行车凭证	发给行车凭证的依据	附带条件
1. 出站信号机不能显示绿色灯光或绿黄色灯光，仅能显示黄色灯光时，办理特快旅客列车通过	出站信号机的黄色灯光，发给司机绿色许可证(附件 2)	监督器表示第一、二个闭塞分区空闲，不表示时为接到列车到达邻站的通知或前次列车发出后不少于 10 min 的时间	
2. 出站信号机故障时发出列车	绿色许可证(附件 2)	1. 监督器表示第一、二个或第一个闭塞分区空闲(办理特快旅客列车通过必须第一、二个闭塞分区空闲)，不表示时为接到列车到达邻站的通知或前次列车发出后不少于 10 min 的时间； 2. 确认道岔位置正确及进路空闲； 3. 单线需取得对方站确认区间内无迎面列车的电话记录	从监督器上不能确认第一个闭塞分区空闲时，发车人员需书面通知司机，以在瞭望距离内能随时停车的速度，最高不超过 20 km/h，运行到第一架通过信号机，按其显示的要求执行
3. 由未设出站信号机的线路上发车			
4. 超长列车头部越过出站信号机发车			
5. 发车进路信号机发生故障时发出列车			
6. 超长列车头部越过发车进路信号机发车		确认道岔位置正确及进路空闲	列车到达次一信号机按其显示的要求执行
7. 自动闭塞作用良好，监督器故障时发出列车	出站信号机的绿色、绿黄色或黄色灯光		与邻站车站值班员及本站信号员联系
8. 双线双向闭塞设备的车站，反方向发出列车	出站信号机的绿色灯光	1. 区间占用表示灯表示区间空闲； 2. 双线反方向行车的调度命令	反方向发车进路表示器显示一个白色灯光

五、操作指导

为确保作业安全,原则上,绿色许可证应由车站值班员亲自填写。由于车站值班员过于繁忙或其他原因而不便亲自填写时,可由事先在《站细》中指定的助理值班员代为填写,但必须经车站值班员审核并签名后,方可交付使用。

绿色许可证的填写,必须内容齐全,印章清晰,字迹清楚,不得涂改或增添字句。当填写发生错误时,应立即将绿色许可证划"×"注销,重新填写。

绿色许可证填写时,应复写一式两份(司机一份,存根一份);遇有补机时,应增加一份,交与补机司机。绿色许可证上的车次、线别、日期及编号均按实际填记,数字要清晰;不用的字句抹消。发车站还须在绿色许可证上盖上站名印或行车专用章。绿色许可证的各种情况使用样张,分别举例如下:

1. 出站信号机故障发车时,如图 3-139 所示。

许　可　证

第 *1* 号

1. 在出站(进路)信号机故障、~~未设出站信号机、列车头部越过出站(进路)信号机~~的情况下,准许第 *T90* 次列车由 *3* 线上发车。

2. ~~在出站信号机显示黄色灯光的状态下,准许第______次列车由______线上通过。~~

广州站(站名印)车站值班员(签名)丁力

2006 年 11 月 12 日填发

注:1. 绿色纸复写一式两份,司机一份,存根一份。（规格 90 mm×130 mm)

2. 不用的字句抹消。

图 3-139　出站信号机故障时发出列车的填写图例

2. 发车进路信号机故障发车时,如图 3-140 所示。

许　可　证

第 *5* 号

1. 在~~出站~~(进路)信号机故障、~~未设出站信号机、列车头部越过出站(进路)信号机~~的情况下,准许第 *20019* 次列车由 *9* 线上发车。

2. ~~在出站信号机显示黄色灯光的状态下,准许第______次列车由______线上通过。~~

株州北站(站名印)车站值班员(签名)晓晴

2006 年 11 月 11 日填发

注:1. 绿色纸,复写一式两份,司机一份,存根一份。（规格 90 mm×130 mm)

2. 不用的字句抹消。

图 3-140　发车进路信号机故障时发出列车的填写图例

3. 在未设出站信号机的线路上发车时，如图 3-141 所示。

许 可 证

第 *7* 号

1. 在出站（进路）信号机故障、未设出站信号机、列车头部越过出站（进路）信号机的情况下，准许第 *38001* 次列车由 *3* 线上发车。

2. 在出站信号机显示黄色灯光的状态下，准许第______次列车由______线上通过。

田心站（站名印）车站值班员（签名）黄绿红

2006 年 10 月 21 日填发

注：1. 绿色纸复写一式两份，司机一份，存根一份；（规格 90 mm×130 mm）

2. 不用的字句抹消。

图 3-141 在未设出站信号机的线路上发出列车的填写图例

4. 列车头部越过出站信号机发车时，如图 3-142 所示。

许 可 证

第 *3* 号

1. 在出站（进路）信号机故障、未设出站信号机、列车头部越过出站（进路）信号机的情况下，准许第 *30102* 次列车由 *3* 线上发车。

2. 在出站信号机显示黄色灯光的状态下，准许第______次列车由______线上通过。

田心站（站名印）车站值班员（签名）吕华

2006 年 11 月 6 日填发

注：1. 绿色纸复写一式两份，司机一份，存根一份；（规格 90 mm×130 mm）

2. 不用的字句抹消。

图 3-142 列车头部越过出站信号机发出列车的填写图例

5. 列车头部越过发车进路信号机发车时，如图 3-143 所示。

许 可 证

第 *8* 号

1. 在出站（进路）信号机故障、未设出站信号机、列车头部越过出站（进路）信号机的情况下，准许第 *56001* 次列车由 *8* 线上发车。

2. 在出站信号机显示黄色灯光的状态下，准许第______次列车由______线上通过。

德安站（站名印）车站值班员（签名）鲁江

2006 年 10 月 30 日填发

注：1. 绿色纸复写一式两份，司机一份，存根一份；（规格 90 mm×130 mm）

2. 不用的字句抹消。

图 3-143 列车头部越过发车进路信号机发出列车的填写图例

6. 出站信号机在三显示自动闭塞区段不能显示绿色灯光、四显示自动闭塞区段不能显示绿色或绿黄色灯光,而仅能显示黄色灯光,办理特快旅客列车通过时,如图 3-144 所示。

许　可　证

第 *12* 号

1. 在~~出站(进路)信号机故障、未设出站信号机、列车头部越过出站(进路)信号机的情况下,准许第______次列车由______线上发车~~。

2. 在出站信号机显示黄色灯光的状态下,准许第 *D107* 次列车由 *3* 线上通过

武昌站(站名印)车站值班员(签名)黄阳

2006 年 8 月 10 日填发

注:1. 绿色纸复写一式两份,司机一份,存根一份;　　(规格 90 mm×130 mm)

2. 不用的字句抹消。

图 3-144　出站信号机不能显示绿色或绿黄色灯光仅能显示黄色灯光,办理特快旅客列车通过的填写图例

任务 4　使用红色许可证(附件 3)行车

一、学习目标

能描述需使用红色许可证行车的情况,能看懂红色许可证,会接收并使用红色许可证行车。

二、学习任务

1. 任务描述

学习使用红色许可证行车的情况;认识红色许可证及其要素;描述红色许可证的接收和使用要求。

2. 任务流程图

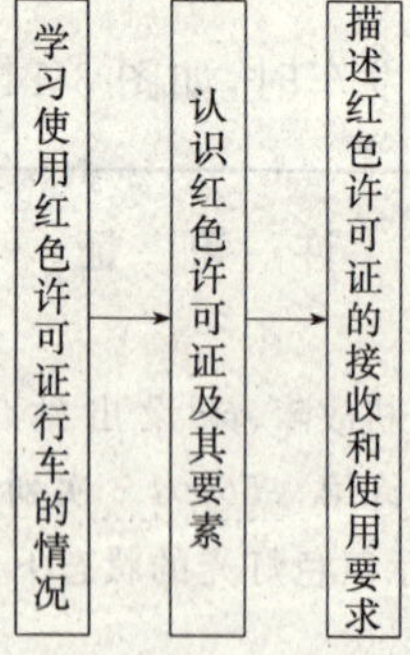

三、环境设备

建议在车站现场学习,备有《铁路技术管理规程》红色许可证。

四、背景知识

电话通信,在铁路运输业中,占有非常重要的位置,尤其在行车工作中更显突出。铁路行

车作业中的下达命令、接受指示、业务联系、计划传递等等，都必须依靠并要求行车电话达到准确迅速、清晰无误的程度，以便进一步保障行车安全。因此，铁路各种行车电话均为专线电话。

但是，由于自然灾害的侵袭，通信设备的故障，或人为因素及其他方面的原因，有时会导致铁路行车电话发生中断的特殊情况，对铁路运输直接或间接地产生干扰和影响，不同程度地降低了铁路行车安全的系数。为此，必须引起有关作业人员甚至管理人员的高度重视。

车站行车室内一切电话（包括行车闭塞电话、列车调度电话、无线列调电话、各站电话及其他电话）全部中断，无法与相邻车站（线路所）及列车调度员取得行车联络时，车站为了既能保证列车运行安全，又能不间断地接发列车，就必须采取一种特定的行车办法，即单线行车按书面联络、双线行车按时间间隔的行车办法。

书面联络法，是指单线行车的车站在发生一切电话中断时，相邻两站间通过书面方式进行联络，确定向区间开行列车的发车权及列车运行顺序的办法。时间间隔法，是指同方向运行的前一列车由车站出发后，不论其是否到达前方站，间隔一定的时间，再向该区间发出次一列车的行车办法。

五、操作指导

（一）发生一切电话中断后，按一切电话中断的特定办法行车时，无论单线或双线，列车进入区间的行车凭证均为红色许可证（附件 3，如图 3-145 所示）。但在自动闭塞区间，如闭塞设备作用良好时，列车运行仍按自动闭塞法行车，但车站与列车司机应以列车无线调度通信设备直接联系（说明车次及注意事项等）。如列车无线调度通信设备故障时，列车必须在车站停车联系。

附件 3　红色许可证

许　可　证

第______号

现在一切电话中断，准许第______次列车自______站至______站，本列车前于______时______分发出的第______列车，邻站到达通知已/未收到。

通　知　书

1. 第______次列车到达你站后，准接你站发出的列车。

2. 于______时______分发出第______次列车，并于______时______分再发出第______次列车。

站（站名印）车站值班员（签名）

年　　月　　日填发

注：1. 红色纸，复写一式三份，司机、运转车长各一份，存根一份；（规格 90 mm×130 mm）

2. 不用的字句抹消。

图 3-145　红色许可证样张

(二)红色许可证的填写交付要求

车站一切电话中断行车时,现行的红色许可证既是列车占用区间的行车凭证,其"通知书"又作为与邻站联络(确定列车运行及发车顺序)的行车权限;另外,还具有提醒司机和运转车长注意列车运行的作用。红色许可证的填写方法为:复写一式三份(事先已印制编号的,其三份号码应完全一致)。填写时,需字迹清楚准确,不得涂改。并将不用的字句抹消。当填写发生错误时,应划"×"注销,重新填写。

红色许可证填写完毕后,车站值班员应与助理值班员、作业员认真核对复检,确认无误并加盖站名印后,交给司机、运转车长各一份,车站自留存根一份。

(三)单线按书面联络法行车时,下列车站可以优先发车

1. 已办妥闭塞而尚未发车的车站;

2. 未办妥闭塞时

(1)单线区间为开下行列车的车站;

(2)双线改为单线行车时,为该线原定发车方向的车站;

(3)同一线路同一方向运行的列车,有上下行两种车次时,铁路局规定优先发车的车站。

第一个列车的发车权为优先发车的车站所有,如优先发车的车站没有待发列车时,应主动用附件3的通知书通知非优先发车的车站。非优先发车的车站,如有待发列车时,应在得到通知书以后方可发车。

第一个列车的发车站,在发车前应查明区间已空闲,并在附件3的通知书上记明下一个列车的发车权。如为本条第1项所规定的发车站发车时,持有行车凭证的列车,还应发给附件3的通知书;如无行车凭证,列车应持红色许可证开往邻站。以后开行的列车,均凭附件3的通知书上记明的发车权办理。

附件3的通知书,应采取最快的方法传送,优先方向车站如无开往区间的列车时,在确认区间空闲后,可使用重型轨道车或单机传送。

(四)双线按时间间隔法行车时,只准发出正方向的列车。非自动闭塞区间发出第一个列车时,在发车前应查明区间已空闲。

一切电话中断后,连续发出同一方向的列车时,两列车的间隔时间,应按区间规定的运行时间另加3 min,但不得少于13 min。

(五)一切电话中断时,禁止发出下列列车

1. 在区间内停车工作的列车(救援列车除外);

2. 开往区间岔线的列车;

3. 需由区间内返回的列车;

4. 挂有需由区间内返回后部补机的列车;

5. 列车无线调度通信设备故障的列车。

(六)单线区间的车站,经以闭塞电话、列车调度电话或其他电话呼唤5 min无人应答时,由列车调度员查明该站及其相邻区间确无列车(包括单机、动车及重型轨道车)后,可发布调度命令,封锁相邻区间,按封锁区间办法向不应答站发出列车。

该列车应在不应答站的进站信号机外停车,判明不应答原因及准备好进路后,再行进站。司机(运转车长)或车站值班员应将经过情况报告列车调度员。

任务5 列车在区间被迫停车后的处理

一、学习目标

通过本项目的学习，会使用人力制动机、铁鞋、止轮器、响墩、火炬、短路线，当列车在区间被迫停车时会处理和防护。

二、学习任务

1. 任务描述

学习人力制动机、铁鞋、止轮器、响墩、火炬、短路线等设备器具的使用方法；实际操作上述设备器具；学习列车在区间被迫停车时的处理方法及防护方法。

2. 任务流程图

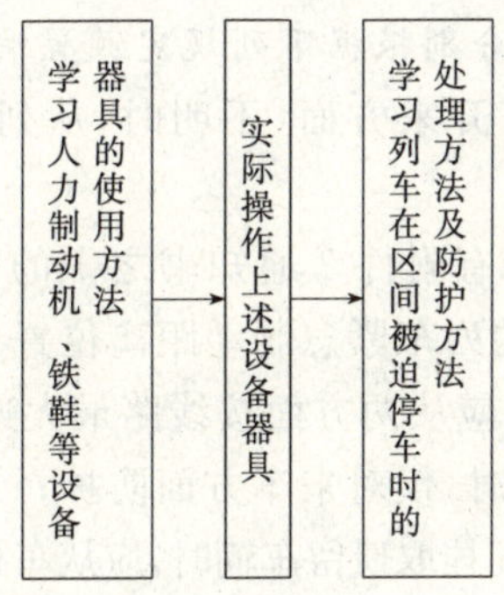

三、环境设备

建议在有线路的现场学习，备有车辆、铁鞋、止轮器、响墩、火炬、短路线、信号旗。

四、背景知识

(一)拧紧人力制动机防溜时的注意事项

1. 列车停在接触网下时，必须遵守电气化区段的安全规定，无论当时停电与否，在没有接到停电命令并挂好接地线前，人或所持的器物与接触网设备的带电部分必须保持2 m以上的距离。在带电接触网的线路上，禁止登上棚车、敞车拧人力制动机，在敞车、平板车上使用人力制动机时，不准踏在高于人力制动机踏板台的车帮上或货物上。

2. 拧人力制动机时要注意：选重（重车）不选轻（空车），选大（大吨位车）不选小（小吨位车）。因为，重车或大吨位车惰力大，对其制动易于取得事半功倍的效果。

3. 目前货车的人力制动机种类较多，拧、松方法不尽相同，机车乘务员应熟悉其使用方法。货车用人力制动机分为旋转式、螺旋式和掣轮式三类。旋转式人力制动机，又叫链子闸，分为固定式和折叠式两种。固定式人力制动机一般装在棚车、敞车、罐车等车辆上，拧紧此种人力制动机时，拧至最大限度后应将止销卡紧，以防松闸。松闸时打开止销后，往紧的方向用力拧一下再松手，即可自行缓解。折叠式人力制动机多装在平车、砂石车等车辆上，使用时要将轴杆立起，用轴套固定，其拧、松方法与固定式相同。其余货车的人力制动机拧紧后会自动保持在制动状态，松开时，将缓解手把打到缓解位即可。

（二）采取铁鞋（止轮器）防溜时的注意事项

铁鞋（止轮器）制动是利用变滚动摩擦为滑动摩擦的原理来制动车辆的，其制动力的大小根据试验确定。对一般的重车来说，打一只铁鞋的制动力约相当于拧两辆车的人力制动机。

采取铁鞋（止轮器）防溜时应注意以下几点：

1. 应在列车或车列下坡方向将铁鞋紧贴车轮牢靠固定，使车轮踏面与铁鞋托座弧面密贴，确保制动效果，下坡方向最外方车辆的轮对下应打压铁鞋。

2. 像拧人力制动机一样，掌握选重不选轻，选大不选小的原则。

3. 铁鞋应避免打在曲线上及有冰、雪、油污等不利于制动的地点。

4. 打多只铁鞋时，应交叉放置，不应放在同一轮对下，因为同一轮对下压两只铁鞋与一个轮对压一只铁鞋相比，由于台车不产生倾斜，其制动力还要小些。

5. 对着火的车辆必须打铁鞋。

6. 机车连挂妥当，充满风撂闸后方可撤除铁鞋、松开人力制动机。动车前必须确认所有人工防溜全部撤除。

（三）列车在区间被迫停车后，分别根据下列规定放置响墩防护

1. 已请求救援时，从救援列车开来方面（不明时，从列车前后两方面），距离列车不少于300 m处防护；

2. 电话中断后发出的列车（持有附件3通知书之1的列车除外），应于停车后，立即从列车后方按线路最大速度等级规定的列车紧急制动距离位置处防护；

3. 对于邻线上妨碍行车地点，应从两方面按线路最大速度等级规定的列车紧急制动距离位置处防护，如确知列车开来方向时，仅对来车方面防护；

4. 列车分部运行，机车进入区间挂取遗留车辆时，应从车列前方距离不少于300 m处防护。

5. 防护人员设置的响墩待停车原因消除后可不撤响墩。

6. 3个响墩为一组，按来车方向“左2右1”卡放在轨面上，每个响墩的间隔距离为20 m，距防护点（指停车列车，妨碍行车地点等）最近的一枚响墩必须满足防护距离的要求。安放时应尽量避免放于道岔、钢轨接头、平交道口、无砟桥、隧道内、积雪及浸水地点，并应避免列车停车后停在桥梁上或隧道内。

7. 凡使用响墩时，均应有手持停车手信号的防护人员看守。防护人员应站在距防护对象最近的一个响墩的内方20 m处（图3-77）。

（四）火炬的点燃与放置

点燃火炬时，取掉火炬上擦火帽，再用擦火帽擦燃发火药头（如擦火帽失效，可直接在钢轨上用力划擦），点燃火炬时应顺风，以免烧伤，点燃后顺风向以45°斜角插入道心（如图3-78）。火炬没有安放距离要求，但要保证足够的瞭望距离。

（五）响墩爆炸声及火炬信号的火光，均要求紧急停车

停车后如无防护人员，机车乘务人员应立即检查前方线路，如无异状，列车以在瞭望距离内能随时停车的速度继续运行，但最高不得超过20 km/h。在自动闭塞区间，运行至前方第一个通过信号机前，如无异状，即可按该信号机显示的要求执行；在半自动闭塞区间，经过1 km后，如无异状，可恢复正常速度运行。

（六）短接轨道电路的时机及注意事项

在自动闭塞区间因故被迫停车，可能妨碍邻线时，或发现邻线线路故障或有妨碍行车的障碍物时，司机应将短路铜线两端磁铁吸在钢轨顶部，短接轨道电路。来车方向的通过信号机会立即变为

停车信号，使邻线列车及时停车。短接轨道电路时要注意使铜线两端磁铁吸牢，防止脱落。同时要避开钢轨锈渍和四显示自动闭塞区段调谐区。短接轨道电路后，有条件时应确认信号机显示红灯。

五、操作指导

（一）列车在区间被迫停车后，不能继续运行时，司机应立即使用列车无线调度通信设备通知两端站、列车调度员及运转车长（无运转车长时为车辆乘务员），报告停车原因和停车位置，根据需要或运转车长指示迅速请求救援。需要防护时，列车前方由司机负责，列车后方由运转车长（无运转车长时为车辆乘务员，无车辆乘务员时为列车乘务员）负责。

如遇自动制动机故障，旅客列车司机应通知运转车长（无运转车长时为车辆乘务员）立即组织列车乘务人员拧紧全列人力制动机，以保证就地制动；其他列车司机应立即采取安全措施，并向列车调度员报告，请求救援。

对已请求救援的列车，不得再行移动，并按规定对列车进行防护。

车站值班员接到司机通知后，应将区间内列车运行情况通知司机，并立即使用列车无线调度通信设备转告区间内有关列车。在停车原因消除前不得再放行追踪、续行列车。

（二）列车被迫停车可能妨碍邻线时，司机应立即用列车无线调度通信设备通知邻线上运行的列车和两端站，并与运转车长（无运转车长时为车辆乘务员）分别在列车的头部和尾部附近邻线上点燃火炬；在自动闭塞区间，还应对邻线来车方向短路轨道电路。司机应亲自或指派人员沿邻线一侧对列车进行检查，发现妨碍邻线时，应立即派人按规定防护。如发现邻线有列车开来时，应鸣示紧急停车信号。车站值班员接到列车被迫停车可能妨碍邻线的通知后，在原因消除前不得向邻线放行列车。运转车长或车站值班员应将经过情况报告列车调度员。

任务6　自动闭塞区间通过信号机显示停车信号时行车

一、学习目标

通过本项目的学习，会描述自动闭塞区间通过信号机显示停车信号时的行车办法，能描述自动闭塞区间通过信号机显示停车信号时行车时的具体要点、注意事项并执行，保证行车安全。

二、学习任务

1. 任务描述

学习自动闭塞区间通过信号机显示停车信号时的行车办法；学习自动闭塞区间通过信号机显示停车信号时行车时的具体要点、注意事项；实际操作模拟驾驶。

2. 任务流程图

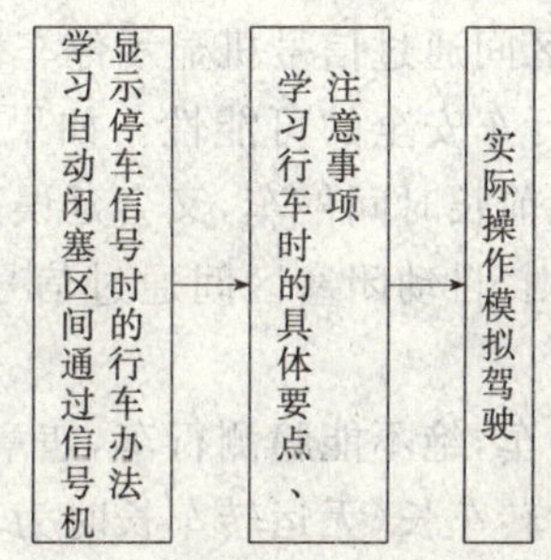

三、环境设备

建议在配有列车运行监控记录装置的模拟驾驶装置学习。

四、背景知识

在自动闭塞区间每个闭塞分区的起点设有通过信号机进行防护，列车按其显示追踪运行。严格按分区通过信号机的显示行车，是防止自动闭塞区间常见的恶性事故——追尾事故的必要条件。《技规》对自动闭塞区间通过信号机显示停车信号(包括显示不明或灯光熄灭)时的行车办法做了明确严格的规定，但个别机车乘务员未能认真执行《技规》有关规定，黄灯不减速，红灯不停车，发生了惨痛的追尾事故。

《技规》第 251 条规定：自动闭塞区间通过信号机显示停车信号(包括显示不明或灯光熄灭)时，列车必须在该信号机前停车，司机应使用列车无线调度通信设备通知运转车长(无运转车长时为车辆乘务员)，通知不到时，鸣笛一长声。停车等候 2 min，该信号机仍未显示进行的信号时，即以遇到阻碍能随时停车的速度继续运行，最高不超过 20 km/h，运行到次一通过信号机，按其显示的要求运行。在停车等候同时，与车站值班员、列车调度员、前行列车司机联系，如确认前方闭塞分区内有列车时，不得进入。

装有容许信号的通过信号机，显示停车信号时，准许铁路局规定停车后启动困难的货物列车，在该信号机前不停车，按上述速度通过。当容许信号灯光熄灭或容许信号和通过信号机灯光都熄灭时，司机在确认信号机装有容许信号时，仍按上述速度通过该信号机。

装有连续式机车信号的列车，遇通过信号机灯光熄灭，而机车信号显示进行的信号时，应按机车信号的显示运行。

司机发现通过信号机故障时，应将故障信号机的号码通知前方站。

五、操作指导

(一)自动闭塞区间通过信号机显示停车信号时的三种情况及原因

1. 显示停车信号时，正常情况下应该是前方闭塞分区内有机车、车辆占用。非正常情况下有如下可能：钢轨折断或轨道电路连接线断路；前方线路上有危及行车安全的地点，有关人员短接轨道电路进行防护；线路上有导电的障碍物(如铁棒等)引起轨道电路短路；闭塞系统发生故障，导致信号机错误显示；次一通过信号机灯泡断丝引起灯光转移等等。

2. 显示不明。一种情况是看不清楚，由于天气不良或者信号机被杂物遮盖，影响瞭望所致；另一种情况是看不明白，由于闭塞系统故障，信号机乱显示。

3. 灯光熄灭。一种可能是停电；另一种可能是灯泡丝断或松动。

(二)自动闭塞区间通过信号机显示停车信号时的运行注意事项

根据以上分析可知，自动闭塞区间通过信号机显示停车信号时，列车进入前方闭塞分区既有发生事故的危险性，又有不危及行车安全的可能性。如果盲目进入会造成险情，甚至事故，如果在显示停车信号的通过信号机前长时间停车，又会延误列车运行，甚至会打乱行车秩序。

本着安全第一，兼顾效率的原则，自动闭塞区间通过信号机显示停车信号(包括显示不明或灯光熄灭)时有下列行车要点。

首先列车必须在该信号机前停车，绝不能臆测行车，违章解锁，冒险越过。停车后，司机应使用列车无线调度通信设备通知运转车长(无运转车长时为车辆乘务员)，通知不到时，鸣笛一

长声。其主要目的是让运转车长或车辆乘务员知道列车是在等信号，不要远离列车去防护，以免漏乘。

其次，停车等候 2 min 后，该信号机仍未显示进行信号时，即以遇到阻碍能随时停车的速度继续运行，最高不超过 20 km/h，运行到次一通过信号机，按其显示的要求运行。

在停车等候的同时，司机应利用列车无线调度通信设备与车站值班员、列车调度员或前行列车司机联系，了解前方闭塞分区占用情况。通过目视确认或通过电台联系，确认前方闭塞分区内有列车或前方线路有妨碍行车的地点等其他异状时，不得进入。

之所以规定停车等候 2 min 后，可以低速越过关闭的区间通过信号机，是为了防止因信号设备故障不能显示进行信号，影响通过能力。由于已停车且等候 2 min，又以遇到阻碍能随时停车的速度运行，因此不致发生追尾事故。

第三，监控装置监控列车在显示停车信号的通过信号机前停车等候 2 min，自动开口限速 20 km/h，监控列车限速运行至次一通过信号机。如机车未越过该通过信号机前，该信号机显示进行信号时，则按相应的限速值运行。

列车越过关闭的通过信号机后，必须在整个闭塞分区内限速运行，即使看到次一通过信号机显示进行信号后，也不能恢复相应的速度运行，更不能违章解除监控装置的限速控制。因为前方次一通过信号机的显示指示的是下一闭塞分区的运行条件，不表明本分区的情况。

(三)装有容许信号的通过信号机显示停车信号时的运行注意事项

《技规》规定：装有容许信号的通过信号机，显示停车信号时，准许铁路局规定停车后启动困难的货物列车在该信号机前不停车，按上述速度(即以遇到阻碍能随时停车的速度，最高不超过 20 km/h)通过。当容许信号灯光熄灭或容许信号和通过信号机灯光都熄灭时，司机在确认信号机装有容许信号时，仍按上述速度通过该信号机。

装有容许信号的通过信号机显示停车信号时，机车信号显示半黄半红色闪光，监控装置自动解锁开口限速 20 km/h，监控列车(铁路局规定停车后启动困难的货物列车)以不超过 20 km/h的速度运行到次一通过信号机，按其显示的要求运行。

装设容许信号的目的，主要是避免货物列车在此停车后启动困难，甚至起不来请求救援打乱运行秩序。由于各区段使用的机型、线路坡度及列车牵引重量不同，因此，装有容许信号的通过信号机显示停车信号时，应由铁路局规定何种列车可以不停车越过。根据容许信号的设置目的，如果司机认为牵引的列车停车后，可以顺利启动时，则应在该信号机前停车，因为该信号机显示的毕竟是停车信号；如果停车后启动困难时，则应执行《技规》和《行规》规定。

容许信号的容许是有前提的，如确认前方闭塞分区占用或有其他异状时不得进入。

装有容许信号的通过信号机显示停车信号时，接近该信号前司机应适当降低运行速度等信号，并使用列车无线调度通信设备联系，若确认前方闭塞分区占用时，应选择有利于起车的地点停车。若天气恶劣，难以辨认信号且联系不通，无法保证发现有车时能及时停车，应在该信号机前停车。

(四)通过信号机灯光熄灭时的行车注意事项

连续式机车信号的显示和通过信号机的显示，是通过同一条轨道电路构成的。通过信号机灯光熄灭，而机车信号显示进行信号时，并非列车占用前方闭塞分区，往往是地面信号机灯泡断丝或松动所致。因此，这种情况下并不危及行车安全，所以《技规》规定：装有连续式机车信号的列车，遇通过信号机灯光熄灭，而机车信号显示进行信号时，应按机车信号的显示运行。

执行这一规定时，应注意其前提条件：必须是装有连续式机车信号的列车；必须是通过信号机灯光熄灭，而不是显示停车信号；必须确认灯光熄灭的信号机是闭塞分区的通过信号机，而不是进站、出站、进路信号机或线路所的通过信号机。

司机发现通过信号机故障时，应将该信号机的号码通知前方站，以便及时修理。

（五）越过关闭的通过信号机时的运行注意事项

1. 如前所述，列车必须在整个闭塞分区内限速运行，即使机车信号机接到或看到次一通过信号机显示进行信号，也不能恢复相应的速度运行。

2. 通过目视确认或电台告知前方闭塞分区内无列车时，仍要按规定限速运行到次一通过信号机，不能麻痹大意。因为这种情况下还可能遇到三种危险情况：一是钢轨折断，实际工作中曾多次遇到这样的险情，有时钢轨折断，上下或左右错开达 20 cm，如果盲目运行，极有可能发生列车颠覆事故；二是线路上有导电的障碍物短接轨道电路；三是线路前方有妨碍行车地点，邻线列车乘务员或工务人员短接轨道电路进行防护。因此，在这种情况下运行时一要加强瞭望，耳听眼看，发现异常立即停车；二要在整个分区内严格掌握在瞭望距离内遇到阻碍能随时停车的速度，最高速度不超过 20 km/h。

3. 无法目视确认前方分区是否空闲，且列车无线调度通信设备联系不通，越过关闭的分区通过信号机时，前方分区还存在有车的可能，更要严格按《技规》规定注意运行。

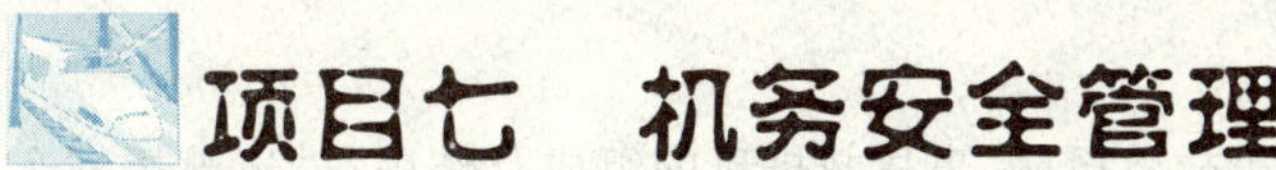

项目七　机务安全管理

一、学习目标

通过本项目的学习，应能说出救援列车、事故救援队、事故救援班的组成及作用，能描述救援列车的出动流程及相关规定，能看懂救援的相关调度命令，能描述救援列车的开行方法。能描述事故救援线路开通的主要方法，能描述复轨器的构造、作用和使用方法，会放置复轨器，会对电力机车脱轨进行起复，达到能够单独指导学生技能训练的水平，全面开展项目教学。

二、项目任务

本项目的任务是学习救援列车、事故救援队、事故救援班的组成及作用，学习救援列车的出动流程及相关规定，学习救援列车的开行方法，学习事故救援线路开通的主要方法，学习复轨器的构造、作用和使用方法，对电力机车脱轨进行起复操作。

任务 1　救援列车的开行。

任务 2　行车事故救援起复。

三、质量评价标准

序号	项目	考核内容及评分标准	分值	扣分	得分	备注
1	叙述	叙述内容不全面的，酌情扣分。根据叙述内容去操作会导致事故的，失格	30			
2	操作	操作步骤要正确，不能简化，酌情扣分	30			
3	安全	根据违章行为酌情扣分。发生事故的，失格	40			
合　计						
评价者签名： 年　月　日						

四、项目链接

1. 孔庆春. 铁路行车事故救援知识读本[M]. 北京：中国铁道出版社，2003.
2. 铁道部. 铁路技术管理规程[M]. 北京：中国铁道出版社，2006.
3. 铁道部. 铁路运输调度规则[M]. 北京：中国铁道出版社，2008.

任务 1　救援列车的开行

一、学习目标

能描述救援列车、事故救援队、事故救援班的组成及作用，能描述救援列车的出动流程及

相关规定，能看懂救援的相关调度命令，能描述救援列车的开行方法。

二、学习任务

1. 任务描述

认识救援列车、事故救援队、事故救援班的组成及作用；描述救援列车的出动流程及相关规定，认识救援的相关调度命令，描述救援列车的开行方法。

2. 任务流程图

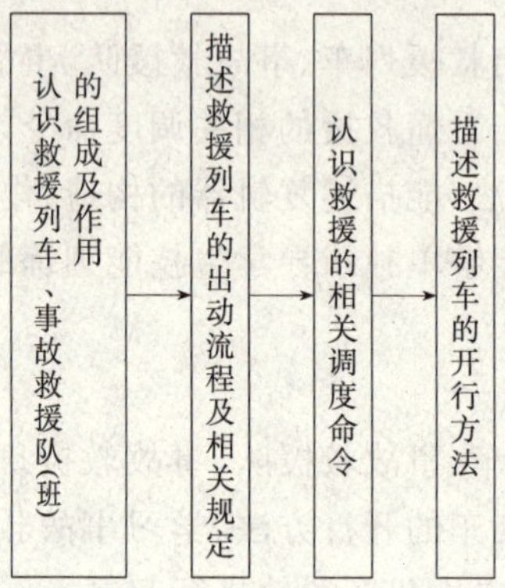

三、环境设备

建议在机务段机车调度室现场学习，备有调度命令接收系统、传真电话、《铁路技术管理规程》、调度命令、调度命令登记簿。

四、背景知识

铁路是国家重要的基础设施，国民经济的大动脉。安全生产是铁路运输工作的生命线，能否保证运输安全与畅通是检验铁路运输工作的重要标准。由于铁路运输条件复杂，行车有关设备和自然灾害的影响以及行车有关人员的技术业务水平和工作经验不同，工作疏漏或设备故障还是可能发生的，行车事故也就随之发生。为保证在发生行车事故后做到“召之即来，来之能战，迅速复旧，化险为夷”，把行车中断时间和事故损失减少到最低程度，在铁路运输行车组织中设置了救援列车(电线路修复车，接触网抢修车)、车站救援队和行车单位救援班，形成一支专业和兼职相结合、平时和战时相结合的行车事故救援队伍。

铁道部运输局设救援专职管理人员，对铁路局贯彻执行《铁路行车事故救援规则》的情况进行监督检查。

铁路局成立行车事故救援指挥中心，救援起复现场实行救援总指挥负责制。

路局救援指挥中心主任由主管安全工作的副局长担任，副主任由局安全监察室主任担任，运输、客运、货运、机务、车辆、工务、电务、生活、卫生处及公安局负责人为救援指挥中心成员。

路局机务处设主管救援专职干部，负责全局救援工作的组织指导和监督检查。

救援列车：在铁道部批准的地点，设立特等和一等救援列车，并按规定配备专业救援人员和起重机、发电机、修理车、工具车、宿营车及工程材料车等设备机具和专用车辆。救援列车是担当铁路行车事故救援工作的专业队伍，在事故救援抢险、确保运输畅通方面发挥着骨干和组织作用。

事故救援队：根据《铁路行车事故救援规则》规定，在特、一、二等站和较大的中间站设立事

故救援队。救援队为不脱产的兼职救援队伍，救援队长由车务段长或车站站长担任，副队长由机务和工务部门负责人担任。救援队成员由车务、机务、工务、电务、车辆、水电（供电）、公安、卫生等单位挑选身体健康、责任心强、居住离车站较近并具有一定救援经验的行车有关人员组成。救援队的人数应为30～50人。

事故救援班：根据《铁路行车事故救援规则》规定，在救援列车所在地，由车站、机务、工务、电务、车辆、水电（供电）段、公安、医院等单位分别组成不脱产的救援班。各救援班的人数为10～15人。班长由各单位负责安全的主要领导担任。救援班是救援列车的机动力量，遇有救援出动召集时，救援班长应迅速带领有关人员随同救援列车赶赴事故现场参加救援工作。

救援列车及人员的基本任务是：按照调度命令，争分夺秒地抢救事故，开通线路，迅速恢复行车，以及完成其他调度给予的作业任务；负责本列车管辖区域内各事故救援班的技术训练和业务指导及其工具备品的配置、改进、修理、补充工作；不断改革救援工具，改进救援方法，提高技术，保养好救援列车的设备。

五、操作指导

（一）救援列车的出动

发生行车事故，需要出动救援列车时，列车调度员直接向救援列车发布救援出动命令，并根据需要向有关单位发布事故救援班的出动命令。发布调度命令时，应将事故概况（脱轨颠覆车辆种类、辆数、地点、线路条件等情况）加以介绍。救援列车跨铁路局出动时，由上级机车调度发布出动命令。

救援列车接到出动命令后，应立即召集救援列车当班和休班的人员，确保在30 min内出动。

事故救援班各所属单位接到救援出动命令后，救援班长应立即召集本单位救援班全体人员迅速赶赴事故现场，并向救援列车主任报到。有迟到或缺席人员由所属单位负责。

事故救援队的出动，由列车调度员以调度命令下达。有关站、段值班人员接到出动救援的命令后，应立即通知救援队长和救援队成员所属单位的值班人员，由各值班人员及时召集本单位救援队的成员，立即向队长报到，并迅速赶赴事故现场。

救援列车出动时，应有通信工、电力工和医护人员随行；在电气化区段接触网工也需随行。

救援列车出动时，所属单位领导必须随救援列车赴事故现场。铁路局领导要立即赶赴事故现场，是否随救援列车赴事故现场，可根据具体情况决定。

救援列车出动时，可不挂守车和列车尾部安全防护装置。在救援列车的最前或最后部车辆上应设侧灯插座。是否指派运转车长值乘，由铁路局根据实际情况自行确定。

列车调度员命令救援列车出动后，应督促及早开车，并命令事故现场的有关站长，在救援列车到达前，将事故列车首、尾部良好的车辆由区间或线路内拉出；同时，命令工务部门抢修被破坏的线路，保证救援列车起复作业的需要。

（二）救援列车的开行

车站值班员接到运转车长、司机或工务、电务、供电等人员的救援请求后，应立即报告列车调度员。列车调度员应向有关车站发布命令封锁区间，并派出救援列车。

向封锁区间发出救援列车时，不办理行车闭塞手续，以列车调度员的命令，作为进入封锁区间的许可。

当列车调度电话不通时，应由接到救援请求的车站值班员根据救援请求办理，救援列车以车站值班员的命令，作为进入封锁区间的许可。

司机接到救援命令后，机车乘务员必须认真确认。命令不清、停车位置不明确时，不准动车。

救援列车进入封锁区间后，在接近被救援列车或距车列 2 km 时，要严格控制速度，同时，使用列车无线调度通信设备与请求救援的机车司机进行联系，或以在瞭望距离内能够随时停车的速度运行（最高不得超过 20 km/h），在防护人员处或压上响墩后停车，联系确认，并按要求进行作业。

救援列车的出发或返回，均应通知列车调度员及对方站。如事故现场设有临时线路所时，车站值班员应于发车前，商议获得线路所值班员的同意。

在事故调查处理委员会人员到达前，站长或车站值班员应随乘发往事故地点的第一列救援列车（分部运行时挂取遗留车辆的机车除外）到事故现场，负责指挥列车有关工作。

（三）救援时调度命令的发布

1. 封锁及开通区间

(1)封锁区间

____站至____站间____行线因____，自接令时（____次列车到____站）起（至____时____分止），区间封锁。

(2)开通封锁区间

根据____站报告，____站至____站间____行线____完毕，区间已空闲，自接令时起区间开通。

2. 向封锁区间开行救援列车

(1)救援列车（救援队）出动

因____站至____站间____行线（____站）发生事故，____救援列车（救援队）立即出动。

(2)救援列车开行

____站至____站间加开____次列车，____站____时____分开，按现时分办理。

(3)向封锁区间开行救援列车

准许____站开____次列车，进入____站至____站间____行线封锁区间____ km ____ m 处进行事故救援，将____次列车推进（返回开____次列车）至____站（按事故救援指挥人的指挥办理）。

(4)救援单机开行

自接令时起，____站至____站间____行线区间封锁。准许____站利用____机车开行____次列车进入____ km ____ m 处救援，将____次列车推进（返回开____次列车）至____站。

任务 2　行车事故救援起复

一、学习目标

能描述复轨器的构造、作用和使用方法，会放置复轨器，能描述事故救援线路开通的主要方法，会对电力机车脱轨进行起复。

二、学习任务

1. 任务描述

认识复轨器的构造、作用和使用方法;描述事故救援线路开通的主要方法;起复脱轨的电力机车。

2. 任务流程图

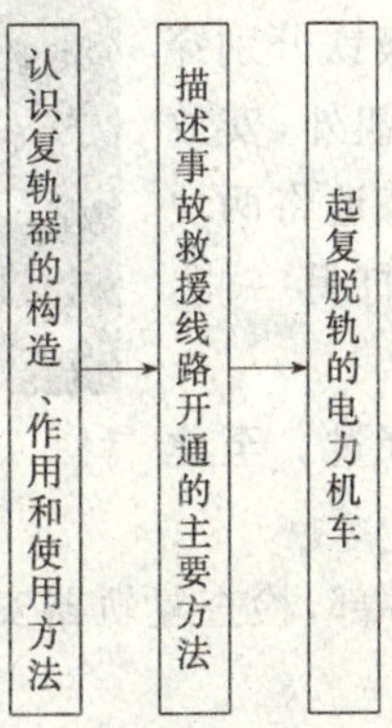

三、环境设备

建议在机务段现场学习,备有人字形复轨器、海参形复轨器、逼轨、铁垫板、棉丝、润滑油等。

四、背景知识

(一)新式人字形复轨器

新式人字形复轨器是呼和浩特铁路局科研所研制的一种结构合理、性能可靠的新型复轨器。它具有体积较小、重量较轻、适用性强、安装方便、稳固性好等优点。适用于蒸汽、内燃、电力机车和各种车辆及动车组的一般性脱轨起复,可在 43 kg/m、50 kg/m、60 kg/m 钢轨及木枕、混凝土轨枕上安装使用。其构造如图 3-146 所示。

1. 结构特点

该型复轨器总体结构及安装方法与旧式人字形复轨器基本相同,其结构特点是:

(1)主体表面曲率半径尺寸能使脱轨车轮轧上复轨器踏面后,机车下部装置迅速抬高,可避免复轨器与内燃、电力机车的齿轮箱、制动装置等部件相碰。

(2)复轨器主体腰部两侧设有楔铁座。使用时在楔铁座与轨腰间打入楔铁,使复轨器与钢轨紧固成为一体,可防止起复过程中复轨器窜动、翘头、压翻等现象。

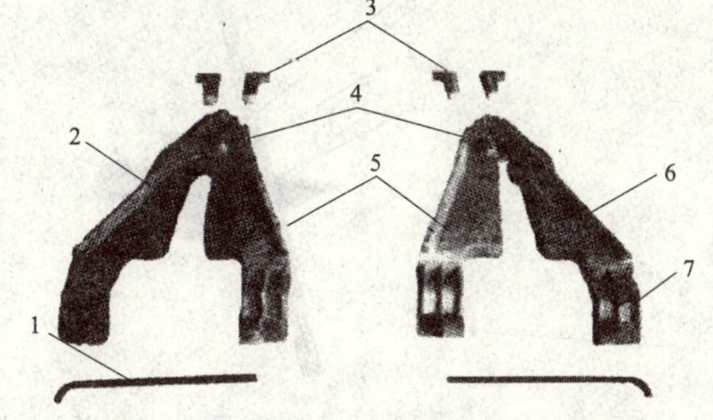

图 3-146　人字形复轨器

1—尾部穿销;2—长引导棱;3—L 形楔铁(内外侧各 2 块);4—护轮棱;5—短引导棱;6—复轨器体;7—尾部钩铁

(3)复轨器尾部设有两块轨枕钩铁,钩铁外侧面设有穿销座。使用时,复轨器钩铁钩挂在轨枕的侧面,并将穿销从轨座穿过,在起复过程中,复轨器不致出现窜动、翘尾等现象。

2. 使用方法

(1)该型复轨器与旧式人字形复轨器安装方式基本相同,仍沿用“左人、右入”的原则。安装前,先将复轨器尾部钩铁处轨枕下部的石砟清除一些,以保证复轨器尾部能钩住轨枕并便于安装穿销。

(2)安装时，复轨器承轨槽搭在钢轨上，尾部钩铁的上端平落在轨枕上，下端钩挂在轨枕侧面。复轨器安放平稳后，将两块L形楔铁分别穿入左右楔铁座与轨腰的间隙内，凸台朝外，安放平整，不得歪斜。然后用大锤左右交替地将两块楔铁打紧(严禁将一侧楔铁打紧后再打另一侧，以免受力不均造成楔铁座裂损)。

图 3-147　新式人字形复轨器安装方法

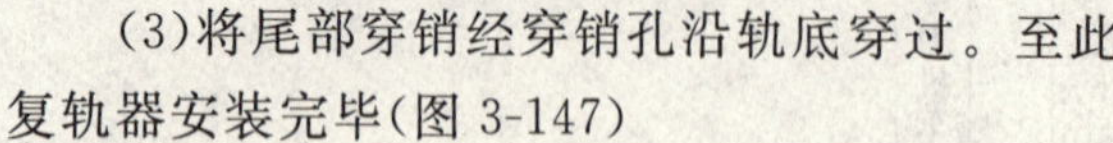

(3)将尾部穿销经穿销孔沿轨底穿过。至此复轨器安装完毕(图 3-147)

(4)用大锤轻击复轨器主体表面各部，检查复轨器安装是否牢固，各紧固件有无松动现象，在复轨器引导棱上涂润滑油。

(5)在脱轨车轮至复轨器尾部间应适当铺垫石碴，利于调整台车方向，防止轧坏轨枕，并减少拉复阻力。

注意：脱轨车轮超过基本轨 240 mm 以上时，应采用钢丝绳或逼轨器拉正台车，使车轮靠近基本轨后再安放复轨器起复。

(二)海参形复轨器

1. 结构特点

海参形复轨器由铸钢制造，每对复轨器分为内侧和外侧 2 只。内侧的稍矮小，在复轨器体中部有凸出的轮缘槽间隔铁。外侧的略高大，每只复轨器配有紧固螺栓，用于紧固安装复轨器。海参形复轨器构造如图 3-148 所示。

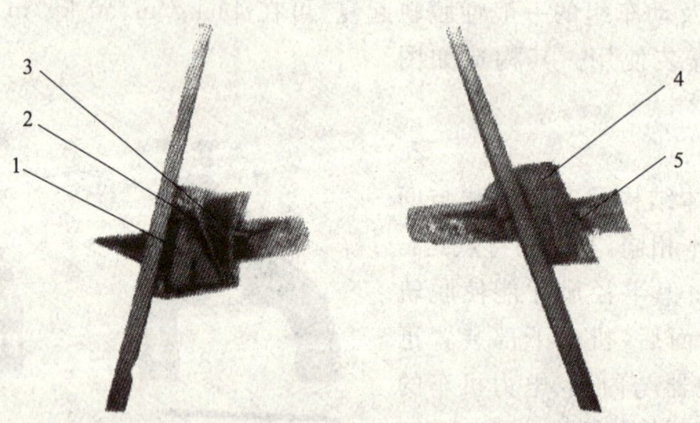

图 3-148　海参形复轨器构造

1—轮缘槽；2—主体；3—内侧复轨器；4—外侧复轨器；5—安装楔铁

2. 作用

脱轨车轮被拉上复轨器体，行至顶部斜坡面，将车轮滑落于轨面，使其复轨。

3. 使用方法

(1)外侧复轨器安装于钢轨外方，与基本轨密贴；内侧复轨器安装于钢轨内方，与基本轨保持 35～40 mm 的间隙，以便轮缘通过。

(2)内、外侧复轨器必须左右对称安装，要躲开鱼尾板及腐朽枕木。

(3)用紧固螺栓或安装楔铁将复轨器固定，不得窜动移位。

(4)在复轨器顶部斜面上涂适量润滑油，利于车轮滑落复轨。

(5)在脱轨车轮至复轨器间的车轮经路上铺垫石碴，防止轧坏枕木，减少拉复阻力。海参形复轨器安装方法如图 3-149 所示。

注意事项：海参形复轨器的有效复轨距离为 150 mm，脱轨距离较远时，需设法将车轮拉靠基本轨后，再安装复轨器进行拉复。

图 3-149　海参形复轨器安装方法

五、操作指导

行车事故救援的目的是为了尽快开通线路，迅速恢复行车。因此，在救援作业中，应根据事故现场的地形、地物和救援设备等有利条件，采取有效措施和救援方案，争分夺秒，清除线路上的阻碍，尽快恢复行车。事故救援线路开通方法有下面几种。

(一)便线开通法

便线开通法是在事故现场两侧有可以借用的线路或虽无线路可借用，但地形较平坦，新铺便线较容易，而且较清除障碍节省时间的情况下采用。但是，新修便线需要大量人力、路料，而且在事故救援完毕后还要恢复原线行车，有重复作业的缺点。

1. 借用线路拨道开通法

当机车、车辆在车站咽喉道岔处或站外附近线路上发生颠覆脱轨事故时，根据现场情况，可考虑利用车站正线两侧的牵出线或专用线，采取便线开通的方案。因此应立即组织人力实施拨道开通绕行，可大大压缩堵塞正线的时间(图 3-150)。

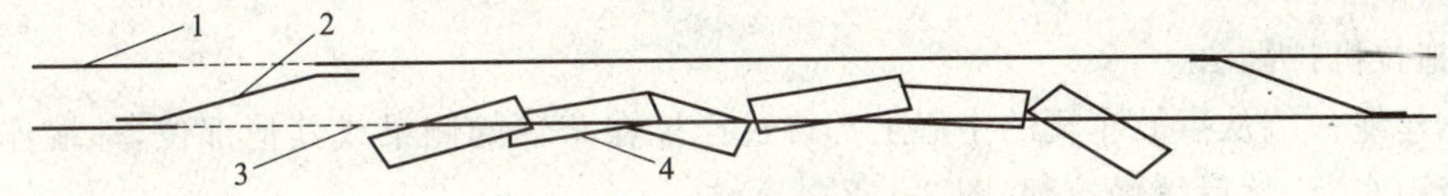

图 3-150　借用线路拨道开通法

1—专用线；2—将专用线与正线拨通；3—正线；4—颠覆脱轨车辆

2. 新铺便线开通法

新铺便线工作量较大，一般情况下不予采用，在下列情况下可以考虑采用：

(1)当事故现场堵塞正线的机车车辆或货物等在短时间内难以清除，而原来正线一侧又是平坦地面时，可采取铺设临时线路的方法。

(2)当事故现场由于火灾、易燃易爆危险货物等原因，救援人员作业困难，而现场具备铺设便线条件时。

(3)在运输繁忙的区段发生列车重大颠覆事故，机车车辆和线路损坏较为严重，但又必须迅速开通线路，虽然采用便线开通有一定困难，但由于在正线开通恢复行车后，可以利用便线起复事故机车车辆，仍可考虑采用便线开通的方法。

(二)清除障碍原线开通法

清除障碍原线开通法就是利用机车、牵引车、拖拉机等动力机械将颠覆后堵塞线路的机车

车辆吊移或拉移至线路之外，然后抢修线路恢复通车。

1. 拉翻法

拉翻法是将破损的机车车辆利用机车、起重机、拖拉机等动力机械拉倒、拉翻，使其离开线路的一种迅速恢复行车的方法。其缺点是：①在拉翻机车车辆时，可能扩大机车车辆的破损程度；②翻动的距离因受机车车辆限界的影响，必须离开线路较远，给以后重新起复机车车辆的作业增加了困难。

当事故发生地点不是在隧道和高路堑地段时，视具体情况可考虑采取拉翻的办法：①事故机车车辆已达到报废或大破时；②破损车辆走行部损坏，堵塞在线路上无法复轨或复轨后无法挂运时；③破损机车车辆叠压成堆时。

(1)机车拉翻法

可以利用事故现场两侧的线路、固定设备，也可以挖地垄，拴置滑车，用长钢丝绳一端钩在车辆侧梁上，一端经 2 个单轮或双轮滑车与机车车辆连结，然后开动机车，将车辆拉翻离开线路。此种作业方法的缺点是安装机具时间长、效率低。因而只限在没有其他动力的情况下采用。其安装作业方法如图 3-151 所示。

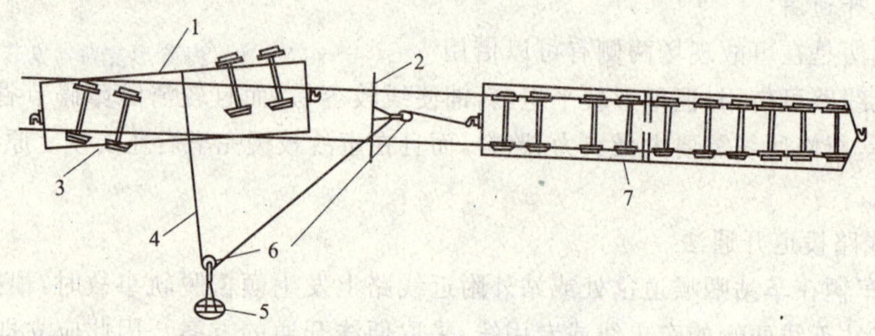

图 3-151　利用机车拉翻法

1—侧梁；2—短钢轨；3—脱轨车辆；4—钢丝绳；5—地垄；6—双轮滑车；7—机车

(2)拖拉机拉翻法

将钢丝绳一端从事故车辆的中心上部绕过拴挂在车辆的侧梁或其他部位，一端连挂在拖拉机或牵引车上，然后缓慢拉翻(图 3-152)。

注意事项：①必须派专人统一指挥作业，其他人员应站在安全的地点；②钢丝绳应尽量长一些，以防车辆滚动时砸落在牵引车上；③如用两台拖拉机连挂作业时，必须保持 10 m 以上安全距离；④装载易燃、易爆危险品及精密仪器的车辆，需将货物卸下后方可进行拉翻作业。

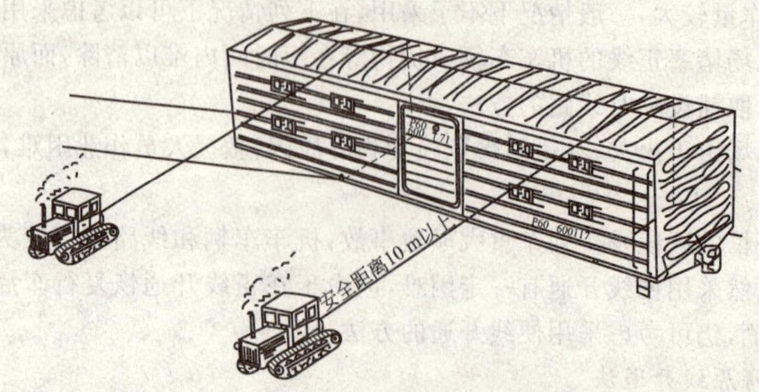

图 3-152　利用拖拉机拉翻法

(3)人力拉翻法

当事故发生在车站咽喉道岔、建筑物附近或受其他条件所限无法利用拖拉机等动力拉翻事故车时，可利用千斤顶配合人力将事故车拉翻。

①作业方法

车辆上下心盘未分离时，需先用千斤顶将车体一端顶起，使上下心盘脱离，旁承处垫上枕木垛，撤下千斤顶，再用相同办法顶起车辆另一端并垫好。将棕绳拴在侧梁上，将千斤顶放在侧梁下顶压，使车体倾斜，配合人力，将车体拉翻至线路以外，然后将转向架拉出，开通线路(图3-153)。

②注意事项

顶车时，枕木垛要垫牢，千斤顶顶部要加防滑物。拉翻作业需要较多人力，现场必须指定专人，统一指挥。装载易燃、易爆、精密仪器及腐蚀性物品的车辆，必须卸下货物后，方可拉翻。

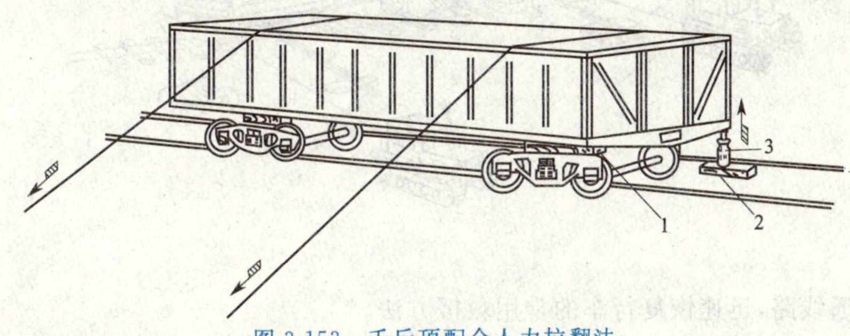

图 3-153　千斤顶配合人力拉翻法

1—旁承处垫短枕木；2—短枕木；3—千斤顶

2. 移车法

移车法有吊移和拉移 2 种。吊移是用轨道起重机将事故车辆吊离线路临时放置。拉移是用人力或拖拉机利用平面滑动作用使车辆移动离开线路。移车法的优点是不扩大车辆和货物的损失，用于处理装载危险货物的车辆较安全。但移车的作业过程较复杂，移动整个车辆时较拉翻法效率低。

(1)车辆拉移法

车辆发生颠覆脱轨事故，转向架破损严重且与车体分离时，可利用拖拉机或牵引车将破损车辆拉至线路外方，开通线路。

作业方法：①用千斤顶顶起车体一端，在车体下部铺垫枕木及钢轨，以减少牵引阻力，并防止损坏线路和钢轨；②利用钢丝绳将事故车辆与拖拉机或牵引车的牵引钩连挂，钢丝绳长度应适当，以保持牵引车与事故车辆的安全距离；③由专人统一指挥，缓慢向线路外方拉移(图 3-154)。

(2)车辆横向移车法

当车体落地或歪倒在线路上，而车体两端都影响线路开通，必须横向拉移时，首先用千斤顶顶起一端车体，在车体下垫上枕木，横向放一根钢轨并钉固，落下千斤顶，将车体落在钢轨上，再用同样办法，顶起另一端车体。然后用两台拖拉机以钢丝绳连挂车体两端的车钩或侧梁，指挥拖拉机同时缓慢拉动，使车体离开线路(图 3-155)。

(三)原线复轨开通法

原线复轨开通法，是指机车车辆脱轨后堵塞正线时，利用复轨器、道岔辙叉心、道岔间隔铁、轨道起重机、液压起复设备等，采取拉复、吊复、顶复等手段，使脱轨车辆复轨，达到自力走

图 3-154　破损车辆拉移法

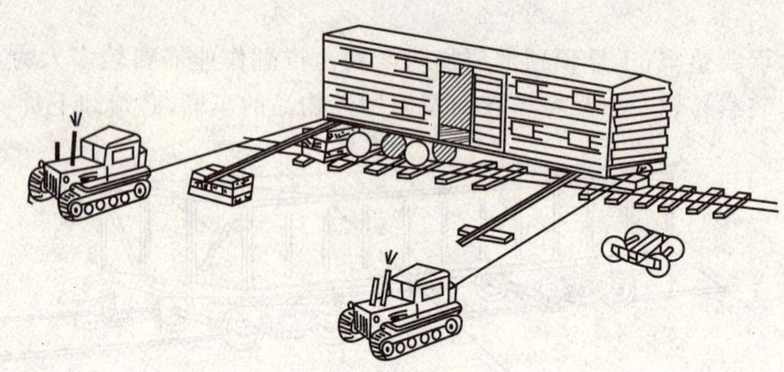
图 3-155　横向移车法

行或回送，开通线路，迅速恢复行车的常用救援方法。

原线复轨开通法具有复旧作业时间短、速度快、效率高、损失小等特点，可一次复旧完毕，避免重复作业，较之便线开通法和拉翻法节约大量人力、物力，也不会再扩大机车车辆的破损程度，能够把事故的损失和影响减少到最低限度，已被现场救援人员广泛应用。

(四)电力机车脱轨起复方法

1. 电力机车 1 根轴脱轨

起复方法：①在脱轨转向架的三、四轴之间安装 1 对复轨器，脱轨车轮至复轨器间适当铺垫石砟；②利用本机动力或派救援机车，缓慢动车进行复轨(图 3-156)。

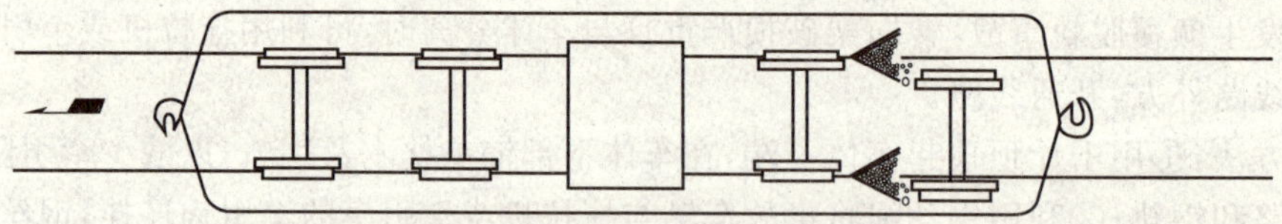
图 3-156　电力机车 1 根轴脱轨

2. 电力机车 1 个转向架脱轨

起复方法：①拆除走行部等障碍部件，避免扩大机车破损程度；②将人字形复轨器安装在两个转向架之间；③脱轨车轮与复轨器间适当铺垫石砟；④本机自力起复有困难时，可另派机车拉复(图 3-157)。

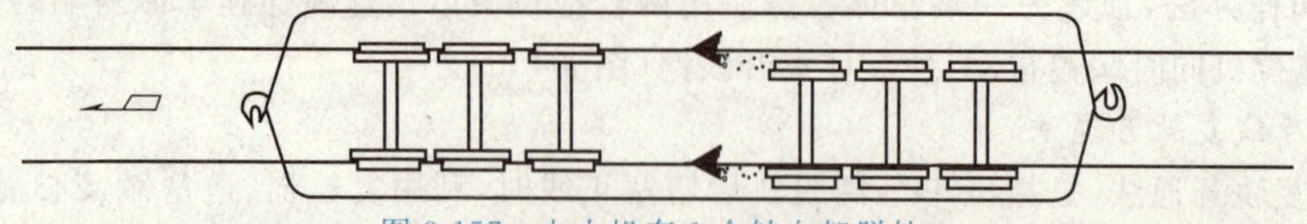
图 3-157　电力机车 1 个转向架脱轨

3. 电力机车1根轴在辙叉心附近脱轨

起复方法：电力机车在辙叉心附近脱轨时，可利用道岔设备进行起复。①在辙叉心附近铺垫石碴，叉心内方要适当垫高些，避免挤坏辙叉；②护轮轨头部安装逼轨（短钢轨 2～3 m 长，用鱼尾板和道钉加固），在脱轨车轮与逼轨间适当铺垫石砟，以便脱轨车轮导入护轮轨槽内，迫使另一侧车轮越过辙叉心复轨；③将道岔对向复轨方向的直股线路，救援机车与事故机车用钢丝绳连挂，缓慢牵引复轨（图 3-158）。

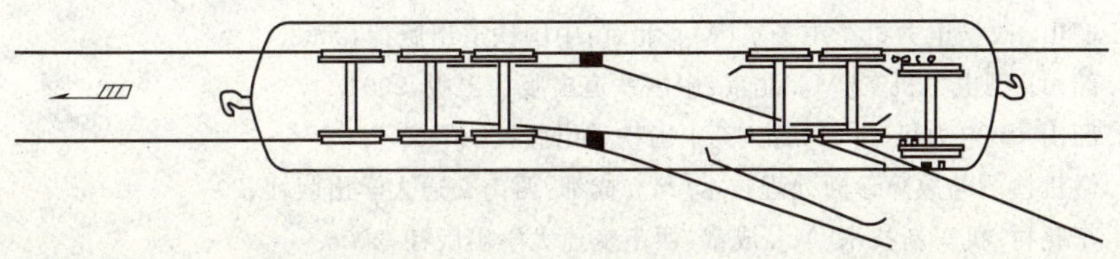

图 3-158　电力机车在辙叉心附近脱轨

4. 电力机车进四股脱轨

起复方法：电力机车在道岔处进四股脱轨，可利用道岔间隔铁进行起复。①解开道岔转辙连接杆，使尖轨呈自由状态；②在道岔间隔铁根端与脱轨车轮间填满石砟或铁垫板，以车轮轧过后与轨面相平为宜；③拆除机车障碍部件，防止走行部和牵引电机与轨面接磨；④请求 1～2 台机车，用钢丝绳连挂，缓慢向尖轨方向拉复（图 3-159），然后恢复道岔，开通线路。

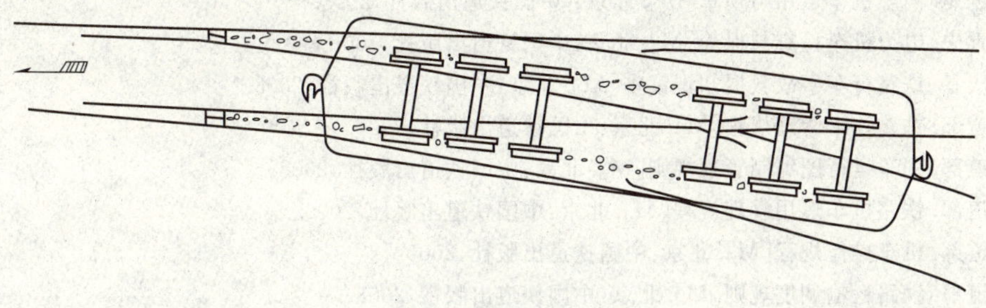

图 3-159　电力机车进四股脱轨

参考文献

[1] 华平.电力机车控制[M].北京:中国铁道出版社,2008.

[2] 杨兆昆.韶山$_4$改型电力机车乘务员[M].北京:中国铁道出版社,2002.

[3] 杨永林.韶山$_{7E}$型电力机车[M].北京:中国铁道出版社出版,2004.

[4] 余卫斌.韶山$_9$型电力机车[M].北京:中国铁道出版社,2006.

[5] 郭世明.微机检测与故障诊断处理技术[M].成都:西南交通大学出版社,2007.

[6] 张中央,李晓村.机车新技术[M].成都:西南交通大学出版社,2006.

[7] 王爱民.DK-1型电空制动机检修及故障处理[M].北京:中国铁道出版社,1996.

[8] 孙中央.列车牵引计算实用教程[M].北京:中国铁道出版社,2005.

[9] 赵叔东.韶山$_8$型电力机车[M].北京:中国铁道出版社,1998.

[10] 钱仲侯.高速铁路概论[M].北京:中国铁道出版社,2006.

[11] 饶忠.列车制动[M].北京:中国铁道出版社,2003.

[12] 夏寅荪,吴培元.120型空气制动机[M].北京:中国铁道出版社,2005.

[13] 胡思继.列车运行图编制理论[M].北京:中国铁道出版社,2007.

[14] 郭进龙.内燃机车运用与规章[M].北京:中国铁道出版社,2008.

[15] 曾青中.电力机车检查与保养[M].北京:中国铁道出版社,2008.

[16] 孔庆春.铁路行车事故救援知识读本[M].北京:中国铁道出版社,2003.

[17] 铁道部.铁路技术管理规程[M].北京:中国铁道出版社,2007.

[18] 铁道部.列车运行图编制管理规则[M].北京:中国铁道出版社,2008.

[19] 铁道部.铁路机车运用管理规程[M].北京:中国铁道出版社,2000.

[20] 铁道部.机车操作规程[M].北京:中国铁道出版社,2000.

[21] 铁道部.铁路运输调度规则[M].北京:中国铁道出版社,2008.

[22] 铁道部.列车运行监控装置(LKJ)运用维护规则[M].北京:中国铁道出版社,2000.

[23] 郑州铁路局.LKJ2000型列车运行监控装置操作手册[M].北京:中国铁道出版社,2009.

[24] 兰州铁路局.SS_{7E}型电力机车司机岗位安全培训教程[M].北京:中国铁道出版社,2006.

[25] 张中央.列车牵引计算[M].北京:中国铁道出版社,2006.